여러분의 합격을 응원하는
해커스공무원의 특별

FREE 공무원 행정법 **특강**

해커스공무원(gosi.Hackers.com) 접속 후 로그인 ▶ 상단의 [무료강좌] 클릭 ▶ 좌측의 [교재 무료특강] 클릭

📄 OMR 답안지(PDF)

해커스공무원(gosi.Hackers.com) 접속 후 로그인 ▶
상단의 [교재·서점 → 무료 학습 자료] 클릭 ▶ 본 교재의 [자료받기] 클릭

▲ 바로가기

해커스공무원 온라인 단과강의 **20% 할인쿠폰**

5A3C57D5F999E4MH

해커스공무원(gosi.Hackers.com) 접속 후 로그인 ▶ 상단의 [나의 강의실] 클릭 ▶
좌측의 [쿠폰등록] 클릭 ▶ 위 쿠폰번호 입력 후 이용

* 등록 후 7일간 사용 가능(ID당 1회에 한해 등록 가능)

해커스 회독증강 콘텐츠 **5만원 할인쿠폰**

79A7C8B626CC4GSD

해커스공무원(gosi.Hackers.com) 접속 후 로그인 ▶ 상단의 [나의 강의실] 클릭 ▶
좌측의 [쿠폰등록] 클릭 ▶ 위 쿠폰번호 입력 후 이용

* 등록 후 7일간 사용 가능(ID당 1회에 한해 등록 가능)
* 월간 학습지 회독증강 행정학/행정법총론 개별상품은 할인쿠폰 할인대상에서 제외

합격예측 **온라인 모의고사 + 해설강의 수강권**

3FC35AB69E5EA34C

해커스공무원(gosi.Hackers.com) 접속 후 로그인 ▶ 상단의 [나의 강의실] 클릭 ▶
좌측의 [쿠폰등록] 클릭 ▶ 위 쿠폰번호 입력 후 이용

* ID당 1회에 한해 등록 가능

모바일 자동 채점 + 성적 분석 서비스

교재 내 수록되어 있는 문제의 채점 및 성적 분석 서비스를 제공합니다.

* 세부적인 내용은 해커스공무원(gosi.Hackers.com)에서 확인 가능합니다.

바로 이용하기 ▶

쿠폰 이용 관련 문의 1588-4055

단기 합격을 위한
해커스 커리큘럼

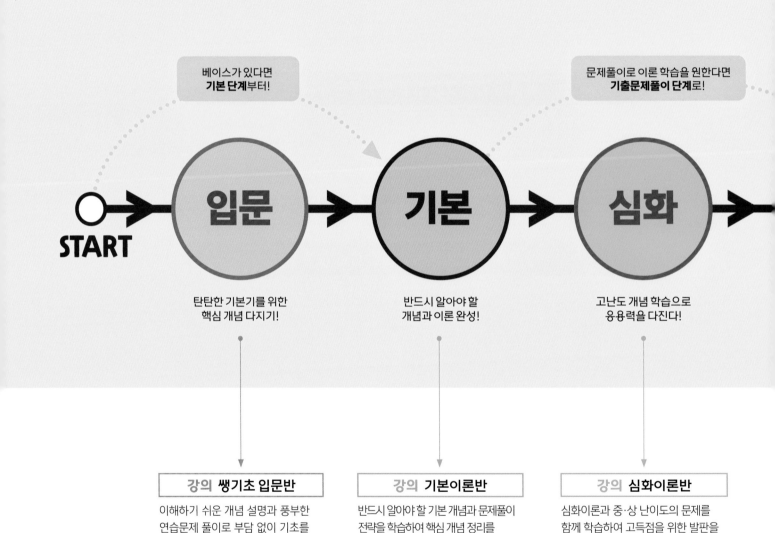

베이스가 있다면 **기본 단계부터!**

문제풀이로 이론 학습을 원한다면 **기출문제풀이 단계로!**

START → 입문 → 기본 → 심화 →

입문
탄탄한 기본기를 위한
핵심 개념 다지기!

기본
반드시 알아야 할
개념과 이론 완성!

심화
고난도 개념 학습으로
응용력을 다진다!

강의 **쌩기초 입문반**
이해하기 쉬운 개념 설명과 풍부한
연습문제 풀이로 부담 없이 기초를
다질 수 있는 강의

강의 **기본이론반**
반드시 알아야 할 기본 개념과 문제풀이
전략을 학습하여 핵심 개념 정리를
완성하는 강의

강의 **심화이론반**
심화이론과 중·상 난이도의 문제를
함께 학습하여 고득점을 위한 발판을
마련하는 강의

단계별 **교재 확인** 및
수강신청은 여기서!
gosi.Hackers.com

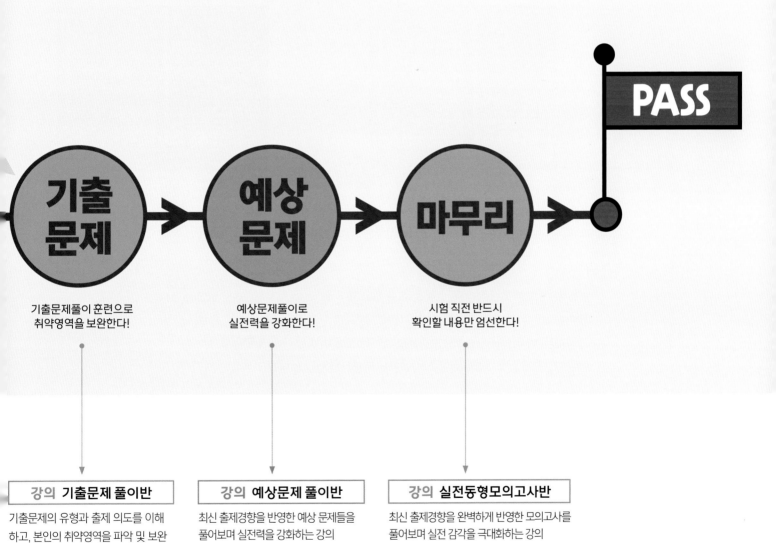

강의 **기출문제 풀이반**

기출문제의 유형과 출제 의도를 이해
하고, 본인의 취약영역을 파악 및 보완
하는 강의

강의 **예상문제 풀이반**

최신 출제경향을 반영한 예상 문제들을
풀어보며 실전력을 강화하는 강의

강의 **실전동형모의고사반**

최신 출제경향을 완벽하게 반영한 모의고사를
풀어보며 실전 감각을 극대화하는 강의

강의 **봉투모의고사반**

시험 직전에 실제 시험과 동일한 형태의
모의고사를 풀어보며 실전력을 완성하는 강의

해커스공무원

함수민
행정법총론

실전동형모의고사

해커스공무원

공무원 난이도에 딱 맞는 모의고사

**해커스가 공무원 행정법총론 시험의 난이도·경향을
완벽 반영하여 만들었습니다.**

얼마 남지 않은 시험까지 모의고사를 풀며 실전 감각을 유지하고 싶은 수험생 여러분을 위해, 공무원 행정법총론 시험의 최신 출제 경향을 완벽 반영한 교재를 만들었습니다.

**『해커스공무원 함수민 행정법총론 실전동형모의고사』를 통해
8회분 모의고사로 행정법총론 실력을 완성할 수 있습니다.**

실전 감각은 하루아침에 완성할 수 있는 것이 아닙니다. 실제 시험과 동일한 형태의 모의고사를 여러 번 풀어봄으로써 정해진 시간 안에 문제가 요구하는 바를 정확하게 파악하는 연습을 해야 합니다. 『해커스공무원 함수민 행정법총론 실전동형모의고사』는 실제 시험과 동일하게 회차별 20문항으로 구성된 실전동형모의고사 8회를 수록하였습니다. 이를 통해 실제 시험과 가장 유사한 형태로 실전에 철저히 대비할 수 있습니다. 또한 상세한 해설을 통해 공무원 행정법총론의 핵심 출제포인트를 확인할 수 있습니다.

**『해커스공무원 함수민 행정법총론 실전동형모의고사』는
공무원 행정법총론 시험에 최적화된 교재입니다.**

제한된 시간 안에 문제 풀이는 물론 답안지까지 작성하는 훈련을 할 수 있도록 OMR 답안지를 수록하였습니다. 시험 직전, 실전과 같은 훈련 및 최신 출제 경향의 파악을 통해 효율적인 시간 안배를 연습하고 효과적으로 학습을 마무리할 수 있습니다.

**공무원 합격을 위한 여정,
해커스공무원이 여러분과 함께 합니다.**

실전 감각을 키우는 모의고사

실전동형모의고사

약점 보완 해설집 [책 속의 책]

 OMR 답안지 추가 제공

해커스공무원(gosi.Hackers.com) ▶ 사이트 상단의 '교재 · 서점' ▶ 무료 학습 자료

● 이 책의 특별한 구성

문제집 구성

08회 실전동형모의고사

제한시간: 15분 시작 시 분 ~ 종료 시

실전동형모의고사

- 공무원 행정법총론 시험과 동일한 유형의
  실전동형모의고사 8회분 수록

- 15분의 제한된 문제 풀이 시간을 통해
  효율적인 시간 안배 연습 가능

01 행정법상 신고에 대한 설명으로 옳지 않은 것은? (다툼이 있는 경우 판례에 의함)

「건축법」이 건축물의 건축 또는 대수선에 대하여 원칙적으로 허가제로 규율하면서도 일정 규모 이내의 건축물에 관해서는 신고제를 채택한 것은 규제를 완화하여 국민의 자유의 영역을 넓히는 한편, 최소한의 규제를 가하고자 하는 데 그 취지가 있다. 따라서 ① 일반적인 건축신고에 있어서는 원칙적으로 적법한 요건을 갖춘 신고하면 행정청의 수리 등 별도의 조치를 기다릴 필요 없이 건축행위를 할 수 있다고 보아야 한다. 그러나 한편 ② 인·허가의제 효과를 수반하는 건축신고제도를 둔 취지는 그 창구를 단일화하여 절차를 간소화하고, 비용과 시간을 절감함으로써 국민의 권익을 보호하려는 것이지 인·허가의제사항 관련 법률에 따른 각각의 요건에 관한 일체의 심사를 배제하려는 것으로 보기 어렵다. 따라서 ③ 인·허가의제 효과를 수반하는 건축신고는 일반적인 건축신고와는 달리, 특별한 사정이 없는 한 행정청이 그 실체적 요건에 관한 심사를 한 후 수리하여야 하는 '수리를 요하는 신고'로 보는 것이 옳다.
건축법령상 건축허가를 받은 건축물의 양수인이 건축주명의를 변경하기 위하여는 건축관계자 변경신고서에 '권리관계의 변경사실을 증명할 수 있는 서류'를 첨부하여 신고하여야 한다. 양수인이 이 서류를 첨부하여 건축주명의변경 신고를 한 경우, ④ 허가권자는 건축주명의변경신고의 형식적 요건에 문제가 없더라도, 양수인에게 '건축할 대지의 소유 또는 사용에 관한 권리'가 없다는 실체적인 이유를 들어 신고의 수리를 거부할 수 있다.

02 한국수력원자력 주식회사(이하 '한수원'이라 한다)는 A시 관내에 원자력발전소 1·2호기를 건설하려는 계획을 갖고 있다. 한수원은 산업통상자원부장관으로부터 「전원개발촉진법」에 의한 전원개발사업계획승인을 받은 후 「원자력안전법」 제10조 제3항에 따라 원자력안전위원회로부터 원자로 및 관계시설의 건설부지에 대해 사전공사를 실시하기 위해 부지사전승인을 받았다. 한수원은 기초공사 후 우선 제1호기 원자로의 건설허가를 신청하였다. 이에 대한 설명으로 옳지 않은 것은? (다툼이 있는 경우 판례에 의함)

① 부지사전승인처분은 원자로 및 관계시설 건설허가의 사전적 부분허가의 성격을 가지고 있으므로, 원자로 및 관계시설의 건설허가기준에 관한 사항은 건설허가의 기준이 됨은 물론 부지사전승인의 기준이 된다.

② 원자로 및 관계시설의 부지사전승인처분은 그 자체로서 건설부지를 확정하고 사전공사를 허용하는 법률효과를 지닌 독립한 행정처분이다.

③ 방사성물질 등에 의하여 직접적이고 중대한 피해를 입으리라고 예상되는 지역 내의 주민들에게는 방사성물질 등에 의한 생명·신체의 안전침해를 이유로 한 부지사전승인처분 취소소송의 원고적격이 인정된다.

④ 부지사전승인처분은 나중에 건설허가처분이 있게 되더라도 그 건설허가처분에 흡수되어 독립된 존재가치를 상실하는 것이 아니다. 따라서 부지사전승인처분의 위법성은 별도의 취소소송에서 이를 다투어야 한다.

03 행정입법에 대한 설명으로 가장 옳은 것은?

① 법령상 대통령령으로 규정하도록 되어 있는 사항을 부령으로 정하더라도 그 부령은 유효하다.

② 행정 각부가 아닌 국무총리 소속의 독립기관은 독립하여 법규명령을 발할 수 있다.

③ 법률에서 하위 법령에 위임을 한 경우에 하위 법령이 위임의 한계를 준수하고 있는지 여부의 판단은 일반적으로 의회유보의 원칙과 무관하다.

④ 법령의 위임이 없음에도 법령에 규정된 처분 요건에 해당하는 사항을 부령에서 변경하여 규정한 경우에는 그 부령의 규정은 행정청 내부의 사무처리 기준 등을 정한 것으로서 행정조직 내에서 적용되는 행정명령의 성격을 지닌다.

상세한 해설

빠른 정답 확인

- 모든 문제의 정답과 단원을 표로 한눈에 확인 가능
- 빠르게 출제 단원과 정답을 확인

상세한 해설

- 해설 학습을 통해 이론 복습의 효과를 기대할 수 있도록 모든 선지의 해설 수록
- 문제 풀이에 참고하면 좋은 관련 판례, 조문, 이론 수록

함께 정리하기

- 각 선지의 주요 내용을 간단하게 요약·정리한 함께 정리하기 수록
- 핵심 내용만을 빠르게 효과적으로 학습 가능

유제

해설과 관련된 기출지문을 OX문제로 변경하여 수록

해커스공무원 학원·인강
gosi.Hackers.com

실전동형 모의고사

잠깐! 실전동형모의고사 전 확인사항

실전동형모의고사도 실전처럼 문제를 푸는 연습이 필요합니다.

✔ 휴대전화는 전원을 꺼주세요.

✔ 연필과 지우개를 준비하세요.

✔ 제한시간 15분 내 최대한 많은 문제를 정확하게 풀어보세요.

매 회 실전동형모의고사 전, 위 사항을 점검하고 시험에 임하세요.

01회 실전동형모의고사

제한시간: 15분 시작 시 분 ~ 종료 시 분 점수 확인 ☐ 개/ 20개

01 통치행위에 대한 설명으로 옳지 않은 것은? (다툼이 있는 경우 판례에 의함)

① 고도의 정치적 성격을 지니는 남북정상회담 개최과정에서 정부에 신고하지 아니하거나 협력사업 승인을 얻지 아니한 채 북한 측에 사업권의 대가 명목으로 송금한 행위 자체는 사법심사의 대상이 된다.

② 외국에의 국군 파견결정은 그 성격상 국방 및 외교에 관련된 고도의 정치적 결단을 요하는 문제로서, 헌법과 법률이 정한 절차가 지켜진 것이라면 대통령과 국회의 판단은 존중되어야 하고 사법적 기준만으로 이를 심판하는 것은 자제되어야 한다.

③ 신행정수도건설이나 수도이전의 문제는 그 자체로 고도의 정치적 결단을 요하므로 사법심사의 대상에서 제외되고, 그것이 국민의 기본권침해와 직접 관련되는 경우에도 헌법재판소의 심판대상이 될 수 없다.

④ 대통령의 긴급재정경제명령은 국가긴급권의 일종으로서 고도의 정치적 결단에 의하여 발동되는 행위이고 그 결단을 존중하여야 할 필요성이 있는 행위라는 의미에서 이른바 통치행위에 속한다.

02 행정법의 일반원칙에 대한 판례의 입장으로 옳지 않은 것은?

① 공적인 견해표명에 반하는 행정처분을 함으로써 달성하려는 공익이 개인의 신뢰이익보다 큰 경우, 그 행정처분은 적법하다.

② 지방공무원 임용신청 당시 잘못 기재된 생년월일에 근거하여 36년 동안 공무원으로 근무하다 정년을 1년 3개월 앞두고 생년월일을 정정한 후 그에 기초하여 정년연장을 요구하는 것은 신의성실의 원칙에 반하지 않는다.

③ 처분청이 착오로 행정서사업 허가처분을 한 후 20년이 다 되어서야 취소사유를 알고 행정서사업 허가를 취소한 경우, 그 허가취소처분은 실권의 법리에 저촉되는 것으로 보아야 한다.

④ 한려해상국립공원지구 인근의 자연녹지지역에서의 토석 채취허가가 법적으로 가능할 것이라는 행정청의 언동을 신뢰한 개인이 많은 비용과 노력을 투자하였다가 불허가처분으로 상당한 불이익을 입게 된 경우에도 신뢰보호원칙 위반이 아니다.

03 행정입법에 대한 설명으로 옳지 않은 것은? (다툼이 있는 경우 판례에 의함)

① 고시가 법령에 근거를 둔 것이라면 그 규정 내용이 법령의 위임 범위를 벗어난 것일 경우라도 법규명령으로서의 대외적 구속력을 인정할 수 있다.

② 고시가 법령의 규정을 보충하는 기능을 가지면서 그와 결합하여 대외적인 구속력이 있는 법규명령으로서의 효력을 가지는 경우에도 그 자체가 법령은 아니고 행정규칙에 지나지 않으므로 적당한 방법으로 이를 일반인 또는 관계인에게 표시 또는 통보함으로써 그 효력이 발생한다.

③ 구「도로교통법 시행규칙」제53조 제1항이 정한 [별표 16] 의 운전면허 행정처분기준은 부령의 형식으로 되어 있으나, 그 규정의 성질과 내용이 운전면허 취소처분 등에 관한 사무처리기준과 처분절차 등 행정청 내부의 사무처리준칙을 규정한 것에 지나지 아니하므로 대외적 구속력이 없다.

④ 설정된 재량기준이 객관적으로 합리적이 아니라거나 타당하지 않다고 볼 만한 다른 특별한 사정이 없다면 행정청의 의사는 존중되어야 한다.

04 인·허가 의제에 대한 설명으로 가장 옳은 것은? (다툼이 있는 경우 판례에 의함)

① 주된 인·허가인 건축불허가처분을 하면서 그 처분사유로 의제되는 인·허가에 해당하는 형질변경 불허가 사유를 들고 있다면, 그 건축불허가처분을 받은 자는 형질변경 불허가처분에 관해서도 쟁송을 제기하여 다툴 수 있다.

② 인·허가의제는 의제되는 행위에 대하여 본래적으로 권한을 갖는 행정기관의 권한행사를 보충하는 것이므로 법령의 근거가 없는 경우에도 인정된다.

③ 신청된 주된 인·허가 절차만 거치면 되고, 의제되는 인·허가를 위하여 거쳐야 하는 주민의견청취 등의 절차를 거칠 필요는 없다.

④ 주된 인·허가에 관한 사항을 규정하고 있는 A법률에서 주된 인·허가가 있으면 B법률에 의한 인·허가를 받은 것으로 의제한다는 규정을 둔 경우, B법률에 의하여 인·허가를 받았음을 전제로 하는 B법률의 모든 규정이 적용된다.

05 행정행위의 효력과 선결문제의 관계에 대한 설명으로 옳은 것은? (다툼이 있는 경우 판례에 의함)

① 처분 등의 효력 유무 및 위법 여부 또는 존재 여부가 민사소송의 선결문제로 되어 당해 민사소송의 수소법원이 이를 심리·판단하는 경우에 대하여 「행정소송법」은 명시적인 규정을 두고 있다.

② 위법한 행정대집행이 완료되면 그 처분의 무효확인 또는 취소를 구할 소의 이익은 없다 하더라도, 미리 그 행정처분의 취소판결이 있어야만 그 처분의 위법임을 이유로 한 손해배상청구를 할 수 있다.

③ 조세의 과오납으로 인한 부당이득반환청구소송에서 행정행위가 당연무효가 아닌 경우 민사법원은 그 처분의 효력을 부인할 수 없다.

④ 구 「주택법」에 따른 시정명령이 위법하더라도 당연무효가 아닌 이상 그 시정명령을 따르지 아니한 경우에는 동법상의 시정명령위반죄가 성립한다.

06 공법상 계약에 대한 설명으로 가장 옳지 않은 것은? (다툼이 있는 경우 판례에 의함)

① 「공공기관의 운영에 관한 법률」의 적용 대상인 공기업이 일방 당사자가 되는 계약은 공법상 계약으로 볼 수 없다.

② 구 「산업집적활성화 및 공장설립에 관한 법률」에 따른 산업단지 입주계약의 해지통보는 행정청인 관리권자로부터 관리업무를 위탁받은 한국산업단지공단이 우월적 지위에서 그 상대방에게 일정한 법률상 효과를 발생하게 하는 것으로서 항고소송의 대상이 되는 행정처분에 해당한다.

③ 광주광역시립합창단원으로서 위촉 기간이 만료되는 자들의 재위촉 신청에 대하여 광주광역시문화예술회관장이 실기와 근무성적에 대한 평정을 실시하여 재위촉을 하지 아니한 것은 항고소송의 대상이 되는 불합격처분에 해당한다.

④ 채용계약상 특별한 약정이 없는 한 지방계약직공무원에 대하여 「지방공무원법」, 「지방공무원 징계 및 소청 규정」에 정한 징계절차에 의하지 않고서는 보수를 삭감할 수 없다.

07 「행정절차법」상 행정절차에 대한 설명으로 옳지 않은 것은? (다툼이 있는 경우 판례에 의함)

① 「도로법」에 따른 도로구역의 변경은 고시와 열람의 절차를 거치므로 「행정절차법」상 사전통지나 의견청취의 대상이 되지 않는다.

② 단순·반복적인 처분으로서 당사자가 그 이유를 명백히 알 수 있어서 처분의 이유제시가 생략된 경우에도 당사자는 「행정절차법」에 따라 그 처분의 이유제시를 요청할 수 있다.

③ 대형마트 영업시간 제한 등 처분시 임대매장의 임차인은 처분상대방이 되는 것은 아니므로 임차인들을 상대로 사전통지·의견청취절차를 거칠 필요가 없다.

④ 처분의 전제가 되는 '일부' 사실만 증명된 경우이거나 의견청취에 따라 행정청의 처분 여부나 처분 수위가 달라질 수 있는 경우 「행정절차법 시행령」 제13조 제2호의 예외사유에 해당한다.

08 「행정절차법」에 대한 설명으로 옳지 않은 것은? (다툼이 있는 경우 판례에 의함)

① 「행정절차법」의 청문배제사유인 '당해 처분의 성질상 의견청취가 현저히 곤란하거나 명백히 불필요하다고 인정될 만한 상당한 이유가 있는 경우'는 당해 행정처분의 성질에 의하여 판단하여야 하는 것이지, 청문통지서의 반송 여부, 청문통지의 방법 등에 의하여 판단할 것은 아니다.

② 외국인의 출입국에 관한 사항은 「행정절차법」이 적용되지 않으므로, 미국 국적을 가진 교민에 대한 사증거부처분에 대해서도 처분의 방식에 관한 「행정절차법」 제24조는 적용되지 않는다.

③ 「병역법」에 의한 소집에 관한 사항에는 「행정절차법」이 적용되지 않으나 「행정절차법」상의 산업기능요원의 편입취소처분에 대해서는 「행정절차법」이 적용된다.

④ 「행정절차법 시행령」 제2조 제8호는 '학교·연수원 등에서 교육·훈련의 목적을 달성하기 위하여 학생·연수생들을 대상으로 하는 사항'을 「행정절차법」이 적용되지 않는 경우로 규정하고 있으나 생도의 퇴학처분과 같이 신분을 박탈하는 징계처분을 여기에 해당한다고 할 수 없다.

09 정보공개에 대한 판례의 입장으로 옳은 것은?

① 한·일군사정보보호협정 및 한·일 상호군수지원협정과 관련하여 각종 회의자료 및 회의록등의 정보는 정보공개법상 공개가 가능한 부분과 공개가 불가능한 부분을 쉽게 분리하는 것이 불가능한 비공개정보에 해당하지 아니한다.

② 학교환경위생구역 내 금지행위(숙박시설) 해제 결정에 관한 학교환경위생정화위원회의 회의록에 기재된 발언 내용에 대한 해당 발언자의 인적사항 부분에 관한 정보는 「공공기관의 정보공개에 관한 법률」 소정의 비공개대상 정보에 해당하지 않는다.

③ 「보안관찰법」 소정의 보안관찰 관련 통계자료는 「공공기관의 정보공개에 관한 법률」 소정의 비공개대상 정보에 해당하지 않는다.

④ 학교폭력대책자치위원회가 피해 학생의 보호를 위한 조치, 가해 학생에 대한 조치, 학교폭력과 관련된 분쟁의 조정 등에 관하여 심의한 결과를 기재한 회의록은 「공공기관의 정보공개에 관한 법률」 소정의 비공개대상 정보에 해당한다.

10 「개인정보 보호법」상 개인정보 보호에 대한 설명으로 옳지 않은 것은? (다툼이 있는 경우 판례에 의함)

① 이미 공개된 개인정보를 정보주체의 동의가 있었다고 객관적으로 인정되는 범위 내에서 처리를 할 때는 정보주체의 별도의 동의는 불필요하다고 보아야 하고, 별도의 동의를 받지 아니하였다고 하여 「개인정보 보호법」을 위반한 것으로 볼 수 없다.

② 법인의 정보는 「개인정보 보호법」의 보호대상이 아니다.

③ 개인정보자기결정권의 보호대상이 되는 개인정보는 개인의 신체, 신념, 사회적 지위, 신분 등과 같이 개인의 인격주체성을 특징짓는 것으로 내밀한 사적 영역의 정보를 말하고 공적 생활에서 형성된 개인정보는 제외된다.

④ 개인정보처리자는 당초 수집 목적과 합리적으로 관련된 범위에서 정보주체에게 불이익이 발생하는지 여부, 암호화 등 안전성 확보에 필요한 조치를 하였는지 여부 등을 고려하여 대통령령으로 정하는 바에 따라 정보주체의 동의 없이 개인정보를 제공할 수 있다.

11 행정대집행에 대한 설명으로 옳지 않은 것은? (다툼이 있는 경우 판례에 의함)

① 구 대한주택공사가 대집행권한을 위탁받아 공무인 대집행을 실시하기 위하여 지출한 비용을 「행정대집행법」 절차에 따라 「국세징수법」의 예에 의하여 징수할 수 있음에도 민사소송절차에 의하여 그 비용의 상환을 구하는 청구는 소의 이익이 없어 부적법하다.

② 건물의 점유자가 철거의무자일 때에는 건물철거의무에 퇴거의무도 포함되어 있는 것이어서 별도로 퇴거를 명하는 집행권원이 필요하지 않다.

③ 철거명령에서 주어진 일정 기간이 자진 철거에 필요한 상당한 기간이라고 하여도 그 기간 속에는 계고시에 필요한 '상당한 이행기간'이 포함되어 있다고 볼 수 없다.

④ 대집행계고처분 취소소송이 변론이 종결되기 전에 대집행영장에 의한 통지절차를 거쳐 사실행위로서 대집행의 실행이 완료된 경우에는 계고처분의 취소를 구할 법률상의 이익이 없다.

12 행정조사에 대한 설명으로 옳지 않은 것은? (다툼이 있는 경우 판례에 의함)

① 조세부과처분을 위한 과세관청의 세무조사결정은 사실행위로서 납세의무자의 권리·의무에 직접 영향을 미치는 것은 아니므로 항고소송의 대상이 되지 아니한다.

② 행정기관의 장은 법령 등에 특별한 규정이 있는 경우를 제외하고는 행정조사의 결과를 확정한 날부터 7일 이내에 그 결과를 조사대상자에게 통지하여야 한다.

③ 「행정조사기본법」에 의하면 행정기관은 행정조사를 통하여 알게 된 정보를 다른 법률에 따라 내부에서 이용하거나 다른 기관에 제공하는 경우를 제외하고는 원래의 조사목적 이외의 용도로 이용하거나 타인에게 제공하여서는 아니 된다.

④ 「행정조사기본법」에 의하면 조사대상자의 자발적인 협조를 얻어 실시하는 행정조사의 경우에는 법령 등의 근거 없이도 행할 수 있으며, 이러한 행정조사에 대하여 조사대상자가 조사에 응할 것인지에 대한 응답을 하지 아니한 경우에는 법령 등에 특별한 규정이 없는 한 그 조사를 거부한 것으로 본다.

13 행정상 강제집행에 대한 설명으로 옳지 않은 것은? (다툼이 있는 경우 판례에 의함)

① 체납자는 공매처분 취소소송에서 다른 권리자에 대한 공매통지의 하자를 이유로 공매처분의 취소를 구할 수 없다.

② 「국세징수법」상 납부최고는 체납처분의 전제요건을 충족시키며, 시효중단의 효과를 발생하게 한다.

③ 과세관청의 체납자 등에 대한 공매통지는 공매절차에 있어서 체납자 등의 권리 내지 재산상 이익을 보호하기 위하여 규정한 것이므로 그 통지를 하지 아니한 채 공매처분을 하였다면 그 공매처분은 무효가 된다.

④ 공매대행사실을 통지하지 않았다는 이유만으로 매각처분이 위법하게 되는 것은 아니다.

14 「국가배상법」에 대한 설명으로 옳은 것은? (다툼이 있는 경우 판례에 의함)

① '영조물의 설치 또는 관리의 하자'란 공공의 목적에 제공된 영조물이 그 용도에 따라 통상 갖추어야 할 안전성을 갖추지 못한 상태에 있음을 말한다.

② 강설에 대처하기 위하여 완벽한 방법으로 도로 자체에 융설 설비를 갖추는 것은 현대의 과학기술 수준이나 재정 사정에 비추어 사실상 불가능하다고 할 것이므로, 고속도로의 관리자에게 도로의 구조, 기상예보 등을 고려하여 사전에 충분한 인적·물적 설비를 갖추어 강설 시 신속한 제설 작업을 하고 필요한 경우 제때에 교통통제 조치를 취할 관리의무가 있다고 할 수 없다.

③ 「국가배상법」의 규정에 의하면 영조물의 설치·관리를 맡은 자와 영조물의 설치·관리 비용을 부담하는 자가 동일하지 아니한 경우에는 영조물의 설치·관리 비용을 부담하는 자가 우선적으로 손해를 배상하여야 한다.

④ 국가 또는 지방자치단체가 관리하지만 사인의 소유에 속하는 공물에 대하여는 「국가배상법」 제5조가 적용되지 아니한다.

15 「공익사업을 위한 토지 등의 취득 및 보상에 관한 법률」상 손실보상에 대한 설명으로 옳지 않은 것은? (다툼이 있는 경우 판례에 의함)

① 공익사업의 시행으로 지가가 상승하여 발생한 개발 이익을 손실보상금액에 포함시키지 않더라도 헌법이 규정한 정당보상의 원리에 어긋나는 것은 아니다.

② 사업시행자, 토지소유자 또는 관계인은 토지수용위원회의 수용재결에 불복할 때에는 재결서를 받은 날부터 90일 이내에, 이의신청을 거쳤을 때에는 이의신청에 대한 재결서를 받은 날부터 60일 이내에 각각 행정소송을 제기할 수 있다.

③ 형식적 당사자소송인 보상금의 증감에 관한 소송을 제기하는 경우 그 소송을 제기하는 자가 토지소유자일 때에는 사업시행자를, 사업시행자일 때에는 토지소유자를 각각 피고로 한다.

④ 동일한 사업지역에 보상시기를 달리하는 동일인 소유의 토지 등이 여러 개 있는 경우 토지소유자나 관계인이 한꺼번에 지급할 것을 요구하더라도 토지별로 각각 보상금을 지급하도록 하여야 한다.

16 항고소송의 대상이 되는 처분에 대한 설명으로 옳은 것은? (다툼이 있는 경우 판례에 의함)

① 지방계약직공무원의 보수삭감행위는 대등한 당사자 간의 계약관계와 관련된 것이므로 처분성은 인정되지 아니하며 공법상 당사자소송의 대상이 된다.

② 공정거래위원회의 표준약관 사용권장 행위는 비록 그 통지를 받은 해당 사업자 등에게 표준약관을 사용할 경우 표준약관과 다르게 정한 주요내용을 고객이 알기 쉽게 표시하여야 할 의무를 부과하고 그 불이행에 대해서는 과태료에 처하도록 되어 있으나, 이는 어디까지나 구속력이 없는 행정지도에 불과하므로 행정처분에 해당되지 아니한다.

③ 검사의 공소에 대하여는 형사소송절차에 의하여서만 다툴 수 있고 행정소송의 방법으로 공소의 취소를 구할 수는 없다.

④ 기존의 행정처분을 변경하는 후속처분의 내용이 종전처분의 유효를 전제로 내용 중 일부만을 추가 · 철회 · 변경하는 것이고 추가 · 철회 · 변경된 부분이 내용과 성질상 나머지 부분과 불가분적인 것이 아닌 경우라 할지라도 후속처분이 항고소송의 대상이 된다.

17 법률상 이익에 대한 설명으로 옳지 않은 것은? (다툼이 있는 경우 판례에 의함)

① 행정청이 행정심판의 재결에 따라 이전의 신청을 받아들이는 후속처분을 하였더라도 후속처분이 위법한 경우에는 그 재결에 대한 취소소송을 제기하지 않고도 곧바로 후속처분에 대한 항고소송을 제기하여 다툴 수 있다.

② 행정처분에 있어서 불이익처분의 상대방은 직접 개인적 이익의 침해를 받은 자로서 취소소송의 원고적격이 인정되지만 수익처분의 상대방은 그의 권리나 법률상 보호되는 이익이 침해되었다고 볼 수 없으므로 달리 특별한 사정이 없는 한 취소를 구할 이익이 없다.

③ 상수원보호구역 설정의 근거가 되는 「수도법」이 보호하는 것은 상수원의 확보와 수질보전일 뿐이고, 그 상수원에서 급수를 받고 있는 지역 주민들이 가지는 이익은 상수원의 확보와 수질보호라는 공공의 이익이 달성됨에 따라 반사적으로 얻게 되는 이익에 불과하다.

④ 규제권한발동에 관해 행정청의 재량을 인정하는 「건축법」의 규정은 소정의 사유가 있는 경우 행정청에 건축물의 철거 등을 명할 수 있는 권한을 부여한 것일 뿐만 아니라, 행정청에 그러한 의무가 있음을 규정한 것이다.

18 행정소송에서의 제소기간에 대한 설명으로 옳은 것은? (다툼이 있는 경우 판례에 의함)

① 제소기간은 불변기간이므로 소송행위의 보완은 허용되지 않는다.

② 처분의 불가쟁력이 발생하였고 그 이후에 행정청이 당해 처분에 대해 행정심판청구를 할 수 있다고 잘못 알렸다면, 그 처분의 취소소송의 제소기간은 행정심판의 재결서를 받은 날부터 기산한다.

③ 당사자가 적법한 제소기간 내에 부작위법확인의 소를 제기한 후 동일한 신청에 대하여 소극적 처분이 있다고 보아 처분취소소송으로 소를 교환적으로 변경한 후 부작위 위법확인의 소를 추가적으로 병합한 경우 제소기간을 준수한 것으로 볼 수 있다.

④ 처분에 대해 무효확인소송을 제기하였다가 취소소송으로 소의 종류를 변경하는 경우, 제소기간의 준수 여부는 취소소송으로 변경되는 때를 기준으로 한다.

20 「행정심판법」의 내용에 대한 설명으로 옳은 것은?

① 「행정심판법」은 구술심리를 원칙으로 하며, 당사자의 신청이 있는 때에는 서면심리로 할 것을 규정하고 있다.

② 행정심판위원회는 임시처분을 결정한 후에는 임시처분이 공공복리에 중대한 영향을 미치는 경우에도 직권으로 또는 당사자의 신청에 의하여 이 결정을 취소할 수 없다.

③ 청구인은 행정심판위원회의 간접강제 결정에 불복하는 경우 그 결정에 대하여 행정소송을 제기할 수 있다.

④ 당사자의 신청을 거부하는 처분에 대한 취소심판에서 인용재결이 내려진 경우, 의무이행심판과 달리 행정청은 재처분의무를 지지 않는다.

19 취소판결의 효력에 대한 설명으로 옳은 것은? (다툼이 있는 경우 판례에 의함)

① 기판력의 객관적 범위는 판결의 주문 이외에 판결이유에 설시된 그 전제가 되는 법률관계의 존부에도 미친다.

② 판결에 의하여 취소되는 처분이 당사자의 신청을 거부하는 것을 내용으로 하는 경우에는 그 처분을 행한 행정청은 판결의 취지에 따라 다시 이전의 신청에 대한 처분을 할 수 있다.

③ 기속력에 반하는 행정청의 행위는 위법하며, 이는 당연무효사유에 해당한다.

④ 과세처분의 취소소송에서 청구가 기각된 확정판결의 기판력은 그 과세처분의 무효확인을 구하는 소송에는 미치지 아니한다.

01회 실전동형모의고사
모바일 자동 채점 + 성적 분석 서비스
바로 가기 (gosi.Hackers.com)

QR코드를 이용하여 해커스공무원의 '모바일 자동 채점 + 성적 분석 서비스'로 바로 접속하세요!
* 해커스공무원 사이트의 가입자에 한해 이용 가능합니다.

02회 실전동형모의고사

제한시간: 15분 **시작** 시 분 ~ 종료 시 분 점수 확인 개/ 20개

01 사인의 공법행위인 신고에 대한 판례의 입장으로 옳지 않은 것은?

① 「유통산업발전법」상 대규모 점포의 개설등록은 이른바 '수리를 요하는 신고'로서 행정처분에 해당한다.

② 「의료법」에 따라 정신과 의원을 개설하려는 자가 법령에 규정되어 있는 요건을 갖추어 개설신고를 한 경우라면 관할 시장·군수·구청장은 법령에서 정한 요건 이외의 사유를 들어 의원급 의료기관 개설신고의 수리를 거부할 수 없다.

③ 인·허가 의제 효과를 수반하는 건축신고는 일반적인 건축신고와는 달리, 특별한 사정이 없는 한 행정청이 그 실체적 요건에 관한 심사를 한 후 수리하여야 하는 이른바 '수리를 요하는 신고'에 해당한다.

④ 가설건축물존치 기간을 연장하려는 건축주 등이 법령에 규정되어 있는 제반 서류와 요건을 갖추어 행정청에 연장 신고를 한 경우, 행정청으로서는 법령에서 요구하고 있지 않은 '대지사용승낙서' 등의 서류가 제출되지 아니하였거나, 대지 소유권자의 사용승낙이 없다는 등의 사유를 들어 가설건축물존치기간 연장신고의 수리를 거부할 수 있다.

02 행정입법의 통제에 대한 설명으로 옳지 않은 것은? (다툼이 있는 경우 판례에 의함)

① 헌법재판소는 법령자체에 의한 직접적인 기본권침해 여부가 문제 되었을 경우 그 법령의 효력을 직접 다투는 것을 소송물로 하여 일반 법원에 구제를 구할 수 있는 절차는 존재하지 아니하므로 다른 구제절차를 거칠 것 없이 바로 헌법소원을 제기할 수 있다고 보았다.

② 「국회법」에 의하면 중앙행정기관의 장은 법률에서 위임한 사항이나 법률을 집행하기 위하여 필요한 사항을 규정한 대통령령·총리령·부령·훈령·예규·고시 등이 제정·개정 또는 폐지되었을 때에는 10일 이내에 이를 국회 소관 상임 위원회에 제출하여야 한다.

③ 헌법 제107조 제2항의 규정에 따르면 행정입법의 심사는 일반적인 재판절차에 의하여 구체적 규범통제의 방법에 의하도록 하고 있으므로, 원칙적으로 당사자는 구체적 사건의 심판을 위한 선결문제로서 행정입법의 위법성을 주장하여 법원에 대하여 당해 사건에 대한 적용 여부의 판단을 구할 수 있을 뿐 행정입법 자체의 합법성의 심사를 목적으로 하는 독립한 신청을 제기할 수는 없다.

④ 사법적 통제에 있어 우리나라는 추상적 규범 통제제도를 취하고 있기 때문에 행정청의 '처분 등'에 의하지 않는 일반적인 법규명령에 대해서도 규범 통제를 할 수 있다.

03 행정행위에 대한 설명으로 가장 옳지 않은 것은? (다툼이 있는 경우 판례에 의함)

① 「야생동·식물보호법」상 곰의 웅지를 추출하여 비누, 화장품 등의 재료를 사용할 목적으로 곰의 용도를 '사육곰'에서 '식가공품 및 약용재료'로 변경하겠다는 내용의 국제적 멸종위기종의 용도변경승인 행위는 재량행위이다.

② 석유판매업 허가는 소위 대인적 허가의 성질을 갖는 것이어서 양도인의 귀책사유는 양수인에게 그 효력이 미치지 않는다.

③ 주류제조업면허는 제조장단위의 이전성이 인정되는 소위 대물적 허가로서 허가받은 자의 인격변동이 당연히 허가 취소사유에 해당하는 것은 아니다.

④ 주류판매업면허는 강학상 허가이므로 「주세법」에 열거된 면허제한사유에 해당하지 아니하는 한 면허관청으로서는 임의로 그 면허를 거부할 수 없다.

04 인·허가 의제에 대한 설명으로 옳지 않은 것은? (다툼이 있는 경우 판례에 의함)

① 인·허가 의제가 인정되는 경우 민원인은 하나의 인·허가 신청과 더불어 의제를 원하는 인·허가 신청을 각각의 해당 기관에 제출하여야 한다.

② 관계행정청의 협의를 생략한 처분은 절차상 하자가 있어 위법하다.

③ 협의를 거치지 않은 승인처분은 취소사유에 해당하는 하자가 있다.

④ 소방서장의 건축부동의로 인한 건축불허가처분이 있는 경우 건축불허가처분을 대상으로 쟁송을 제기해야 한다.

05 다음 사안에 대한 설명으로 옳지 않은 것은? (다툼이 있는 경우 판례에 의함)

> 甲이 국세를 체납하자 관할 세무서장은 甲 소유가옥에 대한 공매절차를 진행하여 낙찰자 乙에게 소유권이전등기가 경료되었다. 그런데 甲은 그로부터 1년이 지난 후에야 위 공매처분에 하자 있음을 발견하였다.
> (가) 甲이 공매처분의 하자를 이유로 乙을 상대로 하여 소유권이전등기의 말소등기절차의 이행을 구하는 민사 소송을 제기하였다.
> (나) 甲이 가옥의 소유권을 상실하는 손해를 입었음을 이유로 바로 국가를 상대로 민사법원에 손해배상청구 소송을 제기하였다.

① (가)의 경우 공매처분의 하자가 취소사유라면 민사법원 공매처분의 효력을 부인할 수 없으므로 甲의 등기말소청구는 기각될 것이다.

② (가)의 경우 공매처분의 하자가 무효사유라면 민사법원은 공매처분의 효력유무에 대해서 판단이 가능하며, 甲의 등기 말소청구는 인용될 수 있다.

③ (나)의 경우 공매처분에 대한 취소소송의 제기기간인 1년이 지난 후에 제기한 손해배상청구소송이므로 민사법원은 甲의 청구를 각하해야 할 것이다.

④ (나)의 경우 甲의 소송제기는 관할위반의 위법이 없고, 민사법원은 공매처분의 하자에 대해 그 위법성을 심사하여 甲의 손해배상청구를 인용할 수 있다.

06 다음 중 공법상 계약에 해당하는 것을 모두 고른 것은? (다툼이 있는 경우 판례에 의함)

> ㄱ. 공중보건의사 채용계약
> ㄴ. 창덕궁 안내원 채용계약
> ㄷ. 서울특별시립무용단 단원의 위촉
> ㄹ. 사업시행자와 사인의 협의취득

① ㄱ, ㄷ   ② ㄱ, ㄹ
③ ㄴ, ㄷ   ④ ㄴ, ㄹ

07 행정절차에 대한 설명으로 가장 옳지 않은 것은? (다툼이 있는 경우 판례에 의함)

① 「행정절차법」은 공법상 계약과 행정조사절차에 관해서는 별도의 규정이 없다.

② 「행정절차법」상 당사자등은 처분 전에 그 처분의 관할 행정청에 서면이나 정보통신망을 이용하여 의견을 제출할 수 있으나, 말로는 할 수 없다.

③ 정규공무원으로 임용된 사람에게 시보임용처분 당시 「지방공무원법」에 정한 공무원임용결격사유가 있어 시보임용처분을 취소하고 그에 따라 정규임용처분을 취소한 경우 정규임용처분을 취소하는 처분에 대하여서는 「행정절차법」의 규정이 적용된다.

④ 행정청은 국내에 주소·거소·영업소 또는 사무소가 없는 외국사업자에 대하여 우편송달의 방법으로 문서를 송달할 수 있다.

08 「행정대집행법」상 대집행에 대한 설명으로 옳지 않은 것은? (다툼이 있는 경우 판례에 의함)

① 부작위의무 위반행위에 대하여 대체적 작위의무로 전환하는 규정을 두고 있지 아니하더라도 그 금지규정으로부터 그 위반결과의 시정을 명하는 원상복구명령을 할 수 있는 권한이 도출될 수 있다.

② 행정청이 대집행계고를 함에 있어서는 의무자가 스스로 이행하지 아니하는 경우에 대집행할 행위의 내용 및 범위가 구체적으로 특정되어야 하지만, 그 행위의 내용 및 범위는 반드시 대집행계고서에 의하여서만 특정되어야 하는 것은 아니다.

③ 행정청이 대집행을 실시하지 않는 경우, 그 국유재산에 대한 사용청구권을 가지고 있는 자가 국가를 대위하여 민사소송으로 그 시설물의 철거를 구할 수 있다.

④ 「행정대집행법」상 건물철거 대집행은 다른 방법으로는 이행의 확보가 어렵고 불이행을 방치함이 심히 공익을 해하는 것으로 인정될 때에 한하여 허용되고 이러한 요건의 주장·입증책임은 처분 행정청에 있다.

09 행정상 즉시강제에 대한 설명으로 가장 옳지 않은 것은? (다툼이 있는 경우 판례에 의함)

① 즉시강제에서 영장주의 적용 여부에 대하여 판례는 국민의 권익 보호를 위하여 예외 없이 영장주의가 적용되어야 한다는 영장필요설의 입장을 취하고 있다.

② 「재난 및 안전관리 기본법」에 의한 응급조치는 행정상 즉시강제에 해당한다.

③ 손실발생의 원인에 대하여 책임이 없는 자가 경찰관의 적법한 보호조치에 자발적으로 협조하여 재산상의 손실을 입은 경우, 국가는 손실을 입은 자에 대하여 정당한 보상을 하여야 한다.

④ 과도한 실력행사로 인해 즉시강제가 위법한 것으로 평가되는 경우에는 발생한 손해에 대하여 국가배상책임이 인정될 소지가 있다.

10 과징금에 대한 설명으로 옳지 않은 것은? (다툼이 있는 경우 판례에 의함)

① 위법한 과징금의 부과행위는 행정처분으로 볼 수 없으므로 행정소송을 통하여 취소 등을 구할 수 없다.

② 부과관청은 과징금을 부과하면서 법적근거 없이 추후에 부과금산정기준이 되는 새로운 자료가 나올 경우에는 과징금액이 변경될 수도 있다고 유보한다든지, 실제로 추후에 새로운 자료가 나왔다고 하여 새로운 부과처분을 할 수는 없다.

③ 과징금 부과처분에는 원칙적으로 「행정절차법」이 적용된다.

④ 변형된 과징금의 경우 영업정지에 갈음하는 과징금을 부과할 것인가 영업정지처분을 내릴 것인가는 통상 행정청의 재량에 속한다.

11 「국가배상법」에 대한 설명으로 옳지 않은 것은? (다툼이 있는 경우 판례에 의함)

① 영조물의 설치·관리를 맡은 자와 영조물의 설치·관리의 비용을 부담하는 자가 다른 경우에는 피해자는 어느 쪽에 대하여도 선택적으로 손해배상을 청구할 수 있다.

② 국토부장관이 지방하천의 공사를 대행하던 중 손해가 발생한 경우 하천관리청이 속한 지방자치단체는 사무의 귀속주체로서 손해배상책임을 부담한다.

③ 다른 자연적 사실이나 제3자의 행위 또는 피해자의 행위와 경합하여 손해가 발생하였더라도 영조물의 설치·관리상의 하자가 공동원인의 하나가 된 이상 그 손해는 영조물의 설치·관리상의 하자에 의하여 발생한 것이라고 보아야 한다.

④ 판례에 의하면 영조물의 설치의 하자 유무는 객관적 견지에서 본 안전성의 문제이므로 설치자의 재정사정은 영조물의 안전성을 결정지을 절대적 요건이다.

12 행정상 손실보상에 대한 설명으로 옳지 않은 것은? (다툼이 있는 경우 판례에 의함)

① 토지가 가지는 문화적·학술적 가치는 특별한 사정이 없는 한, 토지의 부동산으로서의 경제적·재산적 가치를 높여 주는 것이 아니므로 손실보상의 대상이 될 수 없다.

② 사업시행자에게 한 잔여지매수청구의 의사표시는 일반적으로 관할 토지수용위원회에 한 잔여지수용청구의 의사표시로 볼 수 있다.

③ 이의신청에 대한 재결에 대하여 기한 내에 행정소송이 제기되지 않거나 그 밖의 사유로 이의신청에 대한 재결이 확정된 때에는 「민사소송법」상의 확정판결이 있은 것으로 본다.

④ 구 「공익사업을 위한 토지 등의 취득 및 보상에 관한 법률」의 관련 규정에 의하여 취득하는 어업피해에 관한 손실보상청구권은 민사소송의 방법으로 행사할 수는 없고 재결 절차를 거치지 않은 채 곧바로 사업시행자를 상대로 손실보상을 청구하는 것도 허용되지 않는다.

13 판례의 입장으로 옳지 않은 것은?

① 「농지법」상 이행강제금 부과처분에 대한 불복은 「비송사건절차법」에 의한 과태료재판에 준하여 재판을 하도록 정하고 있기 때문에 항고소송의 대상이 될 수 없다.

② 지방자치단체가 체결하는 이른바 '공공계약'이 사경제의 주체로서 상대방과 대등한 위치에서 체결하는 사법상 계약에 해당하는 경우, 그 계약에는 법령에 특별한 정함이 있는 경우 외에는 사적 자치와 계약자유의 원칙 등 사법의 원리가 그대로 적용된다.

③ 「교육공무원법」에 따라 승진후보자명부에 포함되어 있던 후보자를 승진심사에 의해 승진임용 인사발령에서 제외하는 행위는 항고소송의 대상인 처분으로 보아야 한다.

④ 허가에 의해 타법상의 인·허가가 의제되는 경우, 의제된 인·허가는 통상적인 인·허가와 동일한 효력을 가질 수 없다.

14 「공공기관의 정보공개에 관한 법률」상 행정정보공개제도에 대한 설명으로 옳지 않은 것은? (다툼이 있는 경우 판례에 의함)

① 「공공기관의 정보공개에 관한 법률」상 공개대상이 되는 정보는 공공기관이 직무상 작성 또는 취득하여 현재 보유, 관리하고 있는 문서에 한정되기는 하지만, 반드시 원본일 필요는 없다.

② 형사재판확정기록의 공개에 관하여는 「형사소송법」의 규정이 적용되므로 「공공기관의 정보공개에 관한 법률」에 의한 공개청구는 허용되지 아니한다.

③ 외국 기관으로부터 비공개를 전제로 정보를 입수하였다면 공개할 경우 업무의 공정한 수행에 현저한 지장을 줄 우려가 있는 비공개정보에 해당한다.

④ 정보의 공개를 청구하는 자가 청구대상정보를 기재함에 있어서는 사회일반인의 관점에서 청구대상 정보의 내용과 범위를 확정할 수 있을 정도로 특정하여야 한다.

15 항고소송의 대상이 되는 처분에 대한 판례의 입장으로 옳지 않은 것은?

① 「국가유공자법」상 이의신청을 받아들이는 것을 내용으로 하는 결정은 항고소송의 대상이 되는 행정처분에 해당하지 않는다.

② 금융감독원장으로부터 문책경고를 받은 금융기관의 임원이 일정기간 금융업종 임원선임의 자격제한을 받도록 관계법령에 규정되어 있는 경우, 금융기관 임원에 대한 문책 경고는 상대방의 권리·의무에 직접 영향을 미치는 행위이므로 행정처분에 해당한다.

③ 공무원시험승진후보자명부에 등재된 자에 대하여 이전의 징계처분을 이유로 시험승진후보자명부에서 삭제하는 행위는 행정처분에 해당하지 않는다.

④ 정부의 수도권 소재 공공기관의 지방이전시책을 추진하는 과정에서 도지사가 도 내 특정시를 공공기관이 이전할 혁신도시 최종입지로 선정한 행위는 항고소송의 대상이 되는 행정처분에 해당하지 않는다.

16 행정소송의 제소기간에 대한 판례의 입장으로 옳은 것은?

① 「산업재해보상보험법」상 보험급여의 부당이득 징수결정의 하자를 이유로 징수금을 감액하는 경우 감액처분으로도 아직 취소되지 않고 남아 있는 부분이 위법하다 하여 다툴 때에는, 제소기간의 준수 여부는 감액처분을 기준으로 판단해야 한다.

② 고시에 의하여 행정처분을 하는 경우 그 고시의 효력 발생 여부를 불문하고 당사자가 고시가 있음을 현실로 안 날이 제소기간의 기산일이 된다.

③ 제3자효 행정행위의 경우 제3자가 어떠한 경위로든 행정처분이 있음을 안 이상 그 처분이 있음을 안 날로부터 90일 이내에 제기하여야 한다.

④ 특정인에 대한 행정처분을 송달할 수 없어 관보 등에 공고한 경우에는 상대방이 당해 처분이 있었다는 사실을 현실적으로 안 날이 아닌, 공고가 효력을 발생하는 날에 상대방이 그 처분이 있음을 알았다고 보아야 한다.

17 취소소송에서 판결의 효력에 대한 설명으로 옳지 않은 것은? (다툼이 있는 경우 판례에 의함)

① 취소판결의 기판력과 기속력은 판결의 주문과 판결이유 중에 설시된 개개의 위법사유에까지 미친다.

② 간접강제결정에서 정한 의무이행기한이 경과한 후라도 확정판결의 취지에 따른 재처분의 이행이 있으면 처분상대방이 더 이상 배상금을 추심하는 것은 특별한 사정이 없는 한 허용되지 않는다.

③ 종전 확정판결의 행정소송 과정에서 한 주장 중 처분사유가 되지 아니하여 판결의 판단 대상에서 제외된 부분을 행정청이 그 후 새로이 행한 처분의 적법성과 관련하여 새로운 소송에서 다시 주장하는 것은 확정판결의 기판력에 저촉되지 않는다.

④ 행정청이 판결 확정 이후 상대방에 대해 재처분을 하였다면 그 처분이 기속력에 위반되는 경우 간접강제의 대상이 된다.

18 부작위위법확인소송에 대한 설명으로 가장 옳지 않은 것은? (다툼이 있는 경우 판례에 의함)

① 부작위위법확인소송에서 예외적으로 행정심판전치가 인정될 경우 그 전치되는 행정심판은 의무이행심판이다.

② 법원은 단순히 행정청의 방치행위의 적부에 관한 절차적 심리만 하는 게 아니라, 신청의 실체적 내용이 이유 있는 지도 심리하며 그에 대한 적정한 처리방향에 관한 법률적 판단을 해야 한다.

③ 부작위의 정당화 사유에 대해서는 행정청이 주장·입증책임을 진다.

④ 甲이 행정청에 도로점용허가를 신청했으나 상당한 기간이 지나도 아무런 응답이 없다면 甲은 부작위위법확인소송을 제기할 수 있고, 이 경우 법원은 행정청이 도로점용허가를 발급해주어야 하는지의 여부는 심리할 수 없다.

19 고지제도에 대한 설명으로 옳은 것은? (다툼이 있는 경우 판례에 의함)

① 「행정심판법」상 고지에서 제출기관을 알리지 아니하여 청구인이 심판청구서를 다른 행정기관에 제출한 경우에는 그 행정기관은 그 심판청구서를 지체 없이 정당한 권한이 있는 피청구인에게 보내야 한다.

② 불고지나 오고지는 처분 자체의 효력에 직접 영향을 미친다.

③ 고지는 「행정심판법」 외에는 규정되어 있지 않다.

④ 고지는 불복제기의 가능성 여부 및 불복청구의 요건 등 불복청구에 필요한 사항을 알려 주는 권력적 사실행위로서 처분성이 인정된다.

20 행정심판에 대한 설명으로 옳지 않은 것은? (다툼이 있는 경우 판례에 의함)

① 행정심판위원회는 피청구인이 의무이행재결의 취지에 따른 처분을 하지 아니하면 청구인의 신청에 의하여 결정으로 상당한 기간을 정하고 피청구인이 그 기간 내에 이행하지 아니하는 경우에는 그 지연기간에 따라 일정한 배상을 하도록 명하거나 즉시 배상을 할 것을 명할 수 있다.

② 종중이나 교회와 같은 비법인사단은 사단 자체의 명의로 행정심판을 청구할 수 없고 대표자가 청구인이 되어 행정심판을 청구하여야 한다.

③ 당사자의 신청을 받아들이지 않은 거부처분이 재결에서 취소된 경우, 그 재결의 취지에 따라 이전의 신청에 대하여 다시 어떠한 처분을 하여야 할지는 처분을 할 때의 법령과 사실을 기준으로 판단하여야 하므로, 행정청은 종전 거부처분 또는 재결 후에 발생한 새로운 사유를 내세워 다시 거부처분을 할 수 있다.

④ 행정심판위원회는 공공복리에 적합하지 아니하거나 해당 처분의 성질에 반하는 경우가 아니라면 당사자의 권리 및 권한의 범위에서 당사자의 동의를 받아 조정을 할 수 있다.

02회 실전동형모의고사
모바일 자동 채점 + 성적 분석 서비스
바로 가기 (gosi.Hackers.com)

QR코드를 이용하여 해커스공무원의 '모바일 자동 채점 + 성적 분석 서비스'로 바로 접속하세요!
* 해커스공무원 사이트의 가입자에 한해 이용 가능합니다.

03회 실전동형모의고사

제한시간: 15분 **시작** 시 분 ~ **종료** 시 분 점수 확인 개/ 20개

01 행정법의 일반원칙에 대한 설명으로 옳지 않은 것은? (다툼이 있는 경우 판례에 의함)

① 시의 도시계획과장과 도시계획국장이 도시계획사업의 준공과 동시에 사업부지에 편입한 토지에 대한 완충녹지지정을 해제함과 아울러 당초의 토지소유자들에게 환매하겠다는 약속을 했음에도, 이를 믿고 토지를 협의매매한 토지소유자의 완충녹지 지정해제신청을 거부한 것은 신뢰보호의 원칙에 위반된다.

② 판례에 의하면 도시계획구역 내 생산녹지로 답(畓)인 토지에 대하여 종교회관건립을 이용목적으로 하는 토지거래계약의 허가를 받으면서 담당공무원이 관련 법규상 허용된다고 하여 이를 신뢰하고 건축준비를 하였으나 그 후 토지형질변경허가신청을 불허가한 것은 신뢰보호원칙에 위반되는 것이 아니다.

③ 법률에 따른 개인의 행위가 국가에 의하여 일정 방향으로 유인된 신뢰의 행사가 아니라 단지 법률이 부여한 기회를 활용한 것인 경우에는, 신뢰보호의 이익이 인정되지 않는다.

④ 행정청이 지구단위계획을 수립하면서 권장용도를 숙박시설로 하였다 해도, 항상 숙박시설에 대한 건축허가가 가능하리라는 공적 견해를 표명한 것으로 볼 수는 없다.

02 다음 중 공법관계로 인정되는 것은? (다툼이 있는 경우 판례에 의함)

① 구 「예산회계법」에 의한 입찰보증금의 국고귀속조치

② 「도시 및 주거환경정비법」상 관리처분계획안에 대한 조합 총회결의의 효력을 다투는 소송

③ 「징발재산정리에 관한 특별조치법」 제20조 소정의 환매권의 행사

④ 구 「종합유선방송법」상 종합유선방송위원회 직원의 근무 관계

03 개인적 공권에 대한 설명으로 옳은 것은? (다툼이 있는 경우 판례에 의함)

① 행정개입청구권은 개인이 자기의 이익을 위하여 자기에 대한 행정권의 발동을 청구할 수 있는 권리이다.

② 재량권의 영으로의 수축이론은 개인적 공권을 확대하는 이론이다.

③ 헌법상의 기본권 규정으로부터는 개인적 공권이 바로 도출될 수 없다.

④ 무하자재량행사청구권은 행정청에 대하여 적법한 재량처분을 구하는 적극적 공권이 아니라 단순히 위법한 처분을 배제하는 소극적·방어적 권리이다.

04 행정입법의 통제에 대한 설명으로 옳지 않은 것은? (다툼이 있는 경우 판례에 의함)

① 의회에 의한 통제로는, 법규명령의 성립·발효에 대한 동의 또는 승인권이나 일단 유효하게 성립한 법규명령의 효력을 소멸시키는 권한을 의회에 유보하는 방법에 의한 통제인 직접적 통제와 의회가 법규명령의 성립이나 효력발생에 직접적으로 관여하는 것이 아니라 국정감사권과 같은 방법을 이용한 간접적 통제가 있다.

② 「행정절차법」에 따르면, 예고된 법령 등의 제정·개정 또는 폐지의 안에 대하여 누구든지 의견을 제출할 수 있다.

③ 헌법 제107조 제2항에서 명령·규칙에 대한 위헌심사권을 법원에 부여하고 있기 때문에, 헌법재판소는 이에 대한 위헌심사권을 행사할 수 없다는 것이 헌법재판소의 입장이다.

④ 법규명령의 근거법령이 소멸된 경우에는 법규명령도 소멸함이 원칙이나, 근거법령이 개정됨에 그친 경우에는 집행명령은 여전히 그 효력을 유지할 수 있다.

05 행정처분에 의한 제재를 받을 사유가 있는 영업자가 영업을 양도하거나 이미 행정처분에 의해 제재를 받은 자가 그 제재나 제재의 효과를 피하기 위하여 영업을 양도하는 경우에 대한 설명으로 옳은 것은? (다툼이 있는 경우 판례에 의함)

① 대법원은 영업정지 등의 제재처분에 있어서는 양도인에게 발생한 책임이 양수인에게 승계되는 것을 인정하지만 과징금의 부과에 대해서는 이를 인정하지 않고 있다.

② 행정청은 개인택시 운송사업의 양도·양수에 대한 인가가 있은 후에는 그 양도·양수 이전에 있었던 양도인에 대한 운송사업면허 취소사유를 들어 양수인의 운송사업면허를 취소할 수 없다.

③ 대법원은 양도인·양수인 사이에 책임의 승계는 인정하지만 법적 책임을 부과하기 이전 단계에서의 제재사유의 승계는 현재까지 부정하고 있다.

④ 「식품위생법」 제78조나 「먹는물관리법」 제49조는 명문규정으로 책임의 승계를 인정하고 있는데, 양수인이 양수할 때에 양도인에 대한 제재처분이나 위반사실을 알지 못하였음을 입증하였을 때에는 책임의 승계를 부인하고 있다.

06 준법률행위적 행정행위에 대한 설명으로 옳은 것은? (다툼이 있는 경우 판례에 의함)

① 확인행위는 특정한 사실 또는 법률관계의 존부(存否) 또는 정부(正否)에 대하여 다툼이 있는 경우에 행정청이 공권적으로 판단하는 행위로 각종 증명서 발급이 이에 속한다.

② 공증행위는 특정한 사실 또는 법률관계의 존재를 공적으로 증명하는 행위로서 발명특허가 이에 해당한다.

③ 준공검사처분은 행정청이 특정한 사실의 존부를 공적으로 증명하는 행위이므로 공증에 해당한다.

④ 판례는 수리행위의 대상인 기본행위가 존재하지 않거나 무효인 때에는 그 수리행위는 당연무효가 된다고 한다.

07 甲은 단순위법인 취소사유가 있는 A처분에 대하여 「행정소송법」상 무효확인소송을 제기하였다. 이에 대한 설명으로 옳은 것은? (다툼이 있는 경우 판례에 의함)

① 무효확인소송에 A처분의 취소를 구하는 취지도 포함되어 있고 무효확인소송이 「행정소송법」상 취소소송의 적법요건을 갖추었다 하더라도, 법원은 A처분에 대한 취소판결을 할 수 없다.

② 무효확인소송이 「행정소송법」상 취소소송의 적법한 제소기간 안에 제기되었더라도, 적법한 제소기간 이후에는 A처분의 취소를 구하는 소를 추가적·예비적으로 병합하여 제기할 수 없다.

③ 甲이 무효확인소송의 제기 전에 이미 A처분의 위법을 이유로 국가배상청구소송을 제기하였다면, 무효확인소송의 수소법원은 甲의 무효확인소송을 국가배상청구소송이 계속된 법원으로 이송·병합할 수 있다.

④ 甲이 무효확인소송의 제기 당시에 원고적격을 갖추었더라도 상고심 중에 원고적격을 상실하면 그 소는 부적법한 것이 된다.

08 행정행위의 효력에 대한 설명으로 옳은 것은? (다툼이 있는 경우 판례에 의함)

① 공정력은 행정청의 권력적 행위뿐 아니라 비권력적 행위, 사실행위, 사법행위에도 인정된다.

② 제소기간이 이미 도과하여 불가쟁력이 생긴 행정처분에 대하여는 특별한 사정이 없는 한 국민에게 그 행정처분의 변경을 구할 신청권이 있다고 할 수는 없다.

③ 행정행위에 불가변력이 발생한 경우 행정청은 당해 행정행위를 직권으로 취소할 수 없으나 철회는 가능하다.

④ 불가쟁력이 생긴 행정처분에 대하여도 헌법재판소의 위헌결정의 소급효가 미친다.

09 행정지도에 대한 설명으로 옳지 않은 것은? (다툼이 있는 경우 판례에 의함)

① 「행정절차법」은 행정지도가 문서의 형식에 의하여 이루어져야 한다고 명문으로 규정하고 있다.

② 행정기관이 같은 행정목적을 실현하기 위하여 많은 상대방에게 행정지도를 하려는 경우에는 특별한 사정이 없으면 행정지도에 공통적인 내용이 되는 사항을 공표하여야 한다.

③ 행정지도의 상대방은 해당 행정지도의 방식·내용 등에 관하여 행정기관에 의견제출을 할 수 있다.

④ 행정기관은 행정지도의 상대방이 행정지도에 따르지 아니하였다는 것을 이유로 불이익한 조치를 하여서는 안 된다.

10 甲은 개발제한구역 내에서의 건축허가를 관할 행정청인 乙에게 신청하였고, 乙은 甲에게 일정 토지의 기부채납을 조건으로 이를 허가하였다. 이에 대한 설명으로 옳은 것은? (다툼이 있는 경우 판례에 의함)

① 특별한 규정이 없다면 甲에 대한 건축허가는 기속행위로서 건축허가를 하면서 기부채납조건을 붙인 것은 위법하다.

② 甲이 부담인 기부채납조건에 대하여 불복하지 않았고, 이를 이행하지도 않은 채 기부채납조건에서 정한 기부채납 기한이 경과하였다면 이로써 甲에 대한 건축허가는 효력을 상실한다.

③ 기부채납조건이 중대하고 명백한 하자로 인하여 무효라 하더라도 甲의 기부채납 이행으로 이루어진 토지의 증여는 그 자체로 사회질서 위반이나 강행규정 위반 등의 특별한 사정이 없는 한 유효하다.

④ 건축허가 자체는 적법하고 부담인 기부채납조건만이 취소사유에 해당하는 위법성이 있는 경우, 甲은 기부채납 조건부 건축허가처분 전체에 대하여 취소소송을 제기할 수 있을 뿐이고 기부채납조건만을 대상으로 취소소송을 제기할 수 없다.

11 행정절차 및 「행정절차법」에 대한 설명으로 옳은 것은? (다툼이 있는 경우 판례에 의함)

① 처분의 사전통지 및 의견청취 등에 관한 「행정절차법」 규정은 「국가공무원법」상 직위해제처분에 대해서는 적용되지만, 「군인사법」상 진급선발취소처분에 대해서는 적용되지 않는다.

② 인·허가 등의 취소 또는 신분·자격 박탈, 법인이나 조합 등의 설립허가의 취소시 의견제출기한 내 당사자 등의 신청이 있는 경우에 공청회를 개최한다.

③ 행정처분의 이유로 제시한 수 개의 처분사유 중 일부가 위법하면, 다른 처분사유로써 그 처분의 정당성이 인정되더라도 그 처분은 위법하다.

④ 처분의 처리기간에 관한 규정은 훈시규정이므로 행정청이 처리기간이 지나 처분을 하였다 하더라도 이를 처분을 취소할 절차상 하자로 볼 수 없다.

12 「공공기관의 정보공개에 관한 법률」상 정보공개제도에 대한 설명으로 옳은 것은? (다툼이 있는 경우 판례에 의함)

① 정보공개제도는 공공기관이 보유·관리하는 정보를 그 상태대로 공개하는 제도이므로, 전자적 형태로 보유·관리하는 정보를 검색·편집하여야 하는 경우는 새로운 정보의 생산으로서 정보공개의 대상이 아니다.

② 「형사소송법」이 형사재판확정기록의 공개 여부나 공개 범위, 불복절차 등에 대하여 규정하고 있는 것은 「공공기관의 정보공개에 관한 법률」 제4조 제1항에서 정한 '정보의 공개에 관하여 다른 법률에 특별한 규정이 있는 경우'에 해당한다고 볼 수 없으므로 형사재판확정기록의 공개에 관하여는 「공공기관의 정보공개에 관한 법률」에 의한 공개청구가 허용된다.

③ 예산집행의 내용과 사업평가 결과 등 행정감시를 위하여 필요한 정보 등 공개를 목적으로 작성되고 이미 정보통신망 등을 통하여 공개된 정보는 해당 정보의 소재 안내의 방법으로 공개한다.

④ 법원 이외의 공공기관이 「공공기관의 정보공개에 관한 법률」 제9조 제1항 제4호에서 정한 '진행 중인 재판에 관련된 정보'에 해당한다는 사유로 정보공개를 거부하기 위하여는 원칙적으로 그 정보가 진행 중인 재판의 소송기록 자체에 포함된 내용이어야 한다.

13 행정조사에 대한 설명으로 옳지 않은 것은? (다툼이 있는 경우 판례에 의함)

① 조사대상자의 동의가 있는 경우 해가 뜨기 전이나 해가 진 뒤에도 현장조사가 가능하다.

② 헌법 제12조 제1항에서 규정하고 있는 적법절차의 원칙은 형사소송절차에 국한되지 않고 모든 국가작용 전반에 대하여 적용되는 원칙이므로 세무공무원의 세무조사권의 행사에서도 적법절차의 원칙은 준수되어야 한다.

③ 조사행위가 '현지확인' 절차에 따른 것이라면 재조사가 금지되는 세무조사에 해당하지 않는다.

④ 원칙적으로 강제조사를 하는 행정기관은 다른 법령 등에서 따로 행정조사를 규정하고 있지 않은 경우 「행정조사기본법」을 근거로 행정조사를 실시할 수 없다.

14 행정상 의무이행확보에 대한 설명으로 옳지 않은 것은? (다툼이 있는 경우 판례에 의함)

① 「건축법」상 이행강제금 납부의무는 상속인 기타의 사람에게 승계될 수 없는 일신전속적인 성질을 갖는다.

② 「독점규제 및 공정거래에 관한 법률」상의 시정명령은 과거의 위반행위는 물론 가까운 장래에 반복될 우려가 있는 위반행위에 대해서도 할 수 있다.

③ 관계 법령상 행정대집행의 절차가 인정되어 행정청이 행정대집행의 방법으로 건물의 철거 등 대체적 작위의무의 이행을 실현할 수 있는 경우에는 따로 민사소송의 방법으로 그 의무의 이행을 구할 수 없다.

④ 「국세징수법」상의 공매통지 자체는 그 상대방인 체납자 등의 법적 지위나 권리·의무에 직접적인 영향을 주는 행정처분에 해당한다고 할 것이므로 공매통지 자체를 항고소송의 대상으로 삼아 그 취소 등을 구할 수 있다.

15 행정의 실효성확보수단에 대한 설명으로 옳지 않은 것은? (다툼이 있는 경우 판례에 의함)

① 지방국세청장이 조세범칙행위에 대하여 고발을 한 후에 동일한 조세범칙행위에 대하여 통고처분을 하여 조세범칙행위자가 이를 이행하였다면 고발에 따른 형사절차의 이행은 일사부재리의 원칙에 반하여 위법하다.

② 구 「국세징수법」상 가산금은 국세를 납부기한까지 납부하지 아니하면 과세청의 확정절차 없이도 법률에 의하여 당연히 발생하는 것이므로 가산금의 고지는 항고소송의 대상이 되는 처분이라고 볼 수 없다.

③ 과징금은 형사처벌이 아니므로 동일한 위반행위에 대하여 벌금과 과징금을 병과할 수 있다.

④ 과징금채무는 대체적 급부가 가능한 의무이므로 과징금을 부과 받은 자가 사망한 경우 그 상속인에게 포괄승계된다.

16 행정상 손해배상에 대한 설명으로 옳은 것은? (다툼이 있는 경우 판례에 의함)

① 「국가배상법」 제7조가 정하는 상호보증은 반드시 당사국과의 조약이 체결되어 있을 필요는 없지만, 당해 외국에서 구체적으로 우리나라 국민에게 국가배상청구를 인정한 사례가 있어 실제로 국가배상이 상호 인정될 수 있는 상태가 인정되어야 한다.

② 국민이 법령에 정하여진 수질기준에 미달한 상수원수로 생산된 수돗물을 마심으로써 건강상의 위해 발생에 대한 염려 등에 따른 정신적 고통을 받았다면 국가 또는 지방자치단체는 국민에게 손해배상책임을 부담한다.

③ 직무집행과 관련하여 공상을 입은 군인이 먼저 「국가배상법」에 따라 손해배상금을 지급받은 다음 「보훈보상대상자 지원에 관한 법률」이 정한 보상금 지급을 청구하는 경우, 국가보훈처장은 「국가배상법」에 따라 손해배상을 받았다는 이유로 그 지급을 거부할 수 있다.

④ 직무집행과 관련하여 공상을 입은 경찰공무원이 구 「공무원연금법」에 따라 공무상 요양비를 지급받을 수 있는 경우라도 국가배상을 청구할 수 있다.

17 행정상 손실보상에 대한 설명으로 옳은 것을 모두 고르면? (다툼이 있는 경우 판례에 의함)

ㄱ. 수용재결에 대해 항고소송으로 다투려면 우선적으로 이의재결을 거쳐야만 한다.

ㄴ. 「공익사업을 위한 토지 등의 취득 및 보상에 관한 법률」에 의한 보상합의는 공공기관이 공행정주체로서 행하는 공법상 계약의 실질을 갖는다.

ㄷ. 공공사업의 시행으로 인하여 사업지구 밖에서 수산제조업에 대한 간접손실이 발생하리라는 것을 쉽게 예견 할 수 있고 그 손실의 범위도 구체적으로 특정할 수 있는 경우라면, 그 손실의 보상에 관하여 구 「공공용지의 취득 및 손실보상에 관한 특례법 시행규칙」의 간접보상 규정을 유추적용할 수 있다.

ㄹ. 헌법 제23조 제3항의 규정은 보상청구권의 근거에 관하여서 뿐만 아니라 보상의 기준과 방법에 관하여서도 법률의 규정에 유보하고 있는 것으로 보아야 한다.

① ㄱ, ㄴ   ② ㄴ, ㄷ
③ ㄷ, ㄹ   ④ ㄴ, ㄷ, ㄹ

18 항고소송의 원고적격에 대한 설명으로 옳지 않은 것은?
(다툼이 있는 경우 판례에 의함)

① 사단법인인 대한의사협회는 「국민건강보험법」상 요양급여 행위, 요양급여비용의 청구 및 지급과 관련하여 직접적인 법률관계를 갖고 있지 않으므로, 보건복지부 고시인 '건강 보험요양행위 및 그 상대가치점수 개정'의 취소를 구할 원고적격이 없다.

② '법률상 보호되는 이익'이라 함은 당해 처분의 근거 법규에 의하여 보호되는 개별적·구체적 이익뿐만 아니라 관련 법규에 의하여 보호되는 개별적·구체적 이익까지 포함한다는 것이 판례의 입장이다.

③ 절대보전지역 변경처분에 대해 지역주민회와 주민들이 항고소송을 제기한 경우에는 절대보전지역 유지로 지역주민회·주민들이 가지는 주거 및 생활환경상 이익은 지역의 경관 등이 보호됨으로써 누리는 법률상 이익이다.

④ 「행정소송법」 제12조 전단의 '법률상 이익'의 개념과 관련하여서는 '권리구제설', '법률상 보호된 이익구제설', '보호가치 있는 이익구제설', '적법성 보장설' 등으로 나누어지며 이 중에서 '법률상 보호된 이익구제설'이 통설·판례의 입장이다.

19 「행정소송법」상 필요적 전치주의가 적용되는 사안에서, 행정심판을 청구하여야 하나 당해 처분에 대한 행정심판의 재결을 거치지 아니하고 취소소송을 제기할 수 있는 경우에 해당하지 않는 것은?

① 행정심판청구가 있은 날로부터 60일이 지나도 재결이 없는 경우

② 처분을 행한 행정청이 행정심판을 거칠 필요가 없다고 잘못 알린 경우

③ 처분의 집행 또는 절차의 속행으로 생길 중대한 손해를 예방하여야 할 긴급한 필요가 있는 경우

④ 법령의 규정에 의한 행정심판기관이 의결 또는 재결을 하지 못할 사유가 있는 경우

20 소송참가에 대한 설명으로 옳지 않은 것은?

① 「행정소송법」은 제3자 보호를 위하여 제3자의 소송참가 외에 제3자의 재심청구를 인정하고 있다.

② 소송에 참가한 제3자는 확정된 종국판결에 대하여 「행정소송법」상 재심의 청구를 할 수 없다.

③ 소송참가할 수 있는 행정청이 자기에게 책임없는 사유로 소송에 참가하지 못함으로써 판결의 결과에 영향을 미칠 공격방어방법을 제출하지 못한 때에는 이를 이유로 확정된 종국판결에 대하여 재심을 청구할 수 있다.

④ 행정청의 소송참가는 처분의 효력 유무가 민사소송의 선결문제가 되어 당해 민사소송의 수소법원이 이를 심리·판단하는 경우에도 허용된다.

03회 실전동형모의고사
모바일 자동 채점 + 성적 분석 서비스
바로 가기 (gosi.Hackers.com)

QR코드를 이용하여 해커스공무원의 '모바일 자동 채점 + 성적 분석 서비스'로 바로 접속하세요!
* 해커스공무원 사이트의 가입자에 한해 이용 가능합니다.

04회 실전동형모의고사

제한시간: 15분 **시작** 시 분 ~ **종료** 시 분 점수 확인 개/ 20개

01 행정입법에 대한 사법적 통제에 대한 설명으로 가장 옳은 것은? (다툼이 있는 경우 판례에 의함)

① 추상적 법령 제정의 여부 등은 그 자체로서 국민의 구체적인 권리의무에 직접적인 변동을 초래하는 것이 아니어서 부작위위법확인소송이라는 행정소송의 대상이 될 수 없다.

② 법률조항의 위임에 따라 대통령령으로 규정한 내용이 헌법에 위반되는 경우에는 그로 인하여 모법인 해당 수권 법률조항도 위헌으로 된다.

③ 행정입법부작위에 대한 국가배상은 인정되지 않으며, 실무적으로 무명항고소송을 통해 해결하고 있다.

④ 헌법이나 법률에 반하는 시행령 규정이 대법원에 의해 위헌 또는 위법하여 무효라고 선언하는 판결이 나오기 전이라도 하자의 중대성으로 인하여 그 시행령에 근거한 행정처분의 하자는 무효사유에 해당하는 것으로 취급된다.

02 행정행위에 대한 설명으로 옳은 것은? (다툼이 있는 경우 판례에 의함)

① 확약에는 공정력이나 불가쟁력과 같은 효력이 인정되는 것은 아니라고 하더라도, 일단 확약이 있은 후에 사실적·법률적 상태가 변경되었다고 하여 행정청의 별다른 의사표시 없이 확약이 실효된다고 할 수 없다.

② 영업허가를 취소하는 처분에 대해 불가쟁력이 발생하였더라도 이후 사정변경을 이유로 그 허가취소의 변경을 요구하였으나 행정청이 이를 거부한 경우라면, 그 거부는 원칙적으로 항고소송의 대상이 되는 처분이다.

③ 영업허가취소처분이 나중에 항고소송을 통해 취소되었다면 그 영업허가취소처분 이후의 영업행위를 무허가영업이라 할 수 없다.

④ 영업허가가 취소되었음에도 불구하고 영업을 계속하던 甲이 무허가영업을 한 죄로 기소되자 그 취소처분에 대해 취소사유가 있음을 들어 무죄를 주장하는 경우, 그 취소처분의 효력 유무 또는 부인을 선결문제로 하여 형사법원이 심리·판단할 수 있다.

03 다음 중 준법률행위적 행정행위의 강학상 구분으로 옳은 것은? (다툼이 있는 경우 판례에 의함)

| ㄱ. 납세의무의 확정 |
| ㄴ. 교과서 검정 |
| ㄷ. 부동산등기부의 등기 |
| ㄹ. 여권의 발급 |

① ㄱ - 확인   ② ㄴ - 공증

③ ㄷ - 통지   ④ ㄹ - 수리

04 사실행위에 대한 설명으로 옳지 않은 것은? (다툼이 있는 경우 판례에 의함)

① 행정지도는 그에 따를 것인지 여부가 상대방의 임의적 결정에 달려 있는 것이므로 반드시 명시적인 법적 근거를 요하는 것은 아니다.

② 행정규칙에 의한 불문경고 조치는 차후 징계감경사유로 작용할 수 있는 표창대상자에서 제외되는 등의 인사상 불이익을 줄 수 있다 하여도 이는 간접적 효과에 불과하므로 항고소송의 대상인 행정처분에 해당하지 않는다.

③ 교도소장이 수형자를 '접견내용 녹음·녹화 및 접견 시 교도관 참여대상자'로 지정한 행위는 항고소송의 대상이다.

④ 헌법재판소는 "수형자의 서신을 교도소장이 검열하는 행위는 이른바 권력적 사실행위로서 행정심판이나 행정소송의 대상이 되는 행정처분으로 볼 수 있다."라고 하여 명시적으로 권력적 사실행위의 처분성을 긍정하였다.

05 행정행위의 하자의 치유에 대한 판례의 입장으로 옳지 않은 것은?

① 행정행위의 하자의 치유는 원칙적으로 허용될 수 없고, 예외적으로 행정행위의 무용한 반복을 피하고 당사자의 법적 안정성을 위해 허용하는 때에도 국민의 권리나 이익을 침해하지 않는 범위에서 인정될 수 있다.

② 하자의 치유는 늦어도 행정처분에 대한 불복 여부의 결정 및 불복신청을 할 수 있는 상당한 기간 내에 해야 하므로, 소가 제기된 이후에는 하자의 치유가 인정될 수 없다.

③ 토지소유자 등의 동의율을 충족하지 못했다는 주택재건축 정비사업조합 설립인가처분 당시의 하자는 후에 토지소유자 등의 추가동의서가 제출되었다면 치유된다.

④ 경원관계에 있는 자가 제기한 허가처분의 취소소송에서 허가처분을 받은 자가 사후 동의를 받은 경우에 하자의 치유를 인정하는 것은 원고에게 불이익하게 되므로 이를 허용할 수 없다.

06 절차상의 하자있는 행정행위의 효력에 대한 설명으로 옳지 않은 것은? (다툼이 있는 경우 판례에 의함)

① 「행정절차법」에는 절차상 하자있는 행정행위의 효력에 관한 별도의 규정을 두고 있지 않다.

② 행정처분의 상대방이 청문일시에 불출석하였다는 이유로 청문을 실시하지 아니하고 한 침해적 행정처분은 위법하다는 것이 판례의 입장이다.

③ 절차상의 하자를 독자적 취소의 사유로 인정하는 견해에 따르면, 적법한 절차를 거쳐 다시 처분을 하는 경우 반드시 동일한 결정에 도달하는 것은 아니라는 점을 논거로 한다.

④ 민원사무를 처리하는 행정기관이 민원 1회 방문 처리제를 시행하는 절차의 일환으로 민원사항의 심의·조정 등을 위한 민원조정위원회를 개최하면서 민원인에게 회의일정등을 사전에 통지하지 아니하였다면 취소사유가 존재한다.

07 행정절차에 대한 설명으로 옳지 않은 것은? (다툼이 있는 경우 판례에 의함)

① 징계와 같은 불이익처분 절차에서 징계심의대상자에게 변호사를 통한 방어권의 행사를 보장하는 것이 필요하고, 징계심의대상자가 선임한 변호사가 징계위원회에 출석하여 징계심의대상자를 위하여 필요한 의견을 진술하는 것은 방어권 행사의 본질적 내용에 해당하므로, 행정청은 특별한 사정이 없는 한 이를 거부할 수 없다.

② 행정청이 허가를 거부하는 처분을 하면서 처분의 근거와 이유를 구체적으로 명시하지 않았더라도, 당사자가 그 근거를 알 수 있을 정도로 이유를 제시하였다면 그 처분은 위법하지 않다.

③ 교육부장관이 관련 법령에 따른 부적격사유가 없는 A와 B 총장후보자 가운데 A후보자가 상대적으로 더욱 적합하다고 판단하여 대통령에게 총장으로 A후보자를 임용제청한 경우, 교육부장관은 B후보자에게 개별 심사항목이나 총장 임용 적격성에 대한 정성적 평가 결과를 구체적으로 밝힐 의무가 있다.

④ 법령에서 사업의 승인 이전에 관계행정청과의 협의를 거치도록 규정한 취지가 미리 자문을 구하라는 의미인 경우에는 비록 승인 전에 이러한 협의를 거치지 아니하였더라도 그 승인처분이 당연무효가 되는 것은 아니다.

08 「공공기관의 정보공개에 관한 법률」에 의거하여, 甲은 A대학교에 대하여 재학 중인 체육특기생들의 일정기간 동안의 출석 및 성적 관리에 관한 정보공개를 청구하였다. 이에 대한 설명으로 옳은 것은? (다툼이 있는 경우 판례에 의함)

① 甲은 A대학교와 체육특기생들과는 아무런 이해관계가 없으므로 정보공개청구권을 가지지 않는다.

② A대학교가 사립대학교라면 정보공개의무를 지는 공공기관에 해당하지 않는다.

③ 甲의 청구에 대하여 A대학교가 제3자의 권리침해를 이유로 하여 비공개결정을 하였다면 이에 대한 甲의 불복절차는 없다.

④ A대학교 체육특기생 乙이 자신의 정보를 공개하지 아니할 것을 요청한 경우에도, A대학교는 乙에 대한 정보의 공개를 결정할 수 있다.

09 행정의 실효성확보수단에 대한 설명으로 옳은 것만을 모두 고르면? (다툼이 있는 경우 판례에 의함)

ㄱ. 시정명령이란 행정법령의 위반행위로 초래된 위법 상태의 제거 내지 시정을 명하는 행정행위를 말하는 것으로서, 그 위법행위의 결과가 더 이상 존재하지 않는다면 시정명령을 할 수 없다.

ㄴ. 「건축법」상 이행강제금은 과거의 일정한 법률위반 행위에 대한 제재로서의 형벌이 아니라 장래의 의무이행의 확보를 위한 강제수단일 뿐이어서 범죄에 대하여 국가가 형벌권을 실행하는 과벌에 해당하지 않으므로 헌법 제13조 제1항이 금지하는 동일한 범죄에 대한 거듭된 처벌에 해당되지 않는다.

ㄷ. 행정법규 위반에 대하여 가하는 제재조치는 반드시 현실적인 행위자가 아니라도 법령상 책임자로 규정된 자에게 부과되고, 특별한 사정이 없는 한 위반자에게 고의나 과실이 없더라도 부과할 수 있다.

ㄹ. 「건축법」상 위법건축물이라고 하여 해당 건축물을 이용한 영업허가를 제한하는 것은 부당결부금지원칙에 반한다.

① ㄱ, ㄷ   ② ㄴ, ㄹ

③ ㄱ, ㄴ, ㄷ   ④ ㄱ, ㄷ, ㄹ

10 국가배상에 대한 설명으로 옳지 않은 것은? (다툼이 있는 경우 판례에 의함)

① 피해자는 자동차를 운전하여 가던 중 가변차로에 설치된 두 개의 신호기에서 서로 모순되는 신호가 들어오는 바람에 반대방향에서 오던 승용차와 충돌하여 부상을 입었다. 위 신호기는 적정전압보다 낮은 저전압이 원인이 되어 위와 같은 오작동이 발생하였던 것인데, 그 고장은 현재의 기술수준상 예방할 방법이 없다고 하더라도 배상책임이 인정된다.

② 시·도지사 등의 업무에 속하는 대집행권한을 위탁받은 한국토지공사가 대집행을 실시하는 과정에서 국민에게 손해가 발생할 경우 한국토지공사는 공무수탁사인에 해당하므로, 국가배상법 제2조의 공무원과 같은 지위를 가진다.

③ 광역시와 국가 모두가 도로의 점유자 및 관리자, 비용부담자로서의 책임을 중첩적으로 지는 경우 광역시와 국가 모두 「국가배상법」에 따라 궁극적으로 손해를 배상할 책임이 있는 자가 된다.

④ 밤중에 낙뢰로 신호기에 고장이 발생하여 보행자신호기와 차량신호기에 동시에 녹색등이 표시되게 되었는데 이러한 고장 사실이 다음날 3차례에 걸쳐 경찰청 교통정보센터에 신고되었다. 교통정보센터는 수리업체에 연락하여 수리하도록 하였으나 수리업체 직원이 고장난 신호등을 찾지 못하여 위 신호기가 고장난 채 방치되어 있던 중 보행자신호기의 녹색등을 보고 횡단보도를 건너던 피해자가 차량신호기의 녹색등을 보고 도로를 주행하던 승용차에 치여 교통사고를 당하였다면 국가배상책임이 인정된다.

11 「공익사업을 위한 토지 등의 취득 및 보상에 관한 법률」상 손실보상에 대한 설명으로 가장 옳은 것은? (다툼이 있는 경우 판례에 의함)

① 잔여지에 현실적 이용상황 변경 또는 사용가치 및 교환가치의 하락 등이 발생하였더라도 그 손실이 토지가 공익사업에 취득·사용됨으로써 발생한 것이 아닌 경우에는 손실보상의 대상이 되지 않는다.

② 토지소유자는 사업시행자에게 잔여지 매수청구를 할 수 있는데, 이 매수청구는 토지수용위원회의 잔여지 수용재결 전 또는 후에 할 수 있다.

③ 건물의 일부만 수용되어 잔여부분을 보수하여 사용할 수 있는 경우 그 건물 전체의 가격에서 수용된 부분의 비율에 해당하는 금액과 건물 보수비를 손실보상액으로 평가하여 보상하면 되고, 잔여건물에 대한 가치하락까지 보상해야 하는 것은 아니다.

④ 토지소유자가 잔여지 수용청구에 대한 재결절차를 거친 경우에는 곧바로 사업시행자를 상대로 잔여지 가격감소 등으로 인한 손실보상을 청구할 수 있다.

12 손실보상에 대한 설명으로 가장 옳은 것은? (다툼이 있는 경우 판례에 의함)

① 재결에 의한 토지취득의 경우 보상액 산정은 수용재결 당시의 가격을 기준으로 함이 원칙이나, 보상액을 산정할 경우에 해당 공익사업으로 인하여 수용대상 토지의 가격이 변동되었을 때에는 이를 고려하여야 한다.

② 수용재결에 대해 이의재결을 거친 경우 항고소송의 대상은 이의재결이 된다.

③ 「공익사업을 위한 토지 등의 취득 및 보상에 관한 법률」에 의한 잔여지 수용청구를 받아들이지 않은 토지수용위원회의 재결에 대하여 토지소유자가 불복하여 제기하는 소송은 항고소송에 해당한다.

④ 사업인정에 취소사유인 위법이 있는 경우 사업인정의 하자는 후행처분인 수용재결에 승계되지 않는다.

13 판례의 입장으로 옳지 않은 것은?

① 과세관청의 소득처분에 따른 원천징수의무자에 대한 소득금액변동통지는 원천징수의무자의 납세의무에 직접 영향을 미치므로 원천징수의무자는 그것에 대해 취소소송을 제기할 수 있다.

② 지적공부 소관청이 토지대장을 직권으로 말소하는 행위는 항고소송의 대상이 되는 행정처분에 해당한다.

③ 무허가건물을 무허가건물관리대장에서 삭제하는 행위는 다른 특별한 사정이 없는 한 항고소송의 대상이 되는 행정처분에 해당한다.

④ 망인(亡人)에 대한 대통령의 서훈취소결정에 따라 국가보훈처장이 망인의 유족에게 서훈취소통보를 한 경우 이 서훈취소통보에 대해 취소소송을 제기할 수 없다.

14 행정청이 종전의 과세처분에 대한 경정처분을 함에 따라 상대방이 제기하는 항고소송에 대한 설명으로 옳지 않은 것은? (다툼이 있는 경우 판례에 의함)

① 「국세기본법」에 정한 경정청구기간이 도과한 후 제기된 경정청구에 대하여는 과세관청이 과세표준 및 세액을 결정 또는 경정하거나 거부처분을 할 의무가 없으므로, 과세관청의 경정 거절에 대하여 항고소송을 제기할 수 없다.

② 증액경정처분이 있는 경우, 원칙적으로는 당초 신고나 결정에 대한 불복기간의 경과 여부 등에 관계없이 증액경정처분만이 항고소송의 대상이 되고 납세의무자는 그 항고소송에서 당초 신고나 결정에 대한 위법사유를 주장할 수 없다.

③ 증액경정처분이 있는 경우, 당초 처분은 증액경정처분에 흡수되어 소멸하고, 소멸한 당초 처분의 절차적 하자는 존속하는 증액경정처분에 승계되지 아니한다.

④ 감액경정처분이 있는 경우, 항고소송의 대상은 당초의 부과처분 중 경정처분에 의하여 아직 취소되지 않고 남은 부분이고, 적법한 전심절차를 거쳤는지 여부도 당초 처분을 기준으로 판단하여야 한다.

15 항고소송의 원고적격에 대한 설명으로 옳은 것은? (다툼이 있는 경우 판례에 의함)

① 국가 역시 원고적격이 인정되므로 기관위임사무에 대해 해당 지방자치단체장을 상대로 취소소송을 제기할 수 있다.

② 국가기관인 시·도 선거관리위원회 위원장은 국민권익위원회가 그에게 소속 직원에 대한 중징계요구를 취소하라는 등의 조치 요구를 한 것에 대해서 취소소송을 제기할 원고적격을 가진다고 볼 수 없다.

③ 법인의 주주는 원칙적으로 원고적격이 인정되지 않으나, 그 처분으로 인하여 당해 법인이 영업을 다시 행할 수 없는 예외적인 경우에는 주주도 그 효력을 다툴 원고적격이 인정된다.

④ 교육부장관이 사학분쟁조정위원회의 심의를 거쳐 이사와 임시이사를 선임한 데 대하여 대학 교수협의회와 총학생회는 제3자로서 취소소송을 제기할 자격이 없다.

16 행정심판과 행정소송의 관계에 대한 설명으로 옳지 않은 것은? (다툼이 있는 경우 판례에 의함)

① 행정심판전치주의가 적용되는 경우에 행정심판을 거치지 않고 소제기를 하였더라도 사실심변론종결 전까지 행정심판을 거친 경우 하자는 치유된 것으로 볼 수 있다.

② 기간경과 등의 부적법한 심판제기가 있었고, 행정심판위원회가 각하하지 않고 기각재결을 한 경우는 심판전치의 요건이 구비된 것으로 볼 수 있다.

③ 청구취지나 청구이유가 기본적인 면에서 일치하는 동일한 처분이라면 행정심판의 청구인과 행정소송의 원고가 일치할 필요는 없다.

④ 하천구역의 무단 점용을 이유로 부당이득금 부과처분과 그 부당이득금 미납으로 인한 가산금 징수처분을 받은 사람이 가산금 징수처분에 대하여 행정청이 안내한 전심절차를 밟지 않았다 하더라도 부당이득금 부과처분에 대하여 전심절차를 거친 이상 부당이득금 부과처분과 함께 행정소송으로 다툴 수 있다.

17 「행정소송법」상의 소의 변경에 대한 설명으로 옳지 않은 것을 모두 고른 것은?

> ㄱ. 행정청이 소송의 대상인 처분을 소가 제기된 후 변경한 때에는 법원은 원고의 신청에 의하여 결정으로써 청구의 취지 또는 원인의 변경을 허가할 수 있으며, 이 경우 원고의 신청은 처분의 변경이 있음을 안 날로부터 60일 이내에 하여야 한다.
> ㄴ. 법원은 소의 변경의 필요가 있다고 판단될 때에는 원고의 신청이 없더라도 사실심의 변론종결시까지 직권으로 소를 변경할 수 있다.
> ㄷ. 소의 변경은 당사자소송을 항고소송으로 변경하는 경우에도 인정된다.
> ㄹ. 처분변경으로 인한 소변경의 경우, 변경되는 청구가 필요적 행정심판전치의 대상인 경우에는 행정심판을 거쳐야 한다.

① ㄱ, ㄷ
② ㄱ, ㄹ
③ ㄴ, ㄷ
④ ㄴ, ㄹ

18 다음 중 당사자소송에 해당하지 않는 것을 모두 고르면? (다툼이 있는 경우 판례에 의함)

> ㄱ. 납세의무자의 부가가치세 환급세액 지급청구
> ㄴ. 과세처분의 무효를 원인으로 하는 조세환급청구소송
> ㄷ. 「하천구역 편입토지 보상에 관한 특별조치법」 제2조 제1항의 규정에 의한 손실보상금의 지급을 구하거나 손실보상청구권의 확인을 구하는 소송
> ㄹ. 공무원의 직무상 불법행위로 손해를 받은 국민이 국가 또는 지방자치단체에 배상을 청구하는 소송
> ㅁ. 재개발조합 조합원의 자격 인정 여부에 관한 다툼

① ㄱ, ㄴ
② ㄱ, ㅁ
③ ㄴ, ㄹ
④ ㄷ, ㅁ

19 다음 중 「행정심판법」상의 고지제도에 대한 설명으로 옳은 것은 모두 몇 개인가?

> ㄱ. 행정심판전치주의 고지에 행정심판을 거치지 않아도 된다고 규정되어 있는 경우 행정심판을 거치지 않아도 행정쟁송을 제기할 수 있다.
> ㄴ. 처분청이 행정심판청구기간을 고지하지 아니한 때에는 심판청구기간은 처분이 있음을 안 경우에도 당해 처분이 있은 날로부터 180일이 된다.
> ㄷ. 직권에 의하여 고지하는 경우 처분의 상대방에 대해서만 고지하면 된다.
> ㄹ. 신청에 의하여 고지하는 경우 해당 처분이 행정심판의 대상이 되는 처분인지에 대하여 고지하여야 한다.

① 1개
② 2개
③ 3개
④ 4개

20 「행정심판법」상의 임시처분에 대한 설명으로 옳지 않은 것은?

① 위원회는 처분 또는 부작위가 위법·부당하다고 상당히 의심되는 경우로서 처분 또는 부작위 때문에 당사자가 받을 우려가 있는 중대한 손해를 막기 위하여 임시지위를 정하여야 할 필요가 있는 경우에는 직권으로 또는 당사자의 신청에 의하여 임시처분을 결정할 수 있다.
② 임시처분은 행정소송(당사자소송)에서의 임시의 지위를 정하는 가처분에 대응된다.
③ 「행정심판법」상 인정되는 가구제 수단으로는 집행정지와 임시처분이 있다.
④ 임시처분은 집행정지로 목적을 달성할 수 있는 경우에는 허용되지 아니한다.

04회 실전동형모의고사
모바일 자동 채점 + 성적 분석 서비스
바로 가기 (gosi.Hackers.com)

QR코드를 이용하여 해커스공무원의 '모바일 자동 채점 + 성적 분석 서비스'로 바로 접속하세요!
* 해커스공무원 사이트의 가입자에 한해 이용 가능합니다.

05회 실전동형모의고사

제한시간: 15분 **시작** 시 분 ~ **종료** 시 분 점수 확인 개/ 20개

01 행정법의 일반원칙에 대한 판례의 입장으로 옳은 것은?

① 관할 교육지원청 교육장이 교육환경평가승인신청에 대한 보완요청서에서 '휴양 콘도미니엄업이 이 사건 법률조항에 따른 금지행위 및 시설로 규정되어 있지 않다'는 의견을 밝힌 바 있으나, 이는 관계 법령의 해석에 관한 의견을 제시한 것에 불과하고, 피고가 최종적으로 교육환경평가를 승인해주겠다는 취지의 공적 견해를 표명한 것이라고 볼 수 없다.

② 보통면허로 운전할 수 있는 차량을 음주운전한 경우에 이와 관련된 면허인 제1종 대형면허와 원동기장치자전거면허까지 취소할 수 있는 것으로 볼 수는 없다.

③ 제1종 보통이나 제1종 대형자동차운전면허, 제1종 특수자동차운전면허는 서로 관련된 면허라 할 것이므로 제1종 보통이나 제1종 대형자동차운전면허의 취소에는 제1종 특수자동차운전면허로 운전할 수 있는 자동차의 운전까지 금지하는 취지가 포함된 것으로 볼 수 있다.

④ 주택사업계획을 승인하면서 입주민이 이용하는 진입도로의 개설 및 확장과 이의 기부채납의무를 부담으로 부과하는 것은 부당결부금지의 원칙에 반한다.

02 신고에 대한 설명으로 옳지 않은 것은? (다툼이 있는 경우 판례에 의함)

① 법령 등에서 행정청에 대하여 일정한 사항을 통지함으로써 의무가 끝나는 신고는 그 기재사항에 흠이 없고, 필요한 구비서류가 첨부되어 있으며, 기타 법령 등에 규정된 형식상의 요건에 적합할 때에는 신고서가 접수기관에 도달된 때에 신고의 의무가 이행된 것으로 본다.

② 장기요양기관의 폐업신고와 노인의료복지시설의 폐지신고는 '수리를 필요로 하는 신고'에 해당한다.

③ 유료노인복지주택의 설치신고를 받은 행정관청은 그 유료 노인복지주택의 시설 및 운용기준이 법령에 부합하는지와 설치신고 당시 부적격자들이 입소하고 있는지 여부를 심사할 수 있다.

④ 「행정절차법」상 신고 요건으로는 신고서의 기재사항에 흠이 없고 필요한 구비서류가 첨부되어 있어야 하며, 신고의 기재사항은 그 진실함이 입증되어야 한다.

03 국가와 사인간의 관계에 대한 공법적 규율과 사법적 규율에 대한 설명으로 옳지 않은 것은? (다툼이 있는 경우 판례에 의함)

① 국립의료원 부설주차장에 관한 위탁관리용역운영계약은 공법관계로서 이와 관련한 가산금지급채무부존재에 대한 소송은 행정소송에 의해야 한다.

② 사인이 공공시설을 건설한 후, 국가 등에 기부채납하여 공물로 지정하고 그 대신 그 자가 일정한 이윤을 회수할 수 있도록 일정 기간 동안 무상으로 사용하도록 허가하는 것은 행정처분에 해당한다.

③ 서울특별시립무용단 단원의 위촉은 공법상의 계약이므로, 그 단원의 해촉에 대하여는 공법상의 당사자소송으로 그 무효확인을 청구할 수 있다.

④ 「초·중등교육법」상 사립중학교에 대한 중학교 의무교육의 위탁관계는 사법관계에 속한다.

04 행정법의 법원에 대한 설명으로 옳지 않은 것을 모두 고른 것은? (다툼이 있는 경우 판례에 의함)

> ㄱ. 관습법이란 사회의 거듭된 관행으로 생성한 사회생활규범이 사회의 법적 확신과 인식에 의하여 법적 규범으로 승인·강행되기에 이른 것을 말한다.
> ㄴ. 하위법령이 상위법령에 합치되는 것으로 해석하는 것이 가능하다면 쉽게 무효를 선언할 것은 아니다.
> ㄷ. 여러 종류의 가산세를 함께 부과하면서 그 종류와 세액의 산출근거를 구분하여 밝히지 않고 가산세의 합계세액만을 기재한 오랜 관행이 비록 적법절차의 원칙에서 문제가 있더라도, 법률에서 가산세의 납세고지에 관하여 특별히 규정하지 않은 이상 그 관행은 행정관습법으로 통용될 수 있다.
> ㄹ. 관습법은 성문법을 보충하는 효력뿐만 아니라 성문법을 개폐하는 효력까지 갖는다.

① ㄱ, ㄷ
② ㄱ, ㄹ
③ ㄴ, ㄹ
④ ㄷ, ㄹ

05 행정청이 별도의 법령상의 근거 없이도 할 수 있는 행위를 모두 고르면? (다툼이 있는 경우 판례에 의함)

> ㄱ. 수익적 행정처분인 재량행위를 하면서 침익적 성격의 부관을 부가하는 행위
> ㄴ. 부관인 부담의 불이행을 이유로 수익적 행정행위를 철회하는 행위
> ㄷ. 부작위의무를 위반함으로써 생긴 결과를 시정하기 위한 작위의무를 명하는 행위
> ㄹ. 철거명령의 위반을 이유로 행정대집행을 하면서 철거 의무자인 점유자에 대해 퇴거명령을 하는 행위

① ㄱ, ㄴ
② ㄴ, ㄷ
③ ㄷ, ㄹ
④ ㄱ, ㄴ, ㄹ

06 평등원칙에 대한 판례의 입장으로 옳지 않은 것은? (다툼이 있는 경우 판례에 의함)

① 조례안이 지방의회의 조사를 위하여 출석요구를 받은 증인이 5급 이상 공무원인지 여부, 기관(법인)의 대표나 임원인지 여부 등 증인의 사회적 신분에 따라 미리부터 과태료의 액수에 차등을 두고 있는 것은 평등의 원칙에 위반된다.

② 평등의 원칙에 의할 때, 위법한 행정처분이 수차례에 걸쳐 반복적으로 행하여졌다면 설령 그러한 처분이 위법하더라도 행정청에 대하여 자기구속력을 갖게 된다.

③ 구 「국유재산법」 제5조 제2항이 잡종재산에 대하여까지 시효취득을 배제하고 있는 것은 국가만을 우대하여 합리적 사유 없이 국가와 사인을 차별하는 것이므로 평등원칙에 위반된다.

④ 청원경찰의 인원감축을 위하여 초등학교 졸업 이하 학력 소지자 집단과 중학교 중퇴 이상 학력소지자 집단으로 나누어 각 집단별로 같은 감원비율의 인원을 선정한 것은 위법한 재량권 행사이다.

07 특별행정법관계(특별권력관계)에 대한 설명으로 가장 옳지 않은 것은? (다툼이 있는 경우 판례에 의함)

① 특별권력관계에서도 헌법 제37조 제2항의 기본권제한의 원칙에 따라 법률의 근거 하에 기본권제한이 인정된다.

② 서울특별시지하철공사의 임·직원의 근무관계의 성질은 공법상의 특별권력관계라고 볼 수 있다.

③ 국립교육대학 학생에 대한 퇴학처분은 국립대학교의 내부 질서유지를 위해 학칙 위반자인 재학생에 대한 구체적 법 집행으로서 「행정소송법」상의 처분에 해당한다.

④ 특별행정법관계(특별권력관계)의 종류에는 공법상의 근무 관계, 공법상의 영조물이용관계, 공법상의 특별감독관계, 공법상의 사단관계가 있다.

08 「행정절차법」에 대한 설명으로 옳은 것만을 모두 고르면? (다툼이 있는 경우 판례에 의함)

> ㄱ. 의견제출제도는 당사자에게 의무를 부과하거나 권익을 제한하는 경우에 적용되고 수익적 행위나 수익적 행위의 신청에 대한 거부에는 적용이 없으며, 일반처분의 경우에도 적용이 없다.
> ㄴ. 행정청은 공청회를 개최하려는 경우 공청회 개최 14일 전까지 당사자등에게 통지하고 관보, 공보, 인터넷 홈페이지 또는 일간신문 등에 공고하는 등의 방법으로 널리 알려야 한다. 다만, 공청회 개최를 알린 후 예정대로 개최하지 못하여 새로 일시 및 장소 등을 정한 경우에는 공청회 개최 10일 전까지 알려야 한다.
> ㄷ. 절차상 또는 형식상 하자로 무효인 행정처분에 대하여 행정청이 적법한 절차 또는 형식을 갖추어 동일한 행정처분을 한 경우, 종전의 무효인 행정처분에 대하여 무효확인을 구할 법률상 이익이 있다.
> ㄹ. 행정청은 공청회를 마친 후 처분을 할 때까지 새로운 사정이 발견되어 공청회를 다시 개최할 필요가 있다고 인정할 때에는 공청회를 다시 개최할 수 있다.

① ㄱ, ㄴ
② ㄱ, ㄹ
③ ㄴ, ㄷ
④ ㄷ, ㄹ

09 행정절차의 하자에 대한 설명으로 옳은 것은? (다툼이 있는 경우 판례에 의함)

① 환경영향평가서의 부실은 당해 승인 등 처분에 재량권의 일탈·남용이 있는지 여부를 판단하는 하나의 요소에 불과하다.
② 변상금부과처분을 하면서 그 납부고지서 또는 적어도 사전통지서에 그 산출근거를 제시하지 아니하였다면 위법이지만 그 산출근거가 법령상 규정되어 있거나 부과통지서 등에 산출근거가 되는 법령을 명기하였다면 이유제시의 요건을 충족한 것이다.
③ 예산의 편성에 절차적 하자가 있으면 그 예산을 집행하는 처분은 위법하게 된다.
④ 사전통지와 청문 등의 주요절차를 위반하면 위법이 되나 의견제출절차, 타 기관과의 협의절차를 위반한다고 하여 위법이 되는 것은 아니다.

10 정보공개에 대한 설명으로 옳지 않은 것은? (다툼이 있는 경우 판례에 의함)

① 견책처분을 받은 공무원이 징계위원회 참여 위원의 성명과 직위에 대한 정보공개청구를 하였으나 거부처분을 받았는데, 대상 징계처분에 대한 취소소송에서 해당 공무원의 취소청구가 기각된 경우에는 정보공개거부처분의 취소를 구할 법률상 이익이 없다.
② 공공기관은 공개 청구된 정보가 공공기관이 보유·관리하지 아니하는 정보인 경우로서 「민원 처리에 관한 법률」에 따른 민원으로 처리할 수 있는 경우에는 민원으로 처리할 수 있다.
③ 공공기관이 청구인이 신청한 공개방법 이외의 방법으로 공개하기로 결정하였다면, 이는 정보공개청구 중 정보공개방법에 관한 부분에 대하여 일부 거부처분을 한 것이므로 이에 대해 항고소송으로 다툴 수 있다.
④ 정보공개거부처분의 취소를 구하는 소송에서 공공기관이 청구정보를 증거 등으로 법원에 제출하여 법원을 통하여 그 사본을 청구인에게 교부 또는 송달되게 하여 청구인에게 정보를 공개하는 셈이 되었다면, 이러한 우회적인 방법에 의한 공개는 「공공기관의 정보공개에 관한 법률」에 의한 공개라고 볼 수 없다.

11 영업자의 지위승계에 대한 판례의 입장으로 옳지 않은 것은?

① 공매 등의 절차로 영업시설의 전부를 인수함으로써 영업자의 지위를 승계한 자가 관계행정청에 이를 신고하여 관계행정청이 그 신고를 수리하는 처분에 대해 종전 영업자는 제3자로서 그 처분의 취소를 구할 법률상 이익이 인정되지 않는다.

② 대물적 영업양도의 경우, 명시적인 규정이 없는 경우에도 양도 전에 존재하는 영업정지사유를 이유로 양수인에 대해서도 영업정지처분을 할 수 있다.

③ 주택건설사업이 양도되었으나 그 변경승인을 받기 이전에 행정청이 양수인에 대하여 양도인에 대한 사업계획승인을 취소하였다는 사실을 통지한 경우 이러한 통지는 양수인의 법률상 지위에 어떠한 변동을 일으키는 것은 아니므로 위 통지는 항고소송의 대상이 되는 행정처분이라고 할 수 없다.

④ 법령상 채석허가를 받은 자의 명의변경제도를 두고 있는 경우, 명의변경신고를 할 수 있는 양수인은 관할 행정청이 양도인의 허가를 취소하는 처분에 대해 취소를 구할 법률상 이익이 인정된다.

12 「행정대집행법」상 대집행에 대한 설명으로 옳지 않은 것은? (다툼이 있는 경우 판례에 의함)

① 「공익사업을 위한 토지 등의 취득 및 보상에 관한 법률」상의 협의취득시에 매매대상 건물에 대한 철거의무를 부담하겠다는 취지의 약정을 건물소유자가 하였다고 하더라도, 그 철거의무는 대집행의 대상이 되지 않는다.

② 공유수면에 설치한 건물을 철거하여 공유수면을 원상회복하여야 할 의무는 대체적 작위의무에 해당하므로 행정대집행의 대상이 된다.

③ 「행정대집행법」 제2조상 '의무자에게 부과된 의무'는 행정청에 의해서 행해진 명령에 한하며 법률에 의해 혹은 법률에 근거하여 행해진 명령이나 법률의 위임을 받은 조례에 의해 직접 부과된 경우는 해당되지 않는다.

④ 관계 법령상 행정대집행의 절차가 인정되어 행정청이 행정대집행의 방법으로 건물의 철거 등 대체적 작위의무의 이행을 실현할 수 있는 경우에는 따로 민사소송의 방법으로 그 의무의 이행을 구할 수 없다.

13 행정벌에 대한 설명으로 가장 옳지 않은 것은? (다툼이 있는 경우 판례에 의함)

① 법인의 독자적인 책임에 관한 규정이 없이 단순히 종업원이 업무에 관한 범죄행위를 하였다는 이유만으로 법인에게 형사처벌을 과하는 것은 책임주의 원칙에 반한다.

② 죄형법정주의 원칙 등 형벌법규의 해석 원리는 행정형벌에 관한 규정을 해석할 때에도 적용되어야 한다.

③ 양벌규정에 의해 영업주가 처벌되기 위해서는 종업원의 범죄가 성립하거나 처벌이 이루어져야 함이 전제조건이 되어야 한다.

④ 지방자치단체 소속 공무원이 자치사무를 수행하던 중 법 위반행위를 한 경우 지방자치단체는 같은 법의 양벌규정에 따라 처벌되는 법인에 해당한다.

14 甲은 공중보건의로 근무하면서 乙을 치료하였는데 그 과정에서 乙은 패혈증으로 사망하였다. 유족들은 甲을 상대로 손해배상청구의 소를 제기하였고, 甲의 의료상 경과실이 인정된다는 이유로 甲에게 손해배상책임을 인정한 판결이 확정되었다. 이에 甲은 乙의 유족들에게 판결금 채무를 지급하였고, 이후 국가에 대해 구상권을 행사하였다. 이에 대한 설명으로 옳지 않은 것은? (다툼이 있는 경우 판례에 의함)

① 공중보건의 甲은 「국가배상법」상의 공무원에 해당한다.

② 공중보건의 甲이 직무수행 중 불법행위로 乙에게 손해를 입힌 경우 국가 등이 국가배상책임을 부담하는 외에 甲 개인도 고의 또는 중과실이 있다고 한다면 민사상 불법행위로 인한 손해배상책임을 진다.

③ 乙의 유족에게 손해를 직접 배상한 경과실이 있는 공중보건의 甲은 국가에 대하여 자신이 변제한 금액에 대하여 구상권을 취득할 수 있다.

④ 공무원의 직무수행 중 불법행위로 인한 배상과 관련하여, 피해자가 공무원에 대해 직접적으로 손해배상을 청구할 수 있는지 여부에 대한 「국가배상법」상 명시적 규정이 존재한다.

15 취소소송의 원고적격에 대한 설명으로 옳지 않은 것은? (다툼이 있는 경우 판례에 의함)

① 행정처분의 직접 상대방이 아닌 제3자라도 당해 행정처분의 취소를 구할 법률상의 이익이 있는 경우에는 원고적격이 인정된다.

② 「출입국관리법」상의 체류자격 및 사증발급의 기준과 절차에 관한 규정들은 대한민국의 출입국 질서와 국경관리라는 공익을 보호하려는 취지로 해석될 뿐이므로, 동법상 체류자격 변경 불허가처분, 강제퇴거명령 등을 다투는 외국인에게는 해당 처분의 취소를 구할 법률상 이익이 인정되지 않는다.

③ 재단법인인 수녀원은 소속된 수녀 등이 쾌적한 환경에서 생활할 수 있는 환경상 이익을 침해받는다 하더라도 매립 목적을 택지조성에서 조선시설용지로 변경하는 내용의 공유수면매립목적 변경승인처분의 무효확인을 구할 원고적격이 없다.

④ 검사의 임용에 있어서 임용권자는 적어도 재량권의 일탈이나 남용이 없는 위법하지 않은 응답을 할 의무가 있고, 이에 대응하여 임용신청자는 적법한 응답을 요구할 수 있는 응답신청권을 가지며 나아가 이를 바탕으로 재량권 남용의 임용거부처분에 대하여 항고소송으로 그 취소를 구할 수 있다.

16 판례의 입장으로 옳은 것은?

① 공무원연금법령상 급여를 받으려고 하는 자는 우선 급여 지급을 신청하여 공무원연금공단이 이를 거부하거나 일부 금액만 인정하는 급여지급결정을 하는 경우 그 결정을 대상으로 항고소송을 제기하는 등으로 구체적 권리를 인정받아야 한다.

② 행정청이 공무원에게 국가공무원법령상 연가보상비를 지급하지 아니한 행위는 공무원의 연가보상비청구권을 제한하는 행위로서 항고소송의 대상이 되는 처분이다.

③ 법관이 이미 수령한 명예퇴직수당액이 구 「법관 및 법원공무원 명예퇴직수당 등 지급규칙」에서 정한 정당한 명예퇴직수당액에 미치지 못한다고 주장하며 차액의 지급을 신청한 것에 대하여 법원행정처장이 행한 거부의 의사표시는 행정처분에 해당한다.

④ 「도시 및 주거환경정비법」상 주택재건축정비사업조합을 상대로 관리처분계획안에 대한 조합 총회결의의 효력 등을 다투는 소송은 관리처분계획의 인가·고시가 있은 이후라도 특별한 사정이 없는 한 허용되어야 한다.

17 다음 중 당사자소송에 해당하지 않는 것은? (다툼이 있는 경우 판례에 의함)

① 「광주민주화운동 관련자 보상 등에 관한 법률」에 의거한 보상금 지급청구소송

② 「공익사업을 위한 토지 등의 취득 및 보상에 관한 법률」상의 주거이전비 보상청구소송

③ 공립유치원 전임강사에 대한 해임처분의 시정 및 수령지체된 보수의 지급을 구하는 소송

④ 임용권자의 국립대학 조교수에 대한 재임용거부취지의 임용기간만료통지

18 「행정소송법」상 당사자소송에 대한 설명으로 옳지 않은 것은? (다툼이 있는 경우 판례에 의함)

① 「행정소송법」상 취소소송에 관한 행정심판기록의 제출명령 규정은 당사자소송에 준용된다.

② 형식적 당사자소송이란 실질적으로 행정청의 처분 등을 다투는 것이나 형식적으로는 처분 등의 효력을 다투지도 않고, 또한 처분청을 피고로 하지도 않고, 그 대신 처분 등으로 인해 형성된 법률관계를 다투기 위해 관련 법률관계의 일방 당사자를 피고로 하여 제기하는 소송을 말한다.

③ 당사자소송이 부적법하여 각하되는 경우 그에 병합된 관련청구소송 역시 부적법 각하되어야 하는 것은 아니다.

④ 「행정소송법」 제8조 제2항에 의하면 행정소송에도 「민사소송법」의 규정이 일반적으로 준용되므로 법원으로서는 공법상 당사자소송에서 재산권의 청구를 인용하는 판결을 하는 경우 가집행선고를 할 수 있다.

19 「행정심판법」상 행정심판에 대한 설명으로 가장 옳지 않은 것은?

① 공동으로 심판청구를 할 때에는 3명 이하의 선정대표자를 선정할 수 있다.

② 행정심판의 결과에 이해관계가 있는 제3자 또는 행정청은 행정심판위원회의 허가를 받아 그 사건에 참가할 수 있다.

③ 거부처분에 대한 취소심판이나 무효등확인심판청구에서 인용재결이 있었음에도 불구하고 피청구인인 행정청이 재결의 취지에 따른 처분을 하지 아니한 경우에는 당사자가 신청하면 행정심판위원회는 기간을 정하여 서면으로 시정을 명하고 그 기간에 이행하지 아니하면 직접 처분을 할 수 있다.

④ 행정심판의 제기에 있어서 청구인이 피청구인을 잘못 지정한 경우에 행정심판위원회는 직권으로 또는 당사자의 신청에 의하여 결정으로써 피청구인을 경정할 수 있다.

20 다음 중 행정심판에 대한 설명으로 옳지 않은 것을 모두 고른 것은?

ㄱ. 행정심판위원회가 처분을 취소하거나 변경하는 재결을 하면, 행정청은 재결의 기속력에 따라 처분을 취소 또는 변경하는 처분을 하여야 하고, 이를 통하여 당해 처분은 처분시에 소급하여 소멸되거나 변경된다.

ㄴ. 행정심판위원회는 취소심판청구가 이유가 있다고 인정하는 경우에는 이를 인용하는 것이 공공복리에 크게 위배된다고 인정하더라도 그 심판청구를 기각하는 재결을 할 수 없다.

ㄷ. 당사자의 신청에 대한 행정청의 위법한 부작위에 대하여 행정청의 부작위가 위법하다는 것을 확인하는 행정심판은 현행법상 허용되지 않는다.

ㄹ. 「노동위원회법」상 중앙노동위원회의 처분에 대한 소송은 중앙노동위원회 위원장을 피고로 하여 처분의 송달을 받은 날부터 15일 이내에 제기하여야 한다.

① ㄱ, ㄴ, ㄷ   ② ㄱ, ㄴ, ㄹ

③ ㄱ, ㄷ, ㄹ   ④ ㄴ, ㄷ, ㄹ

05회 실전동형모의고사
모바일 자동 채점 + 성적 분석 서비스
바로 가기 (gosi.Hackers.com)

QR코드를 이용하여 해커스공무원의 '모바일 자동 채점 + 성적 분석 서비스'로 바로 접속하세요!

* 해커스공무원 사이트의 가입자에 한해 이용 가능합니다.

06회 실전동형모의고사

제한시간: 15분 시작 시 분 ~ 종료 시 분   점수 확인   개/ 20개

01 부당결부금지의 원칙에 대한 설명으로 옳지 않은 것은? (다툼이 있는 경우 판례에 의함)

① 고속국도 관리청이 고속도로 부지와 접도구역에 송유관 매설을 허가하면서 상대방과 체결한 협약에 따라 송유관 시설을 이전하게 될 경우 그 비용을 상대방에게 부담하도록 한 부관은 부당결부금지의 원칙에 반하지 않는다.

② 125cc 이륜자동차를 음주 운전하였다는 이유로 제1종 대형면허, 제1종 보통면허, 제1종 특수면허를 취소할 수 없다.

③ 건축물에 인접한 도로의 개설을 위한 도시계획사업 시행허가처분은 건축물에 대한 건축허가처분과는 별개의 행정처분이므로 사업시행허가를 함에 있어 조건으로 내세운 기부채납의무를 이행하지 않았음을 이유로 한 건축물에 대한 준공거부처분은 「건축법」에 근거 없이 이루어진 것으로서 위법하다.

④ 행정행위의 철회사유가 특정의 면허에 관한 것이 아니고, 다른 면허와 공통된 것이거나 운전면허를 받은 사람에 관한 것일 경우에는 여러 면허를 전부 철회할 수도 있다.

02 법률유보의 원칙에 대한 설명으로 옳지 않은 것은? (다툼이 있는 경우 판례에 의함)

① 법률유보의 원칙에 있어서 법률은 형식적 의미의 법률만을 의미하는 것이 아니라 관습법을 포함하는 개념이다.

② 중요사항유보설은 헌법상의 법치국가원칙·민주주의 원칙 및 기본권규정과 관련하여 볼 때, 각 행정부문의 본질적 사항에 관한 규율은 법률에 유보되어야 한다는 학설이다.

③ 기본권 제한에 관한 법률유보원칙은 '법률에 의한 규율'을 요청하는 것이 아니라 '법률에 근거한 규율'을 요청하는 것이다.

④ 행정청이 재량권이 인정되는 영역에서 재량권 행사의 기준이 되는 지침을 제정하는 것은 법률의 근거 규정 없이도 할 수 있다.

03 행정법령의 공포 및 효력발생에 대한 설명으로 옳지 않은 것은? (다툼이 있는 경우 판례에 의함)

① 국민의 권리 제한 또는 의무 부과와 직접 관련되는 법령은 긴급히 시행하여야 할 특별한 사유가 있는 경우를 제외하고는 공포일부터 적어도 30일이 경과한 날부터 시행되도록 하여야 한다.

② 법령의 공포시점은 관보 또는 공보가 판매소에 도달하여 누구든지 이를 구독할 수 있는 상태가 된 최초의 시점으로 보는 것이 판례의 입장이다.

③ 관보의 내용 해석 및 적용 시기는 전자관보를 우선으로 하며, 종이관보는 부차적인 효력을 가진다.

④ 대통령령, 총리령 및 부령은 특별한 규정이 없는 한 공포한 날로부터 20일이 경과함으로써 효력을 발생한다.

04 행정법상 시효제도에 대한 설명으로 옳은 것은? (다툼이 있는 경우 판례에 의함)

① 조세에 관한 소멸시효가 완성된 후에 부과된 조세부과처분은 위법한 처분이지만 당연무효라고 볼 수는 없다.

② 공법의 특수성으로 인해 소멸시효의 중단·정지에 관하여는 「민법」의 규정이 적용될 수 없다.

③ 「국가재정법」상 5년의 소멸시효가 적용되는 '금전의 급부를 목적으로 하는 국가의 권리'에는 국가의 사법상 행위에서 발생한 국가에 대한 금전채무도 포함된다.

④ 예정공물인 토지도 시효취득의 대상이 된다.

06 다른 법률행위를 보충하여 그 법적 효력을 완성시키는 행위에 해당하지 않는 것만을 모두 고르면? (다툼이 있는 경우 판례에 의함)

> ㄱ. 주택재건축정비사업조합 설립인가
> ㄴ. 특허기업의 사업양도허가
> ㄷ. 개발촉진지구 안에서 시행되는 지역개발사업에 관한 지정권자의 실시계획승인처분
> ㄹ. 재건축조합이 수립하는 관리처분계획에 대한 행정청의 인가

① ㄱ   ② ㄱ, ㄷ

③ ㄴ, ㄹ   ④ ㄱ, ㄴ, ㄷ

05 행정입법에 대한 설명으로 옳은 것은? (다툼이 있는 경우 판례에 의함)

① 상위 법령등의 단순한 집행을 위해 총리령을 제정하려는 경우, 행정상 입법예고를 하지 아니할 수 있다.

② 어떤 법률의 말미에 "이 법의 시행에 필요한 사항은 대통령령으로 정한다."라고 하여 일반적 시행령 위임조항을 두었다면 이것은 위임명령의 일반적 발령 근거로 작용한다.

③ 위임명령이 법률에서 위임받은 사항에 관하여 대강을 정하고 그 중 특정사항을 범위를 정하여 하위법령에 다시 위임하는 것은 재위임금지의 원칙에 따라 허용되지 않는다.

④ 행정소송에 대한 대법원 판결에 의하여 명령·규칙이 헌법 또는 법률에 위반된다는 것이 확정된 경우, 대법원은 지체 없이 그 사유를 해당 법령의 소관부처의 장에게 통보하여야 한다.

07 행정행위의 부관에 대한 설명으로 옳지 않은 것은? (다툼이 있는 경우 판례에 의함)

① 지방자치단체장이 사업자에게 주택사업계획승인을 하면서 그 주택사업과는 아무런 관련이 없는 토지를 기부채납 하도록 하는 부관은 부당결부금지의 원칙에 위반되어 위법하므로 당연무효이다.

② 토지소유자가 토지형질변경행위허가에 붙은 기부채납의 부관에 따라 토지를 국가나 지방자치단체에 기부채납(증여)한 경우, 기부채납의 부관이 당연무효이거나 취소되지 아니한 이상 토지소유자는 위 부관으로 인하여 증여계약의 중요부분에 착오가 있음을 이유로 증여계약을 취소할 수 없다.

③ 행정처분에 부담인 부관을 붙인 경우, 부관이 무효라도 부담의 이행으로 이루어진 사법상 매매행위도 당연히 무효가 되는 것은 아니다.

④ 사정변경으로 당초에 부담을 부가한 목적을 달성할 수 없게 된 경우에도 그 목적달성에 필요한 범위 내에서 예외적으로 부담의 사후변경이 허용된다.

08 행정지도에 대한 설명으로 옳은 것은? (다툼이 있는 경우 판례에 의함)

① 행정지도는 의무를 부과하거나 권익을 제한하는 것이 아니므로 「행정절차법」의 적용을 받지 않는다.

② 행정지도는 법적 효과의 발생을 목적으로 하는 의사표시이다.

③ 교육인적자원부장관의 대학총장들에 대한 학칙시정요구는 법령에 따른 것으로 행정지도의 일종으로, 단순한 행정지도로서의 한계를 넘어 헌법소원의 대상이 되는 공권력의 행사라고 볼 수 없다.

④ 행정청이 위법 건축물에 내한 시정명령을 하고 나서 위반자가 이를 이행하지 아니하여 전기·전화의 공급자에게 그 위법 건축물에 대한 전기·전화의 공급을 하지 말아 줄 것을 요청한 행위는 권고적 성격의 행위에 불과한 것으로서 항고소송의 대상이 되는 행정처분이라고 볼 수 없다.

09 행정행위의 효력에 대한 설명으로 옳은 것은? (다툼이 있는 경우 판례에 의함)

① 과·오납 세금반환청구소송에서 민사법원은 그 선결문제로서 과세처분의 무효 여부를 판단할 수 없다.

② 행정처분이 위법임을 이유로 국가배상을 청구하기 위한 전제로서 그 처분이 취소되어야만 한다.

③ 행정행위 중 당사자의 신청에 의하며 인허가 또는 면허 등 이익을 주거나 그 신청을 거부하는 처분을 하는 것을 내용으로 하는 이른바 신청에 의한 처분의 경우에는 신청에 대하여 일단 거부처분이 행해지면 그 거부처분이 적법한 절차에 의하여 취소·철회되지 않는 한, 사유를 추가하여 거부처분을 반복하는 것은 존재하지도 않는 신청에 대한 거부처분으로서 취소사유인 하자가 있다.

④ 파면처분을 당한 공무원은 그 처분에 취소사유인 하자가 존재하는 경우 파면처분취소소송을 제기하여야 하고 곧바로 공무원지위확인소송을 제기할 수 없다.

10 「행정절차법」에 대한 판례의 입장으로 옳지 않은 것은?

① 명예전역 선발을 취소하는 처분은 당사자의 의사에 반하여 전역을 취소하고 명예전역수당의 지급 결정 역시 취소하는 것으로서 「행정절차법」 제24조 제1항에 따라 문서로 해야 한다.

② 용도를 무단변경한 건물의 원상복구를 명하는 시정명령 및 계고처분을 하는 경우, 사전에 통지할 필요가 없다.

③ 처분 당시 당사자가 어떠한 근거와 이유로 처분이 이루어진 것인지를 충분히 알 수 있어서 그에 불복하여 행정구제 절차로 나아가는 데 별다른 지장이 없었다고 인정된다면 충분한 이유제시가 있었다고 볼 수 있다.

④ 공매를 통하여 체육시설을 인수한 자의 체육시설업자 지위승계신고를 수리하는 경우, 종전 체육시설업자에게 사전에 통지하여 의견제출의 기회를 주어야 한다.

11 행정벌에 대한 설명으로 옳지 않은 것은? (다툼이 있는 경우 판례에 의함)

① 스스로 심신장애 상태를 일으켜 질서위반행위를 한 자에 대하여는 과태료를 감경할 수 없다.

② 통고처분은 상대방의 임의의 승복을 그 발효요건으로 하기 때문에 그 자체만으로는 통고이행을 강제하거나 상대방에게 아무런 권리의무를 형성하지 않는다.

③ 과태료는 행정질서벌에 해당할 뿐 형벌이라고 할 수 없지만 죄형법정주의의 규율대상에 해당한다.

④ 과실범을 처벌한다는 명문의 규정이 없더라도 행정형벌법규의 해석에 의하여 과실행위도 처벌한다는 뜻이 명확히 도출되는 경우에는 과실범도 처벌될 수 있다.

12 운전병이 군인 甲이 군용차량을 운전하여 이동하다가 민간인 乙이 운전하던 차량과 충돌하였다. 甲과 乙의 공동과실로 발생한 이 사고로 甲이 운전하던 군용차량에 탑승하고 있던 같은 부대 소속 군인 丙이 다쳐 손해를 입었다. 이 경우 손해배상책임 및 구상권에 대한 설명으로 옳지 않은 것은? (다툼이 있는 경우 판례에 의함)

① 대법원은 만일 乙이 손해배상액 전부를 丙의 유족에게 배상한 경우에는 자신의 귀책부분을 넘는 금액에 대해 구상청구를 할 수 없다고 하였다.

② 군인·군무원 등 「국가배상법」 제2조 제1항에 열거된 자가 전투, 훈련 기타 직무집행과 관련하는 등으로 공상을 입은 경우라고 하더라도 「군인연금법」 등 다른 법령에 따른 연금·상이연금 등 별도의 보상을 받을 수 없는 경우에는 「국가배상법」 제2조 제1항 단서의 적용을 받지 않아 국가배상을 청구할 수 있다.

③ 헌법재판소는 일반국민이 직무집행 중인 군인과의 공동불법행위로 직무집행 중인 다른 군인에게 공상을 입혀 그 피해자에게 공동의 불법행위로 인한 손해를 배상한 다음 공동불법행위자 군인의 부담부분에 관하여 국가에 대하여 구상권을 행사하는 것을 허용하지 않는다고 해석한다면, 이는 재산권에 대한 침해에 해당하고, 헌법상 국가배상청구권 규정과 평등의 원칙을 위반하는 것이라고 판시하였다.

④ 대법원은 甲이 고의·중과실이 있는 경우뿐만 아니라, 甲에게 경과실만 인정되는 경우에도 丙의 유족에 대한 손해배상책임을 부담한다고 보았다.

13 행정소송의 대상에 대한 판례의 입장으로 옳지 않은 것은?

① 「수도법」에 의하여 지방자치단체인 수도사업자가 그 수돗물의 공급을 받는 자에게 하는 수도료 부과·징수와 이에 따른 수도료 납부관계는 공법상의 권리의무관계이므로, 이에 관한 분쟁은 행정소송의 대상이다.

② 국책사업인 '한국형 헬기 개발사업'(Korean Helicopter Program)에 방위사업청과 '한국형헬기 민군 겸용 핵심 구성품 개발협약'을 체결한 법률관계는 사법관계에 해당하므로 이에 관한 분쟁은 민사소송의 대상이다.

③ 「도시 및 주거환경정비법」상 주택재건축정비사업조합을 상대로 관리처분계획안에 대한 조합 총회결의의 효력 등을 다투는 소송은 「행정소송법」상 당사자소송에 해당한다.

④ 재개발조합과 조합장 사이의 선임·해임 등을 둘러싼 법률 관계는 사법상 법률관계이고 그 조합장의 지위를 다투는 소송은 민사소송이다.

14 항고소송에 있어서 소의 이익에 대한 설명으로 옳지 않은 것은? (다툼이 있는 경우 판례에 의함)

① 행정청이 직위해제 상태에 있는 공무원에 대하여 새로운 직위해제사유에 기한 직위해제처분을 한 경우 그 이전에 한 직위해제처분의 취소를 구할 소의 이익이 없다.

② 원자로 시설부지 인근 주민들은 방사성물질 등에 의한 생명·신체의 안전침해를 이유로 부지사전승인처분의 취소를 구할 소의 이익이 있다.

③ 개발제한구역 중 일부 취락을 개발제한구역에서 해제하는 내용의 도시관리계획변경결정에 대하여, 개발제한구역 해제대상에서 누락된 토지의 소유자는 위 결정의 취소를 구할 소의 이익이 없다.

④ 경원관계에서 허가처분을 받지 못한 사람은 자신에 대한 거부처분이 취소되더라도, 그 판결의 직접적 효과로 경원자에 대한 허가처분이 취소되거나 효력이 소멸하는 것은 아니므로 자신에 대한 거부처분의 취소를 구할 소의 이익이 없다.

15 당사자소송에 대한 설명으로 옳은 것은? (다툼이 있는 경우 판례에 의함)

① 구체적인 권리가 발생하지 않은 상태라 할지라도 곧바로 당사자소송을 통해 급부의 이행을 청구할 수 있다.

② 지방자치단체가 보조금 지급결정을 하면서 일정기한 내에 보조금을 반환하도록 하는 교부조건을 부가한 경우, 보조금을 교부받은 사업자에 대한 지방자치단체의 보조금반환청구소송은 당사자소송의 대상이다.

③ 지방소방공무원의 초과근무수당청구는 항고소송을 제기 하는 등으로 구체적 권리를 인정받은 다음 비로소 당사자소송으로 그 급여의 지급을 구하여야 한다.

④ 존재와 범위가 확정되어 있는 과오납부액이나 환급세액의 부당이득반환청구는 그 원인행위가 공법적이므로 당사자소송에 의하여야 한다.

16 당사자소송에 대한 설명으로 옳은 것은? (다툼이 있는 경우 판례에 의함)

① 구 「석탄산업법」상 석탄가격안정지원금의 지급청구는 당사자소송의 대상이다.

② 납세의무부존재확인의 소는 당사자소송이고 항고소송의 성격을 가지므로 해당 과세처분 관할 행정청이 피고가 된다.

③ 「행정소송법」은 당사자소송의 원고적격을 당사자소송을 제기할 법률상 이익이 있는 자로 규정하고 있다.

④ 「민주화운동 관련자 명예회복 및 보상 등에 관한 법률」에 따른 보상심의위원회의 결정을 다투는 소송은 당사자소송에 해당한다.

17 행정소송에 있어서 기관소송에 대한 설명으로 옳지 않은 것은?

① 헌법재판소의 관장사항으로 되어 있는 권한쟁의심판은 기관소송에서 제외된다.

② 기관소송은 법률적 쟁송이므로 당연히 사법권에 속하며 법령에 의해 비로소 인정되는 것이 아니다.

③ 기관소송으로써 처분등의 효력 유무 또는 존재 여부나 부작위의 위법의 확인을 구하는 소송에는 그 성질에 반하지 아니하는 한 각각 무효등확인소송 또는 부작위위법확인소송에 관한 규정을 준용한다.

④ 지방의회의 재의결에 대하여 당해 지방자치단체의 장이 대법원에 제기하는 소는 기관소송이다.

18 행정심판 청구기간 및 제소기간에 대한 설명으로 옳지 않은 것은? (다툼이 있는 경우 판례에 의함)

① 행정심판은 처분이 있음을 알게 된 날부터 90일, 처분이 있은 날부터 180일 중 먼저 도래하는 기간 내에 제기하여야 한다.

② 개별공시지가의 결정에 이의가 있는 자가 행정심판을 거쳐 취소소송을 제기하는 경우 취소소송의 제소기간은 그 행정심판 재결서 정본을 송달받은 날부터 또는 재결이 있은 날부터 기산한다.

③ 고시에 의한 행정처분의 상대방이 불특정 다수인인 경우, 그 행정처분에 이해관계를 갖는 자가 고시 또는 공고가 있었다는 사실을 현실적으로 안 날에 행정처분이 있음을 알았다고 보아야 한다.

④ 행정심판을 제기하였다가 기각재결을 받은 후 무효확인소송을 제기하는 경우에는 재결서 정본을 송달받은 날부터 90일 이내에 소송을 제기할 필요가 없다.

19 「행정심판법」에 대한 설명으로 옳지 않은 것은?

① 행정심판위원회의 재결의 종류에는 각하재결, 기각재결, 인용재결, 사정재결이 있다.

② 행정심판 청구인이 경제적 능력으로 인해 대리인을 선임할 수 없는 경우에는 행정심판위원회에 국선대리인을 선임하여줄 것을 신청할 수 있다.

③ 위원회는 재결서의 등본을 지체 없이 참가인에게 송달하여야 한다.

④ 처분의 상대방이 아닌 제3자가 심판청구를 한 경우 위원회는 재결서의 등본을 지체 없이 처분의 상대방에게 송달하여야 한다. 이 경우 별도로 피청구인을 거쳐야 하는 것은 아니다.

20 재결의 효력에 대한 설명으로 옳은 것은?

① 당사자의 신청을 거부하거나 부작위로 방치한 처분의 이행을 명하는 재결이 있더라도 행정청은 지체 없이 이전의 신청에 대하여 재결의 취지에 따라 처분을 하여야 하는 것은 아니다.

② 행정심판의 재결에 고유한 위법이 있는 경우에는 재결에 대하여 다시 행정심판을 청구할 수 있다.

③ 시·도 행정심판위원회의 기각재결이 내려진 경우 청구인은 중앙행정심판위원회에 그 재결에 대하여 다시 행정심판을 청구할 수 있다.

④ 법령의 규정에 의하여 공고한 처분이 재결로써 취소된 때에는 처분청은 지체 없이 그 처분이 취소되었음을 공고하여야 한다.

06회 실전동형모의고사
모바일 자동 채점 + 성적 분석 서비스
바로 가기 (gosi.Hackers.com)

QR코드를 이용하여 해커스공무원의 '모바일 자동 채점 + 성적 분석 서비스'로 바로 접속하세요!
* 해커스공무원 사이트의 가입자에 한해 이용 가능합니다.

07회 실전동형모의고사

제한시간: 15분 시작 시 분 ~ 종료 시 분 점수 확인 개/ 20개

01 법률유보원칙에 대한 설명으로 옳지 않은 것은? (다툼이 있는 경우 판례에 의함)

① 대법원은 지방의회의원에 대하여 유급보좌인력을 두는 것은 지방의회의원의 신분·지위 및 그 처우에 관한 현행 법령상의 제도에 중대한 변경을 초래하는 것으로서, 이는 개별 지방의회의 조례로써 규정할 사항이 아니라 국회의 법률로써 규정하여야 할 입법사항이라고 한다.

② 법률유보원칙에서의 '법률'에는 국회가 제정하는 형식적 의미의 법률뿐만 아니라 법률의 위임에 따라 제정된 법규명령도 포함되나 관습법은 포함되지 않는다.

③ 법률이 공법적 단체 등의 정관에 자치법적 사항을 위임하는 경우에는 의회유보원칙이 적용될 여지가 없다.

④ 국회의 의결을 거쳐 확정되는 예산은 일종의 법규범이지만, 국가기관만을 구속할 뿐 일반국민을 구속하지 않는다.

02 甲은 영업허가를 받아 영업을 하던 중 자신의 영업을 乙에게 양도하고자 乙과 사업양도양수계약을 체결하고 관련법령에 따라 관할 행정청 A에게 지위승계신고를 하였다. 이에 대한 설명으로 가장 옳은 것은? (다툼이 있는 경우 판례에 의함)

① 甲과 乙 사이의 사업양도양수계약이 무효이더라도 A가 지위승계신고를 수리하였다면 그 수리는 취소되기 전까지 유효하다.

② A가 지위승계신고의 수리를 거부한 경우 甲은 수리거부에 대해 취소소송으로 다툴 수 없다.

③ 甲과 乙이 사업양도양수계약을 체결하였으나 지위승계신고 이전에 甲에 대해 영업허가가 취소되었다면, 乙은 이를 다툴 법률상 이익이 없다.

④ 甲과 乙이 관련법령상 요건을 갖춘 적법한 신고를 하였더라도 A가 이를 수리하지 않았다면 지위승계의 효력이 발생하지 않는다.

03 甲은 A시에 거주할 목적으로 주민등록 전입신고를 하였다. 이에 대한 설명으로 옳지 않은 것은? (다툼이 있는 경우 판례에 의함)

① 관할 행정청은 실제 거주지와 신고서의 거주지가 일치하지 않는 경우 주민등록 전입신고수리를 거부할 수 있으나, 甲의 전입으로 인해 A시의 발전에 저해가 될 것으로 보이는 사정이 있다고 해도 수리를 거부할 수는 없다.

② 甲이 거주 이외에 부동산 투기 등 다른 목적을 가지고 있다고 하더라도, 주민등록 전입신고의 수리 여부를 심사하는 단계에서는 고려대상이 될 수 없다.

③ 주민등록 전입신고가 수리된 후 甲의 주민등록번호가 甲의 의사와 무관하게 불법유출되어 甲이 관할 행정청에게 주민등록번호 변경을 신청한 경우, 현행 법상 주민등록번호 변경신청권이 인정되지 않으므로 관할 행정청이 이를 거부하더라도 항고소송의 대상이 되는 거부처분이라고 할 수 없다.

④ 관할 행정청이 전입신고수리를 거부한 경우 甲은 「민원처리에 관한 법률」에 따라 그 거부처분을 받은 날부터 소정의 기간 내에 문서로 이의신청을 할 수 있고, 이의신청 여부와 관계없이 「행정심판법」에 따른 행정심판 또는 「행정소송법」에 따른 행정소송을 제기할 수 있다.

04 행정입법에 대한 설명으로 옳지 않은 것은? (다툼이 있는 경우 판례에 의함)

① 구 「여객자동차 운수사업법 시행규칙」 제31조 제2항 제1호, 제2호, 제6호는 구 「여객자동차 운수사업법」 제11조 제4항의 위임에 따라 시외버스운송사업의 사업계획변경에 관한 절차, 인가기준 등을 구체적으로 정한 것으로서 행정청 내부의 사무처리준칙을 규정한 행정규칙에 해당하지 않는다.

② 「국토의 계획 및 이용에 관한 법률」 및 같은 법 시행령이 정한 이행강제금의 부과기준은 단지 상한을 정한 것에 불과하므로 행정청에 이와 다른 이행강제금액을 결정할 재량권이 있다.

③ 법원이 법률 하위의 법규명령이 위헌·위법인지를 심사하려면 그것이 재판의 전제가 되어야 하는데, 여기에서 재판의 전제란 구체적 사건이 법원에 계속 중이어야 하고, 위헌·위법인지가 문제된 경우에는 그 법규명령의 특정 조항이 해당 소송사건의 재판에 적용되는 것이어야 하며, 그 조항이 위헌·위법인지에 따라 그 사건을 담당하는 법원이 다른 판단을 하게 되는 경우를 말한다.

④ 제재적 재량처분의 기준을 정하고 있는 「공중위생법 시행규칙」은 형식은 부령이나 그 성질은 행정기관 내부의 사무처리준칙을 규정한 것으로 대외적 구속력이 없다.

05 행정지도에 대한 설명으로 옳지 않은 것은? (다툼이 있는 경우 판례에 의함)

① 위법한 행정지도에 따라 행한 사인의 행위는 법령에 명시적으로 정함이 없는 한 위법성이 조각된다고 할 수 없다.

② 행정지도가 강제성을 띠지 않은 비권력적 작용으로서 행정지도의 한계를 일탈하지 아니하였다면, 그로 인하여 상대방에게 어떤 손해가 발생하였다고 하더라도 행정기관은 그에 대한 손해배상책임이 없다.

③ 성희롱 행위를 이유로 한 국가인권위원회의 인사조치권고에 대하여 성희롱 행위자로 결정된 자는 항고소송을 통해 다툴 수 있다.

④ 행정기관의 조언에 따르지 않을 경우 일정한 불이익 조치가 예정되어 있어 사실상 상대방에게 그에 따를 의무를 부과하는 것과 다를 바 없더라도 그 조언이 행정지도에 불과한 이상 이는 「헌법재판소법」 제68조 제1항의 헌법소원심판의 대상이 되는 공권력의 행사라 할 수 없다.

06 공법상 계약에 대한 설명으로 옳지 않은 것은? (다툼이 있는 경우 판례에 의함)

① 행정청이 자신과 상대방 사이의 법률관계를 일방적인 의사표시로 종료시킨 경우 그 의사표시가 행정처분이라고 단정할 수 없고, 관계 법령이 상대방의 법률관계에 관하여 구체적으로 어떻게 규정하고 있는지에 따라 의사표시가 행정처분에 해당하는지 아니면 공법상 계약관계의 일방 당사자로서 대등한 지위에서 행하는 의사표시인지를 개별적으로 판단하여야 한다.

② 재단법인 한국연구재단이 과학기술기본법령에 따라 연구 개발비의 회수 및 관련자에 대한 국가연구개발사업 참여 제한을 내용으로 하여 '2단계 두뇌한국(BK) 21 사업협약'을 해지하는 통보를 하였다면, 그 통보는 행정처분에 해당한다.

③ '서울특별시 시민감사옴부즈만 운영 및 주민감사청구에 관한 조례'에 따라 계약직으로 구성하는 옴부즈만 공개채용과정에서 최종합격자로 공고된 자에 대해 서울특별시장이 인사위원회의 심의결과에 따라 채용하지 아니하겠다고 통보한 경우, 그 불채용통보는 항고소송을 통해 다툴 수 없다.

④ 중소기업기술정보진흥원장이 甲 주식회사와 체결한 중소기업 정보화지원사업 지원대상인 사업의 지원에 관한 협약을 그 협약에서 정한 해지사항에 따라 해지한 경우, 그 해지의 효과는 전적으로 협약이 정한 바에 따라 정해질 뿐, 달리 협약 해지의 효과 또는 이에 수반되는 행정상 제재 등에 관하여 관련 법령에 아무런 규정을 두고 있지 아니하더라도, 국민의 권리구제를 위해 그 협약해지는 행정청이 우월한 지위에서 행하는 공권력의 행사로서 행정처분에 해당한다고 보아야 한다.

07 다음 중 옳은 것(○)과 옳지 않은 것(×)을 올바르게 조합한 것은? (다툼이 있는 경우 판례에 의함)

> ㄱ. 과세처분이 확정된 이후 조세 부과의 근거가 되었던 법률조항이 위헌으로 결정된 경우에도 조세채권의 집행을 위한 체납처분의 근거규정 자체에 대하여는 따로 위헌결정이 내려진 바 없다면, 위와 같은 위헌결정 이후에 조세채권의 집행을 위한 새로운 체납처분에 착수하거나 이를 속행할 수 있고, 이러한 체납처분이 당연 무효가 되는 것도 아니다.
>
> ㄴ. 일반적으로 법률이 헌법에 위배된다는 사정은 헌법재판소의 위헌결정이 있기 전에는 객관적으로 명백한 것이라고 할 수 없어 헌법재판소의 위헌결정 전에 행정처분의 근거가 되는 해당 법률이 헌법에 위배된다는 사유는 특별한 사정이 없는 한 그 행정처분 취소소송의 전제가 될 수 있을 뿐 당연무효사유는 아니다.
>
> ㄷ. 특정 과세처분에 대한 취소소송의 제기기간이 경과되어 과세처분에 확정력이 발생한 경우에는 위헌결정의 소급효가 미치지 않는다.
>
> ㄹ. 법률이 헌법에 위반되는지 여부를 심사할 권한이 없는 공무원으로서는 행위 당시의 법률에 따를 수밖에 없으므로, 행위의 근거가 된 법률조항에 대하여 위헌결정이 선고되더라도 위 법률조항에 따라 행위한 당해 공무원에게는 고의 또는 과실이 있다 할 수 없어 국가배상책임은 성립되지 아니한다.

① ㄱ(×), ㄴ(×), ㄷ(○), ㄹ(×)
② ㄱ(×), ㄴ(○), ㄷ(○), ㄹ(○)
③ ㄱ(×), ㄴ(○), ㄷ(×), ㄹ(○)
④ ㄱ(○), ㄴ(○), ㄷ(×), ㄹ(○)

08 행정절차에 대한 설명으로 옳은 것은? (다툼이 있는 경우 판례에 의함)

① '고시'의 방법으로 불특정 다수인을 상대로 의무를 부과하거나 권익을 제한하는 처분을 하더라도 그 처분이 불이익 처분으로서의 성격이 있는 이상 이를 알 수 있는 사람에게는 「행정절차법」상 의견제출의 기회를 주어야 한다.

② 일정한 법규 위반 사실이 행정처분의 전제사실이자 형사법규의 위반사실이 되는 경우에 동일한 행위에 관하여 독립적으로 행정처분이나 형벌을 부과하거나 이를 병과할 수 있으므로, 법규가 예외적으로 형사소추 선행 원칙을 규정하고 있지 않은 이상 형사판결 확정에 앞서 일정한 위반사실을 들어 행정처분을 하였다고 하여 절차적 위반이 있다고 할 수 없다.

③ 처분 당시 당사자가 어떠한 근거와 이유로 처분이 이루어진 것인지를 충분히 알 수 있어서 그에 불복하여 행정구제절차로 나아가는 데에 별다른 지장이 없었던 것으로 인정되는 경우라도 처분서에 처분의 근거와 이유가 구체적으로 명시되어 있지 않았다면 그로 말미암아 그 처분은 위법한 것으로 된다.

④ 「공무원연금법」상 퇴직연금의 환수결정은 당사자에게 의무를 과하는 처분이므로, 퇴직연금의 환수결정에 앞서 당사자에게 「행정절차법」상 의견진술의 기회를 주지 아니한 경우 당해 처분은 「행정절차법」 위반이다.

09 「공공기관의 정보공개에 관한 법률」상 제3자의 비공개요청 등에 대한 설명으로 옳지 않은 것은?

① 공공기관은 제3자의 비공개요청에도 불구하고 공개결정을 하는 때에는 공개결정일과 공개실시일의 사이에 최소한 30일의 간격을 두어야 한다.

② 제3자의 비공개요청에도 불구하고 공공기관이 공개결정을 하는 때에는 공개결정이유와 공개실시일을 명시하여 지체 없이 문서로 통지하여야 한다.

③ 자신과 관련된 정보에 대한 제3자의 비공개요청에도 불구하고 공공기관이 공개결정을 하는 때에는 제3자는 당해 공공기관에 문서 또는 구두로 이의신청을 하거나 행정심판 또는 행정소송을 제기할 수 있다.

④ 제3자는 공개 청구된 사실의 통지를 받은 날부터 3일 이내에 해당 공공기관에 대하여 공개하지 아니할 것을 요청할 수 있다.

10 행정의 실효성 확보수단에 대한 설명으로 옳지 않은 것은? (다툼이 있는 경우 판례에 의함)

① 행정청은 법령등의 위반행위가 종료된 날부터 5년이 지나면 해당 위반행위에 대하여 제재처분(인·허가의 정지·취소·철회, 등록 말소, 영업소 폐쇄와 정지를 갈음하는 과징금 부과를 말한다)을 할 수 없다.

② 관할 행정청이 여객자동차운송사업자가 범한 여러 가지 위반행위 중 일부만 인지하여 과징금 부과처분을 하였는데 그 후 과징금 부과처분 시점 이전에 이루어진 다른 위반행위를 인지하여 이에 대하여 별도의 과징금 부과처분을 하게 되는 경우, 종전 과징금 부과처분의 대상이 된 위반행위와 추가 과징금 부과처분의 대상이 된 위반행위에 대하여 일괄하여 하나의 과징금 부과처분을 하는 경우와의 형평을 고려하여 추가 과징금 부과처분의 처분양정이 이루어져야 한다.

③ 경찰서장이 범칙행위에 대하여 통고처분을 한 이상, 범칙자의 위와 같은 절차적 지위를 보장하기 위하여 통고처분에서 정한 범칙금 납부기간까지는 원칙적으로 경찰서장은 즉결심판을 청구할 수 없고, 검사도 동일한 범칙행위에 대하여 공소를 제기할 수 없다.

④ 「도로교통법」에 따른 경찰서장의 통고처분에 대하여 항고소송을 제기할 수 있다.

11 행정상 즉시강제에 대한 설명으로 가장 옳지 않은 것은? (다툼이 있는 경우 판례에 의함)

① 즉시강제란 법령 또는 행정처분에 의한 선행의 구체적 의무의 불이행으로 인한 목전의 급박한 장해를 제거할 필요가 있는 경우에 행정기관이 즉시 국민의 신체 또는 재산에 실력을 행사하여 행정상의 필요한 상태를 실현하는 작용을 말한다.

② 구 「음반·비디오물 및 게임물에 관한 법률」상 등급분류를 받지 아니한 게임물을 발견한 경우 관계행정청이 관계공무원으로 하여금 이를 수거·폐기하게 할 수 있도록 한 규정은 헌법상 영장주의와 피해 최소성의 요건을 위배하는 과도한 입법으로 헌법에 위반된다고 볼 수 없다.

③ 권력적 사실행위인 즉시강제는 그 조치가 계속 중인 상태에 있는 경우에는 취소소송의 대상이 될 수 있다.

④ 집회장소와 시간적·장소적으로 근접하지 않은 다른 지역에서 집회·시위 참석을 위한 출발 및 이동을 제지하는 것은 적법한 공무집행이 아니다.

12 행정질서벌에 대한 설명으로 옳은 것은?

① 과태료의 부과 징수, 재판 및 집행 등의 절차에 관하여 「질서위반행위규제법」과 타 법률이 달리 규정하고 있는 경우에는 전자를 따른다.

② 고의 또는 과실이 없는 질서위반행위는 그에 대한 정당한 이유가 있는 때에 한하여 과태료를 부과하지 아니한다.

③ 당사자는 과태료 재판에 대하여 즉시항고 할 수 있으나 이 경우의 항고는 집행정지의 효력이 없다.

④ 하나의 행위가 둘 이상의 질서위반행위에 해당하는 경우에는 각 질서위반행위에 대하여 정한 과태료를 각각 부과한다.

13 「국가배상법」에 대한 설명으로 옳은 것은? (다툼이 있는 경우 판례에 의함)

① 헌법에 의하여 일반적으로 부과된 의무가 있음에도 불구하고 국회가 그 입법을 하지 않고 있다면 「국가배상법」상 배상책임이 인정된다.

② 배상청구권의 시효와 관련하여 '가해자를 안다는 것'은 피해자나 그 법정대리인이 가해공무원의 불법행위가 그 직무를 집행함에 있어서 행해진 것이라는 사실까지 인식함을 요구하지 않는다.

③ 국가배상책임이 인정되려면 공무원의 직무상 의무위반 행위와 손해 사이에 상당인과관계가 인정되어야 하는데 공무원에게 직무상 의무를 부과한 법령이 단순히 공공의 이익을 위한 것이고 사익을 보호하기 위한 것이 아니라면 상당인과관계가 부인되어 배상책임이 인정되지 않는다.

④ 헌법재판소 재판관이 청구기간을 오인하여 청구기간 내에 제기된 헌법소원심판청구를 위법하게 각하한 경우, 설령 본안판단을 하였더라도 어차피 청구가 기각되었을 것이라는 사정이 있다면 국가배상책임이 인정될 수 없다.

14 「공익사업을 위한 토지 등의 취득 및 보상에 관한 법률」상 손실보상에 대한 내용으로 옳지 않은 것은? (다툼이 있는 경우 판례에 의함)

① 손실보상액 산정의 기준이 되는 공시지가에 당해 수용사업의 시행으로 인한 개발이익이 포함되어 있을 경우에는 그 공시지가에서 개발이익을 배제한 다음 이를 기준으로 하여 손실보상액을 평가하여야 한다.

② 공익사업에 영업시설 일부가 편입됨으로 인하여 잔여 영업시설에 손실을 입은 자는 재결절차를 거치지 않은 채 곧바로 사업시행자를 상대로 잔여 영업시설의 손실에 대한 보상을 청구할 수 있다.

③ 하나의 재결에서 피보상자별로 여러 가지의 토지, 물건, 권리 또는 영업의 손실에 관하여 심리·판단이 이루어졌을 때, 피보상자 또는 사업시행자가 반드시 재결 전부에 관하여 불복하여야 하는 것은 아니다.

④ 어떤 보상항목이 손실보상대상에 해당함에도 관할 토지수용위원회가 사실이나 법리를 오해하여 손실보상대상에 해당하지 않는다고 잘못된 내용의 재결을 한 경우, 피보상자는 사업시행자를 상대로 「공익사업을 위한 토지 등의 취득 및 보상에 관한 법률」 제85조 제2항에 따른 보상금증감소송을 제기하여야 한다.

15 행정소송의 제소기간에 대한 판례의 입장으로 옳은 것은?

① 무효인 처분에 대하여 무효선언을 구하는 취소소송을 제기하는 경우 제소기간을 준수하여야 한다.

② 제소기간의 적용에 있어 '처분이 있음을 안 날'이란 처분의 존재를 현실적으로 안 날을 의미하고 구체적으로 그 행정처분의 위법 여부를 판단한 날을 가리키는 것이다.

③ 「산업재해보상보험법」상 보험급여의 부당이득 징수결정의 하자를 이유로 징수금을 감액하는 경우 감액처분으로도 아직 취소되지 않고 남아 있는 부분이 위법하다 하여 다툴 때에는, 제소기간의 준수 여부는 감액처분을 기준으로 판단해야 한다.

④ 특정인에 대한 행정처분을 송달할 수 없어 관보 등에 공고한 경우에는 상대방이 당해 처분이 있었다는 사실을 현실적으로 알았다 하더라도 공고가 효력을 발생하는 날에 상대방이 그 처분이 있음을 알았다고 보아야 한다.

16 행정소송에 대한 설명으로 옳은 것은? (다툼이 있는 경우 판례에 의함)

① 행정소송에서 당사자소송의 입증책임은 그 성질상 민사소송의 경우와 다르다.

② 「행정소송법」은 법원이 직권으로 관계행정청에 자료제출을 요구할 수 있음을 규정하고 있다.

③ 사실심에서 변론종결시까지 당사자가 주장하지 않던 직권조사사항에 해당하는 사항을 상고심에서 비로소 주장하는 경우 그 직권조사사항에 해당하는 사항은 상고심의 심판범위에 해당하지 않는다.

④ 「공무원연금법」상 급여를 받으려고 하는 자는 관계 법령에 따라 공무원연금공단에 급여지급을 신청하지 않고 곧바로 공무원연금공단을 상대로 한 당사자소송으로 권리의 확인이나 급여의 지급을 소구할 수 없다.

17 甲은 관할 A행정청에 토지형질변경허가를 신청하였으나 A행정청은 허가를 거부하였다. 이에 甲은 거부처분 취소소송을 제기하여 재량의 일탈·남용을 이유로 취소판결을 받았고, 그 판결은 확정되었다. 이에 대한 설명으로 옳지 않은 것은? (다툼이 있는 경우 판례에 의함)

① A행정청이 거부처분 이전에 이미 존재하였던 사유 중 거부처분 사유와 기본적 사실관계의 동일성이 없는 사유를 근거로 다시 거부처분을 하는 것은 허용된다.

② A행정청이 재처분을 하였더라도 취소판결의 기속력에 저촉되는 경우에는 甲은 간접강제를 신청할 수 있다.

③ A행정청의 재처분이 취소판결의 기속력에 저촉된다면 위법한 것이므로 취소할 수 있다.

④ A행정청이 간접강제결정에서 정한 의무이행 기한 내에 재처분을 이행하지 않아 배상금이 이미 발생한 경우에도 그 이후에 재처분을 이행하였다면 甲은 배상금을 추심할 수 없다.

18 무효확인소송에 대한 설명으로 옳지 않은 것은? (다툼이 있는 경우 판례에 의함)

① 처분적 조례는 무효확인소송의 대상이 될 수 있다.

② 무효확인소송에서도 제3자의 소송참가가 인정된다.

③ 무효확인소송에서 처분의 위법성 판단 기준시점은 판결시이다.

④ 처분등을 취소하는 확정판결의 기속력 및 행정청의 재처분의무에 관한 「행정소송법」 제30조가 무효확인소송에도 준용되므로 무효확인판결 자체만으로도 실효성이 확보될 수 있다.

19 「도로법」 제61조에서 "공작물·물건, 그 밖의 시설을 신설·개축·변경 또는 제거하거나 그 밖의 사유로 도로를 점용하려는 자는 도로관리청의 허가를 받아야 한다."고 규정하고 있다. 甲은 도로관리청 乙에게 도로점용허가를 신청하였으나, 상당한 기간이 지났음에도 아무런 응답이 없어 행정쟁송을 제기하려 한다. 이에 대한 설명으로 옳은 것은? (다툼이 있는 경우 판례에 의함)

① 甲이 의무이행심판을 제기한 경우, 도로점용허가는 기속행위이므로 의무이행심판의 인용재결이 있으면 乙은 甲에 대하여 도로점용허가를 발급해주어야 한다.

② 甲이 부작위위법확인소송을 제기한 경우 법원은 乙이 도로점용허가를 발급해주어야 하는지의 여부를 심리할 수 있다.

③ 甲이 제기한 부작위위법확인소송에서 법원의 인용판결이 있는 경우 乙은 甲에 대하여 도로점용허가 신청을 거부하는 처분을 할 수 있다.

④ 甲은 의무이행소송을 제기하여 권리구제가 가능하다.

20 행정심판의 재결에 대한 설명으로 옳지 않은 것은? (다툼이 있는 경우 판례에 의함)

① 처분의 취소 또는 변경을 구하는 취소심판의 경우에 변경의 의미는 소극적 변경뿐만 아니라 적극적 변경까지 포함한다.

② 「행정심판법」은 취소심판의 인용재결의 종류로 취소재결, 변경재결, 변경명령재결에 관한 규정을 두고 있다.

③ 행정심판위원회가 직접 처분을 한 경우에는 그 사실을 해당 행정청에 통보하여야 하며, 통보를 받은 행정청은 행정 심판위원회가 한 처분을 자기가 한 처분으로 보아 관계 법령에 따라 관리·감독 등 필요한 조치를 하여야 한다.

④ 취소심판청구에 대한 기각재결이 있는 경우에 처분청은 당해 처분을 직권으로 취소 또는 변경할 수 없다.

07회 실전동형모의고사
모바일 자동 채점 + 성적 분석 서비스
바로 가기 (gosi.Hackers.com)

QR코드를 이용하여 해커스공무원의 '모바일 자동 채점 + 성적 분석 서비스'로 바로 접속하세요!

* 해커스공무원 사이트의 가입자에 한해 이용 가능합니다.

08회 실전동형모의고사

제한시간: 15분 **시작** 시 분 ~ **종료** 시 분 점수 확인 개/ 20개

01 행정법상 신고에 대한 설명으로 옳지 않은 것은? (다툼이 있는 경우 판례에 의함)

> 「건축법」이 건축물의 건축 또는 대수선에 대하여 원칙적으로 허가제로 규율하면서도 일정 규모 이내의 건축물에 관해서는 신고제를 채택한 것은 규제를 완화하여 국민의 자유의 영역을 넓히는 한편, 최소한의 규제를 가하고자 하는 데 그 취지가 있다. 따라서 ① 일반적인 건축신고에 있어서는 원칙적으로 적법한 요건을 갖춰 신고하면 행정청의 수리 등 별도의 조치를 기다릴 필요 없이 건축행위를 할 수 있다고 보아야 한다. 그러나 한편 ② 인·허가의제 효과를 수반하는 건축신고제도를 둔 취지는 그 창구를 단일화하여 절차를 간소화하고, 비용과 시간을 절감함으로써 국민의 권익을 보호하려는 것이지 인·허가의제사항 관련 법률에 따른 각각의 요건에 관한 일체의 심사를 배제하려는 것으로 보기 어렵다. 따라서 ③ 인·허가의제 효과를 수반하는 건축신고는 일반적인 건축신고와는 달리, 특별한 사정이 없는 한 행정청이 그 실체적 요건에 관한 심사를 한 후 수리하여야 하는 '수리를 요하는 신고'로 보는 것이 옳다.
> 건축법령상 건축허가를 받은 건축물의 양수인이 건축주명의를 변경하기 위하여는 건축관계자 변경신고서에 '권리관계의 변경사실을 증명할 수 있는 서류'를 첨부하여 신고하여야 한다. 양수인이 이 서류를 첨부하여 건축주명의변경 신고를 한 경우, ④ 허가권자는 건축주명의변경신고의 형식적 요건에 문제가 없더라도, 양수인에게 '건축할 대지의 소유 또는 사용에 관한 권리'가 없다는 실체적인 이유를 들어 신고의 수리를 거부할 수 있다.

02 한국수력원자력 주식회사(이하 '한수원' 이라 한다)는 A시 관내에 원자력발전소 1·2호기를 건설하려는 계획을 갖고 있다. 한수원은 산업통상자원부장관으로부터 「전원개발촉진법」에 의한 전원개발사업계획승인을 받은 후 「원자력안전법」 제10조 제3항에 따라 원자력안전위원회로부터 원자로 및 관계시설의 건설부지에 대해 사전공사를 실시하기 위해 부지사전승인을 받았다. 한수원은 기초공사 후 우선 제1호기 원자로의 건설허가를 신청하였다. 이에 대한 설명으로 옳지 않은 것은? (다툼이 있는 경우 판례에 의함)

① 부지사전승인처분은 원자로 및 관계시설 건설허가의 사전적 부분허가의 성격을 가지고 있으므로, 원자로 및 관계시설의 건설허가기준에 관한 사항은 건설허가의 기준이 됨은 물론 부지사전승인의 기준이 된다.

② 원자로 및 관계시설의 부지사전승인처분은 그 자체로서 건설부지를 확정하고 사전공사를 허용하는 법률효과를 지닌 독립한 행정처분이다.

③ 방사성물질 등에 의하여 직접적이고 중대한 피해를 입으리라고 예상되는 지역 내의 주민들에게는 방사성물질 등에 의한 생명·신체의 안전침해를 이유로 한 부지사전승인처분 취소소송의 원고적격이 인정된다.

④ 부지사전승인처분은 나중에 건설허가처분이 있게 되더라도 그 건설허가처분에 흡수되어 독립된 존재가치를 상실하는 것이 아니다. 따라서 부지사전승인처분의 위법성은 별도의 취소소송에서 이를 다투어야 한다.

03 행정입법에 대한 설명으로 가장 옳은 것은?

① 법령상 대통령령으로 규정하도록 되어 있는 사항을 부령으로 정하더라도 그 부령은 유효하다.

② 행정 각부가 아닌 국무총리 소속의 독립기관은 독립하여 법규명령을 발할 수 있다.

③ 법률에서 하위 법령에 위임을 한 경우에 하위 법령이 위임의 한계를 준수하고 있는지 여부의 판단은 일반적으로 의회유보의 원칙과 무관하다.

④ 법령의 위임이 없음에도 법령에 규정된 처분 요건에 해당하는 사항을 부령에서 변경하여 규정한 경우에는 그 부령의 규정은 행정청 내부의 사무처리 기준 등을 정한 것으로서 행정조직 내에서 적용되는 행정명령의 성격을 지닌다.

04 행정의 법률적합성의 원칙에 대한 설명으로 옳지 않은 것은? (다툼이 있는 경우 판례에 의함)

① 헌법재판소는 한국방송공사의 수신료 징수업무를 제 3자에게 위탁할 것인지 등은 국민의 기본권 제한에 관한 본질적인 사항이 아니라고 보았다.

② 법률의 우위원칙은 행정의 법률에의 구속성을 의미하는 적극적인 성격의 것인 반면에 법률유보의 원칙은 행정은 단순히 법률의 수권에 의하여 행해져야 한다는 소극적 성격의 것이다.

③ 행정청이 행정처분의 단계에서 당해 처분의 근거가 되는 법률이 위헌이라 판단하여 그 적용을 거부하는 것은 권력분립의 원칙상 허용될 수 없다.

④ 법률의 우위원칙에 위반된 행정작용의 법적 효과는 행위 형식에 따라 상이하여 일률적으로 말할 수 없다.

05 행정행위의 하자에 대한 설명으로 옳은 것은? (다툼이 있는 경우 판례에 의함)

① 행정관청 내부의 사무처리규정인 전결규정에 위반하여 원래의 전결권자가 아닌 보조기관 등이 처분권자인 행정관청의 이름으로 행정처분을 하였다면 그러한 처분은 권한 없는 자에 의하여 행하여진 무효의 처분이다.

② 「행정절차법」상 청문절차를 거쳐야 하는 처분임에도 청문절차를 결여한 처분은 당연무효에 해당한다.

③ 선행처분과 후행처분이 서로 독립하여 별개의 법률 효과를 목적으로 하는 때에도 선행처분이 당연무효이면 선행처분의 하자를 이유로 후행처분의 효력을 다툴 수 있다.

④ 「폐기물처리시설 설치 촉진 및 주변지역지원 등에 관한 법률」에서 정한 입지선정위원회가 군수와 주민 대표가 선정·추천한 전문가를 포함시키지 않은 채 임의로 구성되어 의결한 경우 폐기물처리시설 입지 결정처분은 취소사유에 해당한다.

06 행정상 절차에 대한 설명으로 옳지 않은 것은? (다툼이 있는 경우 판례에 의함)

① 행정청이 처분기준 사전공표 의무를 위반하여 미리 공표하지 아니한 기준을 적용하여 처분을 하였다고 하더라도, 그러한 사정만으로 곧바로 해당 처분에 취소사유에 이를 정도의 흠이 존재한다고 볼 수는 없다.

② 검사에 대한 인사발령처분은 성질상 행정절차를 거치기 곤란하거나 불필요하다고 인정되는 처분에 해당하지 않는다.

③ 학교환경위생정화위원회의 심의를 거치지 아니하고 내려진 거부처분의 흠은 행정처분의 효력에 아무런 영향을 주지 않는다거나 경미한 정도에 불과하다고 볼 수 없으므로 특별한 사정이 없는 한 거부처분을 위법하게 하는 취소사유에 해당한다.

④ 행정청은 위반사실 등의 공표를 할 때에는 특별한 사정이 없는 한 미리 당사자에게 그 사실을 통지하고 의견제출의 기회를 주어야 하며, 의견제출의 기회를 받은 당사자는 공표 전에 관할 행정청에 서면이나 말 또는 정보통신망을 이용하여 의견을 제출할 수 있다.

07 정보공개에 대한 설명으로 옳지 않은 것은? (다툼이 있는 경우 판례에 의함)

① 「공공기관의 정보공개에 관한 법률」 제9조 제1항 제4호의 '진행 중인 재판에 관련된 정보'에 해당한다는 사유로 정보 공개를 거부하기 위해서는 그 정보가 진행 중인 재판의 소송기록 그 자체에 포함된 내용의 정보일 필요가 없으므로, 재판에 관련된 일체의 정보가 그에 해당한다.

② 공개를 구하는 정보를 공공기관이 한때 보유·관리하였으나 후에 그 정보가 담긴 문서들이 폐기되어 존재하지 않게 된 것이라면 그 정보를 더 이상 보유·관리하고 있지 아니하다는 점에 대한 입증책임은 공공기관에 있다.

③ 정보공개청구권은 법률상 보호되는 구체적인 권리이므로 청구인이 공공기관에 대하여 정보공개를 청구하였다가 거부처분을 받은 것 자체가 법률상 이익의 침해에 해당한다.

④ 청구인이 신청한 공개방법 이외의 방법으로 공개하기로 하는 결정을 하였다면 청구인은 그에 대하여 항고소송으로 다툴 수 있다.

08 「개인정보 보호법」에 대한 설명으로 옳지 않은 것은? (다툼이 있는 경우 판례에 의함)

① 시장·군수 또는 구청장이 개인의 지문정보를 수집하고, 경찰청장이 이를 보관·전산화하여 범죄수사목적에 이용하는 것은 모두 개인정보자기결정권을 제한하는 것이다.

② 개인정보처리자는 개인정보의 처리 목적을 명확하게 하여야 하고 그 목적에 필요한 범위에서 최소한의 개인정보만을 적법하고 정당하게 수집하여야 하며, 필요한 경우에는 목적 외의 용도로 활용할 수 있다.

③ 「개인정보 보호법」을 위반한 개인정보처리자의 행위로 손해를 입은 정보주체가 개인정보처리자에게 손해배상을 청구한 경우, 그 개인정보처리자는 고의 또는 과실이 없음을 입증하지 아니하면 책임을 면할 수 없다.

④ 헌법 제21조에서 보장하고 있는 표현의 자유는 개인이 인간으로서의 존엄과 가치를 유지하고 국민주권을 실현하는 데 필수불가결한 자유로서, 자신의 신원을 누구에게도 밝히지 않은 채 익명 또는 가명으로 자신의 사상이나 견해를 표명하고 전파할 익명표현의 자유도 그 보호영역에 포함된다.

09 대집행에 대한 설명으로 옳지 않은 것은? (다툼이 있는 경우 판례에 의함)

① 명도의무는 대체적 작위의무라고 볼 수 없으므로 특별한 사정이 없는 한 「행정대집행법」에 의한 대집행의 대상이 될 수 없다.

② 구 대한주택공사가 대집행권한을 위탁받아 공무인 대집행을 실시하기 위하여 지출한 비용을 「행정대집행법」 절차에 따라 「국세징수법」의 예에 의하여 징수할 수 있음에도 민사소송절차에 의하여 그 비용의 상환을 구하는 청구는 소의 이익이 없어 부적법하다.

③ 「국유재산법」상 일반재산에 불법시설물을 설치한 경우 「행정대집행법」에 의하여 철거를 할 수 있다.

④ 해가 지기 전에 대집행에 착수한 경우라고 할지라도 해가 진 후에는 대집행을 할 수 없다.

10 행정의 실효성 확보수단에 대한 설명으로 옳은 것만을 모두 고르면? (다툼이 있는 경우 판례에 의함)

ㄱ. 체납자 등에 대한 공매처분을 하면서 체납자 등에게 공매통지를 하지 않았거나 공매통지를 하였더라도 그것이 적법하지 않은 경우 절차상의 흠이 있어 그 공매처분이 위법하게 되는 것인바, 공매통지는 상대방인 체납자 등의 법적 지위나 권리·의무에 직접적인 영향을 주는 행정처분으로서 항고소송의 대상이 된다.

ㄴ. 세법상 가산세는 과세권 행사 및 조세채권 실현을 용이하게 하기 위하여 납세자가 정당한 이유 없이 법에 규정된 신고, 납세 등의 의무를 위반한 경우에 개별세법에 따라 부과하는 행정상 제재로서, 납세자의 고의·과실은 고려되지 아니하고 법령의 부지·착오 등은 그 의무위반을 탓할 수 없는 정당한 사유에 해당하지 아니한다.

ㄷ. 대집행계고를 하기 위하여는 법령에 의하여 직접 명령되거나 법령에 근거한 행정청의 명령에 의한 의무자의 대체적 작위의무 위반행위가 있어야 하는데, 단순한 부작위의무 위반의 경우에는 당해 법령에서 그 위반자에게 위반에 의해 생긴 유형적 결과의 시정을 명하는 행정처분 권한을 인정하는 규정을 두고 있지 않은 이상, 이와 같은 부작위의무로부터 그 의무를 위반함으로써 생긴 결과를 시정하기 위한 작위의무를 당연히 끌어낼 수는 없다.

ㄹ. 구 「국세징수법」상 가산금은 국세를 납부기한까지 납부하지 아니하면 과세청의 확정절차 없이도 법률에 의하여 당연히 발생하는 것이므로 가산금의 고지는 항고소송의 대상이 되는 처분이라고 볼 수 없다.

① ㄱ, ㄴ ② ㄴ, ㄷ
③ ㄷ, ㄹ ④ ㄴ, ㄷ, ㄹ

11 「질서위반행위규제법」에 대한 설명으로 옳은 것은?

① 지방자치단체의 조례상의 의무를 위반하여 과태료를 부과하는 행위는 질서위반행위에 해당되지 않는다.

② 법인의 대표자, 법인 또는 개인의 대리인·사용인 및 그 밖의 종업원이 업무에 관하여 법인 또는 그 개인에게 부과된 법률상의 의무를 위반한 때에 법인 또는 그 개인에게 과태료를 부과하는 것은 위법하다.

③ 과태료 부과에 대한 이의제기는 과태료 부과처분의 효력에 영향을 주지 아니한다.

④ 과태료 사건은 다른 법령에 특별한 규정이 있는 경우를 제외하고는 당사자의 주소지의 지방법원 또는 그 지원의 관할로 한다.

12 「국가배상법」제2조 제1항 단서는 "군인·군무원·경찰공무원 또는 향토예비군대원이 전투·훈련 등 직무집행과 관련하여 전사·순직하거나 공상을 입은 경우에 본인이나 그 유족이 다른 법령에 따라 재해보상금·유족연금·상이연금 등의 보상을 지급받을 수 있을 때에는 이 법 및 「민법」에 따른 손해배상을 청구할 수 없다."고 규정하고 있다. 이에 대한 설명으로 옳은 것은? (다툼이 있는 경우 판례에 의함)

① 전투경찰대원이 훈련 후 점심을 먹기 위하여 근무하던 파출소로 걸어가던 중 경찰서소속 대형버스에 충격 되어 사망한 것은 직무집행과 관련하여 사망한 것이라고 보기 어렵다.

② 「국가배상법」제2조 제1항 단서의 면책조항은 구 「국가배상법」제2조 제1항 단서의 면책조항과 마찬가지로 전투·훈련 또는 이에 준하는 직무집행만 제한하며 '일반 직무집행'에 관하여는 국가나 지방자치단체의 배상책임을 제한하지 않는다.

③ 경비교도나 전투경찰순경은 「국가배상법」제2조 제1항 단서의 적용대상에 해당하지 아니하나, 공익근무요원은 「국가배상법」제2조 제1항 단서의 적용대상에 해당한다.

④ 보상에 대한 권리가 발생한 경우, 실제로 그 권리를 행사하지 않았다면 그 권리가 시효로 소멸하였더라도 국가배상을 청구할 수 있다.

13 행정상 손실보상에 대한 설명으로 옳은 것은? (다툼이 있는 경우 판례에 의함)

① 구 「소하천정비법」에 따라 소하천구역으로 적법하게 편입된 토지의 소유자가 사용·수익에 대한 권리행사에 제한을 받아 손해를 입고 있는 경우, 손실보상을 청구할 수 있을 뿐만 아니라, 관리청의 제방부지에 대한 점유를 권원 없는 점유와 같이 보아 관리청을 상대로 손해배상이나 부당이득의 반환을 청구할 수 있다.

② 수용재결에서 정해진 보상금에 불복하여 보상금의 증액을 청구하려면 수용재결에 대한 취소소송을 제기하여야 한다.

③ 잔여지 수용청구를 받아들이지 않은 토지수용위원회의 재결에 불복하여 제기하는 소송은 취소소송이다.

④ 공공사업의 시행으로 인하여 사업지구 밖에서 수산제조업에 대한 간접손실이 발생하리라는 것을 쉽게 예견할 수 있고 그 손실의 범위도 구체적으로 특정할 수 있는 경우라면, 그 손실의 보상에 관하여 구 「공공용지의 취득 및 손실보상에 관한 특례법 시행규칙」의 간접보상 규정을 유추적용할 수 있다.

14 행정소송에 있어서 일부취소판결의 허용여부에 대한 판례의 입장으로 옳지 않은 것은?

① 재량행위의 성격을 갖는 과징금부과처분이 법이 정한 한도액을 초과하여 위법한 경우에 법원으로서는 그 전부를 취소할 수 밖에 없다.

② 「독점규제 및 공정거래에 관한 법률」을 위반한 수개의 행위에 대하여 공정거래위원회가 하나의 과징금부과처분을 하였으나 수개의 위반행위 중 일부의 위반행위에 대한 과징금부과만이 위법하고, 그 일부의 위반행위를 기초로 한 과징금액을 산정할 수 있는 자료가 있는 경우에도 법원은 과징금부과처분 전부를 취소하여야 한다.

③ 개발부담금부과처분에 대한 취소소송에서 당사자가 제출한 자료에 의하여 정당한 부과금액을 산출할 수 없는 경우 법원은 증거조사를 통하여 정당한 부과금액을 산출한 후 정당한 부과금액을 초과하는 부분만 취소하여야 한다.

④ 「독점규제 및 공정거래에 관한 법률」을 위반한 광고행위와 표시행위를 하였다는 이유로 공정거래위원회가 사업자에 대하여 법위반사실공표명령을 행한 경우, 표시행위에 대한 법위반사실이 인정되지 아니한다면 법원으로서는 그 부분에 대한 공표명령의 효력만을 취소할 수 있을 뿐, 공표명령 전부를 취소할 수 있는 것은 아니다.

15 처분사유의 추가·변경에 대한 설명으로 옳은 것은? (다툼이 있는 경우 판례에 의함)

① 추가 또는 변경된 사유가 처분 당시 이미 존재하고 있었거나 당사자가 그 사실을 알고 있었던 경우, 이러한 사정만으로도 당초의 처분사유와 동일성이 인정된다.

② 처분청이 처분 당시 적시한 구체적 사실을 변경하지 아니하는 범위에서 단지 처분의 근거 법령만을 추가·변경하는 경우에 법원은 처분 후 추가·변경한 법령을 적용하여 처분의 적법 여부를 판단할 수 없다.

③ 외국인 甲이 법무부장관에게 귀화신청을 하였으나 법무부장관이 '품행 미단정'을 불허사유로 「국적법」상의 요건을 갖추지 못하였다며 신청을 받아들이지 않는 처분을 하였는데, 법무부장관이 甲을 '품행미단정'이라고 판단한 이유에 대하여 제1심 변론절차에서 「자동차관리법」 위반죄로 기소유예를 받은 전력 등을 고려하였다고 주장한 후 제2심 변론절차에서 불법 체류전력 등의 제반사정을 추가로 주장할 수 있다.

④ 토지가 「건축법」상 도로에 해당함을 처분근거로 한 건축불허가처분 취소소송 중 구청장이 '위 토지가 인근 주민들의 통행에 제공된 사실상의 도로인데, 주택을 건축하여 주민들의 통행을 막는 것은 사회공동체와 인근 주민들이 이익에 반하므로 주택 건축을 허용할 수 없다'는 주장을 추가하는 것은 허용되지 않는다.

16 A지역에서 토지 등을 소유한 자들은 「도시 및 주거환경 정비법」에 따라 주택재개발사업을 시행하기 위해 조합설립추진위 원회를 구성하여 관할 행정청으로부터 승인을 받았다. 조합설립 추진위원회는 이 법에 따라 조합설립결의를 거쳐 주택재개발조합(이하 '조합'이라 한다)의 설립인가를 받았다. 이후 조합은 조합 총회결의를 거쳐 관리처분계획을 수립하였고, 행정청이 이를 인가·고시 하였다. 한편, 이 사건 정비구역 내에 토지를 소유한 甲은 조합설립추진위원회 구성에 동의하지 않았다. 이에 대한 설명으로 옳지 않은 것은? (다툼이 있는 경우 판례에 의함)

① 조합설립추진위원회 구성승인처분과 조합설립인가처분은 별개의 독립된 처분이므로, 조합설립추진위원회 구성승인 처분에 하자가 있는 경우에는 조합설립인가처분이 이루어졌다고 하더라도 특별한 사정이 없는 한, 구성승인처분에 대해 다툴 법률상의 이익이 있다.

② 조합설립인가처분은 단순히 조합설립행위에 대한 보충행위로서의 성질을 갖는 것에 그치는 것이 아니라 주택재개발사업을 시행할 수 있는 권한을 갖는 행정주체로서의 지위를 부여하는 일종의 설권적 처분의 성격을 갖는다.

③ 조합설립인가처분이 행해진 이후에 조합설립결의의 하자를 이유로 조합설립의 무효를 주장하려면 인가 행정청을 상대로 조합설립인가처분의 취소 또는 무효확인을 구하는 항고소송을 제기하여야 한다.

④ 조합이 수립한 관리처분계획에 대해 인가·고시가 있은 후에 관리처분계획에 관한 조합 총회결의의 하자를 이유로 그 효력을 다투려면 조합을 상대로 항고소송의 방법으로 관리처분계획의 취소 또는 무효확인을 구하여야 한다.

17 항고소송의 대상이 되는 처분에 대한 설명으로 옳은 것은? (다툼이 있는 경우 판례에 의함)

① 의무휴업일 지정 부분을 그대로 유지한 채 영업시간 제한 부분만을 일부 변경한 경우, 종전 의무휴업일 지정처분과 영업시간 제한처분이 병존하는 것은 아니다.

② 3월의 영업정지 처분을 2월의 영업정지처분에 갈음하는 과징금 부과처분으로 변경하는 재결의 경우 취소소송의 대상이 되는 것은 변경된 내용의 당초 처분이지 변경처분은 아니다.

③ 관할 행정청이 여객자동차운송사업자에 대한 면허 발급 이후 운송사업자의 동의하에 운송사업자가 준수할 의무를 정하고 이를 위반할 경우 감차명령을 할 수 있다는 내용의 면허 조건을 붙일 수 있으나, 이에 의한 감차명령은 항고소송의 대상이 되는 처분에 해당하지 않는다.

④ 지방계약직공무원의 보수삭감행위는 대등한 당사자 간의 계약관계와 관련된 것이므로 처분성은 인정되지 아니하며 공법상 당사자소송의 대상이 된다.

18 다음 중 협의의 소의 이익이 인정되는 것을 모두 고른 것은? (다툼이 있는 경우 판례에 의함)

ㄱ. 법인세 과세표준과 관련하여 과세관청이 법인의 소득처분 상대방에 대한 소득처분을 경정하면서 증액과 감액을 동시에 한 결과 전체로서 소득처분금액이 감소된 때

ㄴ. 취임승인이 취소된 학교법인의 정식이사들에 대해 원래 정해져 있던 임기가 만료된 때

ㄷ. 수형자의 영치품에 대한 사용신청 불허처분 후 수형자가 다른 교도소로 이송된 때

ㄹ. 행정청이 영업허가신청 반려처분의 취소를 구하는 소의 계속 중 사정변경을 이유로 위 반려처분을 직권취소함과 동시에 위 신청을 재반려하는 내용의 재처분을 한 때 종전 반려처분

ㅁ. 가중요건이 부령인 시행규칙상 처분기준으로 규정되어 있는 경우(예 「식품위생법 시행규칙」제89조 [별표 23] 행정처분기준), 처분에서 정한 제재기간이 경과한 때

① ㄱ, ㄷ
② ㄱ, ㄷ, ㅁ
③ ㄴ, ㄷ, ㄹ
④ ㄴ, ㄷ, ㅁ

19 부작위위법확인소송에 대한 설명으로 옳은 것을 모두 고른 것은? (다툼이 있는 경우 판례에 의함)

ㄱ. 절차적 심리설(응답의무설)에 의하면, 행정청이 거부처분을 하여도 재처분의무를 이행한 것이 된다.

ㄴ. 부작위위법확인판결에는 취소판결의 기속력에 관한 규정은 적용되나 거부처분취소판결의 간접강제에 관한 규정이 준용되지 않는다.

ㄷ. 실체적 심리설(특정처분의무설)에 의하면, 부작위위법확인소송의 인용판결에 실질적 기속력이 인정된다.

ㄹ. 절차적 심리설(응답의무설)에 의할 때, 부작위위법확인소송의 인용판결의 경우에 행정청이 신청에 대한 가부의 응답만 한 경우에는 「행정소송법」제2조 제1항 제2호의 '일정한 처분'을 취한 것이라고 볼 수 없다.

① ㄱ, ㄴ
② ㄱ, ㄷ
③ ㄴ, ㄷ
④ ㄷ, ㄹ

20 「행정심판법」상 당사자에 대한 설명으로 가장 옳지 않은 것은?

① 행정심판에 있어 피청구인은 행정심판위원회이다.

② 공동으로 심판청구를 할 때에는 3명 이하의 선정대표자를 선정할 수 있다.

③ 심판청구의 대상과 관계되는 권한이 다른 행정청에 승계된 경우에는 권한을 승계한 행정청을 피청구인으로 하여야 한다.

④ 의무이행심판의 경우에는 청구인의 신청을 받은 행정청을 피청구인으로 하여 행정심판을 청구하여야 한다.

08회 실전동형모의고사
모바일 자동 채점 + 성적 분석 서비스
바로 가기 (gosi.Hackers.com)

QR코드를 이용하여 해커스공무원의 '모바일 자동 채점 + 성적 분석 서비스'로 바로 접속하세요!

* 해커스공무원 사이트의 가입자에 한해 이용 가능합니다.

해커스공무원 실전동형모의고사 답안지

성명	
자필성명	본인 성명 기재
응시직렬	
응시지역	
시험장소	

책형	[필적감정용 기재] *아래 예시문을 옮겨 적으시오 본인은 OOO(응시자성명)임을 확인함 기재란

응시번호

생년월일

※ 시험감독관 서명
(성명을 정자로 기재할 것)

적색 볼펜만 사용

문번	제1과목			
1	①	②	③	④
2	①	②	③	④
3	①	②	③	④
4	①	②	③	④
5	①	②	③	④
6	①	②	③	④
7	①	②	③	④
8	①	②	③	④
9	①	②	③	④
10	①	②	③	④
11	①	②	③	④
12	①	②	③	④
13	①	②	③	④
14	①	②	③	④
15	①	②	③	④
16	①	②	③	④
17	①	②	③	④
18	①	②	③	④
19	①	②	③	④
20	①	②	③	④

문번	제2과목			
1	①	②	③	④
2	①	②	③	④
3	①	②	③	④
4	①	②	③	④
5	①	②	③	④
6	①	②	③	④
7	①	②	③	④
8	①	②	③	④
9	①	②	③	④
10	①	②	③	④
11	①	②	③	④
12	①	②	③	④
13	①	②	③	④
14	①	②	③	④
15	①	②	③	④
16	①	②	③	④
17	①	②	③	④
18	①	②	③	④
19	①	②	③	④
20	①	②	③	④

문번	제3과목			
1	①	②	③	④
2	①	②	③	④
3	①	②	③	④
4	①	②	③	④
5	①	②	③	④
6	①	②	③	④
7	①	②	③	④
8	①	②	③	④
9	①	②	③	④
10	①	②	③	④
11	①	②	③	④
12	①	②	③	④
13	①	②	③	④
14	①	②	③	④
15	①	②	③	④
16	①	②	③	④
17	①	②	③	④
18	①	②	③	④
19	①	②	③	④
20	①	②	③	④

문번	제4과목			
1	①	②	③	④
2	①	②	③	④
3	①	②	③	④
4	①	②	③	④
5	①	②	③	④
6	①	②	③	④
7	①	②	③	④
8	①	②	③	④
9	①	②	③	④
10	①	②	③	④
11	①	②	③	④
12	①	②	③	④
13	①	②	③	④
14	①	②	③	④
15	①	②	③	④
16	①	②	③	④
17	①	②	③	④
18	①	②	③	④
19	①	②	③	④
20	①	②	③	④

문번	제5과목			
1	①	②	③	④
2	①	②	③	④
3	①	②	③	④
4	①	②	③	④
5	①	②	③	④
6	①	②	③	④
7	①	②	③	④
8	①	②	③	④
9	①	②	③	④
10	①	②	③	④
11	①	②	③	④
12	①	②	③	④
13	①	②	③	④
14	①	②	③	④
15	①	②	③	④
16	①	②	③	④
17	①	②	③	④
18	①	②	③	④
19	①	②	③	④
20	①	②	③	④

해커스공무원 실전동형모의고사 답안지

컴퓨터용 흑색사인펜만 사용

성명	
자필성명	본인 성명 기재
응시직렬	
응시지역	
시험장소	

[필적감정용 기재]
*아래 예시문을 옮겨 적으시오

본인은 OOO(응시자성명)임을 확인함

기재란

회차

생년월일

응시번호

※ 시험감독관 서명
(성명을 정자로 기재할 것)

책임총괄감독 서명

문번	제1과목			
1	①	②	③	④
2	①	②	③	④
3	①	②	③	④
4	①	②	③	④
5	①	②	③	④
6	①	②	③	④
7	①	②	③	④
8	①	②	③	④
9	①	②	③	④
10	①	②	③	④
11	①	②	③	④
12	①	②	③	④
13	①	②	③	④
14	①	②	③	④
15	①	②	③	④
16	①	②	③	④
17	①	②	③	④
18	①	②	③	④
19	①	②	③	④
20	①	②	③	④

문번	제2과목			
1	①	②	③	④
2	①	②	③	④
3	①	②	③	④
4	①	②	③	④
5	①	②	③	④
6	①	②	③	④
7	①	②	③	④
8	①	②	③	④
9	①	②	③	④
10	①	②	③	④
11	①	②	③	④
12	①	②	③	④
13	①	②	③	④
14	①	②	③	④
15	①	②	③	④
16	①	②	③	④
17	①	②	③	④
18	①	②	③	④
19	①	②	③	④
20	①	②	③	④

문번	제3과목			
1	①	②	③	④
2	①	②	③	④
3	①	②	③	④
4	①	②	③	④
5	①	②	③	④
6	①	②	③	④
7	①	②	③	④
8	①	②	③	④
9	①	②	③	④
10	①	②	③	④
11	①	②	③	④
12	①	②	③	④
13	①	②	③	④
14	①	②	③	④
15	①	②	③	④
16	①	②	③	④
17	①	②	③	④
18	①	②	③	④
19	①	②	③	④
20	①	②	③	④

문번	제4과목			
1	①	②	③	④
2	①	②	③	④
3	①	②	③	④
4	①	②	③	④
5	①	②	③	④
6	①	②	③	④
7	①	②	③	④
8	①	②	③	④
9	①	②	③	④
10	①	②	③	④
11	①	②	③	④
12	①	②	③	④
13	①	②	③	④
14	①	②	③	④
15	①	②	③	④
16	①	②	③	④
17	①	②	③	④
18	①	②	③	④
19	①	②	③	④
20	①	②	③	④

문번	제5과목			
1	①	②	③	④
2	①	②	③	④
3	①	②	③	④
4	①	②	③	④
5	①	②	③	④
6	①	②	③	④
7	①	②	③	④
8	①	②	③	④
9	①	②	③	④
10	①	②	③	④
11	①	②	③	④
12	①	②	③	④
13	①	②	③	④
14	①	②	③	④
15	①	②	③	④
16	①	②	③	④
17	①	②	③	④
18	①	②	③	④
19	①	②	③	④
20	①	②	③	④

2024 최신판

해커스공무원
함수민
행정법총론
실전동형모의고사

초판 1쇄 발행 2024년 2월 26일

지은이	함수민 편저
펴낸곳	해커스패스
펴낸이	해커스공무원 출판팀

주소	서울특별시 강남구 강남대로 428 해커스공무원
고객센터	1588-4055
교재 관련 문의	gosi@hackerspass.com
	해커스공무원 사이트(gosi.Hackers.com) 교재 Q&A 게시판
	카카오톡 플러스 친구 [해커스공무원 노량진캠퍼스]
학원 강의 및 동영상강의	gosi.Hackers.com

ISBN	979-11-6999-881-9 (13360)
Serial Number	01-01-01

공무원 교육 1위,
해커스공무원 gosi.Hackers.com

ᴴᵀ 해커스공무원

· **해커스공무원 학원 및 인강**(교재 내 인강 할인쿠폰 수록)

· 해커스 스타강사의 **공무원 행정법 무료 특강**

· '회독'의 방법과 공부 습관을 제시하는 **해커스 회독증강 콘텐츠**(교재 내 할인쿠폰 수록)

· 정확한 성적 분석으로 약점 극복이 가능한 **합격예측 온라인 모의고사**(교재 내 응시권 및 해설강의 수강권 수록)

· 내 점수와 석차를 확인하는 **모바일 자동 채점 및 성적 분석 서비스**

2024 최신판

해커스공무원

함수민
행정법총론

실전동형모의고사

약점 보완 해설집

해커스공무원

해커스공무원

함수민
행정법총론

실전동형모의고사

약점 보완 해설집

해커스공무원

정답   p. 8

01	③	I	06	③	II	11	③	IV	16	③	VI
02	③	II	07	④	III	12	①	IV	17	④	VI
03	①	II	08	②	III	13	③	IV	18	③	VI
04	③	II	09	④	III	14	①	V	19	③	VI
05	③	II	10	③	III	15	④	V	20	③	VI

I 행정법 서론 / II 행정작용법 / III 행정절차와 행정공개 / IV 행정의 실효성 확보수단 / V 행정상 손해전보 / VI 행정쟁송

---

01   정답 ③

> ☑ **함께 정리하기 통치행위**
>
> 남북정상회담 대북송금
> ▷ 사법심사 可
> 외국에의 국군 파견결정
> ▷ 사법심사 자제
> 신행정수도건설 or 이전
> ▷ 사법심사 可
> 대통령의 긴급재정경제명령
> ▷ 사법심사 可

① [O] 남북정상회담의 개최는 고도의 정치적 성격을 지니고 있는 행위라 할 것이므로 특별한 사정이 없는 한 그 당부를 심판하는 것은 사법권의 내재적·본질적 한계를 넘어서는 것이 되어 적절하지 못하지만, 남북정상회담의 개최과정에서 재정경제부장관에게 신고하지 아니하거나 통일부장관의 협력사업 승인을 얻지 아니한 채 북한측에 사업권의 대가 명목으로 송금한 행위 자체는 헌법상 법치국가의 원리와 법 앞에 평등원칙 등에 비추어 볼 때 사법심사의 대상이 된다(대판 2004.3.26. 2003도7878).

유제 15. 국가직 9급 남북정상회담 개최는 고도의 정치적 성격을 지니고 있는 행위로서 사법심사의 대상으로 하는 것은 적절치 못하므로 그 개최과정에서 당국에 신고하지 아니하거나 승인을 얻지 아니한 채 북한 측에 송금한 행위는 사법심사의 대상이 되지 않는다. (×)
11. 경찰 남북정상회담의 개최는 고도의 정치적 성격을 지니고 있는 행위라 할 것이므로 특별한 사정이 없는 한 그 당부를 심판하는 것은 사법권의 내재적·본질적 한계를 넘어서는 것이 되어 적절하지 못하고, 그 과정에서 기획재정부장관에게 신고하지 아니하거나 통일부장관의 협력사업승인을 얻지 아니한 채 북한측에 사업권의 대가 명목으로 송금한 행위 자체는 사법심사의 대상이 될 수 없다. (×)

② [O] 외국에의 국군 파병결정은 대통령이 파병의 정당성뿐만 아니라 북한 핵 사태의 원만한 해결을 위한 동맹국과의 관계, 우리나라의 안보문제, 국·내외 정치관계 등 국익과 관련한 여러 가지 사정을 고려하여 파병부대의 성격과 규모, 파병기간을 국가안전보장회의의 자문을 거쳐 결정한 것으로, 그 후 국무회의 심의·의결을 거쳐 국회의 동의를 얻음으로써 헌법과 법률에 따른 절차적 정당성을 확보했음을 알 수 있다. 그렇다면 이 사건 파견결정은 그 성격상 국방 및 외교에 관련된 고도의 정치적 결단을 요하는 문제로서, 헌법과 법률이 정한 절차를 지켜 이루어진 것임이 명백하므로, 대통령과 국회의 판단은 존중되어야 하고 헌법재판소가 사법적 기준만으로 이를 심판하는 것은 자제되어야 한다(헌재 2004.4.29. 2003헌마814).

유제 15. 국가직 9급 헌법재판소는 대통령의 해외파병 결정은 국방 및 외교와 관련된 고도의 정치적 결단을 요하는 문제로서 헌법과 법률이 정한 절차를 지켜 이루어진 것이 명백한 이상 사법적 기준만으로 이를 심판하는 것은 자제되어야 한다고 판시하였다. (O)
13. 서울시 7급 헌법재판소는 이라크파병결정과 관련하여 외국에의 국군파병결정은 국방 및 외교에 관련된 고도의 정치적 결단을 요하는 문제로, 헌법재판소가 이에 대하여 사법적 기준만으로 이를 심판하는 것은 자제되어야 한다고 판시하였다. (O)

❸ [×] 신행정수도건설이나 수도이전의 문제가 정치적 성격을 가지고 있는 것은 인정할 수 있지만, 그 자체로 고도의 정치적 결단을 요하여 사법심사의 대상으로 하기에는 부적절한 문제라고 까지는 할 수 없다. 더구나 이 사건 심판의 대상은 이 사건 법률의 위헌여부이고 대통령의 행위의 위헌여부가 아닌바, 법률의 위헌여부가 헌법재판의 대상으로 된 경우 당해 법률이 정치적인 문제를 포함한다는 이유만으로 사법심사의 대상에서 제외된다고 할 수는 없다. 다만, 이 사건 법률의 위헌 여부를 판단하기 위한 선결문제로서 신행정수도건설이나 수도이전의 문제를 국민투표에 붙일지 여부에 관한 대통령의 의사결정이 사법심사의 대상이 될 경우 위 의사결정은 고도의 정치적 결단을 요하는 문제여서 사법심사를 자제함이 바람직하다고는 할 수 있고, 이에 따라 그 의사결정에 관련된 흠을 들어 위헌성이 주장되는 법률에 대한 사법심사 또한 자제함이 바람직하다고는 할 수 있다. 그러나 대통령의 위 의사결정이 국민의 기본권침해와 직접 관련되는 경우에는 헌법재판소의 심판대상이 될 수 있고, 이에 따라 위 의사결정과 관련된 법률도 헌법재판소의 심판대상이 될 수 있다(헌재 2004.10.21. 2004헌마554·566).

유제 13. 서울시 7급 통치행위가 국민의 기본권 침해와 직접 관련이 있는 경우는 헌법소원의 대상이 될 수 있다. (○)

11. 경찰 신행정수도건설이나 수도이전의 문제는 그 자체로 고도의 정치적 결단을 요하므로 사법심사의 대상에서 제외되고, 고도의 정치적 결단에 의하여 행해지는 국가작용의 경우 그것이 국민의 기본권침해와 직접 관련되는 경우에도 헌법재판소의 심판대상이 될 수 없다. (×)

④ [○] 대통령의 긴급재정경제명령은 국가긴급권의 일종으로서 고도의 정치적 결단에 의하여 발동되는 행위이고 그 결단을 존중하여야 할 필요성이 있는 행위라는 의미에서 이른바 통치행위에 속한다고 할 수 있으나, 통치행위를 포함하여 모든 국가작용은 국민의 기본권적 가치를 실현하기 위한 수단이라는 한계를 반드시 지켜야 하는 것이고, 헌법재판소는 헌법의 수호와 국민의 기본권 보장을 사명으로 하는 국가기관이므로 비록 고도의 정치적 결단에 의하여 행해지는 국가작용이라고 할지라도 그것이 국민의 기본권 침해와 직접 관련되는 경우에는 당연히 헌법재판소의 심판대상이 된다(헌재 1996.2.29. 93헌마186).

02 정답 ③

> 📋 **함께 정리하기** **행정법의 일반원칙**
>
> 공적견해표명에 반하는 처분
> ▷ 신뢰이익 < 공익
> ▷ 적법
> 정년 1년 3개월 앞두고 호적정정 후 정년연장신청
> ▷ 신의성실 원칙 위배×
> 행정서사업 허가처분 20년 후 취소
> ▷ 실권의 법리 저촉×
> 한려해상국립공원지구 인근 토석채취허가 불허가
> ▷ 신뢰보호원칙 위반×

① [○] 행정청의 행위에 대하여 신뢰보호의 원칙이 적용되기 위한 요건 중 공적 견해표명이라는 요건 등 일부 요건이 충족된 경우라고 하더라도 행정청이 앞서 표명한 공적인 견해에 반하는 행정처분을 함으로써 달성하려는 공익이 행정청의 공적인 견해표명을 신뢰한 개인이 그 행정처분으로 인하여 입게 되는 이익의 침해를 정당화할 수 있을 정도로 강한 경우에는 신뢰보호의 원칙을 들어 그 행정처분이 위법하다고 할 수는 없다(대판 2008.4.24. 2007두25060).

② [○] 지방공무원 임용신청 당시 잘못 기재된 호적상 출생연월일을 생년월일로 기재하고, 이에 근거한 공무원인사기록카드의 생년월일 기재에 대하여 처음 임용된 때부터 약 36년 동안 전혀 이의를 제기하지 않다가, 정년을 1년 3개월 앞두고 호적상 출생연월일을 정정한 후 그 출생연월일을 기준으로 정년의 연장을 요구하는 것이 신의성실의 원칙에 반하지 않는다(대판 2009.3.26. 2008두21300).

❸ [×] 행정서사업허가를 받은 때로부터 20년이 다 되어 피고 행정청이 그 허가를 취소한 것이기는 하나 피고 행정청이 취소사유를 알고서도 그렇게 장기간 취소권을 행사하지 않은 것이 아니고 행정서사업 허가를 한 후 19년 2개월이 지난 후 비로소 취소사유를 알고 그에 관한 법적 처리방안에 관하여 다각도로 연구검토가 행해졌고 그러한 사정은 취소처분의 상대방인 원고도 알고 있었음이 기록상 명백하여 이로써 본다면 상대방인 원고에게 취소권을 행사하지 않을 것이란 신뢰를 심어준 것으로 여겨지지 않으니 피고 행정청의 처분이 실권의 법리에 저촉된 것이라고 볼 수 없다(대판 1998.4.27. 87누915).

④ [○] 한려해상국립공원지구 인근의 자연녹지지역에서의 토석채취허가가 법적으로 가능할 것이라는 행정청의 언동을 신뢰한 개인이 많은 비용과 노력을 투자하였다가 불허가처분으로 상당한 불이익을 입게 된 경우, 위 불허가처분에 의하여 행정청이 달성하려는 주변의 환경·풍치·미관 등의 공익이 그로 인하여 개인이 입게 되는 불이익을 정당화할 만큼 강하다는 이유로 불허가처분이 재량권의 남용 또는 신뢰보호의 원칙에 반하여 위법하다고 할 수 없다(대판 1998.11.13. 98두7343).

유제 12. 국회직 8급 행정청이 공적인 견해표명에 반하는 처분을 함으로써 달성하려는 공익이 행정청의 공적 견해표명을 신뢰한 개인이 그 행정처분으로 인하여 입게 되는 이익의 침해를 정당화할 수 있을 정도로 강한 경우에는 신뢰보호의 원칙을 들어 그 행정처분이 위법하다고는 할 수 없다. (○)

03 정답 ①

> 📋 **함께 정리하기** **행정규칙**
>
> 법령위임범위 벗어난 고시
> ▷ 대외적 구속력 無
> 법령보충규칙의 형식은 행정규칙
> ▷ 적당한 방법으로 표시·통보하면 효력 발생
> 운전면허 행정처분기준
> ▷ 대외적 구속력 無
> 재량기준
> ▷ 가능한 행정청 의사 존중

❶ [×] 일반적으로 행정 각부의 장이 정하는 고시라 하더라도 그것이 특히 법령의 규정에서 특정 행정기관에게 법령 내용의 구체적 사항을 정할 수 있는 권한을 부여함으로써 그 법령 내용을 보충하는 기능을 가질 경우에는 그 형식과 상관없이 근거 법령 규정과 결합하여 대외적으로 구속력이 있는 법규명령으로서의 효력을 가지는 것이나 이는 어디까지나 법령의 위임에 따라 그 법령 규정을 보충하는 기능을 가지는 점에 근거하여 예외적으로 인정되는 효력이므로 특정 고시가 비록 법령에 근거를 둔 것이라고 하더라도 그 규정 내용이 법령의 위임 범위를 벗어난 것일 경우에는 위와 같은 법규명령으로서의 대외적 구속력을 인정할 여지는 없다(대판 1999.11.26. 97누13474).

유제 13. 서울시 7급 고시가 법령의 수권에 의하여 당해 법령의 내용을 보충하는 경우 수권법령과 결합하여 대외적 구속력을 갖게 된다는 것이 대법원 판례의 입장이다. (○)

② [O] 1. 수입선다변화품목의 지정 및 그 수입절차 등에 관한 1991.5.13.자 상공부 고시 제91-21호는 그 근거가 되는 대외무역법 시행령 제35조의 규정을 보충하는 기능을 가지면서 그와 결합하여 대외적인 구속력이 있는 법규명령으로서의 효력을 가지는 것으로서 그 시행절차에 관하여 대외무역관리규정은 아무런 규정을 두고 있지 않으나, 그 자체가 법령은 아니고 행정규칙에 지나지 않으므로 적당한 방법으로 이를 일반인 또는 관계인에게 표시 또는 통보함으로써 그 효력이 발생한다(대판 1993.11.23. 93도662).

2. 법령보충규칙도 어디까지나 행정규칙이고 그 자체 법령은 아니므로 이를 공포하지 아니하였다는 이유로 그 효력을 부인할 수 없다(대판 1990.2.9. 89누3731).

③ [O] 도로교통법 시행규칙 제53조 제1항이 정한 [별표 16]의 운전면허 행정처분기준은 관할 행정청이 운전면허의 취소 및 운전면허의 효력정지 등의 사무처리를 함에 있어서 처리기준과 방법 등의 세부사항을 규정한 행정기관 내부의 처리지침에 불과한 것으로서 대외적으로 국민이나 법원을 기속하는 효력이 없으므로, 자동차운전면허 취소처분의 직법 여부는 위 운전면허 행정처분기준만에 의하여 판단할 것이 아니라 도로교통법의 규정 내용과 취지에 따라 판단되어야 하며, … 벌점의 누산에 따른 처분 기준 역시 행정청 내의 사무처리에 관한 재량준칙에 지나지 아니할 뿐 법규적 효력을 가지는 것은 아니다(대판 1998.3.27. 97누20236).

유제 12. 경찰 「도로교통법 시행규칙」 제91조 [별표 28]에서 정한 행정처분 기준의 법적 성질은 법규명령이다. (×)

④ [O] 도시계획법 제4조 제1항 제1호, 같은 법 시행령 제5조의2, 토지의 형질 변경 등 행위 허가기준 등에 관한 규칙 제5조의 규정의 형식이나 문언 등에 비추어 볼 때, 형질변경의 허가가 신청된 당해 토지의 합리적인 이용이나 도시계획사업에 지장이 될 우려가 있는지 여부와 공익상 또는 이해관계인의 보호를 위하여 부관을 붙일 필요의 유무나 그 내용 등을 판단함에 있어서 행정청에 재량의 여지가 있으므로 그에 관한 판단 기준을 정하는 것 역시 행정청의 재량에 속하고, 그 설정된 기준이 객관적으로 합리적이 아니라거나 타당하지 않다고 볼 만한 특별한 사정이 없는 이상 행정청의 의사는 가능한 한 존중되어야 할 것이다(대판 1999.2.23. 98두17845).

유제 17. 지방직 9급 설정된 재량기준이 객관적으로 합리적이 아니거나 타당하지 않다고 볼 만한 다른 특별한 사정이 없다면 행정청의 의사는 존중되어야 한다. (O)

📋 **함께 정리하기 인·허가 의제제도**

의제되는 인·허가 불허가사유로 주된 인·허가 거부
▷ 주된 인·허가에 대하여 쟁송제기
법령상 근거 要
의제되는 인·허가상 절차 不要
의제되는 인·허가를 전제로 한 모든 법률 적용×

① [×] 주무행정청이 의제되는 인·허가의 거부사유를 들어 주된 인·허가의 신청에 대하여 거부처분을 한 경우, 의제되는 인·허가의 거부처분은 실질적으로 존재하지 않기 때문에 '주된' 인·허가의 거부처분에 대하여 행정쟁송을 제기하면서 의제되는 인·허가의 거부사유를 다투어야 할 것이다.

> 건축불허가처분을 하면서 그 처분사유로 건축불허가 사유뿐만 아니라 형질변경불허가 사유나 농지진용불허가 사유를 들고 있다고 하여 그 건축불허가처분 외에 별개로 형질변경 불허가처분이나 농지전용불허가 처분이 존재하는 것이 아니므로, 그 건축불허가처분을 받은 사람은 그 건축불허가처분에 관한 쟁송에서 건축법상의 건축불허가 사유뿐만 아니라 같은 도시계획법상의 형질변경불허가 사유나 농지법상의 농지전용 불허가 사유에 관하여도 다툴 수 있는 것이지, 그 건축불허가처분에 관한 쟁송과는 별개로 형질변경불허가처분이나 농지전용불허가처분에 관한 쟁송을 제기하여 이를 다투어야 하는 것은 아니다(대판 2001.1.16. 99두10988).

유제 16. 지방직 7급 주된 인·허가거부처분을 하면서 의제되는 인·허가거부사유를 제시한 경우, 의제 되는 인·허가거부를 다투려는 자는 주된 인·허가거부 외에 별도로 의제되는 인·허가거부에 대한 쟁송을 제기해야 한다. (×)

② [×] 인·허가 의제제도는 행정기관의 권한에 변경을 초래하므로 개별 법률의 명시적인 근거가 있는 경우에만 허용된다.

❸ [O] 주무행정청은 의제되는 인·허가의 실체요건이 모두 충족되어야 주된 인·허가도 할 수 있으나 의제되는 인·허가의 관계기관과의 협의를 거쳤다면 의제되는 인·허가에서 요구되는 절차(주민의 의견청취 등)를 별도로 거치지 않아도 된다.

> 건설부장관이 구 주택건설촉진법 제33조에 따라 관계기관의 장과의 협의를 거쳐 사업계획승인을 한 이상 같은 조 제4항의 허가·인가·결정·승인 등이 있는 것으로 볼 것이고, 그 절차와 별도로 도시계획법 제12조 등 소정의 중앙도시계획위원회의 의결이나 주민의 의견청취 등 절차를 거칠 필요는 없다(대판 1992.11.10. 92누1162).

유제 16. 지방직 7급 주된 인·허가처분이 관계기관의 장과 협의를 거쳐 발령된 이상 의제되는 인·허가에 법령상 요구되는 주민의 의견청취 등의 절차는 거칠 필요가 없다. (O)

④ [×] 주된 인·허가에 관한 사항을 규정하고 있는 어떠한 법률에서 주된 인·허가가 있으면 다른 법률에 의한 인·허가를 받은 것으로 의제한다는 규정을 둔 경우에는, 주된 인·허가가 있으면 다른 법률에 의한 인·허가가 있는 것으로 보는 데 그치는 것이고, 거기에서 더 나아가 다른 법률에 의하여 인·허가를 받았음을 전제로 한 다른 법률의 모든 규정들까지 적용되는 것은 아니다(대판 2015.4.23. 2014두2409).

05 정답 ③

> **함께 정리하기 공정력과 선결문제**
>
> 효력 유무·존재 여부 규정 有
> ▷ 위법여부 규정 無
> 손해배상청구
> ▷ 취소판결 선행 不要
> 당연무효 아닌 하자
> ▷ 부당이득반환청구 소송에서 법원이 처분의 효력부정 不可
> 위법한 시정명령
> ▷ 따를 의무 無
> ▷ 위반죄 성립×

① [×] 「행정소송법」 제11조에서는 처분의 효력 유무 또는 존재 여부에 대해서만 규정하고 있으므로, 규정되어 있지 않은 처분의 위법 여부를 민사·형사소송의 선결문제로서 판단할 수 있는지가 문제된다.

> 「행정소송법」 제11조【선결문제】① 처분 등의 효력 유무 또는 존재 여부가 민사소송의 선결문제로 되어 당해 민사소송의 수소법원이 이를 심리·판단하는 경우에는 제17조, 제25조, 제26조 및 제33조의 규정을 준용한다.

② [×] 위법한 행정대집행이 완료되면 그 처분의 무효확인 또는 취소를 구할 소의 이익은 없다 하더라도, 미리 그 행정처분의 취소판결이 있어야만, 그 행정처분의 위법임을 이유로 한 손해배상청구를 할 수 있는 것은 아니다(대판 1972.4.28. 72다337).

> **유제** 16. 사복직 9급 판례에 의하면 사전에 당해 행정처분의 취소판결이 있어야만 그 행정처분의 위법을 이유로 한 손해배상 청구를 할 수 있는 것은 아니다. (○)

❸ [○] 과세처분이 당연무효라고 볼 수 없는 한 과세처분에 취소할 수 있는 위법사유가 있다 하더라도 그 과세처분은 행정행위의 공정력 또는 집행력에 의하여 그것이 적법하게 취소되기 전까지는 유효하다 할 것이므로, 민사소송절차에서 그 과세처분의 효력을 부인할 수 없다(대판 1999.8.20. 99다20179).

> **유제** 11. 국회직 8급 과오납금 부당이득반환청구 소송에서 과세처분의 취소 여부가 선결문제인 경우 민사법원은 그 확인을 통해 부당이득 환의 판결을 할 수 없다. (○)

④ [×] 행정청으로부터 구 주택법 제91조에 의한 시정명령을 받고도 이를 위반하였다는 이유로 위 법 제98조 제11호에 의한 처벌을 하기 위해서는 그 시정명령이 적법한 것이어야 하고, 그 시정명령이 위법하다고 인정되는 한 위 법 제98조 제11호 위반죄는 성립하지 않는다(대판 2009.6.25. 2006도824).

> **유제** 15. 변호사 乙이 「주택법」상 공사중지명령을 위반하였다는 이유로 乙을 주택법위반죄로 처벌하기 위해서는 「주택법」에 의한 공사중지명령이 적법한 것이어야 하므로 그 공사중지 명령이 위법하다고 인정되는 한 乙의 주택법위반죄는 성립하지 않는다. (○)

06 정답 ③

> **함께 정리하기 공법상 계약**
>
> 「공공기관의 운영에 관한 법률」상 공기업이 일방 당사자인 계약
> ▷ 사법상 계약
> 산업단지 입주계약 해지 통보
> ▷ 행정처분
> 시립합창단원 채용계약
> ▷ 공법상 계약/시립합창단원 재위촉×
> ▷ 항고소송 대상○
> 지방계약직공무원 보수삭감
> ▷ 「지방공무원법」, 지방공무원징계 및 소청규정 적용○

① [○] 국가를 당사자로 하는 계약이나 공공기관의 운영에 관한 법률의 적용 대상인 공기업이 일방 당사자가 되는 계약은 국가 또는 공기업이 사경제의 주체로서 상대방과 대등한 지위에서 체결하는 사법(私法)상의 계약으로서 본질적인 내용은 사인 간의 계약과 다를 바가 없으므로, 법령에 특별한 정함이 있는 경우를 제외하고는 서로 대등한 입장에서 당사자의 합의에 따라 계약을 체결하여야 하고 당사자는 계약의 내용을 신의성실의 원칙에 따라 이행하여야 하는 등 사적 자치와 계약자유의 원칙을 비롯한 사법의 원리가 원칙적으로 적용된다(대판 2017.12.21. 2012다74076 전합).

② [○] 산업집적활성화 및 공장설립에 관한 법률(산업집적법)은 지식경제부장관을 국가산업단지의 관리권자로 규정하고(제30조 제1항 제1호), 피고를 그 관리권자로부터 관리업무를 위탁받은 관리기관으로 규정하며(같은 조 제2항 제3호), … 그 입주계약을 위반한 때에는 관리기관이 일정한 기간 내에 그 시정을 명하고 이를 이행하지 아니하는 경우 사전에 계약당사자의 의견을 듣고 그 입주계약을 해지할 수 있고, … 이 사건 국가산업단지 입주계약해지통보는 단순히 대등한 당사자의 지위에서 형성된 공법상 계약을 계약당사자의 지위에서 종료시키는 의사표시에 불과하다고 볼 것이 아니라 행정청인 관리권자로부터 관리업무를 위탁받은 피고가 우월적 지위에서 원고에게 일정한 법률상 효과를 발생하게 하는 것으로서 항고소송의 대상이 되는 행정처분에 해당한다고 보아야 할 것이다(대판 2011.6.30. 2010두23859).

> **유제** 17. 지방직 7급 구 「산업집적활성화 및 공장설립에 관한 법률」에 따른 산업단지 입주계약의 해지통보는 행정청인 관리권자로부터 관리업무를 위탁받은 한국산업단지공단이 우월적 지위에서 그 상대방에게 일정한 법률상 효과를 발생하게 하는 것으로서 항고소송의 대상이 되는 행정처분에 해당한다. (○)

❸ [×] 광주광역시 문화예술회관장의 단원 위촉은 광주광역시 문화예술회관장이 행정청으로서 공권력을 행사하여 행하는 행정처분이 아니라 공법상의 근무관계의 설정을 목적으로 하여 광주광역시와 단원이 되고자 하는 자 사이에 대등한 지위에서 의사가 합치되어 성립하는 공법상 근로계약에 해당한다고 보아야 할 것이므로, 광주광역시립합창단원으로서 위촉기간이 만료되는 자들의 재위촉 신청에 대하여 광주광역시문화예술회관장이 실기와 근무성적에 대한 평정을 실시하여 재위촉을 하지 아니한 것을 항고소송의 대상이 되는 불합격처분이라고 할 수는 없다(대판 2001.12.11. 2001두7794).

④ [O] 근로기준법 등의 입법 취지, 지방공무원법과 지방공무원징계 및 소청 규정의 여러 규정에 비추어 볼 때, 채용계약상 특별한 약정이 없는 한, 지방계약직공무원에 대하여 지방공무원법, 지방공무원징계 및 소청규정에 정한 징계절차에 의하지 않고서는 보수를 삭감할 수 없다고 봄이 상당하다(대판 2008.6.12. 2006두16328).

> **유제** 15. 지방직 7급 지방계약직공무원에 대해서도, 채용계약상 특별한 약정이 없는 한,「지방공무원법」,「지방공무원 징계 및 소청규정」에 정한 징계절차에 의하지 않고서는 보수를 삭감할 수는 없다. (O)
> 10. 국회직 8급 지방계약직공무원에 대한 보수의 삭감조치를 처분으로 본 판례가 있다. (O)

07 　　　　　　　　　　　정답 ④

☑ **함께 정리하기** 　행정절차

도로구역변경결정
▷ 사전통지·의견청취 대상×
단순·반복적인 처분으로서 이유를 명백히 알 수 있는 경우
▷ 이유제시 요청 可
대형마트 영업시간 제한 처분시 사전통지의 상대방
▷ 대형마트 개설자○, 임대매장의 임차인×
처분의 전제가 되는 '일부' 사실만 증명된 경우이거나 의견청취에 따라 행정청의 처분 여부나 처분 수위가 달라질 수 있는 경우
▷ 의견청취절차 생략×

① [O] 1. '고시'의 방법으로 불특정 다수인을 상대로 의무를 부과하거나 권익을 제한하는 처분은 성질상 의견제출의 기회를 주어야 하는 상대방을 특정할 수 없으므로, 이와 같은 처분에 있어서까지 구 행정절차법 제22조 제3항에 의하여 그 상대방에게 의견제출의 기회를 주어야 한다고 해석할 것은 아니다(대판 2014.10.27. 2012두7745).
　2. 행정절차법 제2조 제4호가 행정절차법의 당사자를 행정청의 처분에 대하여 직접 그 상대가 되는 당사자로 규정하고, 도로법 제25조 제3항이 도로구역을 결정하거나 변경할 경우 이를 고시에 의하도록 하면서, 그 도면을 일반인이 열람할 수 있도록 한 점 등을 종합하여 보면, 도로구역을 변경한 이 사건 처분은 행정절차법 제21조 제1항의 사전통지나 제22조 제3항의 의견청취의 대상이 되는 처분은 아니라고 할 것이다(대판 2008.6.12. 2007두1767).
② [O]「행정절차법」제23조에 대한 옳은 내용이다.

> **제23조【처분의 이유 제시】①** 행정청은 처분을 할 때에는 다음 각 호의 어느 하나에 해당하는 경우를 제외하고는 당사자에게 그 근거와 이유를 제시하여야 한다.
> 　1. 신청 내용을 모두 그대로 인정하는 처분인 경우
> 　2. 단순·반복적인 처분 또는 경미한 처분으로서 당사자가 그 이유를 명백히 알 수 있는 경우
> 　3. 긴급히 처분을 할 필요가 있는 경우
> **②** 행정청은 제1항 제2호 및 제3호의 경우에 처분 후 당사자가 요청하는 경우에는 그 근거와 이유를 제시하여야 한다.

③ [O] 영업시간 제한 등 처분의 대상인 대규모점포 중 개설자의 직영매장 이외에 개설자에게서 임차하여 운영하는 임대매장이 병존하는 경우에도, 전체 매장에 대하여 법령상 대규모점포 등의 유지·관리 책임을 지는 개설자만이 처분상대방이 되고, 임대매장의 임차인이 별도로 처분상대방이 되는 것은 아니다. 따라서 사전통지·의견청취절차는 원고들(전체 매장에 대하여 법령상 대규모점포 등의 유지관리 책임을 지는 개설자)을 상대로 거치면 충분하고, 그 밖에 임차인들을 상대로 별도의 사전통지 등 절차를 거칠 필요가 없다(대판 2015.11.19. 2015두295 전합).

❹ [×] 행정절차법 제21조, 제22조, 행정절차법 시행령 제13조의 내용을 행정절차법의 입법 목적과 의견청취 제도의 취지에 비추어 종합적·체계적으로 해석하면, <u>행정절차법 시행령 제13조 제2호에서 정한 "법원의 재판 또는 준사법적 절차를 거치는 행정기관의 결정 등에 따라 처분의 전제가 되는 사실이 객관적으로 증명되어 처분에 따른 의견청취가 불필요하다고 인정되는 경우"는 법원의 재판 등에 따라 처분의 전제가 되는 사실이 객관적으로 증명되면 행정청이 반드시 일정한 처분을 해야 하는 경우 등 의견청취가 행정청의 처분 여부나 그 수위 결정에 영향을 미치지 못하는 경우를 의미한다고 보아야 한다.</u> 처분의 전제가 되는 '일부' 사실만 증명된 경우이거나 의견청취에 따라 행정청의 처분 여부나 처분 수위가 달라질 수 있는 경우라면 위 예외 사유에 해당하지 않는다(대판 2020.7.23. 2017두66602).

08 　　　　　　　　　　　정답 ②

☑ **함께 정리하기** 　행정절차법

「행정절차법」상 청문배제사유
▷ 처분의 성질에 의해 판단
외국인의 사증발급신청에 대한 거부처분
▷ 처분의 방식에 관한 「행정절차법」 제24조 적용○
병역법에 의한 소집
▷「행정절차법」 적용×
병역법상 산업기능요원 편입취소처분
▷「행정절차법」 적용○
육군3사관학교 사관생도 퇴학처분
▷「행정절차법」 적용○

① [O] 행정절차법 제21조 제4항 제3호는 침해적 행정처분을 할 경우 청문을 실시하지 않을 수 있는 사유로서 "당해 처분의 성질상 의견청취가 현저히 곤란하거나 명백히 불필요하다고 인정될 만한 상당한 이유가 있는 경우"를 규정하고 있으나, 여기에서 말하는 '의견청취가 현저히 곤란하거나 명백히 불필요하다고 인정될 만한 상당한 이유가 있는지 여부'는 당해 행정처분의 성질에 비추어 판단하여야 하는 것이지, 청문통지서의 반송 여부, 청문통지의 방법 등에 의하여 판단할 것은 아니며, 또한 행정처분의 상대방이 통지된 청문일시에 불출석하였다는 이유만으로 행정청이 관계 법령상 그 실시가 요구되는 청문을 실시하지 아니한 채 침해적 행정처분을 할 수는 없을 것이므로, 행정처분의 상대방에 대한 청문통지서가 반송되었다거나, 행정처분의 상대방이 청문일시에 불출석하였다는 이유로 청문을 실시하지 아니하고 한 침해적 행정처분은 위법하다(대판 2001.4.13. 2000두3337).

❷ [×] 행정절차법 제3조 제2항 제9호, 행정절차법 시행령 제2조 제2호 등 관련 규정들의 내용을 행정의 공정성, 투명성, 신뢰성을 확보하고 처분상대방의 권익보호를 목적으로 하는 행정절차법의 입법 목적에 비추어 보면, 행정절차법의 적용이 제외되는 '외국인의 출입국에 관한 사항'이란 해당 행정작용의 성질상 행정절차를 거치기 곤란하거나 거칠 필요가 없다고 인정되는 사항이나 행정절차에 준하는 절차를 거친 사항으로서 행정절차법 시행령으로 정하는 사항만을 가리킨다. '외국인의 출입국에 관한 사항'이라고 하여 행정절차를 거칠 필요가 당연히 부정되는 것은 아니다. 외국인의 사증발급 신청에 대한 거부처분은 당사자에게 의무를 부과하거나 적극적으로 권익을 제한하는 처분이 아니므로, 행정절차법 제21조 제1항에서 정한 '처분의 사전통지'와 제22조 제3항에서 정한 '의견제출 기회 부여'의 대상은 아니다. 그러나 사증발급 신청에 대한 거부처분이 성질상 행정절차법 제24조에서 정한 '처분서 작성·교부'를 할 필요가 없거나 곤란하다고 일률적으로 단정하기 어렵다. 또한 출입국관리법령에 사증발급 거부처분서 작성에 관한 규정을 따로 두고 있지 않으므로, 외국인의 사증발급 신청에 대한 거부처분을 하면서 행정절차법 제24조에 정한 절차를 따르지 않고 '행정절차에 준하는 절차'로 대체할 수도 없다(대판 2019.7.11. 2017두38874).

③ [○] 지방병무청장이 병역법 제41조 제1항 제1호, 제40조 제2호의 규정에 따라 산업기능요원에 대하여 한 산업기능요원 편입취소처분은, 행정처분을 할 경우 '처분의 사전통지'와 '의견제출 기회의 부여'를 규정한 행정절차법 제21조 제1항, 제22조 제3항에서 말하는 '당사자의 권익을 제한하는 처분'에 해당하는 한편, 행정절차법의 적용이 배제되는 사항인 행정절차법 제3조 제2항 제9호, 같은 법 시행령 제2조 제1호에서 규정하는 '병역법에 의한 소집에 관한 사항'에는 해당하지 아니하므로, 행정절차법상의 '처분의 사전통지'와 '의견제출 기회의 부여'등의 절차를 거쳐야 한다(대판 2002.9.6. 2002두554).

④ [○] 행정절차법의 적용이 제외되는 공무원 인사관계 법령에 의한 처분에 관한 사항이란 성질상 행정절차를 거치기 곤란하거나 불필요하다고 인정되는 처분이나 행정절차에 준하는 절차를 거치도록 하고 있는 처분에 관한 사항만을 말하는 것으로 보아야 한다. 이러한 법리는 '공무원 인사관계 법령에 의한 처분'에 해당하는 육군3사관학교 생도에 대한 퇴학처분에도 마찬가지로 적용된다. 그리고 행정절차법 시행령 제2조 제8호는 '학교·연수원 등에서 교육·훈련의 목적을 달성하기 위하여 학생·연수생들을 대상으로 하는 사항'을 행정절차법의 적용이 제외되는 경우로 규정하고 있으나, 이는 교육과정과 내용의 구체적 결정, 과제의 부과, 성적의 평가, 공식적 징계에 이르지 아니한 질책·훈계 등과 같이 교육·훈련의 목적을 직접 달성하기 위하여 행하는 사항을 말하는 것으로 보아야 하고, 생도에 대한 퇴학처분과 같이 신분을 박탈하는 징계처분은 여기에 해당한다고 볼 수 없다(대판 2018.3.13. 2016두33339).

09 정답 ④

📋 함께 정리하기 정보공개

한·일군사정보보호협정 및 한·일상호군수지원협정과 관련한 회의자료 등의 정보
▷ 부분공개 불가능한 비공개대상정보○
학교환경위생정화위원회 회의록 중 발언자 인적사항
▷ 비공개정보
보안관찰 통계자료
▷ 비공개정보
학교폭력대책자치위원회 회의록
▷ 비공개정보

① [×] 甲이 외교부장관에게 한·일군사정보보호협정 및 한·일상호군수지원 협정과 관련하여 각종 회의자료 및 회의록 등의 정보에 대한 공개를 청구하였으나 외교부장관이 공개청구 정보 중 일부를 제외한 나머지 정보들에 대하여 비공개 결정을 한 경우 위 정보는 구 공공기관의 정보공개에 관한 법률 제9조 제1항 제2호, 제5호에 정한 비공개대상정보에 해당하고, 공개가 가능한 부분과 공개가 불가능한 부분을 쉽게 분리하는 것이 불가능하여 같은 법 제14조에 따른 부분공개도 가능하지 않다(대판 2019.1.17. 2015두46512).

② [×] 학교환경위생정화위원회의 회의록 중 발언 내용 이외에 해당 발언자의 인적사항까지 공개된다면 정화위원들이나 출석자들은 자신의 발언 내용에 관한 공개에 대한 부담으로 인한 심리적 압박 때문에 위 정화위원회의 심의절차에서 솔직하고 자유로운 의사 교환을 할 수 없고, 심지어 당사자나 외부의 의사에 영합하는 발언을 하거나 침묵으로 일관할 우려마저 있으므로, 이러한 사태를 막아 정화위원들이 심의에 집중하도록 함으로써 심의의 충실화와 내실화를 도모하기 위하여는 회의록의 발언 내용 이외에 해당 발언자의 인적사항까지 외부에 공개되어서는 아니된다(대판 2003.8.22. 2002두12946).

③ [×] 위 정보가 북한 정보기관에 의한 간첩의 파견, 포섭, 선전·선동을 위한 교두보의 확보 등 북한의 대남전략에 있어 매우 유용한 자료로 악용될 우려가 없다고 할 수 없으므로, 위 정보는 공공기관의 정보공개에 관한 법률 제7조 제1항 제2호 소정의 공개될 경우 국가안전보장·국방·통일·외교관계 등 국가의 중대한 이익을 해할 우려가 있는 정보, 또는 제3호 소정의 공개될 경우 국민의 생명·신체 및 재산의 보호 기타 공공의 안전과 이익을 현저히 해할 우려가 있다고 인정되는 정보에 해당한다(대판 2004.1.8. 2001두8254 전합).

❹ [○] 학교폭력대책자치위원회의 회의를 공개하지 못하도록 명문으로 규정하고 있는 것은, 초등학교·중학교·고등학교·특수학교 내외에서 학생들 사이에서 발생한 학교폭력의 예방 및 대책에 관련된 사항을 심의하는 학교폭력대책자치위원회 업무수행의 공정성을 최대한 확보하기 위한 것으로 보이는 점 등을 고려하면, 학교폭력대책자치위원회의 회의록은 공공기관의 정보공개에 관한 법률 제9조 제1항 제5호의 '공개될 경우 업무의 공정한 수행에 현저한 지장을 초래한다고 인정할 만한 상당한 이유가 있는 정보'에 해당한다(대판 2010.6.10. 2010두2913).

10 정답 ③

📋 **함께 정리하기 개인정보 보호**

이미 공개된 개인정보를 동의가 있었다고 객관적으로 인정되는 범위 내에서 처리
▷ 별도동의 不要
법인의 정보
▷ 개인정보 보호법의 보호대상✕
개인정보자기결정권의 보호대상이 되는 개인정보
▷ 공적 생활에서 형성된 정보 포함
개인정보처리자
▷ 당초 수집목적과 합리적 관련 범위 내 정보주체 동의 없이 개인정보 이용 可

① [○] 이미 공개된 개인정보를 정보주체의 동의가 있었다고 객관적으로 인정되는 범위 내에서 수집·이용·제공 등 처리를 할 때는 정보주체의 별도의 동의는 불필요하다고 보아야 하고, 별도의 동의를 받지 아니하였다고 하여 개인정보 보호법 제15조나 제17조를 위반한 것으로 볼 수 없다(대판 2016.8.17. 2014다235080).

② [○] 「개인정보 보호법」 제2조에 대한 옳은 내용이다.

> **제2조【정의】** 이 법에서 사용하는 용어의 뜻은 다음과 같다.
> 1. "개인정보"란 살아 있는 개인에 관한 정보로서 다음 각 목의 어느 하나에 해당하는 정보를 말한다.
>   가. 성명, 주민등록번호 및 영상 등을 통하여 개인을 알아볼 수 있는 정보
>   나. 해당 정보만으로는 특정 개인을 알아볼 수 없더라도 다른 정보와 쉽게 결합하여 알아볼 수 있는 정보. 이 경우 쉽게 결합할 수 있는지 여부는 다른 정보의 입수 가능성 등 개인을 알아보는 데 소요되는 시간, 비용, 기술 등을 합리적으로 고려하여야 한다.
>   다. 가목 또는 나목을 제1호의2에 따라 가명처리함으로써 원래의 상태로 복원하기 위한 추가 정보의 사용·결합 없이는 특정 개인을 알아볼 수 없는 정보(이하 "가명정보"라 한다)

❸ [✕] 인간의 존엄과 가치, 행복추구권을 규정한 헌법 제10조 제1문에서 도출되는 일반적 인격권 및 헌법 제17조의 사생활의 비밀과 자유에 의하여 보장되는 개인정보자기결정권은 자신에 관한 정보가 언제 누구에게 어느 범위까지 알려지고 또 이용되도록 할 것인지를 정보주체가 스스로 결정할 수 있는 권리이다. 개인정보자기결정권의 보호대상이 되는 개인정보는 개인의 신체, 신념, 사회적 지위, 신분 등과 같이 개인의 인격주체성을 특징짓는 사항으로서 개인의 동일성을 식별할 수 있게 하는 일체의 정보라고 할 수 있고, 반드시 개인의 내밀한 영역에 속하는 정보에 국한되지 않고 공적 생활에서 형성되었거나 이미 공개된 개인정보까지 포함한다(대판 2014.7.24. 2012다49933).

④ [○] 「개인정보 보호법」 제15조 제3항에 대한 옳은 내용이다.

> **제15조【개인정보의 수집·이용】** ③ 개인정보처리자는 당초 수집 목적과 합리적으로 관련된 범위에서 정보주체에게 불이익이 발생하는지 여부, 암호화 등 안전성 확보에 필요한 조치를 하였는지 여부 등을 고려하여 대통령령으로 정하는 바에 따라 정보주체의 동의 없이 개인정보를 이용할 수 있다.

11 정답 ③

📋 **함께 정리하기 대집행**

대집행비용 강제징수 可
▷ 민사소송 소의 이익 無
건물철거의무에 퇴거의무 포함
▷ 퇴거위해 별도 집행권원 不要
철거명령 상당한 기간
▷ 계고시 필요한 상당한 이행기간 포함
계고처분취소소송 변론종결 전 대집행 실행완료
▷ 계고처분 소의 이익 無

① [○] 대한주택공사가 구 대한주택공사법 및 구 대한주택공사법 시행령에 의하여 대집행권한을 위탁받아 공무인 대집행을 실시하기 위하여 지출한 비용을 행정대집행법 절차에 따라 국세징수법의 예에 의하여 징수할 수 있음에도 민사소송절차에 의하여 그 비용의 상환을 청구한 사안에서, 행정대집행법이 대집행비용의 징수에 관하여 민사소송절차에 의한 소송이 아닌 간이하고 경제적인 특별구제절차를 마련해 놓고 있으므로, 위 청구는 소의 이익이 없어 부적법하다고 본 원심판단을 수긍한 사례이다(대판 2011.9.8. 2010다48240).

② [○] [1] 관계 법령상 행정대집행의 절차가 인정되어 행정청이 행정대집행의 방법으로 건물의 철거 등 대체적 작위의무의 이행을 실현할 수 있는 경우에는 따로 민사소송의 방법으로 그 의무의 이행을 구할 수 없다. 한편 건물의 점유자가 철거의무자일 때에는 건물철거의무에 퇴거의무도 포함되어 있는 것이어서 별도로 퇴거를 명하는 집행권원이 필요하지 않다.
[2] 행정청이 행정대집행의 방법으로 건물철거의무의 이행을 실현할 수 있는 경우에는 건물철거 대집행 과정에서 부수적으로 건물의 점유자들에 대한 퇴거 조치를 할 수 있고, 점유자들이 적법한 행정대집행을 위력을 행사하여 방해하는 경우 형법상 공무집행방해죄가 성립하므로, 필요한 경우에는 '경찰관 직무집행법'에 근거한 위험발생 방지조치 또는 형법상 공무집행방해의 범행방지 내지 현행범체포의 차원에서 경찰의 도움을 받을 수도 있다(대판 2017.4.28. 2016다213916).

❸ [✕] 계고서라는 명칭의 1장의 문서로서 일정기간 내에 위법건축물의 자진철거를 명함과 동시에 그 소정기한 내에 자진철거를 하지 아니할 때에는 대집행할 뜻을 미리 계고한 경우라도 위 건축법에 의한 철거명령과 행정대집행법에 의한 계고처분은 독립하여 있는 것으로서 각 그 요건이 충족되었다고 볼것이고, 이 경우 철거명령에서 주어진 일정기간이 자진철거에 필요한 상당한 기간이라면 그 기간속에는 계고시에 필요한 '상당한 이행기간'도 포함되어 있다고 보아야 할 것이다(대판 1992.6.12. 91누13564).

④ [○] 대집행계고처분 취소소송의 변론종결 전에 대집행영장에 의한 통지절차를 거쳐 사실행위로서 대집행의 실행이 완료된 경우에는 행위가 위법한 것이라는 이유로 손해배상이나 원상회복 등을 청구하는 것은 별론으로 하고 처분의 취소를 구할 법률상 이익은 없다(대판 1993.6.8. 93누6164).

12 정답 ①

> 📋 **함께 정리하기 행정조사**
>
> 세무조사결정
> ▷ 항고소송의 대상〇
> 조사결과통지
> ▷ 확정한 날부터 7일 이내
> 행정조사로 알게 된 정보
> ▷ 원래 조사목적 이외 이용·제공 금지(원칙)
> 자발적 협조에 의한 행정조사
> ▷ 법령근거 不要 → 미응답 시 조사거부 간주

❶ [✕] 부과처분을 위한 과세관청의 질문조사권이 행해지는 세무조사 결정이 있는 경우 납세의무자는 세무공무원의 과세자료 수집을 위한 질문에 대답하고 검사를 수인하여야 할 법적 의무를 부담하게 되는 점 ··· 등을 종합하면, 세무조사결정은 납세의무자의 권리·의무에 직접 영향을 미치는 공권력의 행사에 따른 행정작용으로서 항고소송의 대상이 된다(대판 2011.3.10. 2009두23617).

② [〇] 「행정조사기본법」 제24조에 대한 옳은 내용이다.

> **제24조【조사결과의 통지】** 행정기관의 장은 법령등에 특별한 규정이 있는 경우를 제외하고는 행정조사의 결과를 확정한 날부터 7일 이내에 그 결과를 조사대상자에게 통지하여야 한다.

③ [〇] 「행정조사기본법」 제4조 제6항에 대한 옳은 내용이다.

> **제4조【행정조사의 기본원칙】** ⑥ 행정기관은 행정조사를 통하여 알게 된 정보를 다른 법률에 따라 내부에서 이용하거나 다른 기관에 제공하는 경우를 제외하고는 원래의 조사목적 이외의 용도로 이용하거나 타인에게 제공하여서는 아니 된다.

④ [〇] 「행정조사기본법」 제20조 제1항·제2항에 대한 옳은 내용이다.

> **제20조【자발적인 협조에 따라 실시하는 행정조사】** ① 행정기관의 장이 제5조 단서에 따라 조사대상자의 자발적인 협조를 얻어 행정조사를 실시하고자 하는 경우 조사대상자는 문서·전화·구두 등의 방법으로 당해 행정조사를 거부할 수 있다.
> ② 제1항에 따른 행정조사에 대하여 조사대상자가 조사에 응할 것인지에 대한 응답을 하지 아니하는 경우에는 법령등에 특별한 규정이 없는 한 그 조사를 거부한 것으로 본다.

13 정답 ③

> 📋 **함께 정리하기 행정상 강제징수**
>
> 체납자
> ▷ 공매처분의 위법사유로 다른 권리자에 대한 공매통지의 하자 주장 不可
> 「국세징수법」상 납부최고
> ▷ 시효중단〇
> 공매통지 결여
> ▷ 공매처분 당연무효✕
> 공매대행사실 통지 결여
> ▷ 매각처분 위법✕

① [〇] 공매통지의 목적이나 취지 등에 비추어 보면, 체납자 등은 자신에 대한 공매통지의 하자만을 공매처분의 위법사유로 주장할 수 있을 뿐 다른 권리자에 대한 공매통지의 하자를 들어 공매처분의 위법사유로 주장하는 것은 허용되지 않는다(대판 2008.11.20. 2007두18154).

> 유제 08. 지방직 9급 「국세징수법」상 체납자에 대한 공매통지는 국가의 강제력에 의하여 진행되는 공매에서 체납자의 권리 내지 재산상의 이익을 보호하기 위하여 법률로 규정한 절차적 요건으로 이를 이행하지 않은 경우 그 공매처분은 위법하다. (〇)

② [〇] 「국세기본법」 제28조 제1항에 대한 옳은 내용이다.

> **제28조【소멸시효의 중단과 정지】** ① 제27조에 따른 소멸시효는 다음 각 호의 사유로 중단된다.
> 1. 납부고지
> 2. 독촉
> 3. 교부청구
> 4. 압류

> 유제 18. 행정사 세무서장이 독촉 또는 납부최고를 하면 국세징수권의 소멸시효는 중단된다. (〇)

❸ [✕] 세무서장의 체납자 등에 대한 공매통지는 국가의 강제력에 의하여 진행되는 공매절차에서 체납자 등의 권리 내지 재산상 이익을 보호하기 위하여 법률로 규정한 절차적 요건에 해당하지만, 그 통지를 하지 아니한 채 공매처분을 하였다 하여도 그 공매처분이 당연무효로 되는 것은 아니다(대판 2012.7.26. 2010다50625).

> 유제 16. 지방직 9급 과세관청의 체납자 등에 대한 공매통지는 국가의 강제력에 의하여 진행되는 공매절차에서 체납자등의 권리 내지 재산상 이익을 보호하기 위하여 법률로 규정한 절차적 요건에 해당하지만, 그 통지를 하지 아니한 채 공매처분을 하였다 하여도 그 공매처분이 당연무효로 되는 것은 아니다. (〇)

④ [〇] 관할 행정청이 체납자인 부동산 소유자 또는 그 임차인에게 한국자산관리공사의 공매 대행사실을 통지하지 않았다거나 공매 예고통지가 없었다는 이유만으로 매각처분이 위법하게 되는 것은 아니다(대판 2013.6.28. 2011두18304).

14   정답 ①

> 📋 **함께 정리하기**   **영조물책임**
>
> 하자
> ▷ 용도에 따라 통상 갖추어야 할 안전성 결여
> 강설시 고속도로 신속 제설작업·교통통제조치 취할 의무○
> 설치관리자≠비용부담자
> ▷ 선택적 청구
> 사인소유, 국가·지자체 관리 공물
> ▷「국가배상법」제5조 적용○

❶ [○] 국가배상법 제5조 제1항에 정하여진 '영조물의 설치 또는 관리의 하자' 라 함은 공공의 목적에 공여된 영조물이 그 용도에 따라 갖추어야 할 안전성을 갖추지 못한 상태에 있음을 말한다(대판 2004.3.12. 2002다14242).

> 유제 09. 국가직 7급 영조물의 설치·관리의 하자라 함은 공공의 영조물이 일반적으로 갖추어야 할 안전성을 결한 상태를 말한다. (○)

② [×] 강설에 대처하기 위하여 완벽한 방법으로 도로 자체에 융설(눈을 녹이는) 설비를 갖추는 것이 현대의 과학기술 수준이나 재정 사정에 비추어 사실상 불가능하다고 하더라도, 최저 속도의 제한이 있는 고속도로의 경우에 있어서는 도로관리자가 도로의 구조, 기상예보 등을 고려하여 사전에 충분한 인적·물적 설비를 갖추어 강설시 신속한 제설작업을 하고 나아가 필요한 경우 제때에 교통통제 조치를 취함으로써 고속도로로서의 기본적인 기능을 유지하거나 신속히 회복할 수 있도록 하는 관리의무가 있다(대판 2008.3.13. 2007다29287).

③ [×]「국가배상법」제6조에 의해 비용부담자의 손해배상책임을 지더라도, 동조가 비용부담자가 우선책임을 부담하도록 규정한 것은 아니다.

> **「국가배상법」제6조【비용부담자 등의 책임】** ① 제2조·제3조 및 제5조에 따라 국가나 지방자치단체가 손해를 배상할 책임이 있는 경우에 공무원의 선임·감독 또는 영조물의 설치·관리를 맡은 자와 공무원의 봉급·급여, 그 밖의 비용 또는 영조물의 설치·관리 비용을 부담하는 자가 동일하지 아니하면 그 비용을 부담하는 자도 손해를 배상하여야 한다.
> ② 제1항의 경우에 손해를 배상한 자는 내부관계에서 그 손해를 배상할 책임이 있는 자에게 구상할 수 있다.

> 유제 14. 경찰 도로·하천, 그 밖의 공공의 영조물의 설치나 관리에 하자가 있기 때문에 타인에게 손해를 발생하게 하였을 때에는 국가나 지방자치단체는 그 손해를 배상하여야 하며, 손해의 원인에 대하여 책임을 질 자가 따로 있으면 국가나 지방자치단체는 그 자에게 구상할 수 있다. (○)

④ [×] 사인의 소유에 속하더라도, 국가 또는 지방자치단체가 사실상의 관리를 하는 경우「국가배상법」제5조가 적용된다.

> 국가배상법 제5조 제1항 소정의 '공공의 영조물'이라 함은 국가 또는 지방자치단체에 의하여 특정 공공의 목적에 공여된 유체물 내지 물적 설비를 말하며, 국가 또는 지방자치단체가 소유권, 임차권 그 밖의 권한에 기하여 관리하고 있는 경우뿐만 아니라 사실상의 관리를 하고 있는 경우도 포함된다(대판 1998.10.23. 98다17381).

15   정답 ④

> 📋 **함께 정리하기**   **토지보상법상 손실보상**
>
> 개발이익배제
> ▷ 정당보상원칙 위반×
> 수용재결 불복기간
> ▷ 재결서 받은 날부터 90일
> ▷ 이의신청에 대한 재결서 받은 날부터 60일
> 토지수용위원회
> ▷ 보상금증감소송 피고×
> 동일 사업지역 + 동일인 소유
> ▷ 소유자 등 요구 시 일괄보상 해야 함

① [○] 구 토지수용법 제46조 제2항 및 지가공시 및 토지등의 평가에 관한 법률 제10조 제1항 제1호가 토지수용으로 인한 손실보상액의 산정을 공시지가를 기준으로 하되 개발이익을 배제하고, 공시기준일부터 재결시까지의 시점보정을 인근토지의 가격변동률과 도매물가상승률 등에 의하여 행하도록 규정한 것은 … 헌법상의 정당보상의 원칙에 위배되는 것이 아니며, 또한 위 헌법조항의 법률유보를 넘어섰다거나 과잉금지의 원칙에 위배되었다고 볼 수 없다(헌재 1995.4.20. 93헌바20·66).

> 유제 14. 서울시 7급 헌법재판소는 공익사업의 시행으로 인한 개발이익은 완전보상의 범위에 포함되는 피수용 토지의 객관적 가치 내지 피수용자의 손실이라고 본다. (×)
> 12. 국가직 9급 공익사업의 시행으로 인한 개발이익을 손실보상액에서 배제하는 것은 헌법에 위반되지 않는다. (○)

② [○]「공익사업을 위한 토지 등의 취득 및 보상에 관한 법률」제85조에 대한 옳은 내용이다.

> **제85조【행정소송의 제기】** ① 사업시행자, 토지소유자 또는 관계인은 제34조에 따른 재결에 불복할 때에는 재결서를 받은 날부터 90일 이내에, 이의신청을 거쳤을 때에는 이의신청에 대한 재결서를 받은 날부터 60일 이내에 각각 행정소송을 제기할 수 있다. 이 경우 사업시행자는 행정소송을 제기하기 전에 제84조에 따라 늘어난 보상금을 공탁하여야 하며, 보상금을 받을 자는 공탁된 보상금을 소송이 종결될 때까지 수령할 수 없다.

③ [○] 보상금증감소송에서 토지수용위원회는 피고가 아니다.

> **「공익사업을 위한 토지 등의 취득 및 보상에 관한 법률」제85조【행정소송의 제기】** ② 제1항에 따라 제기하려는 행정소송이 보상금의 증감에 관한 소송인 경우 그 소송을 제기하는 자가 토지소유자 또는 관계인일 때에는 사업시행자를, 사업시행자일 때에는 토지소유자 또는 관계인을 각각 피고로 한다.

❹ [×] 공익사업을 위한 토지 등의 취득 및 보상에 관한 법률 제65조(일괄보상) 사업시행자는 동일한 사업지역에 보상시기를 달리하는 동일인 소유의 토지등이 여러 개 있는 경우 토지소유자나 관계인이 요구할 때에는 한꺼번에 보상금을 지급하도록 하여야 한다.

> 유제 13. 국가직 9급 사업시행자는 동일한 사업지역에 보상시기를 달리하는 동일인 소유의 토지등이 여러 개 있는 경우 토지소유자나 관계인이 요구할 때에는 한꺼번에 보상금을 지급하도록 하여야 한다. (○)

16 정답 ③

> ☑ 함께 정리하기 **처분**
>
> 지방계약직 공무원에 대한 보수삭감
> ▷ 처분성 有
> 공정거래위원회의 표준약관 사용권장행위
> ▷ 처분성 有
> 검사의 공소처분
> ▷ 행정소송의 방법으로 취소 不可
> 종전처분 유효전제로 일부만 변경
> ▷ 변경 부분이 가분적인 경우 항고소송대상
> ▷ 종전처분

① [X] 지방계약직 공무원에 대한 보수삭감조치에 대해서는 처분성이 인정된다.

> 지방계약직 공무원에 대한 보수의 삭감은 이를 당하는 공무원의 입장에서는 징계처분의 일종인 감봉과 다를 바 없으므로, 채용계약상 특별한 약정이 없는 한 징계절차에 의하지 않고서는 보수를 삭감할 수 없다(대판 2008.6.12. 2006두16328).
>
> **유제** 17. 국회직 8급 지방계약직 공무원의 보수삭감행위는 대등한 당사자 간의 계약관계와 관련된 것이므로 처분성은 인정되지 아니하며 공법상 당사자소송의 대상이 된다. (×)

② [X] 공정거래위원회의 '표준약관 사용권장행위'는 그 통지를 받은 해당 사업자 등에게 표준약관과 다른 약관을 사용할 경우 표준약관과 다르게 정한 주요내용을 고객이 알기 쉽게 표시하여야 할 의무를 부과하고, 그 불이행에 대해서는 과태료에 처하도록 되어 있으므로, 이는 사업자 등의 권리·의무에 직접 영향을 미치는 행정처분으로서 항고소송의 대상이 된다(대판 2010.10.14. 2008두23184).

> **유제** 17. 국회직 8급 공정거래위원회의 표준약관 사용권장행위는 비록 그 통지를 받은 해당 사업자등에게 표준약관을 사용할 경우 표준약관과 다르게 정한 주요내용을 고객이 알기 쉽게 표시하여야 할 의무를 부과하고 그 불이행에 대해서는 과태료에 처하도록 되어있으나, 이는 어디까지나 구속력이 없는 행정지도에 불과하므로 행정처분에 해당되지 아니한다. (×)

❸ [O] 형사소송법에 의하면 검사가 공소를 제기한 사건은 기본적으로 법원의 심리대상이 되고 피의자 및 피고인은 수사의 적법성 및 공소사실에 대하여 형사소송절차를 통하여 불복할 수 있는 절차와 방법이 따로 마련되어 있으므로 … 검사의 공소에 대하여는 형사소송절차에 의하여서만 이를 다툴 수 있고 행정소송의 방법으로 공소의 취소를 구할 수는 없다(대판 2000.3.28. 99두11264).

> **유제** 14. 사복직 9급 형사사건에 대한 검사의 기소 결정이 처분성이 인정되지 않는다. (O)

④ [X] 기존의 행정처분을 변경하는 내용의 행정처분이 뒤따르는 경우, ㉠ 후속처분이 종전처분을 완전히 대체하는 것이거나 주요 부분을 실질적으로 변경하는 내용인 경우에는 특별한 사정이 없는 한 종전처분은 효력을 상실하고 후속처분만이 항고소송의 대상이 되지만, ㉡ 후속처분의 내용이 종전처분의 유효를 전제로 내용 중 일부만을 추가·철회·변경하는 것이고 추가·철회·변경된 부분이 내용과 성질상 나머지 부분과 불가분적인 것이 아닌 경우에는, 후속처분에도 불구하고 종전처분이 여전히 항고소송의 대상이 된다(대판 2015.11.19. 2015두295 전합).

17 정답 ④

> ☑ 함께 정리하기 **법률상 이익**
>
> 재결에 따른 후속처분 위법
> ▷ 재결 취소소송 없이 후속처분을 대상으로 항고소송 可
> 수익처분의 상대방
> ▷ 취소 구할 이익 無(원칙)
> 상수원보호구역 주민의 이익
> ▷ 반사적 이익
> 규제발동권한규정
> ▷ 행정청에 철거 등 명할 의무 규정× → 국민의 철거요구권 인정근거×

① [O] 당사자의 신청을 받아들이지 않은 거부처분이 재결에서 취소된 경우에 행정청은 종전 거부처분 또는 재결 후에 발생한 새로운 사유를 내세워 다시 거부처분을 할 수 있다. 또한 행정청이 재결에 따라 이전의 신청을 받아들이는 후속처분을 하였더라도 후속처분이 위법한 경우에는 재결에 대한 취소소송을 제기하지 않고도 곧바로 후속처분에 대한 항고소송을 제기하여 다툴 수 있다. 나아가 재결에 대한 항고소송을 제기하여 재결을 취소하는 판결이 확정되더라도 그와 별도로 후속처분이 취소되지 않는 이상 후속처분으로 인한 제3자의 권리나 이익에 대한 침해 상태는 여전히 유지된다. 이러한 점들을 종합하면, 거부처분이 재결에서 취소된 경우 재결에 따른 후속처분이 아니라 그 재결의 취소를 구하는 것은 실효적이고 직접적인 권리구제수단이 될 수 없어 분쟁해결의 유효적절한 수단이라고 할 수 없으므로 법률상 이익이 없다(대판 2017.10.31. 2015두45045).

② [O] 행정처분에 있어서 불이익 처분의 상대방은 직접 개인적 이익의 침해를 받은 자로서 원고적격이 인정되지만 수익처분의 상대방은 그의 권리나 법률상 보호되는 이익이 침해되었다고 볼 수 없으므로 달리 특별한 사정이 없는 한 취소를 구할 이익이 없다(대판 1995.8.22. 94누8129).

③ [O] 상수원보호구역 설정의 근거가 되는 수도법 제5조 제1항 및 동 시행령 제7조 제1항이 보호하고자 하는 것은 상수원의 확보와 수질보전일 뿐이고, 그 상수원에서 급수를 받고 있는 지역주민들이 가지는 상수원의 오염을 막아 양질의 급수를 받을 이익은 직접적이고 구체적으로는 보호하고 있지 않음이 명백하여 위 상수원보호구역 변경처분의 취소를 구할 법률상의 이익이 없다(대판 1995.9.26. 94누14544).

> **유제** 18. 경찰 2차, 17. 국가직 9급 상수원보호구역 설정의 근거가 되는 규정은 상수원의 확보와 수질보전일 뿐이고, 그 상수원에서 급수를 받고 있는 지역 주민들이 가지는 이익은 상수원의 확보와 수질 보호라는 공공의 이익이 달성됨에 따라 반사적으로 얻게 되는 이익에 불과하다. (O)

❹ [X] 구 건축법 및 기타 관계 법령에 국민이 행정청에 대하여 제3자에 대한 건축허가의 취소나 준공검사의 취소 또는 제3자 소유의 건축물에 대한 철거 등의 조치를 요구할 수 있다는 취지의 규정이 없고, 같은 법 제69조 제1항 및 제70조 제1항은 각 조항 소정의 사유가 있는 경우에 시장·군수·구청장에게 건축허가 등을 취소하거나 건축물의 철거 등 필요한 조치를 명할 수 있는 권한 내지 권능을 부여한 것에 불과할 뿐, 시장·군수·구청장에게 그러한 의무가 있음을 규정한 것은 아니므로 위 조항들도 그 근거 규정이 될 수 없으며, 그 밖에 조리상 이러한 권리가 인정된다고 볼 수도 없다(대판 1999.12.7. 97누17568).

유제 15. 국가직 9급 규제권한발동에 관해 행정청의 재량을 인정하는 「건축법」의 규정은 소정의 사유가 있는 경우 행정청에 건축물의 철거 등을 명할 수 있는 권한을 부여한 것일 뿐만 아니라, 행정청에 그러한 의무가 있음을 규정한 것이다. (×)

---

18 정답 ③

☑ 함께 정리하기 제소기간

불변기간
▷ But 소송행위의 보완 可
불가쟁력 발생 후 심판청구 가능하다고 잘못 알린 경우
▷ 제소 不可
적법한 제소기간 내에 부작위위법확인의 소 제기 → 거분처분 취소소송으로 소 교환직 변경 → 부작위위법확인의 소 추가직 병합
▷ 제소기간 준수○
소송류 변경
▷ 처음 제소한 때를 기준으로 제소기간 판단

① [×] 행정소송법 제20조 제1항, 제3항에서 말하는 "취소소송은 처분 등이 있음을 안 날부터 90일 이내에 제기하여야 한다."는 제소기간은 불변기간이고, 다만 당사자가 책임질 수 없는 사유로 인하여 이를 준수할 수 없었던 경우에는 같은 법 제8조에 의하여 준용되는 민사소송법 제160조 제1항에 의하여 그 사유가 없어진 후 2주일 내에 해태된 제소행위를 추완할 수 있다고 할 것이며, 여기서 당사자가 책임질 수 없는 사유란 당사자가 그 소송행위를 하기 위하여 일반적으로 하여야 할 주의를 다하였음에도 불구하고 그 기간을 준수할 수 없었던 사유를 말한다(대판 2001.5.8. 2000두6916).

유제 17. 교행 제소기간은 불변기간이므로 소송행위의 보완은 허용되지 않는다. (×)
18. 국가직 9급 행정심판에서는 행정청이 상대방에게 심판청구기간을 법정심판 청구기간보다 긴 기간으로 잘못 알린 경우에 그 잘못 알린 기간 내에 심판청구가 있으면 그 심판청구는 법정심판 청구기간 내에 제기된 것으로 보나 행정소송에서는 그렇지 않다. (○)

② [×] 이미 제소기간이 지남으로써 불가쟁력이 발생하여 불복청구를 할 수 없었던 경우라면 그 이후에 행정청이 행정심판청구를 할 수 있다고 잘못 알렸다고 하더라도 그 때문에 처분 상대방이 적법한 제소기간 내에 취소소송을 제기할 수 있는 기회를 상실하게 된 것은 아니므로 이러한 경우에 잘못된 안내에 따라 청구된 행정심판 재결서 정본을 송달받은 날부터 다시 취소소송의 제소기간이 기산되는 것은 아니다. 불가쟁력이 발생하여 더 이상 불복청구를 할 수 없는 처분에 대하여 행정청의 잘못된 안내가 있었다고 하여 처분 상대방의 불복청구 권리가 새로이 생겨나거나 부활한다고 볼 수는 없기 때문이다(대판 2012.9.27. 2011두27247).

❸ [○] [1] 부작위위법확인의 소는 부작위상태가 계속되는 한 그 위법의 확인을 구할 이익이 있다고 보아야 하므로 원칙적으로 제소기간의 제한을 받지 않는다. 그러나 행정소송법 제38조 제2항이 제소기간을 규정한 같은 법 제20조를 부작위위법확인소송에 준용하고 있는 점에 비추어 보면, 행정심판 등 전심절차를 거친 경우에는 행정소송법 제20조가 정한 제소기간 내에 부작위위법확인의 소를 제기하여야 한다.

[2] 당사자가 동일한 신청에 대하여 부작위위법확인의 소를 제기하였으나 그 후 소극적 처분이 있다고 보아 처분취소소송으로 소를 교환적으로 변경한 후 여기에 부작위위법확인의 소를 추가적으로 병합한 경우, 최초의 부작위위법확인의 소가 적법한 제소기간 내에 제기된 이상 그 후 처분취소소송으로의 교환적 변경과 처분취소소송에의 추가적 변경 등의 과정을 거쳤다고 하더라도 여전히 제소기간을 준수한 것으로 봄이 상당하다(대판 2009.7.23. 2008두10560).

④ [×] 소 종류의 변경시 변경된 소의 제소기간의 준수여부는 처음 소송을 제기한 때를 기준으로 하는 바, 취소소송으로 변경되는 때가 아닌 무효확인소송을 제기한 때를 기준으로 하여야 한다.

> 「행정소송법」 제21조 【소의 변경】 ① 법원은 취소소송을 당해 처분등에 관계되는 사무가 귀속하는 국가 또는 공공단체에 대한 당사자소송 또는 취소소송외의 항고소송으로 변경하는 것이 상당하다고 인정할 때에는 청구의 기초에 변경이 없는 한 사실심의 변론종결시까지 원고의 신청에 의하여 결정으로써 소의 변경을 허가할 수 있다.
> ④ 제1항의 규정에 의한 허가결정에 대하여는 제14조 제2항·제4항 및 제5항의 규정을 준용한다.
> 제14조 【피고경정】 ④ 제1항의 규정에 의한 결정이 있은 때에는 새로운 피고에 대한 소송은 처음에 소를 제기한 때에 제기된 것으로 본다.

---

19 정답 ③

☑ 함께 정리하기 취소판결의 효력

기판력의 객관적 범위
▷ 주문
거부처분 취소판결 확정
▷ 이전 신청에 대한 처분의무 有
기속력에 반한 행위
▷ 당연무효
취소청구기각판결
▷ 무효확인의 소제기 不可

① [×] 확정판결의 기판력은 그 판결의 주문에 포함된 것, 즉 소송물로 주장된 법률관계의 존부에 관한 판단의 결론 그 자체에만 생기는 것이고, 판결이유에 설시된 그 전제가 되는 법률관계의 존부에까지 미치는 것은 아니다(대판 2010.12.23. 2010다58889 등).

유제 11. 지방직 9급 판례는 기판력의 객관적 범위가 판결의 주문 이외에 판결 이유에 설시된 그 전제가 되는 법률관계의 존부에도 미친다고 판시하고 있다. (×)

② [×]

> 「행정소송법」 제30조 【취소판결등의 기속력】 ② 판결에 의하여 취소되는 처분이 당사자의 신청을 거부하는 것을 내용으로 하는 경우에는 그 처분을 행한 행정청은 판결의 취지에 따라 다시 이전의 신청에 대한 처분을 하여야 한다.

❸ [O] 행정소송법 제30조 제1항, 제2항의 규정에 의하면 행정처분을 취소하는 확정판결은 그 사건에 관하여 당사자인 행정청을 기속하고 판결에 의하여 취소되는 처분이 당사자의 신청을 거부하는 것을 내용으로 하는 경우에는 그 처분을 행한 행정청은 판결의 취지에 따라 다시 이전의 신청에 대한 처분을 하도록 되어 있으므로, 확정판결의 당사자인 처분행정청이 그 행정소송의 사실심 변론종결 이전의 사유를 내세워 다시 확정판결과 저촉되는 행정처분을 하는 것은 허용되지 않는 것으로서 이러한 행정처분은 그 하자가 중대하고도 명백한 것이어서 당연무효라 할 것이다(대판 1990.12.11. 90누3560).

유제 14. 지방직 9급 어떠한 행정처분을 취소하는 판결이 선고되어 확정된 경우에 처분행정청이 그 행정소송의 사실심 변론종결 이전의 사유를 내세워 다시 확정판결에 저촉되는 행정처분을 하는 것은 확정판결의 기판력에 저촉된다. (O)

④ [X] 과세처분취소 청구를 기각하는 판결이 확정되면 그 처분이 적법하다는 점에 관하여 기판력이 생기고 그 후 원고가 다시 이를 무효라 하여 그 무효확인을 소구할 수는 없는 것이어서, 과세처분의 취소소송에서 청구가 기각된 확정판결의 기판력은 그 과세처분의 무효확인을 구하는 소송에도 미친다(대판 1996.6.25. 95누1880).

20　　정답 ③

📋 함께 정리하기　**행정심판법**

구술심리 or 서면심리
▷ 재량
임시처분이 공공복리 중대 영향
▷ 직권·신청으로 결정 취소 可
청구인
▷ 간접강제결정에 대해 행정소송 제기 可
거부처분 취소심판에서 인용재결
▷ 재처분 의무 有

① [X] 행정소송은 구술심리주의가 원칙임에 반하여 행정심판은 구술심리주의가 원칙이 아니며 심판위원회의 재량에 의하여 정할 수 있다.

「행정심판법」 제40조【심리의 방식】① 행정심판의 심리는 구술심리나 서면심리로 한다. 다만, 당사자가 구술심리를 신청한 경우에는 서면심리만으로 결정할 수 있다고 인정되는 경우 외에는 구술심리를 하여야 한다.

유제 16. 서울시 7급 행정심판의 심리는 당사자가 구술심리를 신청한 경우를 제외하고는 서면심리주의를 원칙으로 하고 있다. (X)
08. 지방직 9급 당사자가 구술심리를 신청하면 당사자주의에 의하여 구술심리를 하여야 하고 서면심리를 할 수는 없다. (X)

② [X]
「행정심판법」 제31조【임시처분】② 제1항에 따른 임시처분에 관하여는 제30조 제3항부터 제7항까지를 준용한다. 이 경우 같은 조 제6항 전단 중 "중대한 손해가 생길 우려"는 "중대한 불이익이나 급박한 위험이 생길 우려"로 본다.
제30조【집행정지】④ 위원회는 집행정지를 결정한 후에 집행정지가 공공복리에 중대한 영향을 미치거나 그 정지사유가 없어진 경우에는 직권으로 또는 당사자의 신청에 의하여 집행정지 결정을 취소할 수 있다.

❸ [O] 「행정심판법」 제50조의2 제4항에 대한 옳은 내용이다.

제50조의2【위원회의 간접강제】④ 청구인은 제1항 또는 제2항에 따른 결정에 불복하는 경우 그 결정에 대하여 행정소송을 제기할 수 있다.

④ [X]
「행정심판법」 제49조【재결의 기속력 등】② 재결에 의하여 취소되거나 무효 또는 부존재로 확인되는 처분이 당사자의 신청을 거부하는 것을 내용으로 하는 경우에는 그 처분을 한 행정청은 재결의 취지에 따라 다시 이전의 신청에 대한 처분을 하여야 한다.

▶ 정답

p. 14

01	④	I	06	①	II	11	④	V	16	③	VI
02	④	II	07	②	III	12	②	V	17	①	VI
03	②	II	08	②	IV	13	④	VI	18	②	VI
04	①	II	09	①	IV	14	③	III	19	①	VI
05	③	II	10	①	IV	15	①	VI	20	②	VI

I 행정법 서론 / II 행정작용법 / III 행정절차와 행정공개 / IV 행정의 실효성 확보수단 / V 행정상 손해전보 / VI 행정쟁송

01

정답 ④

> ☑ **함께 정리하기 사인의 공법행위로서의 신고**
>
> 대규모점포의 개설 등록
> ▷ 수리를 요하는 신고
> 정신과의원 개설신고
> ▷ 법령상 요건 외 사유로 수리거부 不可
> 인·허가 의제 건축신고
> ▷ 수리를 요하는 신고
> 가설건축물존치 기간 연장신고
> ▷ 자체 완성적 신고
> ▷ 법령상 요건 외 사유로 수리거부 不可

① [○] 대규모점포의 개설 등록은 이른바 '수리를 요하는 신고'로서 행정처분에 해당하고 등록은 구체적 유형 구분에 따라 이루어진다(대판 2015.11.19. 2015두295).

② [○] 관련 법령의 내용과 이러한 신고제의 취지를 종합하면, 정신과의원을 개설하려는 자가 법령에 규정되어 있는 요건을 갖추어 개설신고를 한 때에, 행정청은 원칙적으로 이를 수리하여 신고필증을 교부하여야 하고, 법령에서 정한 요건 이외의 사유를 들어 의원급 의료기관 개설신고의 수리를 거부할 수는 없다(대판 2018.10.25. 2018두44302).

③ [○] 인·허가의제 효과를 수반하는 건축신고는 일반적인 건축신고와는 달리, 특별한 사정이 없는 한 행정청이 그 실체적 요건에 관한 심사를 한 후 수리하여야 하는 이른바 '수리를 요하는 신고'로 보는 것이 옳다(대판 2011.1.20. 2010두14954 전합).

❹ [×] 가설건축물존치 기간을 연장하려는 건축주 등이 법령에 규정되어 있는 제반 서류와 요건을 갖추어 행정청에 연장신고를 한 때에는 행정청은 원칙적으로 이를 수리하여 신고필증을 교부하여야 하고 법령에서 정한 요건 이외의 사유를 들어 수리를 거부할 수는 없다. 따라서 행정청으로서는 법령에서 요구하고 있지도 아니한 '대지사용승낙서' 등의 서류가 제출되지 아니하였거나, 대지 소유권자의 사용승낙이 없다는 등의 사유를 들어 가설건축물 존치기간 연장신고의 수리를 거부하여서는 아니 된다(대판 2018.1.25. 2015두35116).

02

정답 ④

> ☑ **함께 정리하기 행정입법의 통제**
>
> 직접 기본권 침해하는 법령
> ▷ 헌법소원 대상
> 행정입법의 위임명령·집행명령의 제·개정 또는 폐지
> ▷ 10일 이내 국회 소관 상임위원회에 제출
> 법원에 행정입법 자체의 합법성 심사를 목적으로 하는 독립한 신청
> 不可(∵구체적 규범통제)
> 추상적 규범통제
> ▷ 부정

① [○] 헌법재판소는 법원의 명령·규칙에 대한 심사는 명령·규칙이 재판의 전제가 된 경우에 한해 가능한 것이어서 법규명령이 그 자체에 의하여 직접 국민의 기본권을 침해하는 경우라면 일반법원에 의한 구제절차는 존재하지 않으므로 헌법소원의 대상이 될 수 있다는 입장이다.

> 법령자체에 의한 직접적인 기본권침해 여부가 문제되었을 경우 그 법령의 효력을 직접 다투는 것을 소송물로 하여 일반법원에 구제를 구할 수 있는 절차는 존재하지 아니하므로 이 사건에서는 다른 구제절차를 거칠 것 없이 바로 헌법소원심판을 청구할 수 있는 것이다(헌재 1990.10.15. 89헌마178).

유제 08. 지방직 7급 헌법재판소는 구 「법무사법 시행규칙」 제3조 제1항에 대한 헌법소원심판사건에서 명령·규칙에 대한 헌법재판소의 심사권을 인정하였다. (○)

10. 지방직 9급 법규명령에 대하여 헌법소원을 제기할 수 있는가에 대하여 우리 헌법재판소는 이를 긍정하고 있다. (○)

② [○] 「국회법」 제98조의2 제1항에 대한 옳은 내용이다.

> 제98조의2【대통령령 등의 제출 등】① 중앙행정기관의 장은 법률에서 위임한 사항이나 법률을 집행하기 위하여 필요한 사항을 규정한 대통령령·총리령·부령·훈령·예규·고시 등이 제정·개정 또는 폐지되었을 때에는 10일 이내에 이를 국회 소관 상임위원회에 제출하여야 한다. 다만, 대통령령의 경우에는 입법예고를 할 때(입법예고를 생략하는 경우에는 법제처장에게 심사를 요청할 때를 말한다)에도 그 입법예고안을 10일 이내에 제출하여야 한다.

③ [O] 헌법 제107조 제2항의 규정에 따르면 행정입법의 심사는 일반적인 재판절차에 의하여 구체적 규범통제의 방법에 의하도록 명시하고 있으므로, 당사자는 구체적 사건의 심판을 위한 선결문제로서 행정입법의 위법성을 주장하여 법원에 대하여 당해 사건에 대한 적용 여부의 판단을 구할 수 있을 뿐 행정입법 자체의 합법성의 심사를 목적으로 하는 독립한 신청을 제기할 수는 없다(대결 1994.4.26. 93부32).

❹ [X] 추상적 규범통제는 구체적 사건과 관계없이 법규명령 그 자체의 위헌·위법 여부를 추상적으로 심사하고, 위헌·위법으로 판단되면 법규명령의 효력을 상실하게 하는 제도를 말한다. 우리나라는 법령에 대한 추상적 규범통제를 인정하지 않고 있다.

[유제] 09. 국가직 7급 현행 헌법은 법규명령에 대한 구체적인 규범통제만을 인정하고 추상적인 규범통제는 허용하고 있지 않다. (O)

---

03 정답 ②

[표] **함께 정리하기** 행정행위

국제적 멸종위기종의 용도변경승인
▷ 재량행위
석유판매업 허가
▷ 대물적 허가
주류제조업면허
▷ 대물적 허가
주류판매업면허
▷ 기속행위(∵허가)

① [O] 야생동·식물보호법 제16조 제3항과 같은 법 시행규칙 제22조 제1항의 체제 또는 문언을 살펴보면 원칙적으로 국제적멸종위기종 및 그 가공품의 수입 또는 반입 목적 외의 용도로의 사용을 금지하면서 용도변경이 불가피한 경우로서 환경부장관의 용도변경승인을 받은 경우에 한하여 용도변경을 허용하도록 하고 있으므로, 위 법 제16조 제3항에 의한 용도변경승인은 특정인에게만 용도 외의 사용을 허용해주는 권리나 이익을 부여하는 이른바 수익적 행정행위로서 법령에 특별한 규정이 없는 한 재량행위이고, 위 법 제16조 제3항이 용도변경이 불가피한 경우에만 용도변경을 할 수 있도록 제한하는 규정을 두면서도 시행규칙 제22조에서 용도변경 신청을 할 수 있는 경우에 대하여만 확정적 규정을 두고 있을 뿐 용도변경이 불가피한 경우에 대하여는 아무런 규정을 두지 아니하여 용도변경 승인을 할 수 있는 용도변경의 불가피성에 대한 판단에 있어 재량의 여지를 남겨 두고 있는 이상, 용도변경을 승인하기 위한 요건으로서의 용도변경의 불가피성에 관한 판단에 필요한 기준을 정하는 것도 역시 행정청의 재량에 속하는 것이므로, 그 설정된 기준이 객관적으로 합리적이 아니라거나 타당하지 않다고 볼 만한 다른 특별한 사정이 없는 이상 행정청의 의사는 가능한 한 존중되어야 한다(대판 2011.1.27. 2010두23033).

❷ [X] 석유판매업(주유소)허가는 소위 대물적 허가의 성질을 갖는 것이어서 그 사업의 양도도 가능하고 이 경우 양수인은 양도인의 지위를 승계하게 됨에 따라 양도인의 위 허가에 따른 권리의무가 양수인에게 이전되는 것이므로 만약 양도인에게 그 허가를 취소할 위법사유가 있다면 허가관청은 이를 이유로 양수인에게

응분의 제재조치를 취할 수 있다 할 것이고, 양수인이 그 양수 후 허가관청으로부터 석유판매업허가를 다시 받았다 하더라도 이는 석유판매업의 양수도를 전제로 한 것이어서 이로써 양도인의 지위승계가 부정되는 것은 아니므로 양도인의 귀책사유는 양수인에게 그 효력이 미친다(대판 1986.7.22. 86누203).

③ [O] 주세법 제14조에 의하면 주류제조업은 상속성이 인정되고 상속자는 같은 법 제10조 1호, 2호, 5호 내지 7호 또는 11호의 규정에 해당하지 아니한 경우에는 당연히 상속의 신고당시에 그 주류제조업의 면허를 받은 것으로 본다고 규정하고 있으므로 주류제조면허가 국가의 수입확보를 위하여 설정된 재정허가의 일종이기는 하나 이는 원심판시와 같은 소위 일신전속적인 재정허가가 아니고 제조장 단위의 이전성이 인정되는 소위 대물적 허가로서 허가받은 자의 인격 변동이 당연히 허가취소 사유에 해당한다고 할 수 없다(대판 1975.3.11. 74누138).

④ [O] 주류판매업 면허는 설권적 행위가 아니라 주류판매의 질서유지, 주세 보전의 행정목적 등을 달성하기 위하여 개인의 자연적 자유에 속하는 영업행위를 일반적으로 제한하였다가 특정한 경우에 이를 회복하도록 그 제한을 해제하는 강학상의 허가로 해석되므로 주세법 제10조 제1호 내지 제11호에 열거된 면허 제한 사유에 해당하지 아니하는 한 면허관청으로서는 임의로 그 면허를 거부할 수 없다(대판 1995.11.10. 95누5714).

---

04 정답 ①

[표] **함께 정리하기** 인·허가 의제제도

주된 인허가 담당 관청에 신청
협의 생략한 처분
▷ 위법(절차상 하자)
▷ 취소사유
소방서장의 건축부동의를 이유로 한 건축불허가 처분
▷ 건축 부동의 대상적격×

❶ [X] 인·허가 의제제도는 규제 완화 및 행정절차의 간소화가 취지이다. 따라서 인·허가 의제가 인정되는 경우, 민원인은 각각의 해당 기관에 제출할 필요 없이 주된 인·허가 담당관청에 신청하면 된다.

② [O] 처분권한은 주무행정청에게만 있는 것이므로 관계행정청의 협의가 생략된 하자는 주체 하자가 아닌 절차의 하자로 보아야 할 것이다.

③ [O] 관계행정청과 협의를 자문으로 보는 입장에서, 산림청장과의 협의를 거치지 아니하였다 하더라도 이는 당해 승인처분을 취소할 수 있는 원인이 되는 하자에 불과하다(대판 2006.6.30. 2005두14363).

[유제] 15. 지방직 7급 「국방·군사시설 사업에 관한 법률」 및 구 「산림법」에서 보전임지를 다른 용도로 이용하기 위한 사업에 대하여 승인 등 처분을 하기 전에 미리 산림청장과 협의를 하라고 규정한 의미는 그 의견에 따라 처분을 하라는 것이므로, 이러한 협의를 거치지 아니하고서 행해진 승인처분은 당연무효이다. (X)

④ [O] 건축허가권자가 건축불허가처분을 하면서 그 처분사유로 건축불허가 사유뿐만 아니라 구 소방법 제8조 제1항에 따른 소방서장의 건축부동의 사유를 들고 있다고 하여 그 건축불허가처분 외에 별개로 건축부동의처분이 존재하는 것이 아니므로, 그 건축불허가처분을 받은 사람은 그 건축불허가처분에 관한 쟁송에서 건축법상의 건축불허가 사유뿐만 아니라 소방서장의 부동의 사유에 관하여도 다툴 수 있다(대판 2004.10.15. 2003두6573).

05
정답 ③

> 📋 **함께 정리하기 공정력과 선결문제**
>
> 하자가 취소사유
> ▷ 민사소송에서 효력부정 不可
> 하자가 당연무효 사유
> ▷ 민사소송에서 처분의 무효를 전제로 판결 可
> 불가쟁력 발생한 경우
> ▷ 손해배상 청구 可
> 손해배상 청구
> ▷ 선결문제 위법 여부 판단 可

① [O] 乙의 소유권이전등기는 공매처분에 따른 공매절차에서의 낙찰을 원인으로 이루어진 것이므로, 소유권이전등기의 말소를 구하는 민사소송에 있어서 甲의 소유권이전등기 말소청구가 인용되기 위해서는 공매처분의 하자가 무효이거나 권한 있는 기관에 의해 취소되어 소급적으로 효력이 소멸될 필요가 있다. 판례는 행정행위의 효력유무가 선결문제인 경우에 있어서 행정처분이 아무리 위법하다 하여도 그 하자가 취소사유에 불과한 때에는 그 처분이 권한 있는 기관에 의해 취소되지 않는 한 처분의 효력을 부정할 수 없다고 본다. 따라서 취소사유에 그치는 경우라면 민사법원은 공매처분의 효력을 부인할 수 없으므로 결국 甲의 청구에 대해 기각판결을 내려야 한다.

> 조세의 과오납이 부당이득이 되기 위하여는 납세 또는 조세의 징수가 실체법적으로나 절차법적으로 전혀 법률상의 근거가 없거나 과세처분의 하자가 중대하고 명백하여 당연무효이어야 하고, 과세처분의 하자가 단지 취소할 수 있는 정도에 불과할 때에는 과세관청이 이를 스스로 취소하거나 항고소송절차에 의하여 취소되지 않는 한 그로 인한 조세의 납부가 부당이득이 된다고 할 수 없다(대판 1994.11.11. 94다28000).

> 유제 18. 국회직 8급 국세의 과오납이 위법한 과세처분에 의한 것이라도 그 흠이 단지 취소할 수 있는 정도에 불과한 때에는 그 처분이 취소되지 않는 한 그 납세액을 곧바로 부당이득이라고 하여 반환을 구할 수 있는 것은 아니다. (O)

② [O] 행정행위의 효력유무가 선결문제인 경우에 있어서 행정처분의 하자가 중대하고 명백하여 당연무효인 경우, 민사법원은 그 효력을 언제든지 부인할 수 있다고 본다. 따라서 민사법원은 공매처분이 무효라고 판단할 수 있고, 결국 甲의 청구에 대해 인용판결을 할 수도 있다.

> 민사소송에 있어서 어느 행정처분의 당연무효 여부가 선결문제로 되는 때에는 이를 판단하여 당연무효임을 전제로 판결할 수 있고 반드시 행정소송 등의 절차에 의하여 그 취소나 무효확인을 받아야 하는 것은 아니다(대판 2010.4.8. 2009다90092).

> 유제 18. 국회직 8급 민사소송에 있어서 행정처분의 당연무효 여부가 선결문제로 되는 때에는 법원은 이를 판단하여 당연무효임을 전제로 판결할 수 있고 반드시 행정소송 등의 절차에 의하여 그 취소나 무효확인을 받아야 하는 것은 아니다. (O)

❸ [X] 취소소송 제기기간이 경과하여 불가쟁력이 발생하면 더 이상 행정쟁송으로 다툴 수 없게 되나, 그 행정행위로 손해를 입은 자는 손해배상청구권이 시효로 소멸하지 않은 이상, 국가배상 청구를 할 수 있다. 따라서 그 손해 및 가해자를 안 날로부터 3년, 불법행위시부터 5년이 경과하기 전이라면 손해배상을 청구할 수 있다고 볼 것이다.

④ [O] 1. 판례는 행정행위의 위법여부가 국가배상청구소송의 선결문제인 경우에는 민사법원이 선결문제인 행정행위의 위법여부를 판단할 수 있다고 본다. 또한 판례는 국가배상청구소송을 민사소송으로 처리하는 바, 관할위반도 없다고 볼 것이다(대판 1972.10.10. 69다701).
2. 위법한 행정대집행이 완료되면 그에 대한 무효확인 또는 취소를 구할 소이익은 없으나, 그 행정처분의 위법을 이유로 한 손해배상청구는 할 수 있다. 즉 위법한 행정대집행이 완료되면 그 처분의 무효확인 또는 취소를 구할 소의 이익은 없다 하더라도, 미리 그 행정처분의 취소판결이 있어야 만, 그 행정처분의 위법임을 이유로 한 손해배상 청구를 할 수 있는 것은 아니다(대판 1972.4.28. 72다337).

06
정답 ①

> 📋 **함께 정리하기 공법상 계약**
>
> 공중보건의사 채용계약O
> 창덕궁 안내원 채용계약X (사법상 계약)
> 서울특별시립무용단 단원의 위촉O
> 사업시행자와 사인의 협의취득X (사법상 계약)

ㄱ. [O] 전문직공무원인 공중보건의사의 채용계약 해지의 의사표시는 일반공무원에 대한 징계처분과는 달라서 항고소송의 대상이 되는 처분 등의 성격을 가진 것으로 인정되지 아니하고, 일정한 사유가 있을 때에 관할 도지사가 채용계약 관계의 한쪽 당사자로서 대등한 지위에서 행하는 의사표시로 취급하고 있는 것으로 이해된다 이해되므로, 공중보건의사 채용계약 해지의 의사표시에 대하여는 대등한 당사자간의 소송형식인 공법상의 당사자소송으로 그 의사표시의 무효확인을 청구할 수 있다(대판 1996.5.31. 95누10617).

ㄴ. [×] 창덕궁관리소장이 1년 단위로 채용한 비원 안내원들은 그 채용근거가 문화공보부장관의 훈령인 비정규직원계약 및 근무 등에 관한 규정으로서 국가공무원법 제2조 제3항 제3호, 전문직공무원규정과 다르고, 그 직무의 성질에 비추어 전문성이 요구되는 것도 아니어서 공법상 계약에 개념적 징표인 대등한 당사자 사이의 채용계약이라고 보기 어려운 점 등에 비추어 보면, 그 채용계약은 단순한 사법상의 고용계약으로 이해된다(대판 1995.10.13. 95다184).

ㄷ. [○] 서울특별시립무용단 단원의 위촉은 공법상의 계약이라고 할 것이고, 따라서 그 단원의 해촉에 대하여는 공법상의 당사자소송으로 그 무효확인을 청구할 수 있다(대판 1995.12.22. 95누4636).

ㄹ. [×] 공공용지 특례법에 따른 토지 등의 협의취득은 공공사업에 필요한 토지 등을 그 소유자와의 협의에 의하여 취득하는 것으로서 공공기관이 사경제주체로서 행하는 사법상 매매 내지 사법상 계약의 실질을 가지는 것이지 행정청이 공권력의 주체로서 상대방의 의사 여하에 불구하고 일방적으로 행하는 행정처분이라 볼 수 없다(대판 2010.11.11. 2010두14367).

07   정답 ②

☑ **함께 정리하기 행정절차법**

공법상 계약, 행정조사절차
▷ 「행정절차법」 규정×
당사자의 의견제출방식
▷ 서면이나 말 또는 정보통신망
결격사유 있는 시보임용처분취소에 기한 정규임용처분 취소
▷ 「행정절차법」 적용○
국내에 주소·거소·영업소 또는 사무소가 없는 외국사업자에 대해
▷ 우편송달 可

① [○] 공법상 계약, 행정계획의 확정절차, 행정강제, 재심제도, 행정행위의 하자 치유와 절차 하자의 효과 등에 대해서는 「행정절차법」에서 규정하고 있지 않다.

❷ [×]
> 「행정절차법」 제27조 【의견제출】 ① 당사자등은 처분 전에 그 처분의 관할 행정청에 서면이나 말로 또는 정보통신망을 이용하여 의견제출을 할 수 있다.

③ [○] 정규공무원으로 임용된 사람에게 시보임용처분 당시 지방공무원법 제31조 제4호에 정한 공무원임용 결격사유가 있어 시보임용처분을 취소하고 그에 따라 정규임용처분을 취소한 사안에서, 정규임용처분을 취소하는 처분은 성질상 행정절차를 거치는 것이 불필요하여 행정절차법의 적용이 배제되는 경우에 해당하지 않으므로, 그 처분을 하면서 사전통지를 하거나 의견제출의 기회를 부여하지 않은 것은 위법하다(대판 2009.1.30. 2008두16155).

④ [○] '독점규제 및 공정거래에 관한 법률' 제55조의2 및 이에 근거한 '공정거래위원회 회의운영 및 사건절차 등에 관한 규칙' 제3조 제2항에 의하여 준용되는 구 행정절차법 제14조 제1항은 문서의 송달방법의 하나로 우편송달을 규정하고 있고, 같은 법 제16조 제2항은 외국에 거주 또는 체류하는 자에 대한 기간 및 기한은 행정청이 그 우편이나 통신에 소요되는 일수를

감안하여 정하여야 한다고 규정하고 있는 점 등에 비추어 보면, 공정거래위원회는 국내에 주소·거소·영업소 또는 사무소가 없는 외국사업자에 대하여도 우편송달의 방법으로 문서를 송달할 수 있다(대판 2006.3.24. 2004두11275).

08   정답 ②

☑ **함께 정리하기 대집행**

부작위의무로부터 작위의무 도출
▷ 별도의 전환규범(명령규범) 필요
계고 시 대집행의 내용 및 범위의 특정
▷ 종합하여 특정되면 족함(계고서에만 의하는 것×)
행정청의 대집행 부작위 시
▷ 국유재산에 대한 사용청구권을 가지고 있는 자
▷ 민사소송제기 可
건물철거대집행요건의 입증책임
▷ 처분 행정청

① [○] 부작위의무로부터 그 의무를 위반함으로써 생긴 결과를 시정하기 위한 작위의무를 당연히 끌어낼 수는 없으며, 또 위 금지규정(특히 허가를 유보한 상대적 금지규정)으로부터 작위의무, 즉 위반결과의 시정을 명하는 권한이 당연히 추론(推論)되는 것도 아니라고 할 것이다. 법령의 근거에 따라 작위의무를 부과(예 철거명령)하여 그 부작위의무를 작위의무로 전환한 후에 그 작위의무의 불이행에 대해 대집행을 할 수 있다(대판 1996.6.28. 96누4374).

❷ [×] 행정청이 행정대집행법 제3조 제1항에 의한 대집행계고를 함에 있어서는 의무자가 스스로 이행하지 아니하는 경우에 대집행할 행위의 내용 및 범위가 구체적으로 특정되어야 하나, 그 행위의 내용 및 범위는 반드시 대집행계고서에 의하여서만 특정되어야 하는 것이 아니고 계고처분 전후에 송달된 문서나 기타 사정을 종합하여 행위의 내용이 특정되면 족하다(대판 1994.10.28. 94누5144).

③ [○] 행정대집행의 절차가 인정되는 경우에는 따로 민사소송의 방법으로 피고들에 대하여 이 사건 시설물의 철거를 구하는 것은 허용되지 않는다고 할 것이다. 다만, 관리권자인 보령시장이 행정대집행을 실시하지 아니하는 경우 국가에 대하여 이 사건 토지 사용청구권을 가지는 원고로서는 위 청구권을 보전하기 위하여 국가를 대위하여 피고들을 상대로 민사소송의 방법으로 이 사건 시설물의 철거를 구하는 이외에는 이를 실현할 수 있는 다른 절차와 방법이 없어 그 보전의 필요성이 인정되므로, 원고는 국가를 대위하여 피고들을 상대로 민사소송의 방법으로 이 사건 시설물의 철거를 구할 수 있다(대판 2009.6.11. 2009다1122).

④ [○] 건축허가 조건에 위배하여 증축한 것이어서 건축법상 철거할 의무가 있는 건물이라 하더라도 행정대집행법 제3조 및 제2조의 규정에 비추어 보면, 다른 방법으로는 그 이행의 확보가 어렵고 그 불이행을 방치함이 심히 공익을 해치는 것으로 인정될 때에 한하여 그 철거의무를 대집행하기 위한 계고처분이 허용된다 할 것이고 이러한 요건의 주장과 입증책임은 처분행정청에 있다(대판 1982.5.11. 81누232).

09

정답 ①

> ☑ 함께 정리하기 **행정상 즉시강제**
>
> 判
> ▷ 영장필요설×
> 「재난 및 안전관리 기본법」상 응급조치
> ▷ 행정상 즉시강제
> 적법한 보호조치에 자발적 협조
> ▷ 손실에 대한 책임 없는 자의 손실 보상 要
> 위법한 즉시강제로 인한 손해
> ▷ 국가배상 청구 可

❶ [×] 대법원은 원칙적으로 영장주의가 적용되어야 하나, 행정목적 달성을 위하여 불가피한 경우에는 예외적으로 영장주의가 적용되지 않는다고 한다(절충설). 한편 헌법재판소는 급박성을 본질로 하는 즉시강제에는 원칙적으로 영장주의가 적용되지 않는다는 입장이다.

> 1. 사전영장주의 원칙은 인신보호를 위한 헌법상의 기속원리이기 때문에 인신의 자유를 제한하는 국가의 모든 영역(例 행정상의 즉시강제)에서 존중되어야 하고 다만 사전영장주의를 고수하다가는 도저히 그 목적을 달성할 수 없는 지극히 예외적인 경우에만 형사절차에서와 같은 예외가 인정된다고 할 것이다(대판 1995.6.30. 93추83).
> 2. 영장주의가 행정상 즉시강제에도 적용되는지에 관하여는 논란이 있으나, 행정상 즉시강제는 상대방의 임의이행을 기다릴 시간적 여유가 없을 때 하명 없이 바로 실력을 행사하는 것으로서, 그 본질상 급박성을 요건으로 하고 있어 법관의 영장을 기다려서는 그 목적을 달성할 수 없다고 할 것이므로, 원칙적으로 영장주의가 적용되지 않는다고 보아야 할 것이다(헌재 2002.10.31. 2000헌가12).

> 유제 18. 국회직 8급 감염병 유행에 대한 방역조치가 급박한 상황에 대처하기 위한 것으로서 그 불가피성과 정당성이 충분히 인정된다면 헌법상의 사전영장주의 원칙에 위배되는 것은 아니라 할 것이다. (○)
> 13. 경찰 즉시강제에서 영장주의가 적용되는가의 여부에 대하여 판례는 국민의 권익보호를 위하여 예외 없이 영장주의가 적용되어야 한다는 영장필요설의 입장을 취하고 있다. (×)

② [○] 재난이 발생할 우려가 있거나 재난이 발생했을 때, 시장 등은 급수 수단의 확보 등 응급조치를 하여야 하는데 이는 행정상 즉시강제에 해당한다.

③ [○] 제3자에 대한 경찰권의 발동으로 제3자가 특별한 손실을 입은 경우에 그 손실보상을 해주어야 한다는 것이 일반적인 견해였고, 최근 「경찰관 직무집행법」에 손실보상에 대한 조문이 신설되었다.

> 「경찰관 직무집행법」 제11조의2 【손실보상】 ① 국가는 경찰관의 적법한 직무집행으로 인하여 다음 각 호의 어느 하나에 해당하는 손실을 입은 자에 대하여 정당한 보상을 하여야 한다.
> 1. 손실발생의 원인에 대하여 책임이 없는 자가 재산상의 손실을 입은 경우(손실발생의 원인에 대하여 책임이 없는 자가 경찰관의 직무집행에 자발적으로 협조하거나 물건을 제공하여 재산상의 손실을 입은 경우를 포함한다)
> 2. 손실발생의 원인에 대하여 책임이 있는 자가 자신의 책임에 상응하는 정도를 초과하는 재산상의 손실을 입은 경우

④ [○] 위법한 즉시강제가 「국가배상법」상 공무원의 직무상 불법행위를 구성하는 경우, 그로 인해 손해를 받은 자는 국가 또는 지방자치 단체에 대하여 손해배상을 청구할 수 있다. 즉시강제에 대한 행정쟁송은 협의의 소의 이익 결여로 각하될 확률이 높으므로 「국가배상법」에 의한 구제가 가장 실효적일 것이다.

10

정답 ①

> ☑ 함께 정리하기 **과징금**
>
> 과징금 부과·징수
> ▷ 행정처분○
> ▷ 행정쟁송 可
> 동일한 법령위반에 대한 새로운 부과기준자료 발견
> ▷ 새로운 부과처분 不可
> 과징금부과는 처분
> ▷ 행정절차법 적용
> 변형된 과징금
> ▷ 과징금 부과 여부는 행정청의 재량

❶ [×] 과징금의 부과행위는 행정쟁송법상의 처분에 해당하므로 행정심판이나 행정소송을 제기하여 그 취소 등을 구할 수 있다.

> 유제 12. 국가직 9급 과징금 부과·징수에 하자가 있는 경우, 납부의무자는 행정쟁송 절차에 따라 다툴 수 있다. (○)

② [○] 과징금은 부과처분 당시까지 부과관청이 확인한 사실을 기초로 일의적으로 확정되어야 할 것이고, 과징금의 부과와 같이 재산권의 직접적인 침해를 가져오는 처분을 변경하려면 법령에 그 요건 및 절차가 명백히 규정되어 있어야 할 것이지 부과관청이 과징금을 부과하면서 추후에 부과금 산정 기준이 되는 새로운 자료가 나올 경우에는 과징금액이 변경될 수도 있다고 유보한다든지, 실제로 추후에 새로운 자료가 나왔다고 하여 새로운 부과처분을 할 수는 없다. 따라서 동일한 법령위반 행위에 대하여 새로운 부과기준 자료를 발견한 경우 새로 산정한 과징금액과 당초의 과징금액의 차액을 다시 부과할 수 없다.

> 부과관청이 과징금을 부과하면서 추후에 부과금산정기준이 되는 새로운 자료가 나올 경우에는 과징금액이 변경될 수도 있다고 유보한다든지, 실제로 추후에 새로운 자료가 나왔다고 하여 새로운 부과처분을 할 수는 없다(대판 1999.5.28. 99두1571).

③ [○] 과징금 부과처분은 행정처분에 해당하므로 사전통지 등 행정절차법상의 절차를 거쳐야 한다.

> 「행정절차법」 제3조 【적용 범위】 ① 처분, 신고, 행정상 입법예고, 행정예고 및 행정지도의 절차에 관하여 다른 법률에 특별한 규정이 있는 경우를 제외하고는 이 법에서 정하는 바에 따른다.

④ [○] 변형된 과징금(영업정지 등의 처분에 갈음하는 과징금)의 경우 과징금을 부과할 것인지, 아니면 영업정지처분을 할 것인지는 통상 행정청의 재량에 속한다.

자동차운수사업면허조건 등을 위반한 사업자에 대하여 행정청이 행정 제재수단으로 사업 정지를 명할 것인지, 과징금을 부과할 것인지, 과징금을 부과키로 한다면 그 금액은 얼마로 할 것인지에 관하여 재량권이 부여되었다 할 것이므로 과징금부과처분이 법이 정한 한도액을 초과하여 위법할 경우 법원으로서는 그 전부를 취소할 수밖에 없고, 그 한도액올 초과한 부분이나 법원이 적정하다고 인정되는 부분을 초과한 부분만을 취소할 수 없다(대판 1998.4.10. 98두2270).

유제 10. 국가직 7급 과징금을 부과할 것인지 영업정지처분을 내릴 것인지는 통상 행정청의 재량에 속하는 것으로 본다. (O)

유제 08. 국가직 9급 다른 자연적 사실이나 제3자의 행위 또는 피해자의 행위와 경합하여 손해가 발생하였더라도 영조물의 설치·관리상의 하자가 공동원인의 하나가 된 이상 그 손해는 영조물의 설치·관리상의 하자에 의하여 발생한 것이라고 보아야 한다. (O)

❹ [X] 설치자의 재정사정은 안전성을 요구하는데 대한 정도 문제로서 참작 사유에는 해당할지언정 안전성을 결정지을 절대적 요건에는 해당하지 아니한다(대판 1967.2.21. 66다1723).

유제 08. 국가직 9급 판례에 의하면 영조물의 설치의 하자유무는 객관적 견지에서 본 안전성의 문제이므로 재정사정은 영조물의 안전성의 정도에 관하여 참작사유는 될 수 있을지언정 안전성을 결정지을 절대적 요건은 되지 못한다. (O)

---

11 정답 ④

☑ 함께 정리하기 영조물책임

설치·관리자≠비용부담자
▷ 피해자 선택적 청구 可
국토부장관 지방하천 공사대행 中 손해
▷ 관리청 속한 지자체 「국가배상법」 제5조 책임O
다른 원인 경합했더라도
▷ 설치·관리하자 有
▷ 영조물책임 有
재정적 사정
▷ 하자 판단의 참작사유O, 절대적 요건X

① [O] 「국가배상법」 제6조 제1항에 대한 옳은 내용이다.

제6조【비용부담자 등의 책임】 ① 제2조·제3조 및 제5조에 따라 국가나 지방자치단체가 손해를 배상할 책임이 있는 경우에 공무원의 선임·감독 또는 영조물의 설치·관리를 맡은 자와 공무원의 봉급·급여, 그 밖의 비용 또는 영조물의 설치·관리 비용을 부담하는 자가 동일하지 아니하면 그 비용을 부담하는 자도 손해를 배상하여야 한다.

② [O] 구 하천법 제28조 제1항에 따라 국토해양부장관이 하천공사를 대행하더라도 이는 국토해양부장관이 하천 관리에 관한 일부 권한을 일시적으로 행사하는 것으로 볼 수 있을 뿐 하천관리청이 국토해양부장관으로 변경되는 것은 아니므로, 국토해양부장관이 하천공사를 대행하던 중 지방 하천의 관리상 하자로 인하여 손해가 발생하였다면 하천관리청이 속한 지방자치단체는 국가와 함께 국가배상법 제5조 제1항에 따라 지방 하천의 관리자로서 손해배상책임을 부담한다(대판 2014.6.26. 2011다85413).

③ [O] 영조물의 설치 또는 관리상의 하자로 인한 사고라 함은 영조물의 설치 또는 관리상의 하자만이 손해발생의 원인이 되는 경우만을 말하는 것이 아니고, 다른 자연적 사실이나 제3자의 행위 또는 피해자의 행위와 경합하여 손해가 발생하더라도 영조물의 설치 또는 관리상의 하자가 공동 원인의 하나가 되는 이상 그 손해는 영조물의 설치 또는 관리상의 하자에 의하여 발생한 것이라고 해석함이 상당하다(대판 1994.11.22. 94다32924).

---

12 정답 ②

☑ 함께 정리하기 손실보상

문화적·학술적 가치
▷ 손실보상의 대상X (원칙)
잔여지 수용청구
▷ 관할 토지수용위원회에 해야 함(사업시행자X)
이의신청에 대한 재결확정
▷ 민사소송법상 확정판결 효과
토지보상법상 어업피해 손실보상청구
▷ 재결거친 후 손실보상 청구해야 함(민사소송 不可)

① [O] 문화적, 학술적 가치는 특별한 사정이 없는 한 그 토지의 부동산으로서의 경제적, 재산적 가치를 높여 주는 것이 아니므로 토지수용법 제51조 소정의 손실보상의 대상이 될 수 없으니, 이 사건 토지가 철새 도래지로서 자연 문화적인 학술가치를 지녔다 하더라도 손실보상의 대상이 될 수 없다(대판 1989.9.12. 88누11216).

❷ [X] 잔여지 수용청구의 의사표시는 관할 토지수용위원회에 하여야 하는 것으로서, 관할 토지수용위원회가 사업시행자에게 잔여지 수용청구의 의사표시를 수령할 권한을 부여하였다고 인정할 만한 사정이 없는 한, 사업 시행자에게 한 잔여지 매수청구의 의사표시를 관할토지수용위원회에 한 잔여지 수용청구의 의사표시로 볼 수는 없다(대판 2010.8.19. 2008두822).

③ [O] 「공익사업을 위한 토지 등의 취득 및 보상에 관한 법률」 제86조 제1항에 대한 옳은 내용이다.

제86조【이의신청에 대한 재결의 효력】 ① 제85조 제1항에 따른 기간 이내에 소송이 제기되지 아니하거나 그 밖의 사유로 이의신청에 대한 재결이 확정된 때에는 「민사소송법」상의 확정판결이 있은 것으로 보며, 재결서 정본은 집행력 있는 판결의 정본과 동일한 효력을 가진다.

④ [O] 구 공익사업을 위한 토지 등의 취득 및 보상에 관한 법률의 관련 규정에 의하여 취득하는 어업피해에 관한 손실보상청구권은 민사소송의 방법으로 행사할 수는 없고, 구 공익사업법 제34조, 제50조 등에 규정된 재결 절차를 거친 다음 그 재결에 대하여 불복이 있는 때에 비로소 구 공익사업법 제83조 내지 제85조에 따라 권리구제를 받아야 하며, 이러한 재결 절차를 거치지 않은 채 곧바로 사업시행자를 상대로 손실보상을 청구하는 것은 허용되지 않는다고 봄이 타당하다(대판 2014.5.29. 2013두12478).

13 정답 ④

농지법상 이행강제금 부과
▷ 항고소송 대상적격×
공공계약이 사법상 계약에 해당하는 경우
▷ 사법의 원리 적용○
「교육공무원법」상 승진후보자 명부에 포함된 후보자를 승진임용 인사발령에서 제외
▷ 항고소송의 대상인 처분○
부분 인·허가 의제가 허용되는 경우
▷ 부분 의제된 인·허가의 쟁송취소 허용○

① [O] 농지법은 농지 처분명령에 대한 이행강제금 부과처분에 불복하는 자가 그 처분을 고지받은 날부터 30일 이내에 부과권자에게 이의를 제기할 수 있고, 이의를 받은 부과권자는 지체 없이 관할 법원에 그 사실을 통보하여야 하며, 그 통보를 받은 관할 법원은 비송사건절차법에 따른 과태료 재판에 준하여 재판을 하도록 정하고 있다(제62조 제1항, 제6항, 제7항). 따라서 농지법 제62조 제1항에 따른 이행강제금 부과처분에 불복하는 경우에는 비송사건절차법에 따른 재판절차가 적용되어야 하고, 행정소송법상 항고소송의 대상은 될 수 없다. 농지법 제62조 제6항, 제7항이 위와 같이 이행강제금 부과처분에 대한 불복절차를 분명하게 규정하고 있으므로, 이와 다른 불복절차를 허용할 수는 없다. 설령 관할청이 이행강제금 부과처분을 하면서 재결청에 행정심판을 청구하거나 관할 행정법원에 행정소송을 할 수 있다고 잘못 안내하거나 관할 행정심판위원회가 각하재결이 아닌 기각재결을 하면서 관할 법원에 행정소송을 할 수 있다고 잘못 안내하였다고 하더라도, 그러한 잘못된 안내로 행정법원의 항고소송 재판관할이 생긴다고 볼 수도 없다(대판 2019.4.11. 2018두42955).
② [O] 지방자치단체가 일방 당사자가 되는 이른바 '공공계약'이 사경제의 주체로서 상대방과 대등한 위치에서 체결하는 사법상 계약에 해당하는 경우 그에 관한 법령에 특별한 정함이 있는 경우를 제외하고는 사적 자치와 계약 자유의 원칙 등 사법의 원리가 그대로 적용된다(대판 2018.2.13. 2014두11328).
③ [O] 교육공무원법 제29조의2 제1항, 제13조, 제14조 제1항, 제2항, 교육공무원 승진규정 제1조, 제2조 제1항 제1호, 제40조 제1항, 교육공무원임용령 제14조 제1항, 제16조 제1항에 따르면 임용권자는 3배수의 범위 안에 들어간 후보자들을 대상으로 승진임용 여부를 심사하여야 하고, 이에 따라 승진후보자 명부에 포함된 후보자는 임용권자로부터 정당한 심사를 받게 될 것에 관한 절차적 기대를 하게 된다. 그런데 임용권자 등이 자의적인 이유로 승진후보자 명부에 포함된 후보자를 승진임용에서 제외하는 처분을 한 경우에, 이러한 승진임용제외처분을 항고소송의 대상이 되는 처분으로 보지 않는다면, 달리 이에 대하여는 불복하여 침해된 권리 또는 법률상 이익을 구제받을 방법이 없다. 따라서 교육공무원법상 승진후보자 명부에 의한 승진심사 방식으로 행해지는 승진임용에서 승진후보자 명부에 포함되어 있던 후보자를 승진임용인사발령에서 제외하는 행위는 불이익처분으로서 항고소송의 대상인 처분에 해당한다고 보아야 한다(대판 2018.3.27. 2015두47492).

④ [×] 의제된 인허가는 통상적인 인허가와 동일한 효력을 가지므로, 적어도 '부분 인허가 의제'가 허용되는 경우에는 그 효력을 제거하기 위한 법적 수단으로 의제된 인허가의 취소나 철회가 허용될 수 있고, 이러한 직권 취소·철회가 가능한 이상 그 의제된 인허가에 대한 쟁송취소 역시 허용된다(대판 2018.11.29. 2016두38792).

14 정답 ③

공개대상 정보
▷ 반드시 원본 문서일 필요×
형사재판확정기록의 공개
▷ 정보공개법에 의한 공개청구 허용
외국으로부터 비공개 전제로 정보입수
▷ 업무수행 현저한 지장 단정×(형량요소)
정보공개청구시 대상정보 기재 정도
▷ 사회일반인의 관점에서 내용·범위 확정 가능할 정도 要

① [O] 공공기관의 정보공개에 관한 법률상 공개청구의 대상이 되는 정보란 공공기관이 직무상 작성 또는 취득하여 현재 보유·관리하고 있는 문서에 한정되는 것이기는 하나, 그 문서가 반드시 원본일 필요는 없다(대판 2006.5.25. 2006두3049).
② [O] 형사소송법 제59조의2의 내용·취지 등을 고려하면, 형사소송법 제59조의2는 형사재판확정기록의 공개 여부나 공개 범위, 불복절차 등에 대하여 구 공공기관의 정보공개에 관한 법률과 달리 규정하고 있는 것으로 정보공개법 제4조 제1항에서 정한 '정보의 공개에 관하여 다른 법률에 특별한 규정이 있는 경우'에 해당한다. 따라서 형사재판확정기록의 공개에 관하여는 정보공개법에 의한 공개청구가 허용되지 아니한다(대판 2016.12.15. 2013두20882).
③ [×] 외국 또는 외국 기관으로부터 비공개를 전제로 정보를 입수하였다는 이유만으로 이를 공개할 경우 업무의 공정한 수행에 현저한 지장을 받을 것이라고 단정할 수는 없다. 다만 위와 같은 사정은 정보제공자와의 관계, 정보 제공자의 의사, 정보의 취득 경위, 정보의 내용 등과 함께 업무의 공정한 수행에 현저한 지장이 있는지를 판단할 때 고려하여야 할 형량요소이다(대판 2018.9.28. 2017두69892).
④ [O] 공공기관의 정보공개에 관한 법률 제10조 제1항 제2호는 정보의 공개를 청구하는 자는 정보공개청구서에 '공개를 청구하는 정보의 내용' 등을 기재할 것을 규정하고 있는바, 청구대상 정보를 기재함에 있어서는 사회일반인의 관점에서 청구대상 정보의 내용과 범위를 확정할 수 있을 정도로 특정함을 요한다(대판 2007.6.1. 2007두2555).

15 정답 ①

함께 정리하기 처분성 인정여부

「국가유공자법」상 이의신청 받아들이는 결정○(cf. 받아들이지 않는 결정×)
금융기관 임원에 대한 금융감독원장의 문책경고○
공무원시험승진후보자명부 삭제 행위×
혁신도시 최종입지선정×

❶ [×] 국가유공자법 제74조의18 제1항이 정한 이의신청을 받아들이는 것을 내용으로 하는 결정은 당초 국가유공자 등록신청을 받아들이는 새로운 처분으로 볼 수 있으나, 이와 달리 이의신청을 받아들이지 아니하는 내용의 결정은 종전의 결정 내용을 그대로 유지하는 것에 불과한 점 등을 종합하면, … 이의신청인의 권리·의무에 새로운 변동을 가져오는 공권력의 행사나 이에 준하는 행정작용이라고 할 수 없으므로 원결정과 별개로 항고소송의 대상이 되지는 않는다. 국가유공자 비해당결정 등 원결정에 대한 이의신청이 받아들여지지 아니한 경우에도 이의신청인으로서는 원결정을 대상으로 항고소송을 제기하여야 하고, … 이의신청을 받아들이지 아니하는 결과를 통보받은 자는 통보받은 날부터 90일 이내에 행정심판법에 따른 행정심판 또는 행정소송법에 따른 취소소송을 제기할 수 있다(대판 2016.7.27. 2015두45953).

② [○] 금융기관의 임원에 대한 금융감독원장의 문책경고는 그 상대방에 대한 직업선택의 자유를 직접 제한하는 효과를 발생하게 하는 등 상대방의 권리의무에 직접 영향을 미치는 행위로서 항고소송의 대상이 되는 행정처분에 해당한다(대판 2005.2.17. 2003두14765).

유제 15. 경찰 금융기관의 임원에 대한 금융감독원장의 문책경고는 항고소송의 대상이 되는 행정처분에 해당한다. (○)

③ [○] 구 경찰공무원법 제11조 제2항, 제13조 제1항, 제2항, 경찰공무원승진 임용규정 제36조 제1항, 제2항에 의하면, 경정 이하 계급에의 승진에 있어서는 승진심사와 함께 승진시험을 병행할 수 있고, 승진시험에 합격한 자는 시험승진후보자명부에 등재하여 그 등재순위에 따라 승진하도록 되어 있으며, 같은 규정 제36조 제3항에 의하면 시험승진후보자명부에 등재된 자가 승진임용되기 전에 감봉 이상의 징계처분을 받은 경우에는 임용권자 또는 임용제청권자가 위 징계처분을 받은 자를 시험승진후보자명부에서 삭제하도록 되어 있는바, 이처럼 시험승진후보자명부에 등재되어 있던 자가 그 명부에서 삭제됨으로써 승진임용의 대상에서 제외되었다 하더라도, 그와 같은 시험승진후보자명부에서의 삭제행위는 결국 그 명부에 등재된 자에 대한 승진 여부를 결정하기 위한 행정청 내부의 준비과정에 불과하고, 그 자체가 어떠한 권리나 의무를 설정하거나 법률상 이익에 직접적인 변동을 초래하는 별도의 행정처분이 된다고 할 수 없다(대판 1997.11.14. 97누7325).

④ [○] 정부의 수도권 소재 공공기관의 지방이전시책을 추진하는 과정에서 도지사가 도내 특정시를 공공기관이 이전할 혁신도시 최종입지로 선정한 행위는 항고소송의 대상이 되는 행정처분이 아니다(대판 2007.11.15. 2007두10198).

유제 12. 국가직 9급 「국가균형발전 특별법」에 따른 혁신도시 최종입지 선정행위는 항고소송의 대상이 되는 행정처분이다. (×)

10. 국회직 8급 정부의 수도권 소재 공공기관의 지방이전시책을 추진하는 과정에서 도지사가 도내 특정시를 공공기관이 이전할 혁신도시 최종입지로 선정한 행위는 「행정소송법」상 항고소송의 대상인 처분에 해당하지 않는다. (○)

16 정답 ③

보험급여 부당이득징수 감액처분
▷ 당초 처분 기준으로 제소 기간 판단
고시에 의한 처분인 경우 기산점
▷ 고시의 효력발생일
제3자효 행정행위의 제3자
▷ 제3자가 처분이 있음 안날 90일
송달불가로 관보 등에 공고한 경우의 기산점
▷ 처분이 있었다는 사실을 현실적으로 안 날

① [×] 행정청이 산업재해보상보험법에 의한 보험급여 수급자에 대하여 부당이득 징수결정을 한 후 징수결정의 하자를 이유로 징수금 액수를 감액하는 경우에 감액처분은 감액된 징수금 부분에 관해서만 법적 효과가 미치는 것으로서 당초 징수결정과 별개 독립의 징수금 결정처분이 아니라 그 실질은 처음 징수결정의 변경이고, 그에 의하여 징수금의 일부취소라는 징수의무자에게 유리한 결과를 가져오는 처분이므로 징수의무자에게는 그 취소를 구할 소의 이익이 없다. 이에 따라 감액처분으로도 아직 취소되지 않고 남아 있는 부분이 위법하다 하여 다투고자 하는 경우, 감액처분을 항고소송의 대상으로 할 수는 없고, 당초 징수결정 중 감액처분에 의하여 취소되지 않고 남은 부분을 항고소송의 대상으로 할 수 있을 뿐이며, 그 결과 제소기간의 준수 여부도 감액처분이 아닌 당초 처분을 기준으로 판단해야 한다(대판 2012.9.27. 2011두27247).

유제 17. 지방직 9급 「산업재해보상보험법」상 보험급여의 부당이득 징수결정의 하자를 이유로 징수금을 감액하는 경우 감액처분으로도 아직 취소되지 않고 남아 있는 부분이 위법하다 하여 다툴 때에는, 제소기간의 준수 여부는 감액처분을 기준으로 판단해야 한다. (×)

② [×] 통상 고시 또는 공고에 의하여 행정처분을 하는 경우에는 그 처분의 상대방이 불특정 다수인이고, 그 처분의 효력이 불특정 다수인에게 일률적으로 적용되는 것이므로, 그에 대한 행정심판 청구기간도 그 행정처분에 이해관계를 갖는 자가 고시 또는 공고가 있었다는 사실을 현실적으로 알았는지 여부에 관계없이 고시가 효력을 발생하는 날인 고시 또는 공고가 있은 후 5일이 경과한 날에 행정처분이 있음을 알았다고 보아야 한다(대판 2000.9.8. 99두11257).

유제 11. 세무사 고시에 의한 행정처분의 경우 판례는 고시가 효력을 발생하는 날 처분이 있음을 알았다고 본다. (○)

❸ [○] 판례는 처분의 제3자는 일반적으로 처분이 있는 것을 바로 알 수 없는 처지에 있으므로 제소기간의 예외사유인 '정당한 사유'가 있는 경우에 해당한다고 보아 처분이 있은 날로부터 1년이 경과한 뒤에도 취소소송을 제기할 수 있다고 보고 있다(대판 1992.7.28. 91누12844). 다만 제3자가 어떠한 경위로든 처분이 있음을 알게 되었다면, 처분이 있음을 안 날로부터 90일 이내에 취소소송을 제기하여야 한다.

유제 11. 세무사 처분의 상대방이 아닌 제3자가 소송을 제기하는 경우에는 제소기간의 제한이 적용되지 않는다. (×)

12. 서울교행 제3자효 행정행위의 경우 제3자는 처분이 있음을 알지 못하므로 어떤 경위로든 처분이 있음을 알게 되었다고 하더라도 처분이 있는 때로부터 1년 이내에 취소소송을 제기하면 된다. (×)

④ [×] 행정소송법 제20조 제1항 소정의 제소기간 기산점인 '처분이 있음을 안 날'이라 함은 당사자가 통지, 공고 기타의 방법에 의하여 당해 처분이 있었다는 사실을 현실적으로 안 날을 의미하는바, 특정인에 대한 행정처분을 주소불명 등의 이유로 송달할 수 없어 관보·공보·게시판·일간신문 등에 공고한 경우에는, 공고가 효력을 발생하는 날에 상대방이 그 행정처분이 있음을 알았다고 볼 수는 없고, 상대방이 당해 처분이 있었다는 사실을 현실적으로 안 날에 그 처분이 있음을 알았다고 보아야 한다(대판 2006.4.28. 2005두14851).

유제 12. 서울교행 특정인에 대한 행정처분을 주소불명 등의 이유로 송달할 수 없어 관보 등에 공고한 경우, 공고의 효력이 발생하는 날에 상대방이 그 행정처분이 있음을 알았다고 보아야 한다. (×)

17 정답 ①

☑ 함께 정리하기 **판결의 효력**

기판력 범위
▷ 주문/기속력 범위
▷ 주문 & 전제가 된 요건사실의 인정과 효력 판단
간접강제결정상 의무이행기간 경과 후 재처분이행
▷ 배상금 추심 不可
판단대상에서 제외된 사유
▷ 후소에서 주장 可
기속력에 반한 재처분
▷ 간접강제 可

❶ [×] 1. 확정판결의 기판력은 그 판결의 주문에 포함된 것, 즉 소송물로 주장 된 법률관계의 존부에 관한 판단의 결론 그 자체에만 생기는 것이고, 판결이유에 설시된 그 전제가 되는 법률관계의 존부에까지 미치는 것은 아니다(대판 2010.12.23. 2010다58889).

유제 11. 지방직 9급 판례는 기판력의 객관적 범위가 판결의 주문 이외에 판결 이유에 설시된 그 전제가 되는 법률관계의 존부에도 미친다고 판시하고 있다. (×)

2. 기속력은 판결의 주문 및 그 전제가 되는 요건사실의 인정과 판단에 한정되고 판결의 결론과 직접 관계없는 방론이나 간접사실의 판단에는 미치지 않는다. 주문에 한하여 미치는 기판력과 구별된다. 즉 기속력은 판결의 주문뿐만 아니라 그 전제가 되는 처분 등의 구체적 위법사유에 관한 이유 중의 판단에 대하여도 인정된다(대판 2001.3.23. 99두5238).

유제 10. 국가직 9급 기속력은 취소판결 등의 실효성을 도모하기 위하여 인정된 효력이므로, 판결주문 및 그 전제가 된 요건사실의 인정과 효력의 판단에만 미친다. (○)

② [○] 행정소송법 제34조 소정의 간접강제결정에 기한 배상금은 거부처분취소판결이 확정된 경우 그 처분을 행한 행정청으로 하여금 확정판결의 취지에 따른 재처분의무의 이행을 확실히 담보하기 위한 것으로서, …이는 확정판결의 취지에 따른 재처분의 지연에 대한 제재나 손해배상이 아니고 재처분의 이행에 관한 심리적 강제수단에 불과한 것으로 보아야 하므로, 특별한 사정이 없는 한 간접강제결정에서 정한 의무이행기한이 경과한 후에라도 확정판결의 취지에 따른 재처분의 이행이 있으면 배상금을 추심함으로써 심리적 강제를 꾀할 목적이 상실되어 처분상대방이 더 이상 배상금을 추심하는 것은 허용되지 않는다(대판 2004.1.15. 2002두2444).

③ [○] 종전 확정판결의 행정소송 과정에서 한 주장 중 처분사유가 되지 아니하여 판결의 판단대상에서 제외된 부분을 행정청이 그 후 새로이 행한 처분의 적법성과 관련하여 새로운 소송에서 다시 주장하는 것이 위 확정판결의 기판력에 저촉되지 않는다(대판 1991.8.9. 90누7326).

유제 17. 서울시 9급 종전 확정판결의 행정소송 과정에서 한 주장 중 처분사유가 되지 아니하여 판결의 판단 대상에서 제외된 부분을 행정청이 그 후 새로이 행한 처분의 적법성과 관련하여 새로운 소송에서 다시 주장하는 것은 확정판결의 기판력에 저촉된다. (×)

④ [○] 거부처분에 대한 취소의 확정판결이 있음에도 행정청이 아무런 재처분을 하지 아니하거나, 재처분을 하였다 하더라도 그것이 종전 거부처분에 대한 취소의 확정판결의 기속력에 반하는 등으로 당연무효라면 이는 아무런 재처분을 하지 아니한 때와 마찬가지라 할 것이므로 이러한 경우에는 행정소송법 제30조 제2항, 제34조 제1항 등에 의한 간접강제신청에 필요한 요건을 갖춘 것으로 보아야 한다(대결 2002.12.11. 2002무22).

18 정답 ②

☑ 함께 정리하기 **부작위위법확인소송**

예외적 행정심판전치 적용
▷ 의무이행심판
대법원
▷ 절차적 심리설
부작위 정당화 사유의 입증
▷ 피고 행정청
절차적 심리설(判)
▷ 실체요건 심사 不可

① [○] 부작위위법확인소송에서도 필요적 전치주의가 요구되는 경우에 한해서 「행정소송법」 제18조, 제38조에 의해 행정심판을 거쳐야 한다. 이때 인정되는 행정심판의 유형은 부작위위법확인심판이 아니라 의무이행심판이다.

❷ [×] 실체적 심리설이 존재하나, 대법원은 절차적 심리설의 입장이다.

> 부작위위법확인의 소는 행정청이 국민의 법규상 또는 조리상의 권리에 기한 신청에 대하여 상당한 기간 내에 그 신청을 인용하는 적극적 처분을 하거나 또는 각하 내지 기각하는 등의 소극적 처분을 하여야 할 법률상의 응답의무가 있음에도 불구하고 이를 하지 아니하는 경우 판결시를 기준으로 그 부작위의 위법함을 확인함으로써 행정청의 응답을 신속하게 하여 부작위 내지 무응답이라고 하는 소극적인 위법상태를 제거하는 것을 목적으로 하는 것이다(대판 1992.7.28. 91누7361).

유제 15. 국가직 7급 절차적 심리설(응답의무설)에 의하면, 부작위위법확인소송의 인용판결의 경우에 행정청이 신청에 대한 가부의 응답만 하여도 「행정소송법」 제2조 제1항 제2호의 '일정한 처분'을 취한 것이 된다. (○)

③ [○] 원고의 신청권에 대한 권리장애적인 요건사실(부작위에 대한 정당화사유, 상당기간 경과에 대한 정당화 사유 등)의 존재에 대한 입증책임은 피고 행정청이 진다.

④ [O] 판례는 부작위법확인소송을 판결시를 기준으로 무응답이라는 소극적 위법상태를 제거하는 것을 목적으로 하는 소송이라고 보아 절차적 심리설(대판 1992.7.28. 91누7361)의 입장에 있다. 따라서 법원은 행정청이 도로점용허가를 발급해주어야 하는지의 여부까지는 심리할 수 없다.

> 부작위법확인의 소는 행정청이 국민의 법규상 또는 조리상의 권리에 기한 신청에 대하여 상당한 기간 내에 그 신청을 인용하는 적극적 처분을 하거나 또는 각하 내지 기각하는 등의 소극적 처분을 하여야 할 법률상의 응답의무가 있음에도 불구하고 이를 하지 아니하는 경우 판결시를 기준으로 그 부작위의 위법함을 확인함으로써 행정청의 응답을 신속하게 하여 부작위 내지 무응답이라고 하는 소극적인 위법상태를 제거하는 것을 목적으로 하는 것이다(대판 1992.7.28. 91누7361).

유제 18. 국회직 8급 법원은 단순히 행정청의 방치행위의 적부에 관한 절차적 심리만 하는 게 아니라, 신청의 실체적 내용이 이유 있는지도 심리하며 그에 대한 적정한 처리방향에 관한 법률적 판단을 해야 한다. (×)

19 정답 ①

함께 정리하기 고지제도

불고지하여 다른 행정기관에 심판청구서 제출
▷ 정당한 피청인에게 송부
불고지·오고지
▷ 당해 처분 위법×
행정심판법, 행정절차법 등에서 규정
비권력적 사실행위
▷ 처분성 無

❶ [O] 「행정심판법」 제23조 제2항에 대한 옳은 내용이다.

> 제23조【심판청구서의 제출】② 행정청이 제58조에 따른 고지를 하지 아니하거나 잘못 고지하여 청구인이 심판청구서를 다른 행정기관에 제출한 경우에는 그 행정기관은 그 심판청구서를 지체 없이 정당한 권한이 있는 피청구인에게 보내야 한다.

② [×] 행정청이 고지의무를 이행하지 않거나(불고지), 잘못된 고지(오고지)를 하였다 하더라도 당해 처분이 위법한 것은 아니다.

> 자동차운수사업법 제31조 등의 규정에 의한 사업면허의 취소 등의 처분에 관한 규칙(교통부령) 제7조 제3항의 고지절차에 관한 규정은 행정처분의 상대방이 그 처분에 대한 행정심판의 절차를 밟는데 있어 편의를 제공하려는데 있으며 처분청이 위 규정에 따른 고지의무를 이행하지 아니하였다고 하더라도 경우에 따라서는 행정심판의 제기기간이 연장될 수 있는 것에 그치고 이로 인하여 심판의 대상이 되는 행정처분에 어떤 하자가 수반된다고 할 수 없다(대판 1987.11.24. 87누529).

유제 06. 경기 9급 행정처분시 고지하지 않으면 위법하다. (×)
11. 국회직 8급 불고지나 오고지는 처분 자체의 효력에 직접 영향을 미치지 않는다. (O)

③ [×] 고지제도는 「행정심판법」 외에도 「행정절차법」 등에 규정되어 있다.

> 「행정절차법」 제26조【고지】 행정청이 처분을 할 때에는 당사자에게 그 처분에 관하여 행정심판 및 행정소송을 제기할 수 있는지 여부, 그 밖에 불복을 할 수 있는지 여부, 청구절차 및 청구기간, 그 밖에 필요한 사항을 알려야 한다.

④ [×] 고지는 비권력적 사실행위로서 그 자체는 직접 어떠한 법적 효력을 발생시키지 않아 행정쟁송의 대상이 되는 처분이 아니다.

20 정답 ②

함께 정리하기 행정심판

재처분의무 불이행시
▷ 간접강제 可
비법인사단
▷ 사단명으로 행정심판청구 可
거부처분이 재결에서 취소
▷ 종전 거부처분·재결 후 발생한 사유 내세워 다시 거부처분 可
당사자의 동의
▷ 위원회는 조정 可

① [O] 「행정심판법」 제50조의2 제1항에 대한 옳은 내용이다.

> 제50조의2【위원회의 간접강제】① 위원회는 피청구인이 제49조 제2항(제49조 제4항에서 준용하는 경우를 포함한다) 또는 제3항에 따른 처분을 하지 아니하면 청구인의 신청에 의하여 결정으로 상당한 기간을 정하고 피청구인이 그 기간 내에 이행하지 아니하는 경우에는 그 지연기간에 따라 정한 배상을 하도록 명하거나 즉시 배상을 할 것을 명할 수 있다.

❷ [×]

> 「행정심판법」 제14조【법인이 아닌 사단 또는 재단의 청구인 능력】 법인이 아닌 사단 또는 재단으로서 대표자나 관리인이 정하여져 있는 경우에는 그 사단이나 재단의 이름으로 심판청구를 할 수 있다.

③ [O] 당사자의 신청을 받아들이지 않은 거부처분이 재결에서 취소된 경우에 행정청은 종전 거부처분 또는 재결 후에 발생한 새로운 사유를 내세워 다시 거부처분을 할 수 있다. 그 재결의 취지에 따라 이전의 신청에 대하여 다시 어떠한 처분을 하여야 할지는 처분을 할 때의 법령과 사실을 기준으로 판단하여야 하기 때문이다(대판 2017.10.31. 2015두45045).

④ [O] 「행정심판법」 제43조의2 제1항에 대한 옳은 내용이다.

> 제43조의2【조정】① 위원회는 당사자의 권리 및 권한의 범위에서 당사자의 동의를 받아 심판청구의 신속하고 공정한 해결을 위하여 조정을 할 수 있다. 다만, 그 조정이 공공복리에 적합하지 아니하거나 해당 처분의 성질에 반하는 경우에는 그러하지 아니하다.

▶ 정답

p. 20

01	②	I	06	④	II	11	④	III	16	④	V
02	②	I	07	④	II	12	③	III	17	③	V
03	②	II	08	②	II	13	③	IV	18	③	VI
04	③	II	09	①	II	14	④	IV	19	②	VI
05	④	II	10	③	II	15	①	IV	20	③	VI

I 행정법 서론 / II 행정작용법 / III 행정절차와 행정공개 / IV 행정의 실효성 확보수단 / V 행정상 손해전보 / VI 행정쟁송

01
정답 ②

> ☑ **함께 정리하기 행정법의 일반원칙**
>
> 완충녹지지정해제약속 후 해제거부
> ▷ 신뢰보호원칙 위반
> 담당공무원의 공적 견해표명 후 토지형질변경허가신청 불허
> ▷ 신뢰보호원칙 위반
> 법률상 기회 활용
> ▷ 신뢰보호이익 부정
> 지구단위계획 시 권장용도를 숙박시설용
> ▷ 항상 숙박시설건축허가 가능한 공적 견해표명×

① [O] 시의 도시계획과장과 도시계획국장이 도시계획사업의 준공과 동시에 사업부지에 편입한 토지에 대한 완충녹지 지정을 해제함과 아울러 당초의 토지소유자들에게 환매하겠다는 약속을 했음에도, 이를 믿고 토지를 협의매매한 토지소유자의 완충녹지지정해제신청을 거부한 것은, 행정상 신뢰보호의 원칙을 위반하거나 재량권을 일탈·남용한 위법한 처분이다(대판 2008.10.9. 2008두6127).

❷ [×] 종교법인이 도시계획구역 내 생산녹지로 답인 토지에 대하여 종교회 일반적으로 면허나 인·허가 등의 수익적 행정처분의 근거가 되는 법률이관 건립을 이용목적으로 하는 토지거래계약의 허가를 받으면서 담당공무원이 관련 법규상 허용된다 하여 이를 신뢰하고 건축준비를 하였으나 그 후 당해 지방자치단체장이 다른 사유를 들어 토지형질변경허가신청을 불허가한 것은 신뢰보호원칙에 반한다(대판 1997.9.12. 96누18380).

> **유제** 13. 국가직 9급 도시계획구역 내 생산녹지로 답(畓)인 토지에 대하여 종교회관 건립을 이용목적으로 하는 토지거래계약의 허가를 받으면서 담당공무원이 관련법규상 허용된다고 하여 이를 신뢰하고 건축준비를 하였으나 그 후 토지형질변경허가신청을 불허가한 것은 신뢰보호의 원칙에 위반된다. (O)

③ [O] 개인의 신뢰이익에 대한 보호가치는 법령에 따른 개인의 행위가 국가에 의하여 일정방향으로 유인된 신뢰의 행사인지, 아니면 단지 법률이 부여한 기회를 활용한 것으로서 원칙적으로 사적 위험부담의 범위에 속하는 것인지 여부에 따라 달라진다. 만일 법률에 따른 개인의 행위가 단지 법률이 반사적으로 부여하는 기회의 활용을 넘어서 국가에 의하여 일정 방향으로 유인된 것이라면 특별히 보호가치가 있는 신뢰이익이 인정될 수 있고, 원칙적으로 개인의 신뢰보호가 국가의 법률개정이익에 우선된다고 볼 여지가 있다(헌재 2002.11.28. 2002헌바45).

> **유제** 16. 지방직 9급 법령 개정에 대한 신뢰와 관련하여, 법령에 따른 개인의 행위가 국가에 의하여 일정한 방향으로 유인된 경우에 특별히 보호가치가 있는 신뢰이익이 인정될 수 있다. (O)

④ [O] 행정청이 지구단위계획을 수립하면서 그 권장용도를 판매·위락·숙박 시설로 결정하여 고시한 행위를 당해 지구 내에서는 공익과 무관하게 언제든지 숙박시설에 대한 건축허가가 가능하리라는 공적 견해를 표명한 것이라고 평가할 수는 없다(대판 2005.11.25. 2004두6822).

> **유제** 17. 지방직 7급 행정청이 지구단위계획을 수립하면서 그 권장용도를 판매·위락·숙박시설로 결정하여 고시하였다 하더라도 당해 지구 내에서 공익과 무관하게 언제든지 숙박시설에 대한 건축허가가 가능하다는 취지의 공적 견해를 표명한 것으로 볼 수 없다. (O)

02
정답 ②

> ☑ **함께 정리하기 공법관계**
>
> 입찰보증금 국고귀속×
> 주택재건축정비사업조합 총회결의를 다투는 소송○
> 징발재산정리특조법상 환매권행사×
> 종합유선방송위원회직원 근무관계×

① [사법관계] 예산회계법에 따라 체결되는 계약은 사법상의 계약이라고 할 것이고… 입찰보증금의 국고귀속조치는 국가가 사법상의 재산권의 주체로서 행위하는 것이지 공권력을 행사하는 것이거나 공권력작용과 일체성을 가진 것이 아니라 할 것이므로 이에 관한 분쟁은 행정소송이 아닌 민사소송의 대상이 될 수밖에 없다(대판 1983.12.27. 81누366).

유제 17. 교행 구 「예산회계법」상 입찰보증금의 국고귀속조치는 공법관계에 속한다. (×)

❷ [공법관계] 도시 및 주거환경정비법에 따른 주택재건축정비사업조합은 관할 행정청의 감독 아래 위 법상의 주택재건축사업을 시행하는 공법인으로서, 그 목적 범위 내에서 법령이 정하는 바에 따라 일정한 행정작용을 행하는 행정주체의 지위를 갖는다. 따라서 행정주체인 재건축조합을 상대로 관리 처분계획안에 대한 조합 총회결의의 효력 등을 다투는 소송은 행정처분에 이르는 절차적 요건의 존부나 효력 유무에 관한 소송으로서 그 소송 결과에 따라 행정처분의 위법 여부에 직접 영향을 미치는 공법상 법률관계에 관한 것이므로, 이는 행정소송법상의 당사자소송에 해당하고, 재건축조합을 상대로 사업시행계획안에 대한 조합 총회결의의 효력 등을 다투는 소송 또한 행정소송법상의 당사자소송에 해당한다(대판 2009. 10.15. 2008다93001).

유제 16. 경찰 「도시 및 주거환경정비법」상 관리처분계획안에 대한 조합 총회결의의 효력을 다투는 소송은 공법관계에 관한 소송으로 제기하여야 한다. (○)

③ [사법관계] 「징발재산정리에 관한 특별조치법」 제20조 소정의 환매권은 일종의 형성권으로서 그 존속기간은 제척기간으로 보아야 할 것이며, 위 환매권은 재판상이든 재판 외이든 그 기간 내에 행사하면 이로써 매매의 효력이 생기고, 위 매매는 같은 조 제1항에 적힌 환매권자와 국가 간의 사법상의 매매라 할 것이다(대판 1992.4.24. 92다4673).

④ [사법관계] 구 종합유선방송법상의 종합유선방송위원회는 그 설치의 법적 근거, 법에 의하여 부여된 직무, 위원의 임명절차 등을 종합하여 볼 때 국가기관이고, 그 사무국 직원들의 근로관계는 사법상의 계약관계이므로, 사무국 직원들은 국가를 상대로 민사소송으로 그 계약에 따른 임금과 퇴직금의 지급을 청구할 수 있다(대판 2001.12.24. 2001다54038).

유제 11. 경찰 구 「종합유선방송법」상의 종합유선방송위원회 직원의 근로관계는 공법관계이다. (×)

03 정답 ②

☑ **함께 정리하기 개인적 공권**

행정개입청구권
▷ 자기의 이익을 위해 타인에 대한 행정권 발동 촉구
재량 0 수축이론
▷ 확대이론
구체적기본권
▷ 도출 可/추상적기본권
▷ 도출 不可
무하자재량행사청구권
▷ 적극적 공권

① [×] 행정개입청구권은 개인이 자기의 이익을 위하여 타인에 대한 행정권의 발동을 청구할 수 있는 권리이다.

1. 경업자인 경우
일반적으로 면허나 인·허가 등의 수익적 행정처분의 근거가 되는 법률이 해당 업자들 사이의 과당경쟁으로 인한 경영의 불합리를 방지하는 것도 그 목적으로 하고 있는 경우, 다른 업자에 대한 면허나 인·허가 등의 수익적 행정처분에 대하여 미리 같은 종류의 면허나 인·허가 등의 수익적 행정처분을 받아 영업을 하고 있는 기존의 업자는 경업자에 대하여 이루어진 면허나 인·허가 등 행정처분의 상대방이 아니라 하더라도 당해 행정처분의 취소를 구할 당사자적격이 있다(대판 2002.10.25. 2001두4450).
2. 경원자인 경우
원고와 참가인들은 경원관계에 있다 할 것이므로 원고에게는 이 사건 처분의 취소를 구할 당사자적격이 있다고 하여야 함은 물론 나아가 이 사건 처분이 취소된다면 원고가 허가를 받을 수 있는 지위에 있음에 비추어 처분의 취소를 구할 정당한 이익도 있다고 하여야 할 것이다(대판 1992.5.8. 91누13274).

❷ [○] 원칙적으로 재량행위의 경우 일탈·남용이 없는 재량행사로 족하고, 개인은 이에 대하여 특정한 행위를 요구할 공권이 인정되지 않는다. 그러나 재량권이 영(0)으로 수축하는 경우 무하자재량행사청구권은 특정한 행위를 요구할 수 있는 행정개입청구권으로 전환된다. 따라서 재량권의 영으로의 수축이론은 개인적 공권을 확대하는 이론이라고 볼 수 있다.

유제 11. 사복직 9급 재량권이 영으로 수축하는 경우 행정개입청구권은 무하자재량행사청구권으로 전환된다. (×)

③ [×] 구체적 내용을 갖고 있는 자유권·평등권·재산권 등의 헌법상 기본권(구체적 기본권)은 법률에 의해 따로 구체화되지 않더라도 개인적 공권으로 인정될 수 있다. 다만, 환경권 등 사회적 기본권이나 청구권적 기본권과 같이 법률에 의해 그 내용 등이 구체화될 필요가 있는 기본권(추상적 기본권)은 법률에 규정됨으로써 비로소 개인적 공권이 도출된다.

1. 구속된 피고인 또는 피의자의 타인과의 접견권은 헌법상의 기본권으로서 형사소송법의 규정에 의하여 비로소 창설되는 것은 아니다(대판 1992.5.8. 91부8).
2. 헌법상의 사회보장권은 그에 관한 수급요건, 수급자의 범위, 수급액 등 구체적인 사항이 법률에 규정됨으로써 비로소 구체적인 법적 권리로 형성되는 것이다(헌재 2000.6.1. 98헌마216).

유제 12. 국가직 9급 근로자가 퇴직급여를 청구할 수 있는 권리와 같은 이른바 사회적 기본권은 헌법 규정에 의하여 바로 도출되는 개인적 공권이라 할 수 없다. (○)

12. 국회직 9급 상수원보호구역 내의 지역주민들은 환경권과 주거에 따른 행위 제한을 받으므로 상수원보호구역변경처분의 취소를 구할 법률상 이익이 있다. (×)

④ [×] 무하자재량행사청구권은 단순히 위법한 처분을 배제하는 소극적·방어적 권리가 아니라 행정청에 대하여 적법한 재량처분을 구하는 적극적 공권이다.

04 정답 ③

> 📋 **함께 정리하기** 행정입법의 통제
>
> 의회에 의한 통제
> ▷ 직접통제 + 간접통제
> 예고된 입법예고안
> ▷ 누구든지 의견제출 可
> 헌재의 입장
> ▷ 헌재도 명령·규칙에 대한 위헌심사 可
> 근거법령소멸
> ▷ 실효/근거법령개정
> ▷ 실효×

① [O] 법규명령에 대한 의회의 통제는 의회가 법규명령의 성립·발효에 대한 동의 또는 승인권을 갖거나, 일단 유효하게 성립한 법규명령의 효력을 소멸시키는 권한을 갖는 직접적 통제와 의회가 법규명령의 효력발생에 직접 영향을 주는 것이 아니라, 간접적으로 국정감사 등을 통해 법규명령의 적법·타당성을 확보하는 간접적 통제가 있다. 대통령이 긴급재정·경제명령권이나 긴급명령권을 행사한 때 국회에 보고하고 그 승인을 얻도록 하고 있는 것(헌법 제76조)은 직접적 통제의 예에 해당하고, 국정조사·감사(헌법 제61조), 「국회법」상 제출제도(국회법 제98조의2) 등은 간접적 통제의 예에 해당한다.

> 유제 08. 지방직 7급 국회는 「국회법」상 제출제도를 통하여 행정입법에 대한 통제를 할 수 있다. (O)

② [O] 「행정절차법」 제44조 제1항에 대한 옳은 내용이다.

> **제44조【의견제출 및 처리】** ① 누구든지 예고된 입법안에 대하여 의견을 제출할 수 있다.

❸ [×] 헌법 제107조 제2항이 규정한 명령·규칙에 대한 대법원의 최종심사권이란 구체적인 소송사건에서 명령·규칙의 위헌여부가 재판의 전제가 되었을 경우 법률의 경우와는 달리 헌법재판소에 제청할 것 없이 대법원이 최종적으로 심사할 수 있다는 의미이며, 명령·규칙 그 자체에 의하여 직접 기본권이 침해되었음을 이유로 하여 헌법소원심판을 청구하는 것은 위 헌법규정과는 아무런 상관이 없는 문제이다. 따라서 입법부·행정부·사법부에서 제정한 규칙이 별도의 집행행위를 기다리지 않고 직접 기본권을 침해하는 것일 때에는 모두 헌법소원심판의 대상이 될 수 있는 것이다(헌재 1990.10.15. 89헌마178).

> 유제 12. 국가직 9급 명령·규칙에 대한 헌법소원도 가능하다는 것이 헌법재판소 결정례의 입장이다. (O)
> 09. 국가직 7급 법규명령이 헌법이나 법률에 위반되는지 여부에 관한 심사권은 헌법상 헌법재판소의 배타적 권한이다. (×)

④ [O] 상위법령의 시행에 필요한 세부적 사항을 정하기 위하여 행정관청이 일반적 직권에 의하여 제정하는 이른바 집행명령은 근거법령인 상위법령이 폐지되면 특별한 규정이 없는 이상 실효되는 것이나, 상위법령이 개정됨에 그친 경우에는 개정법령과 성질상 모순, 저촉되지 아니하고 개정된 상위법령의 시행에 필요한 사항을 규정하고 있는 이상 그 집행명령은 상위법령의 개정에도 불구하고 당연히 실효되지 아니하고 개정법령의 시행을 위한 집행명령이 제정, 발효될 때까지는 여전히 그 효력을 유지한다(대판 1989.9.12. 88누6962).

> 유제 09. 국가직 9급 법규명령의 근거법령이 소멸된 경우에는 법규명령도 소멸함이 원칙이나, 근거법령이 개정됨에 그친 경우에는 집행명령은 여전히 그 효력을 유지할 수 있다. (O)

05 정답 ④

> 📋 **함께 정리하기** 행정제재사유의 승계
>
> 대물적처분
> ▷ 제재처분 승계 可/과징금 부과 승계 可
> 양도인의 취소사유를 이유로 양수인 면허취소 可
> 대물적허가
> ▷ 양도인의 제재사유·위법사유 승계○
> 식품위생법·먹는물관리법
> ▷ 책임승계 명문규정·면책규정 有

① [×] 대법원은 영업정지 등의 대물적 처분의 경우 제재처분 뿐만 아니라, 과징금의 부과에 있어서도 양도인에게 발생한 책임이 양수인에게 승계되는 것을 인정하고 있다.

> 석유판매업 등록은 원칙적으로 대물적 허가의 성격을 갖고, 또 석유판매업자가 같은 법 제26조의 유사석유제품 판매금지를 위반함으로써 같은 법 제13조 제3항 제6호, 제1항 제11호에 따라 받게 되는 사업정지 등의 제재처분은 사업자 개인의 자격에 대한 제재가 아니라 사업의 전부나 일부에 대한 것으로서 대물적 처분의 성격을 갖고 있으므로, 위와 같은 지위 승계에는 종전 석유판매업자가 유사석유제품을 판매함으로써 받게 되는 사업정지 등 제재처분의 승계가 포함되어 그 지위를 승계한 자에 대하여 사업정지 등의 제재처분을 취할 수 있다고 보아야 하고, 같은 법 제14조 제1항 소정의 과징금은 해당 사업자에게 경제적 부담을 주어 행정상의 제재 및 감독의 효과를 달성함과 동시에 그 사업자와 거래관계에 있는 일반 국민의 불편을 해소시켜 준다는 취지에서 사업정지처분에 갈음하여 부과되는 것일 뿐이므로, 지위승계의 효과에 있어서 과징금부과처분을 사업정지처분과 달리 볼 이유가 없다(대판 2003.10.23. 2003두8005).

> 유제 09. 국회직 9급 판례에 따르면 대물적 허가에 있어서 허가영업이 양도된 경우, 행정청은 양도인에게 있었던 제재사유를 근거로 양수인에게 제재처분을 할 수 있다. (O)

② [×] 구 여객자동차 운수사업법 제14조 제4항에 의하면 개인택시 운송사업을 양수한 사람은 양도인의 운송사업자로서의 지위를 승계하므로, 관할 관청은 개인택시 운송사업의 양도·양수에 대한 인가를 한 후에도 그 양도·양수 이전에 있었던 양도인에 대한 운송사업면허 취소사유를 들어 양수인의 사업면허를 취소할 수 있다(대판 2010.11.11. 2009두14934).

> 유제 12. 국회직 9급 관할관청은 개인택시 운송사업의 양도·양수에 대한 인가를 한 후에는 그 양도·양수 이전에 있었던 양도인에 대한 운송사업 면허취소사유를 들어 양수인의 사업면허를 취소할 수는 없다. (×)

③ [X] 대법원은 대물적 허가의 성질을 갖는 영업이 양도된 경우, 양도인의 제재사유나 위법사유까지도 양수인에게 승계된다고 본다.

> 석유판매업(주유소)허가는 소위 대물적 허가의 성질을 갖는 것이어서 그 사업의 양도도 가능하고 이 경우 양수인은 양도인의 지위를 승계하게 됨에 따라 양도인의 위 허가에 따른 권리의무가 양수인에게 이전되는 것이므로 만약 양도인에게 그 허가를 취소할 위법사유가 있다면 허가관청은 이를 이유로 양수인에게 응분의 제재조치를 취할 수 있다 할 것이고, 양수인이 그 양수 후 허가관청으로부터 석유판매업허가를 다시 받았다 하더라도 이는 석유판매업의 양수·양도를 전제로 한 것이어서 이로써 양도인의 지위승계가 부정되는 것은 아니므로 양도인의 귀책사유는 양수인에게 그 효력이 미친다 (대판 1986.7.22. 86누203).

유제 13. 경찰 석유판매업 허가는 소위 대인적 허가의 성질을 갖는 것이어서 양도인의 귀책사유는 양수인에게 그 효력이 미치지 아니한다. (×)

❹ [○]

> 「식품위생법」제78조【행정 제재처분 효과의 승계】영업자가 영업을 양도하거나 법인이 합병되는 경우에는 제75조 제1항 각 호, 같은 조 제2항 또는 제76조 제1항 각 호를 위반한 사유로 종전의 영업자에게 행한 행정 제재처분의 효과는 그 처분기간이 끝난 날부터 1년 간 양수인이나 합병 후 존속하는 법인에 승계되며, 행정 제재처분 절차가 진행 중인 경우에는 양수인이나 합병 후 존속하는 법인에 대하여 행정 제재처분 절차를 계속할 수 있다. 다만, 양수인이나 합병 후 존속하는 법인이 양수하거나 합병할 때에 그 처분 또는 위반사실을 알지 못하였음을 증명하는 때에는 그러하지 아니하다.
> 「먹는물관리법」제49조【행정처분 효과의 승계】먹는물 관련 영업자가 그 영업을 양도하거나 법인을 합병할 경우에는 제48조 제1항 각 호 및 제2항을 위반한 사유로 종전의 먹는물 관련 영업자에게 행한 행정처분의 효과는 그 처분기간이 끝난 날부터 1년간 양수인이나 합병 후 존속하는 법인에 승계되며, 행정처분의 절차가 진행 중일 때에는 양수인이나 합병 후 존속하는 법인에 대하여 그 절차를 계속할 수 있다. 다만, 양수인이나 합병 후 존속하는 법인이 양수 또는 합병할 때 그 처분이나 위반사실을 알지 못했음을 증명하면 그러하지 아니하다.

---

06   정답 ④

📋 **함께 정리하기 준법률행위적 행정행위**

확인
▷ 특정사실·법률관계의 존부 or 정부에 대한 행정청의 공권적 판단
공증
▷ 특정사실·법률관계존재의 공적 증명
준공검사처분
▷ 확인
수리행위대상인 기본행위의 부존재 or 무효
▷ 수리도 무효

① [X] 확인이란 특정의 사실 또는 법률관계의 존재 여부 등에 관해 의문이나 다툼의 여지가 있는 경우에 행정청이 공적인 권위로 판단하여 표시하는 행위를 말한다. 친일반민족행위자 재산조사위원회의 친일재산국가귀속결정, 당선인결정, 소득세부과를 위한 소득액의 결정(납세의무의 확정), 「특허법」상의 발명특허, 행정관할권 다툼에 대한 인천경제자유구역청의 결정, 도로구역·하천구역의 결정, 행정심판 재결, 이의신청재결, 국가(공무원)시험합격자결정, 교과서 검정 등이 확인에 해당한다. 각종증명서의 발급은 공증에 해당한다.

② [X] 공증이란 특정한 사실 또는 법률관계의 존부를 공적으로 증명하는 행위이다. 이러한 공증의 종류에는 ㉠ 공적 장부의 등기·등록·등 재(예 부동산등기부의 등기, 건설업면허증의 교부, 선거인명부 등록 등), ㉡ 각종 증명서발급(예 합격증서, 당선증서 등의 발급), ㉢ 기타의 경우(영수증의 교부, 여권 등의 발급 등)가 있다. 발명특허는 확인에 해당한다.

③ [X] 건물사용검사처분(준공처분)은 건축허가를 받아 건축된 건물이 건축허가사항대로 건축행정목적에 적합한가 여부를 확인하고 사용검사 필증(준공검사필증)을 교부하여 줌으로써 허가받은 자로 하여금 건축한 건물을 사용·수익할 수 있게 하는 법률효과를 발생시키는 것이다(대판 1999.1.26. 98두15283).

❹ [○] 사업양도·양수에 따른 허가관청의 지위승계신고의 수리는 적법한 사업의 양도·양수가 있었음을 전제로 하는 것이므로 그 수리대상인 사업양도·양수가 존재하지 아니하거나 무효인 때에는 수리를 하였다 하더라도 그 수리는 유효한 대상이 없는 것으로서 당연히 무효라 할 것이고, 사업의 양도행위가 무효라고 주장하는 양도자는 민사쟁송으로 양도·양수행위의 무효를 구함이 없이 막바로 허가관청을 상대로 하여 행정소송으로 위 신고수리처분의 무효확인을 구할 법률상 이익이 있다(대판 2005.12.23. 2005두3554).

유제 18. 국회직 8급 수리대상인 사업양도양수가 없었음에도 신고를 수리한 경우에는 먼저 민사쟁송으로 양도·양수가 무효임을 구한 이후에 신고 수리의 무효를 다툴 수 있다. (×)

---

07   정답 ④

📋 **함께 정리하기 무효확인소송**

행정처분의 무효확인을 구하는 소
▷ 취소를 구하는 취지도 포함○
주된 무효확인소에 제소기간 도과한 취소소송 병합
▷ 무효확인소 제소기간(취소소송) 준수시 적법
무효확인소송 제기 전 국가배상청구소송을 제기한 경우
▷ 무효확인소송 계속된 법원으로 이송·병합
원고적격
▷ 상고심에서도 존속할 것 要

① [X] 일반적으로 행정처분의 무효확인을 구하는 소에는 원고가 그 처분의 취소를 구하지 아니한다고 밝히지 아니한 이상 그 처분이 만약 당연무효가 아니라면 그 취소를 구하는 취지도 포함되어 있는 것으로 보아야 한다(대판 1994.12.23. 94누477).

② [×] 행정처분의 무효확인을 구하는 소에는 특단의 사정이 없는 한 그 취소를 구하는 취지도 포함되어 있다고 보아야 하는 점 등에 비추어 볼 때, 동일한 행정처분에 대하여 무효확인의 소를 제기하였다가 그 후 그 처분의 취소를 구하는 소를 추가적으로 병합한 경우, 주된 청구인 무효확인의 소가 적법한 제소기간 내에 제기되었다면 추가로 병합된 취소청구의 소도 적법하게 제기된 것으로 봄이 상당하다(대판 2005.12.23. 2005두3554).

③ [×]

> 「행정소송법」제10조【관련청구소송의 이송 및 병합】① 취소소송과 다음 각 호의 1에 해당하는 소송(이하 "관련청구소송"이라 한다)이 각각 다른 법원에 계속되고 있는 경우에 관련청구소송이 계속된 법원이 상당하다고 인정하는 때에는 당사자의 신청 또는 직권에 의하여 이를 취소소송이 계속된 법원으로 이송할 수 있다.
> 1. 당해 처분등과 관련되는 손해배상·부당이득반환·원상회복 등 청구소송
> 2. 당해 처분등과 관련되는 취소소송
> ② 취소소송에는 사실심의 변론종결시까지 관련청구소송을 병합하거나 피고외의 자를 상대로 한 관련청구소송을 취소소송이 계속된 법원에 병합하여 제기할 수 있다.
> 제38조【준용규정】① 제9조, 제10조, 제13조 내지 제17조, 제19조, 제22조 내지 제26조, 제29조 내지 제31조 및 제33조의 규정은 무효등 확인소송의 경우에 준용한다.

❹ [○] 행정처분의 직접 상대방이 아닌 제3자라 하더라도 당해 행정처분으로 인하여 법률상 보호되는 이익을 침해당한 경우에는 그 처분의 취소나 무효확인을 구하는 행정소송을 제기하여 그 당부의 판단을 받을 자격 즉 원고적격이 있고, 여기에서 말하는 법률상 보호되는 이익은 당해 처분의 근거 법규 및 관련 법규에 의하여 보호되는 개별적·직접적·구체적 이익을 말하며, 원고적격은 소송요건의 하나이므로 사실심 변론종결시는 물론 상고심에서도 존속하여야 하고 이를 흠결하면 부적법한 소가 된다(대판 2007.4.12. 2004두7924).

08 정답 ②

> 📋 함께 정리하기 **행정행위의 효력**
> 공정력
> ▷ 처분성 있는 행정작용에만 발생
> 불가쟁력 발생한 처분
> ▷ 특별한 사정없는 한 변경신청권 無
> 불가변력 발생
> ▷ 행정청은 취소·철회 不可
> 위헌결정의 소급효
> ▷ 불가쟁력 발생한 처분에 효력×

① [×] 공정력은 취소소송제도를 전제하는 것으로서 취소소송의 대상으로서 처분성이 인정되지 않는 경우에는 공정력이 인정되지 않는다. 따라서 비권력적 행위, 사실행위, 사법행위에는 공정력이 인정되지 않는다.

❷ [○] 제소기간이 이미 도과하여 불가쟁력이 생긴 행정처분에 대하여는 개별 법규에서 그 변경을 요구할 신청권을 규정하고 있거나 관계 법령의 해석상 그러한 신청권이 인정될 수 있는 등 특별한 사정이 없는 한 국민에게 그 행정처분의 변경을 구할 신청권이 있다 할 수 없다(대판 2007.4.26. 2005두11104).

③ [×] 불가변력이 발생한 경우 처분청 스스로 당해 행위의 내용에 구속되어 더 이상 취소·변경할 수 없으므로 취소와 철회 모두 인정되지 않는다.

④ [×] 위헌인 법률에 근거한 행정처분이 당연무효인지의 여부는 위헌결정의 소급효와는 별개의 문제로서, 위헌결정의 소급효가 인정된다고 하여 위헌인 법률에 근거한 행정처분이 당연무효가 된다고는 할 수 없고, 오히려 이미 취소소송의 제기기간을 경과하여 확정력이 발생한 행정처분에는 위헌결정의 소급효가 미치지 않는다(대판 1994.10.28. 92누9463).

> 유제 18. 지방직 9급 어느 행정처분에 대하여 그 행정처분의 근거가 된 법률이 위헌이라는 이유로 무효확인청구의 소가 제기된 경우, 다른 특별한 사정이 없는 한 법원으로서는 그 법률이 위헌인지 여부에 대하여는 판단할 필요 없이 그 무효확인청구를 기각하여야 한다. (○)

09 정답 ①

> 📋 함께 정리하기 **행정지도**
> 형식 제한 無
> ▷ 다양한 방식으로 可
> 다수인을 대상으로 하는 행정지도
> ▷ 공통적인 내용 공표 필요
> 행정지도의 상대방
> ▷ 의견제출 可
> 행정지도 불응
> ▷ 불이익조치 不可

❶ [×] 「행정절차법」은 행정지도에 대해 따로 특별한 형식을 규정하고 있지 않으므로 문서, 구두 등 다양한 형식으로 가능하다.

② [○] 「행정절차법」제51조에 대한 옳은 내용이다.

> 제51조【다수인을 대상으로 하는 행정지도】행정기관이 같은 행정목적을 실현하기 위하여 많은 상대방에게 행정지도를 하려는 경우에는 특별한 사정이 없으면 행정지도에 공통적인 내용이 되는 사항을 공표하여야 한다.

> 유제 11. 지방직 9급 행정지도가 다수인을 대상으로 할 경우에도 명령·강제작용이 아니기 때문에 「행정절차법」은 특별한 사정이 없으면 공표할 필요가 없다고 규정한다. (×)

③ [○] 「행정절차법」제50조에 대한 옳은 내용이다.

> 제50조【의견제출】행정지도의 상대방은 해당 행정지도의 방식·내용 등에 관하여 행정기관에 의견제출을 할 수 있다.

> 유제 11. 국회직 8급 행정지도의 상대방은 당해 행정지도의 방식·내용 등에 관하여 행정지도를 한 행정기관의 상급 행정기관에 의견제출을 하여야 한다. (×)

④ [○] 「행정절차법」 제48조 제2항에 대한 옳은 내용이다.

> 제48조 【행정지도의 원칙】 ② 행정기관은 행정지도의 상대
> 방이 행정지도에 따르지 아니하였다는 것을 이유로 불이익
> 한 조치를 하여서는 아니 된다.

10 정답 ③

> 🗹 함께 정리하기 **행정행위의 부관**
>
> 개발제한구역 내 예외적 허가
> ▷ 재량행위
> ▷ 부관 부가 可
> 부담의 불이행
> ▷ 주된 행정행위 효력 곧바로 상실×
> 부관의 무효
> ▷ 부담의 이행행위 당연무효×
> 부담
> ▷ 처분성○
> ▷ 행정쟁송의 대상○

① [×] 개발제한구역 내에서는 구역지정의 목적상 건축물의 건축 및 공작물의 설치 등 … 예외적인 개발행위의 허가는 상대방에게 수익적인 것이 틀림이 없으므로 그 법률적 성질은 재량행위 내지 자유재량행위에 속하는 것이고, 이러한 재량행위에 있어서는 관계 법령에 명시적인 금지규정이 없는 한 행정목적을 달성하기 위하여 조건이나 기한, 부담 등의 부관을 붙일 수 있다(대판 2004.3.25. 2003두12837).

② [×] 부담부 행정행위는 조건성취로 인하여 효력이 발생하는 정지조건과 달리 처음부터 효력이 발생하며, 상대방이 의무를 이행하지 않은 경우에도 그 효력이 당연히 소멸되는 것은 아니라는 점에서 해제조건과도 다르다. 또한 부담은 주된 행정행위로부터 독립한 별개의 행정행위이므로 부담을 이행하지 않는다고 해서 주된 행정행위의 효력이 곧바로 상실되지는 않는다.

❸ [○] 행정처분에 부담인 부관을 붙인 경우 부관의 무효화에 의하여 본체인 행정처분 자체의 효력에도 영향이 있게 될 수는 있지만, 그 처분을 받은 사람이 부담의 이행으로 사법상 매매 등의 법률행위를 한 경우에는 그 부관은 특별한 사정이 없는 한 법률행위를 하게 된 동기 내지 연유로 작용하였을 뿐이므로 이는 법률행위의 취소사유가 될 수 있음은 별론으로 하고 그 법률행위 자체를 당연히 무효화하는 것은 아니다(대판 2009.2.12. 2005다65500).

④ [×] 행정행위의 부관은 행정행위의 일반적인 효력이나 효과를 제한하기 위하여 의사표시의 주된 내용에 부가되는 종된 의사표시이지 그 자체로서 직접 법적 효과를 발생하는 독립된 처분이 아니므로 현행 행정쟁송제도 아래서는 부관 그 자체만을 독립된 쟁송의 대상으로 할 수 없는 것이 원칙이나 행정행위의 부관 중에서도 행정행위에 부수하여 그 행정행위의 상대방에게 일정한 의무를 부과하는 행정청의 의사표시인 부담의 경우에는 다른 부관과는 달리 행정행위의 불가분적인 요소가 아니고 그 존속이 본체인 행정행위의 존재를 전제로 하는 것일 뿐이므로 부담 그 자체로서 행정쟁송의 대상이 될 수 있다(대판 1992.1.21. 91누1264).

11 정답 ④

> 🗹 함께 정리하기 **행정절차**
>
> 사전통지·의견청취
> ▷ 직위해제: 적용×/진급선발취소: 적용
> 인·허가 등의 취소, 신분·자격의 박탈, 법인이나 조합 등의 설립허가 취소처분 시
> ▷ 청문실시
> 수개의 처분사유 중 일부위법
> ▷ 당해처분 위법×
> 처분의 처리기간에 관한 규정
> ▷ 훈시규정/처리기간 지나 처분
> ▷ 절차하자×

① [×] 1. 국가공무원법상 직위해제처분은 구 행정절차법 제3조 제2항 제9호, 구 행정절차법 시행령 제2조 제3호에 의하여 당해 행정작용의 성질상 행정절차를 거치기 곤란하거나 불필요하다고 인정되는 사항 또는 행정절차에 준하는 절차를 거친 사항에 해당하므로, 처분의 사전통지 및 의견청취 등에 관한 행정절차법의 규정이 별도로 적용되지 않는다(대판 2014.5.16. 2012두26108).
　2. 군인사법령에 의하여 진급예정자명단에 포함된 자에 대하여 의견제출의 기회를 부여하지 아니한 채 진급선발을 취소하는 처분을 한 것이 절차상 하자가 있어 위법하다(대판 2007.9.21. 2006두20631).

> 유제 10. 지방직 7급 군인사법령에 의하여 진급예정자명단에 포함된 자에 대하여 사전통지를 하지 아니하거나 의견제출의 기회를 부여하지 아니한 채 진급선발을 취소하였다고 하여 그것만으로 위법하다고 할 수 는 없다. (×)

② [×]
> 「행정절차법」 제22조 【의견청취】 ① 행정청이 처분을 할 때 다음 각 호의 어느 하나에 해당하는 경우에는 청문을 한다.
> 1. 다른 법령등에서 청문을 하도록 규정하고 있는 경우
> 2. 행정청이 필요하다고 인정하는 경우
> 3. 다음 각 목의 처분을 하는 경우
> 　가. 인허가 등의 취소
> 　나. 신분·자격의 박탈
> 　다. 법인이나 조합 등의 설립허가의 취소

③ [×] 행정처분에 있어 수개의 처분사유 중 일부가 적법하지 않다고 하더라도 다른 처분사유로써 그 처분의 정당성이 인정되는 경우에는 그 처분을 위법하다고 할 수 없다(대판 2013.10.24. 2013두963).

❹ [○] 처분이나 민원의 처리기간을 정하는 것은 신청에 따른 사무를 가능한 한 조속히 처리하도록 하기 위한 것이다. 처리기간에 관한 규정은 훈시규정에 불과할 뿐 강행규정이라고 볼 수 없다. 행정청이 처리기간이 지나 처분을 하였더라도 이를 처분을 취소할 절차상 하자로 볼 수 없다. 민원처리법 시행령 제23조에 따른 민원처리진행상황 통지도 민원인의 편의를 위한 부가적인 제도일 뿐, 그 통지를 하지 않았더라도 이를 처분을 취소할 절차상 하자로 볼 수 없다(대판 2019.12.13. 2018두41907).

12
정답 ③

☑ 함께 정리하기 **정보공개**

전자적 형태로 보유·관리되는 정보를 검색·편집하여야 하는 경우
▷ 새로운 정보의 생산×(공공기관이 보유관리하고 있는 것)
형사재판확정기록
▷ 정보공개법에 의한 공개청구 不可
공개를 목적으로 작성되어 이미 정보통신망 등을 통하여 공개된 정보
▷ 소재 안내 방법으로 공개
진행 중인 재판 관련 정보
▷ 반드시 소송기록 자체에 포함된 내용일 필요×

① [×] 공공기관의 정보공개에 관한 법률에 의한 정보공개제도는 공공기관이 보유·관리하는 정보를 그 상태대로 공개하는 제도이지만, 전자적 형태로 보유·관리되는 정보의 경우에는, 그 정보가 청구인이 구하는 대로는 되어 있지 않다고 하더라도, 공개청구를 받은 공공기관이 공개청구대상정보의 기초자료를 전자적 형태로 보유·관리하고 있고, 당해 기관에서 통상 사용되는 컴퓨터 하드웨어 및 소프트웨어와 기술적 전문지식을 사용하여 그 기초자료를 검색하여 청구인이 구하는 대로 편집할 수 있으며, 그러한 작업이 당해 기관의 컴퓨터 시스템 운용에 별다른 지장을 초래하지 아니한다면, 그 공공기관이 공개청구대상정보를 보유·관리하고 있는 것으로 볼 수 있고, 이러한 경우에 기초자료를 검색·편집하는 것은 새로운 정보의 생산 또는 가공에 해당한다고 할 수 없다(대판 2010.2.11. 2009두6001).

② [×] 형사소송법 제59조의2의 내용·취지 등을 고려하면, 형사소송법 제59조의2는 형사재판확정기록의 공개 여부나 공개 범위, 불복절차 등에 대하여 구 공공기관의 정보공개에 관한 법률(2013.8.6. 법률 제11991호로 개정되기 전의 것, 이하 '정보공개법'이라고 한다)과 달리 규정하고 있는 것으로 정보공개법 제4조 제1항에서 정한 '정보의 공개에 관하여 다른 법률에 특별한 규정이 있는 경우'에 해당한다. 따라서 형사재판확정기록의 공개에 관하여는 정보공개법에 의한 공개청구가 허용되지 아니한다(대판 2016.12.15. 2013두20882).

❸ [○] 「공공기관의 정보공개에 관한 법률」 제11조의2 제2항, 제7조 제1항에 대한 옳은 내용이다.

> 제11조의2 【반복 청구 등의 처리】 ② 공공기관은 제11조에도 불구하고 제10조 제1항 및 제2항에 따른 정보공개청구가 다음 각 호의 어느 하나에 해당하는 경우에는 다음 각 호의 구분에 따라 안내하고, 해당 청구를 종결 처리할 수 있다.
> 1. 제7조 제1항에 따른 정보 등 공개를 목적으로 작성되어 이미 정보통신망 등을 통하여 공개된 정보를 청구하는 경우: 해당 정보의 소재(所在)를 안내
> 제7조 【정보의 사전적 공개 등】 ① 공공기관은 다음 각 호의 어느 하나에 해당하는 정보에 대해서는 공개의 구체적 범위, 주기, 시기 및 방법 등을 미리 정하여 정보통신망 등을 통하여 알리고, 이에 따라 정기적으로 공개하여야 한다. 다만, 제9조 제1항 각 호의 어느 하나에 해당하는 정보에 대해서는 그러하지 아니하다.
> 3. 예산집행의 내용과 사업평가 결과 등 행정감시를 위하여 필요한 정보

④ [×] 법원 이외의 공공기관이 위 규정이 정한 '진행 중인 재판에 관련된 정보'에 해당한다는 사유로 정보공개를 거부하기 위하여는 반드시 그 정보가 진행 중인 재판의 소송기록 그 자체에 포함된 내용의 정보일 필요는 없으나, 재판에 관련된 일체의 정보가 그에 해당하는 것은 아니고 진행 중인 재판의 심리 또는 재판결과에 구체적으로 영향을 미칠 위험이 있는 정보에 한정된다고 봄이 상당하다(대판 2011.11.24. 2009두19021).

13
정답 ③

☑ 함께 정리하기 **행정조사**

일출전·일몰후
▷ 상대방 동의시 현장조사 可
적법절차원칙
▷ 세무조사에서도 준수 要
질문대답 수인의무 有
▷ 현지확인절차에 따른 것이라도 재조사가 금지되는 세무조사
행정조사
▷ 개별법상 근거 필요

① [○] 「행정조사기본법」 제11조 제2항에 대한 옳은 내용이다.

> 제11조 【현장조사】 ② 제1항에 따른 현장조사는 해가 뜨기 전이나 해가 진 뒤에는 할 수 없다. 다만, 다음 각 호의 어느 하나에 해당하는 경우에는 그러하지 아니하다.
> 1. 조사대상자(대리인 및 관리책임이 있는 자를 포함한다)가 동의한 경우

유제 09. 국가직 9급 현장조사는 조사대상자가 동의한 경우에도 해가 뜨기 전이나 해가 진 뒤에는 할 수 없다. (×)

② [○] 1. 헌법 제12조 제3항의 본문은 동조 제1항과 함께 적법절차원리의 일반조항에 해당하는 것으로서 형사절차상의 입법에 한정되지 않고 입법·행정 등 국가의 모든 공권력의 작용에는 절차상의 적법성뿐만 아니라 법률의 실체적 내용도 합리성과 정당성을 갖춘 실체적인 적법성이 있어야 한다는 적법절차의 원리를 헌법의 기본원리로 명시한 것이다(헌재 1992.12.24. 92헌마78·92헌가8).
2. 구 국세기본법 제81조의5가 정한 세무조사대상 선정사유가 없음에도 세무조사대상으로 선정하여 과세자료를 수집하고 그에 기하여 과세처분을 하는 것은 적법절차의 원칙을 어기고 구 국세기본법 제81조의5와 제81조의3 제1항을 위반한 것으로서 특별한 사정이 없는 한 과세처분은 위법하다(대판 2014.6.26. 2012두911).

❸ [×] 세무조사는 국가의 과세권을 실현하기 위한 행정조사의 일종으로서 국세의 과세표준과 세액을 결정 또는 경정하기 위하여 질문을 하고 장부·서류 그 밖의 물건을 검사·조사하거나 그 제출을 명하는 일체의 행위를 말하며, 부과처분을 위한 과세관청의 질문조사권이 행하여지는 세무조사의 경우 납세자 또는 그 납세자와 거래가 있다고 인정되는 자 등(이하 '납세자 등'이라 한다)은 세무공무원의 과세자료 수집을 위한 질문에 대답하고 검사를 수인하여야 할 법적 의무를 부담한다. 한편 같은 세목 및 과세기간에 대한 거듭된 세무조사는 납세자의 영업의 자유나 법적 안정성 등을 심각하게 침해할 뿐만 아니라 세무조사권의 남용으로 이어질 우려가 있으므로 조세공평의 원칙에 현저히 반하는 예외적인 경우를 제외하고는 금지될 필요가 있다.

이러한 세무조사의 성질과 효과, 중복세무조사를 금지하는 취지 등에 비추어 볼 때, 세무공무원의 조사행위가 실질적으로 납세자 등으로 하여금 질문에 대답하고 검사를 수인하도록 함으로써 납세자의 영업의 자유 등에 영향을 미치는 경우에는 국세청 훈령인 구 조사사무처리규정에서 정한 '현지확인'의 절차에 따른 것이라고 하더라도 그것은 재조사가 금지되는 '세무조사'에 해당한다고 보아야 한다(대판 2017.3.16. 2014두8360).

④ [○] 「행정조사기본법」 제5조에 대한 옳은 내용이다.

> 제5조【행정조사의 근거】행정기관은 법령 등에서 행정조사를 규정하고 있는 경우에 한하여 행정조사를 실시할 수 있다. 다만, 조사대상자의 자발적인 협조를 얻어 실시하는 행정조사의 경우에는 그러하지 아니하다.

유제 14. 경찰 「행정조사기본법」상 행정기관은 법령 등에서 행정조사를 규정하고 있는 경우에 한하여 행정조사를 실시할 수 있고, 규정이 없는 경우에는 조사대상자의 자발적 협력이 있는 경우에도 행정조사를 실시할 수 없다. (×)

14 정답 ④

📋 **함께 정리하기 행정상 의무이행확보**

이행강제금 납부의무
▷ 일신전속적(승계×)
독점규제법상 시정명령은 과거 및 가까운 장래 위반행위에 대해서도 가능
행정대집행에 의한 대체적 작위의무 이행 시
▷ 민사소송에 의한 의무 이행×
공매통지
▷ 행정처분×

① [○] 구 건축법상의 이행강제금은 간접강제의 일종으로서 그 이행강제금 납부의무는 상속인 기타의 사람에게 승계될 수 없는 일신전속적인 성질의 것이므로 이미 사망한 사람에게 이행강제금을 부과하는 내용의 처분이나 결정은 당연무효이고, 이행강제금을 부과 받은 사람의 이의에 의하여 비송사건절차법에 의한 재판절차가 개시된 후에 그 이의한 사람이 사망한 때에는 사건 자체가 목적을 잃고 절차가 종료한다(대판 2006.12.8. 2006마470).

② [○] 독점규제 및 공정거래에 관한 법률에서 시정명령 제도를 둔 취지에 비추어 시정명령의 내용은 가까운 장래에 반복될 우려가 있는 동일한 유형의 행위의 반복금지까지 명할 수 있는 것으로 해석함이 상당하다(대판 2010.11.25. 2008두23177).

③ [○] 관계 법령상 행정대집행의 절차가 인정되어 행정청이 행정대집행의 방법으로 건물의 철거 등 대체적 작위의무의 이행을 실현할 수 있는 경우에는 따로 민사소송의 방법으로 그 의무의 이행을 구할 수 없다(대판 2017.4.28. 2016다213916).

❹ [×] 공매처분을 하면서 체납자 등에게 공매통지를 하지 않았거나 공매통지를 하였더라도 그것이 적법하지 아니한 경우에는 절차상의 흠이 있어 그 공매처분이 위법하게 되는 것이지만, 공매통지 자체가 그 상대방인 체납자 등의 법적 지위나 권리·의무에 직접적인 영향을 주는 행정처분에 해당한다고 할 것은 아니므로 다른 특별한 사정이 없는 한 체납자 등은 공매통지의 결여나 위법을 들어 공매처분의 취소 등을 구할 수 있는 것이지 공매통지 자체를 항고소송의 대상으로 삼아 그 취소 등을 구할 수는 없다(대판 2011.3.24. 2010두25527).

15 정답 ①

📋 **함께 정리하기 행정의 실효성확보수단**

고발 후 이루어진 통고처분을 이행해도
▷ 일사부재리원칙 적용×
가산금·중가산금의 고지
▷ 행정처분×
벌금＋과징금
▷ 병과가능, 이중처벌×
과징금
▷ 대체가능 급부
▷ 상속인에게 포괄승계

❶ [×] 지방국세청장 또는 세무서장이 조세범칙행위에 대하여 고발을 한 후에 동일한 조세범칙행위에 대하여 통고처분을 하였더라도, 이는 법적 권한 소멸 후에 이루어진 것으로서 특별한 사정이 없는 한 효력이 없고, 조세범칙행위자가 이러한 통고처분을 이행하였더라도 조세범 처벌절차법 제15조 제3항에서 정한 일사부재리의 원칙이 적용될 수 없다(대판 2016.9.28. 2014도10748).

② [○] 국세징수법 제21조, 제22조가 규정하는 가산금 또는 중가산금은 국세를 납부기한까지 납부하지 아니하면 과세청의 확정절차 없이도 법률규정에 의하여 당연히 발생하는 것이므로 가산금 또는 중가산금의 고지가 항고소송의 대상이 되는 처분이라고 볼 수 없다(대판 2005.6.10. 2005다15482).

③ [○] 구 독점규제 및 공정거래에 관한 법률 제24조2에 의한 부당내부거래에 대한 과징금은 … 행정상의 제재금으로서의 기본적 성격에 부당이득환수적 요소도 부가되어 있는 것이라 할 것이고, 이를 두고 헌법 제13조 제1항에서 금지하는 국가형벌권 행사로서의 '처벌'에 해당한다고는 할 수 없으므로, 공정거래법에서 형사처벌과 아울러 과징금의 병과를 예정하고 있더라도 이중처벌금지원칙에 위반된다고 볼 수 없으며, 이 과징금 부과처분에 대하여 공정력과 집행력을 인정한다고 하여 이를 확정판결 전의 형벌집행과 같은 것으로 보아 무죄추정의 원칙에 위반된다고도 할 수 없다(헌재 2003.7.24. 2001헌가25).

유제 09. 국회직 8급 위반행위에 대한 확정판결을 받지 않고도 과징금을 강제징수하는 것은 무죄추정의 원칙에 반하지 않는다. (O)

09. 국회직 8급 하나의 위반행위에 대하여 과징금과 벌금을 병과하는 것은 이중처벌금지의 원칙에 반하지 않는다. (O)

④ [O] 부동산 실권리자명의 등기에 관한 법률 제5조에 의하여 부과된 과징금은 대체적 급부가 가능한 의무이므로 위 과징금을 부과 받은 자가 사망한 경우 그 상속인에게 포괄승계된다(대판 1999.5.14. 99두35).

16 　　　　　　　　　　　　　　정답 ④

☑ **함께 정리하기 국가배상**

외국인이 피해자인 경우 상호보증
▷ 당사국과 조약 체결 不要
▷ 사례가 없더라도 실제 인정될 것이라고 기대할 수 있는 상태면 충분
상수원수 수질미달
▷ 배상책임×
국가배상 받은 후
▷ 보훈보상자법이 정한 보훈급여금의 지급 청구 可
경찰공무원이 「공무원연금법」에 따라 공무상 요양비 수령
▷ 다른 법령에 따른 보상×

① [×] 국가배상법상 상호보증은 외국의 법령, 판례 및 관례 등에 의하여 발생요건을 비교하여 인정되면 충분하고 반드시 당사국과의 조약이 체결되어 있을 필요는 없으며, 당해 외국에서 구체적으로 우리나라 국민에게 국가배상청구를 인정한 사례가 없더라도 실제로 인정될 것이라고 기대할 수 있는 상태이면 충분하다(대판 2015.6.11. 2013다208388).

② [×] 국가 등에게 일정한 기준에 따라 상수원수의 수질을 유지하여야 할 의무를 부과하고 있는 법령의 규정은 국민에게 양질의 수돗물이 공급되게 함으로써 국민 일반의 건강을 보호하여 공공 일반의 전체적인 이익을 도모하기 위한 것이지, 국민 개개인의 안전과 이익을 직접적으로 보호하기 위한 규정이 아니므로, 국민에게 공급된 수돗물의 상수원의 수질이 수질기준에 미달한 경우가 있고, 이로 말미암아 국민이 법령에 정하여진 수질기준에 미달한 상수원수로 생산된 수돗물을 마심으로써 건강상의 위해 발생에 대한 염려 등에 따른 정신적 고통을 받았다고 하더라도, 이러한 사정만으로는 국가 또는 지방자치단체가 국민에게 손해배상책임을 부담하지 아니한다(대판 2001.10.23. 99다36280).

③ [×] 전투·훈련 등 직무집행과 관련하여 공상을 입은 군인·군무원·경찰공무원 또는 향토예비군대원이 먼저 국가배상법에 따라 손해배상금을 지급받은 다음 보훈보상대상자 지원에 관한 법률(이하 '보훈보상자법'이라 한다)이 정한 보상금 등 보훈급여금의 지급을 청구하는 경우, 국가배상법 제2조 제1항 단서가 명시적으로 '다른 법령에 따라 보상을 지급받을 수 있을 때에는 국가배상법 등에 따른 손해배상을 청구할 수 없다'고 규정하고 있는 것과 달리 보훈보상자법은 국가배상법에 따른 손해배상금을 지급받은 자를 보상금 등 보훈급여금의 지급대상에서 제외하는 규정을 두고 있지 않은 점, 국가배상법 제2조 제1항 단서의 입법 취지 및 보훈보상자법이 정한 보상과 국가배상법이 정한 손해배상의 목적과 산정방식의 차이 등을 고려하면 국가배상법 제2조 제1항 단서가 보훈보상자법 등에 의한 보상을 받을 수 있는 경우 국가배상법에 따른 손해배상청구를 하지 못한다는 것을 넘어 국가배상법상 손해배상금을 받은 경우 보훈보상자법상 보상금 등 보훈급여금의 지급을 금지하는 것으로 해석하기는 어려운 점 등에 비추어, 국가보훈처장은 국가배상법에 따라 손해배상을 받았다는 사정을 들어 보상금 등 보훈급여금의 지급을 거부할 수 없다(대판 2017.2.3. 2015두60075).

❹ [O] 구 공무원연금법(2018.3.20. 법률 제15523호로 전부 개정되기 전의 것, 이하 '구 공무원연금법'이라고 한다)에 따라 각종 급여를 지급하는 제도는 공무원의 생활안정과 복리향상에 이바지하기 위한 것이라는 점에서 국가배상법 제2조 제1항 단서에 따라 손해배상금을 지급하는 제도와 그 취지 및 목적을 달리하므로, 경찰공무원인 피해자가 구 공무원연금법의 규정에 따라 공무상 요양비를 지급받는 것은 국가배상법 제2조 제1항 단서에서 정한 '다른 법령의 규정'에 따라 보상을 지급받는 것에 해당하지 않는다. 다만 경찰공무원인 피해자가 구 공무원연금법에 따라 공무상 요양비를 지급받은 후 추가로 국가배상법에 따라 치료비의 지급을 구하는 경우나 반대로 국가배상법에 따라 치료비를 지급받은 후 추가로 구 공무원연금법에 따라 공무상 요양비의 지급을 구하는 경우, 공무상 요양비와 치료비는 실제 치료에 소요된 비용에 대하여 지급되는 것으로서 같은 종류의 급여라고 할 것이므로, 치료비나 공무상 요양비가 추가로 지급될 때 구 공무원연금법 제33조 등을 근거로 먼저 지급된 공무상 요양비나 치료비 상당액이 공제될 수 있을 뿐이다. 한편 군인연금법과 구 공무원연금법은 취지나 목적에서 유사한 면이 있으나, 별도의 규정체계를 통해 서로 다른 적용대상을 규율하고 있는 만큼 서로 상이한 내용들로 규정되어 있기도 하므로, 군인연금법이 국가배상법 제2조 제1항 단서에서 정한 '다른 법령'에 해당한다고 하여, 구 공무원연금법도 군인연금법과 동일하게 취급되어야 하는 것은 아니다(대판 2019.5.30. 2017다16174).

17 정답 ③

> 📋 **함께 정리하기 손실보상**
>
> 중앙토지수용위원회에 이의신청
> ▷ 임의적 전치주의
> 보상합의(= 협의취득)
> ▷ 사법상 매매(계약)의 실질
> 사업지구 밖 손실
> ▷ 예상가능·손실 범위 특정
> ▷ 간접보상 규정 유추적용
> 헌법 제23조 제3항
> ▷ 보상청구권의 근거·보상기준·방법
> ▷ 법률유보

ㄱ. [×] 현행법은 이의재결을 임의적 절차로 규정하고 있다. 따라서 이의신청을 거치지 아니하고 바로 행정소송을 제기할 수도 있다.

> 「공익사업을 위한 토지 등의 취득 및 보상에 관한 법률」 제83조 【이의의 신청】 ① 중앙토지수용위원회의 제34조에 따른 재결에 이의가 있는 자는 중앙토지수용위원회에 이의를 신청할 수 있다.
> ② 지방토지수용위원회의 제34조에 따른 재결에 이의가 있는 자는 해당 지방토지수용위원회를 거쳐 중앙토지수용위원회에 이의를 신청할 수 있다.
> ③ 제1항 및 제2항에 따른 이의의 신청은 재결서의 정본을 받은 날부터 30일 이내에 하여야 한다.

유제 13. 국회직 8급 수용재결에 대해 취소소송으로 다투기 위해서는 중앙토지수용위원회의 이의재결을 거쳐야 한다. (×)

ㄴ. [×] 공공용지의 취득 및 손실보상에 관한 특례법에 의한 협의취득 또는 보상합의는 공공기관이 사경제주체로서 행하는 사법상 매매 내지 사법상 계약의 실질을 가지는 것으로서, 당사자 간의 합의로 같은 법 소정의 손실보상의 기준에 의하지 아니한 매매대금을 정할 수도 있으며, 또한 같은 법이 정하는 기준에 따르지 아니하고 손실보상액에 관한 합의를 하였다고 하더라도 그 합의가 착오 등을 이유로 취소되지 않는 한 유효하다 (대판 1998.5.22. 98다2242).

ㄷ. [○] 구 공공용지의 취득 및 손실보상에 관한 특례법 제3조 제1항이 "공공사업을 위한 토지 등의 취득 또는 사용으로 인하여 토지 등의 소유자가 입은 손실은 사업시행자가 이를 보상하여야 한다."고 규정하고 같은 법 시행규칙 제23조의5에서 공공사업 시행지구 밖에 위치한 영업에 대한 간접손실에 대하여도 일정한 요건을 갖춘 경우 이를 보상하도록 규정하고 있는 점에 비추어, 공공사업의 시행으로 인하여 사업지구 밖에서 수산제조업에 대한 간접손실이 발생하리라는 것을 쉽게 예견할 수 있고 그 손실의 범위도 구체적으로 특정할 수 있는 경우라면, 그 손실의 보상에 관하여 같은 법 시행규칙의 간접보상규정을 유추적용할 수 있다(대판 1999.12.24. 98다57419).

유제 15. 변호사 대법원 판례에 의하면 공공사업의 시행으로 사업시행지 밖에서 발생한 간접손실은 손실 발생을 쉽게 예견할 수 있고 손실 범위도 구체적으로 특정할 수 있더라도, 사업시행자와 협의가 이루어지지 아니하고 그 보상에 관한 명문의 근거 법령이 없는 경우에는 보상의 대상이 아니다. (×)

ㄹ. [○] 헌법 제23조 제3항의 "공공필요에 의한 재산권의 수용·사용 또는 제한 및 그에 대한 보상은 법률로써 하되, 정당한 보상을 지급하여야 한다."는 규정은 보상청구권의 근거에 관하여서 뿐만 아니라 보상의 기준과 방법에 관하여서도 법률의 규정에 유보하고 있는 것으로 보아야 한다(대판 2004.10.27. 2003두1349).

유제 12. 국가직 7급 헌법은 보상청구권의 근거뿐만 아니라 보상의 기준과 방법에 관해서도 법률에 유보하고 있다. (○)

18 정답 ③

> 📋 **함께 정리하기 항고소송의 원고적격**
>
> 대한의사협회
> ▷ 요양급여비용청구·지급과 직접적인 법률관계 無(∴원고적격×)
> 법률상 보호된 이익
> ▷ 관련법규에 의해 보호되는 이익 포함
> 절대보전지역 유지로 주민들이 가지는 주거·생활환경
> ▷ 반사적 이익
> 법률상 보호된 이익구제설
> ▷ 통설·판례

① [○] 사단법인인 대한의사협회는 의료법에 의하여 의사들을 회원으로 하여 설립된 사단법인으로서, 국민건강보험법상 요양급여행위, 요양급여비용의 청구 및 지급과 관련하여 직접적인 법률관계를 갖고 있지 않으므로, 보건복지부 고시인 '건강보험요양행위 및 그 상대가치점수 개정'으로 인하여 자신의 법률상 이익을 침해당하였다고 할 수 없다는 이유로 위 고시의 취소를 구할 원고적격이 없다(대판 2006.5.25. 2003두11988).

② [○] 법률상 보호되는 이익에서 '법률'에는 근거법규와 관련법규가 모두 포함된다는 것이 판례의 입장이다.

> 법률상 보호되는 이익은 당해 처분의 근거 법규 및 관련 법규에 의하여 보호되는 개별적·직접적·구체적 이익을 말한다(대판 2006.7.28. 2004두6716).

유제 13. 세무사 판례는 원고적격의 요건으로 당해 처분의 근거법규 및 관련법규에 의하여 보호되는 개별적·직접적·구체적 이익의 침해를 요구하고 있다. (○)
10. 세무사 처분의 직접적 근거법규는 물론 관련법규에 의해서도 원고적격의 근거인 법률상 이익이 도출될 수 있다. (○)

❸ [×] 국방부 민·군 복합형 관광미항(제주해군기지) 사업시행을 위한 해군본부의 요청에 따라 제주특별자치도지사가 절대보존지역이던 서귀포시 강정동 해안변지역에 관하여 절대보존지역을 변경(축소)하고 고시한 경우, 절대보존지역의 유지로 지역주민회와 주민들이 가지는 주거 및 생활환경상 이익은 지역의 경관 등이 보호됨으로써 반사적으로 누리는 것일 뿐 근거 법규 또는 관련 법규에 의하여 보호되는 개별적·직접적·구체적 이익이라고 할 수 없다(대판 2012.7.5. 2011두13187).

④ [O] '법률상 보호된 이익구제설'이 통설과 판례의 입장이다.

권리구제설	위법한 처분으로 인해 권리를 침해당한 자가 원고적격을 가진다는 견해
법률상 보호이익설	권리뿐 아니라 법률상 보호이익을 침해받은 자도 원고적격을 가진다는 견해
보호가치 있는 이익설	소송법적 관점에서 재판에 의하여 보호할 만한 가치, 즉 법률상의 이익, 사실상의 이익 여부를 불문하고 이익이 침해된 자는 항고소송의 원고적격이 있다는 견해
적법성 보장설	당해 처분을 다툴 가장 적합한 이익상태에 있는 자에게 원고적격을 인정한다는 견해

유제 13. 국회직 8급 「행정소송법」 제12조의 '법률상 이익'에 관해서는 권리구제설, 법률상 보호된 이익구제설, 소송상 보호가치 있는 이익구제설, 적법성 보장설 등이 대립되고 있는데 판례는 이중 법률상 보호된 이익구제설을 취하고 있는 것으로 이해하는 것이 일반적이다. (O)

19
정답 ②

📋 함께 정리하기 **필요적 전치주의 중 행정심판의 재결 불요사유**

행정심판청구 후 60일 내 재결이 없는 때
중대한 손해 예방할 긴급한 필요가 있는 때
법령의 규정에 의한 행정심판기관이 의결 또는 재결을 하지 못할 사유가 있는 때
그 밖의 정당한 사유가 있는 때

①③④ [O], ❷ [×]

「행정소송법」 제18조【행정심판과의 관계】① 취소소송은 법령의 규정에 의하여 당해 처분에 대한 행정심판을 제기할 수 있는 경우에도 이를 거치지 아니하고 제기할 수 있다. 다만, 다른 법률에 당해 처분에 대한 행정심판의 재결을 거치지 아니하면 취소소송을 제기할 수 없다는 규정이 있는 때에는 그러하지 아니하다.
② 제1항 단서의 경우에도 다음 각 호의 1에 해당하는 사유가 있는 때에는 행정심판의 재결을 거치지 아니하고 취소소송을 제기할 수 있다.
1. 행정심판청구가 있은 날로부터 60일이 지나도 재결이 없는 때
2. 처분의 집행 또는 절차의 속행으로 생길 중대한 손해를 예방하여야 할 긴급한 필요가 있는 때
3. 법령의 규정에 의한 행정심판기관이 의결 또는 재결을 하지 못할 사유가 있는 때
4. 그 밖의 정당한 사유가 있는 때

20
정답 ③

📋 함께 정리하기 **소송참가**

제3자
▷ 소송참가 & 재심청구 可
소송참가한 제3자
▷ 재심청구 不可
행정청
▷ 재심청구 不可
민사소송의 선결문제로 심리·판단
▷ 행정청 소송참가 可

① [O] 「행정소송법」 제16조 제1항, 제31조 제1항에 대한 옳은 내용이다.

제16조【제3자의 소송참가】① 법원은 소송의 결과에 따라 권리 또는 이익의 침해를 받을 제3자가 있는 경우에는 당사자 또는 제3자의 신청 또는 직권에 의하여 결정으로써 그 제3자를 소송에 참가시킬 수 있다.
제31조【제3자에 의한 재심청구】① 처분등을 취소하는 판결에 의하여 권리 또는 이익의 침해를 받은 제3자는 자기에게 책임없는 사유로 소송에 참가하지 못함으로써 판결의 결과에 영향을 미칠 공격 또는 방어방법을 제출하지 못한 때에는 이를 이유로 확정된 종국판결에 대하여 재심의 청구를 할 수 있다.

② [O] 소송에 참가하지 못한 경우에만 일정 요건을 갖추었을 때 재심 청구가 가능하고, 소송에 참가한 경우라면 재심 청구를 할 수 없다.

「행정소송법」 제31조【제3자에 의한 재심청구】① 처분등을 취소하는 판결에 의하여 권리 또는 이익의 침해를 받은 제3자는 자기에게 책임없는 사유로 소송에 참가하지 못함으로써 판결의 결과에 영향을 미칠 공격 또는 방어방법을 제출하지 못한 때에는 이를 이유로 확정된 종국판결에 대하여 재심의 청구를 할 수 있다.

❸ [×] 제3자와 달리 행정청의 재심청구에 관한 규정은 존재하지 않는다.

「행정소송법」 제31조【제3자에 의한 재심청구】① 처분등을 취소하는 판결에 의하여 권리 또는 이익의 침해를 받은 제3자는 자기에게 책임없는 사유로 소송에 참가하지 못함으로써 판결의 결과에 영향을 미칠 공격 또는 방어방법을 제출하지 못한 때에는 이를 이유로 확정된 종국판결에 대하여 재심의 청구를 할 수 있다.

④ [O] 「행정소송법」 제11조 제1항에 대한 옳은 내용이다.

제11조【선결문제】① 처분등의 효력 유무 또는 존재 여부가 민사소송의 선결문제로 되어 당해 민사소송의 수소법원이 이를 심리·판단하는 경우에는 제17조, 제25조, 제26조 및 제33조의 규정을 준용한다.

정답

p. 26

01	①	Ⅱ	06	④	Ⅲ	11	①	Ⅴ	16	②	Ⅵ
02	③	Ⅱ	07	③	Ⅲ	12	④	Ⅴ	17	④	Ⅵ
03	①	Ⅱ	08	④	Ⅲ	13	③	Ⅵ	18	③	Ⅵ
04	②	Ⅱ	09	③	Ⅳ	14	②	Ⅵ	19	④	Ⅵ
05	③	Ⅱ	10	②	Ⅴ	15	③	Ⅵ	20	①	Ⅵ

Ⅰ 행정법 서론 / Ⅱ 행정작용법 / Ⅲ 행정절차와 행정공개 / Ⅳ 행정의 실효성 확보수단 / Ⅴ 행정상 손해전보 / Ⅵ 행정쟁송

01

정답 ①

> **함께 정리하기 행정입법의 통제**
>
> 행정입법 부작위
> ▷ 부작위위법확인소송의 대상×
> 위임명령 위헌결정
> ▷ 법률 당연무효×
> 실무상 무명항고소송 부정
> 위헌·위법선언 전 시행령에 근거한 처분
> ▷ 무효×

❶ [○] 행정소송은 구체적 사건에 대한 법률상 분쟁을 법에 의하여 해결함으로써 법적 안정을 기하자는 것이므로 부작위위법확인소송의 대상이 될 수 있는 것은 구체적 권리의무에 관한 분쟁이어야 하고 추상적인 법령에 관하여 제정의 여부 등은 그 자체로서 국민의 구체적인 권리의무에 직접적 변동을 초래하는 것이 아니어서 그 소송의 대상이 될 수 없다(대판 1992.5.8. 91누11261).

유제 14. 국가직 7급 추상적인 법규명령을 제정하지 않은 행정입법부작위에 대하여 「행정소송법」상 부작위위법확인소송을 제기하여 다툴 수 있다. (×)

② [×] 법률의 위임에 의해 규정된 대통령령이 위헌결정을 받았다고 하여 그 수권법률이 위헌으로 되지는 않는다.

③ [×] 무명항고소송이란 「행정소송법」상 명문으로 규정하고 있지 않은 소송을 말하는데 행정입법부작위와 관련하여 무명항고소송을 인정할 수 있는지가 문제될 수 있으나, 실무상 무명항고소송은 받아들여지지 않고 있으므로 해결방법으로 적절하지 않다. 그러나 행정입법부작위는 공권력의 불행사에 해당하므로 이에 대한 국가배상청구는 가능하다.

> 입법부가 법률로써 행정부에게 특정한 사항을 위임했음에도 불구하고 행정부가 정당한 이유 없이 이를 이행하지 않는다면 권력분립의 원칙과 법치국가 내지 법치행정의 원칙에 위배되는 것으로서 위법함과 동시에 위헌적인 것이 되는바, … 따라서 행정부가 정당한 이유 없이 시행령을 제정하지 않은 것은 위 보수청구권을 침해하는 불법행위에 해당한다(대판 2007.11.29. 2006다3561).

유제 15. 지방직 7급 입법부가 법률로써 행정부에게 특정한 사항을 위임했음에도 불구하고 행정부가 정당한 이유 없이 이를 이행하지 않는다면 권력분립의 원칙과 법치국가 내지 법치행정의 원칙에 위배된다. (○)

④ [×] 일반적으로 시행령이 헌법이나 법률에 위반된다는 사정은 그 시행령의 규정을 위헌 또는 위법하여 무효라고 선언한 대법원의 판결이 선고되지 아니한 상태에서는 그 시행령 규정의 위헌 내지 위법 여부가 해석상 다툼의 여지가 없을 정도로 명백하였다고 인정되지 아니하는 이상 객관적으로 명백한 것이라 할 수 없으므로, 이러한 시행령에 근거한 행정처분의 하자는 취소사유에 해당할 뿐 무효사유가 된다고 볼 수는 없다(대판 2007.6.14. 2004두619).

유제 18. 국직 9급 일반적으로 시행령이 헌법이나 법률에 위반된다는 사정은 그 시행령의 규정을 위헌 또는 위법하여 무효라고 선언한 대법원의 판결이 선고되지 않은 상태에서도 그 시행령 규정의 위헌 내지 위법 여부가 객관적으로 명백하다고 할 수 있으므로, 이러한 시행령에 근거한 행정처분의 하자는 무효사유에 해당한다. (×)

02

정답 ③

> **함께 정리하기 행정행위**
>
> 사실적·법률적 상태 변경
> ▷ 공적 의사표명 실효
> 불가쟁력 발생
> ▷ 원칙적으로 처분변경 신청권 無
> ▷ 항고소송×
> 영업허가 취소처분의 취소
> ▷ 기존영업 무허가영업×
> 영업허가 취소처분에 취소사유
> ▷ 형사법원 효력부인×

① [×] 행정청이 상대방에게 장차 어떤 처분을 하겠다고 확약 또는 공적인 의사표명을 하였다고 하더라도, 그 자체에서 상대방으로 하여금 언제까지 처분의 발령을 신청을 하도록 유효기간을 두었는데도 그 기간 내에 상대방의 신청이 없었다거나 확약 또는 공적인 의사표명이 있은 후에 사실적·법률적 상태가 변경되었다면, 그와 같은 확약 또는 공적인 의사표명은 행정청의 별다른 의사표시를 기다리지 않고 실효된다(대판 1996.8.20. 95누10877).

② [×] 행정청이 국민의 신청에 대하여 한 거부행위가 항고소송의 대상이 되는 행정처분으로 되려면, 행정청의 행위를 요구할 법규상 또는 조리상의 신청권이 국민에게 있어야 하고, 이러한 신청권의 근거 없이 한 국민의 신청을 행정청이 받아들이지 아니한 경우에는 그 거부로 인하여 신청인의 권리나 법적 이익에 어떤 영향을 주는 것이 아니므로 이를 항고소송의 대상이 되는 행정처분이라 할 수 없다. 그리고 제소기간이 이미 도과하여 불가쟁력이 생긴 행정처분에 대하여는 개별 법규에서 그 변경을 요구할 신청권을 규정하고 있거나 관계 법령의 해석상 그러한 신청권이 인정될 수 있는 등 특별한 사정이 없는 한 국민에게 그 행정처분의 변경을 구할 신청권이 있다할 수 없다(대판 2007.4.26. 2005두11104).

❸ [○] 영업의 금지를 명한 영업허가취소처분 자체가 나중에 행정쟁송절차에 의하여 취소되었다면 그 영업허가취소처분은 그 처분시에 소급하여 효력을 잃게 되며, 그 영업허가취소처분에 복종할 의무가 원래부터 없었음이 확정되었다고 봄이 타당하고, 영업허가취소처분이 장래에 향하여서만 효력을 잃게 된다고 볼 것은 아니므로 그 영업허가취소처분 이후의 영업행위를 무허가영업이라고 볼 수는 없다(대판 1993.6.25. 93도277).

④ [×] 행정행위(영업허가 취소처분)에 무효사유가 아니라 취소사유가 있는 경우, 권한 있는 기관에 의해 취소될 때까지는 공정력이 인정되므로 형사법원은 그 영업허가 취소처분의 효력을 부인할 수 없다(대판 1982.6.8. 80도2646).

---

03 정답 ①

📋 **함께 정리하기 준법률행위적 행정행위**

납세의무의 확정
▷ 확인
교과서 검정
▷ 확인
부동산등기부의 등기
▷ 공증
여권의 발급
▷ 공증

❶ [○], ② [×] 납세의무의 확정과 교과서 검정은 강학상 확인에 해당한다. 친일반민족행위자 재산조사위원회의 친일재산국가귀속결정, 당선인결정, 소득세부과를 위한 소득액의 결정(납세의무의 확정),「특허법」상의 발명특허, 행정관할권 다툼에 대한 인천경제자유구역청의 결정, 도로구역·하천구역의 결정, 행정심판재결, 이의신청재결, 국가(공무원)시험합격자결정, 교과서 검정 등이 확인에 해당한다.

---

③④ [×] 부동산등기부의 등기와 여권의 발급은 강학상 공증에 해당한다. 공증의 종류에는 ㉠ 공적 장부의 등기·등록·등재(예 부동산등기부의 등기, 건설업면허증의 교부, 선거인명부 등록, 특허의 등록 등), ㉡ 각종 증명서발급(예 합격증서, 당선증서 등의 발급), ㉢ 기타의 경우(영수증의 교부, 여권 등의 발급 등)가 있다.

---

04 정답 ②

📋 **함께 정리하기 사실행위**

작용법적 근거 不要/조직법적 근거 要
행정규칙 근거한 불문경고조치
▷ 행정처분○
접견 시 교도관 참여대상자 지정행위
▷ 행정처분○
수형자의 서신을 교도소장이 검열하는 행위
▷ 행정처분○

① [○] 행정지도는 상대방의 임의적인 협력을 전제로 하는 비권력적 사실행위로, 작용법적 근거가 없더라도 가능하다. 그러나 행정지도 또한 행정작용의 일종이므로 행정청의 일반적인 존립과 활동의 근거가 되는 조직법적 근거는 있어야 한다.

❷ [×] 행정규칙에 의한 '불문경고조치'가 비록 법률상의 징계처분은 아니지만 위 처분을 받지 아니하였다면 차후 다른 징계처분이나 경고를 받게 될 경우 징계감경사유로 사용될 수 있었던 표창공적의 사용가능성을 소멸시키는 효과와 1년 동안 인사기록카드에 등재됨으로써 그 동안은 장관표창이나 도지사표창 대상자에서 제외시키는 효과 등이 있다는 이유로 항고소송의 대상이 되는 행정처분에 해당한다(대판 2002.7.26. 2001두3532).

③ [○] 교도소장이 수형자 甲을 '접견내용 녹음·녹화 및 접견 시 교도관 참여대상자'로 지정한 사안에서, 위 지정행위는 수형자의 구체적 권리의무에 직접적 변동을 가져오는 행정청의 공법상 행위로서 항고소송의 대상이 되는 '처분'에 해당한다(대판 2014.2.13. 2013두20899).

④ [○] 수형자의 서신을 교도소장이 검열하는 행위는 이른바 권력적 사실행위로서 행정심판이나 행정소송의 대상이 되는 행정처분으로 볼 수 있으나, 위 검열행위가 이미 완료되어 행정심판이나 행정소송을 제기하더라도 소의 이익이 부정될 수밖에 없으므로 헌법소원심판을 청구하는 외에 다른 효과적인 구제방법이 있다고 보기 어렵기 때문에 보충성의 원칙에 대한 예외에 해당한다(헌재 1998.8.27. 96헌마398).

05 정답 ③

☑ 함께 정리하기 행정행위의 하자치유

하자치유
▷ 예외적 인정(행정행위 무용한 반복방지)
하자치유의 시간적 한계
▷ 소 제기 전까지
주택재건축정비사업조합 설립인가처분 당시 동의율 하자
▷ 하자치유×
경원관계있는 제3자 이익 침해시
▷ 하자치유×

① [O] 하자있는 행정행위의 치유나 전환은 행정행위의 성질이나 법치주의의 관점에서 볼 때 원칙적으로 허용될 수 없는 것이지만, 행정행위의 무용한 반복을 피하고 당사자의 법적 안정성을 위해 이를 허용하는 때에도 국민의 권리와 이익을 침해하지 않는 범위에서 구체적 사정에 따라 합목적적으로 인정해야 할 것이다(대판 1983.7.26. 82누420).

유제 08. 지방직 7급 흠의 치유는 행정행위의 무용한 반복을 피함으로써 행정경제를 도모하기 위해서 허용될 수 있으며 다른 국민의 권리나 이익을 침해하지 않는 범위 내에서 인정된다. (O)

07. 국가직 9급 하자의 치유는 법치주의 관점에서 볼 때 원칙적으로 부정하는 것이 옳지만 당사자의 권리구제에 영향을 주지 않는 범위 내에서는 허용될 수 있다. (O)

② [O] 세액산출근거가 누락된 납세고지서에 의한 과세처분의 하자의 치유를 허용하려면 늦어도 과세처분에 대한 불복 여부의 결정 및 불복신청에 편의를 줄 수 있는 상당한 기간 내에 하여야 한다고 할 것이므로, 위 과세처분에 대한 전심절차가 모두 끝나고 상고심의 계류 중에 세액산출근거의 통지가 있었다고 하여 이로써 위 과세처분의 하자가 치유되었다고는 볼 수 없다(대판 1984.4.10. 83누393).

유제 12. 지방직 9급 판례에 의하면 세액산출근거가 누락된 납세고지서에 의한 하자 있는 과세처분에 대하여 전심절차가 모두 끝나고 상고심의 계류 중에 세액산출근거의 통지가 있었다면 위 과세처분의 하자가 치유되었다고 볼 수 있다. (×)

❸ [×] 이 사건 변경인가처분은 이 사건 설립인가처분 후 추가동의서가 제출되어 동의자 수가 변경되었음을 이유로 하는 것으로서 조합원의 신규가입을 이유로 한 경미한 사항의 변경에 대한 신고를 수리하는 의미에 불과하므로 이 사건 설립인가처분이 이 사건 변경인가처분에 흡수된다고 볼 수 없고, 또한 이 사건 설립인가처분 당시 동의율을 충족하지 못한 하자는 후에 추가동의서가 제출되었다는 사정만으로 치유될 수 없다(대판 2013.7.11. 2011두27544).

④ [O] 하자있는 행정행위의 치유는 행정행위의 성질이나 법치주의의 관점에서 볼 때 원칙적으로 허용될 수 없는 것이고 예외적으로 행정행위의 무용한 반복을 피하고 당사자의 법적 안정성을 위해 이를 허용하는 때에도 국민의 권리나 이익을 침해하지 않는 범위에서 구체적 사정에 따라 합목적적으로 인정하여야 할 것인데 이 사건에 있어서는 원고의 적법한 허가신청이 참가인들의 신청과 경합되어 있어 이 사건 처분의 치유를 허용한다면 원고에게 불이익하게 되므로 이를 허용할 수 없다(대판 1992.5.8. 91누13274).

유제 18. 서울시 7급 하자 있는 행정행위의 치유는 행정행위의 성질이나 법치주의의 관점에서 볼 때 원칙적으로 허용될 수 없는 것이고, 예외적으로 행정행위의 무용한 반복을 피하고 당사자의 법적 안정성을 위해 이를 허용하는 때에도 국민의 권리나 이익을 침해하지 않는 범위에서 구체적 사정에 따라 합목적적으로 인정하여야 한다. (O)

06 정답 ④

☑ 함께 정리하기 행정절차의 하자

행정절차법
▷ 절차상 하자 있는 행정행위의 효력 규정×
청문일시 불출석을 이유로 청문을 실시하지 아니한 침해적 행정처분
▷ 위법
적극설
▷ 반드시 동일한 결정에 도달×
민원조정위원회 회의일정 민원인에 사전통지×
▷ 처분 당연히 위법한 것×

① [O] 「행정절차법」에는 절차상 하자 있는 행정처분의 법적 효력에 관한 별도의 규정을 두고 있지 않다. 이처럼 명문규정이 없어 절차상 하자를 독자적 위법사유로 인정할 수 있는지에 대해서 견해가 대립한다.

② [O] 행정절차법 제21조 제4항 제3호는 침해적 행정처분을 할 경우 청문을 실시하지 않을 수 있는 사유로서 "당해 처분의 성질상 의견청취가 현저히 곤란하거나 명백히 불필요하다고 인정될 만한 상당한 이유가 있는 경우"를 규정하고 있으나, 여기에서 말하는 '의견청취가 현저히 곤란하거나 명백히 불필요하다고 인정될 만한 상당한 이유가 있는지 여부'는 당해 행정처분의 성질에 비추어 판단하여야 하는 것이지, 청문통지서의 반송 여부, 청문통지의 방법 등에 의하여 판단할 것은 아니며, 또한 행정처분의 상대방이 통지된 청문일시에 불출석하였다는 이유만으로 행정청이 관계 법령상 그 실시가 요구되는 청문을 실시하지 아니한 채 침해적 행정처분을 할 수는 없을 것이므로, 행정처분의 상대방에 대한 청문통지서가 반송되었다거나, 행정처분의 상대방이 청문일시에 불출석하였다는 이유로 청문을 실시하지 아니하고 한 침해적 행정처분은 위법하다(대판 2001.4.13. 2000두3337).

③ [O] 절차상의 하자를 독자적 취소의 사유로 인정하는 견해(적극설)은 절차상의 하자만을 이유로도 행정행위는 위법하다는 견해이다. 적극설의 논거로는 ㉠ 행정의 법률적합성원칙에 따라 행정행위는 내용상으로 뿐만 아니라 절차상으로도 적법해야 한다는 점, ㉡ 당해 처분을 취소한 후 행정청이 적법한 절차를 거쳐 재처분을 하는 경우에 반드시 전과 동일한 처분을 한다고 단정할 수 없다는 점, ㉢ 「행정소송법」 제30조 제3항이 취소판결의 기속력이 신청에 따른 처분이 절차의 위법을 이유로 취소되는 경우에도 준용하도록 규정하는 점, ㉣ 행정절차의 하자가 있음에도 행정행위의 취소 내지 무효확인을 부인한다면 행정절차 의무화의 취지를 몰각시키는 점 등을 들 수 있다.

❹ [X] 민원사무를 처리하는 행정기관이 민원 1회 방문 처리제를 시행하는 절차의 일환으로 민원사항의 심의·조정 등을 위한 민원조정위원회를 개최하면서 민원인에게 회의일정 등을 사전에 통지하지 아니하였다 하더라도, 이러한 사정만으로 곧바로 민원사항에 대한 행정기관의 장의 거부처분에 취소사유에 이를 정도의 흠이 존재한다고 보기는 어렵다(대판 2015.8.27. 2013두1560).

07 　　　　　　　　　　　　　　　　　　 정답 ③

☑ **함께 정리하기 행정절차**

변호사가 징계위원회 출석하여 징계대상자 위하여 의견진술
▷ 방어권 행사의 본질적 내용
거부처분시 이유제시의 정도
▷ 당사자가 그 근거를 알 수 있을 정도면 足
교육부장관이 부적격사유 없는 후보자 중 어떤 후보자를 총장 임용제청
▷ 이유제시의무 다한 것
관계행정청과의 협의의 의미가 자문인 경우 협의 누락
▷ 취소사유의 하자

① [O] 징계절차에도 변호인의 조력권이 인정되므로, 징계와 같은 불이익처분절차에서 징계심의대상자가 선임한 변호사가 징계위원회에 출석하여 징계심의대상자를 위하여 필요한 의견을 진술하는 것을 행정청은 거부할 수 없다.

> 「행정절차법」제11조【대표자】④ 대표자는 각자 그를 대표자로 선정한 당사자등을 위하여 행정절차에 관한 모든 행위를 할 수 있다. 다만, 행정절차를 끝맺는 행위에 대하여는 당사자등의 동의를 받아야 한다.
> 제12조【대리인】① 당사자등은 다음 각 호의 어느 하나에 해당하는 자를 대리인으로 선임할 수 있다.
> 3. 변호사
> ② 대리인에 관하여는 제11조 제3항·제4항 및 제6항을 준용한다.

> 행정절차법령의 규정과 취지, 헌법상 법치국가원리와 적법절차원칙에 비추어 징계와 같은 불이익처분절차에서 징계심의대상자에게 변호사를 통한 방어권의 행사를 보장하는 것이 필요하고, 징계심의대상자가 선임한 변호사가 징계위원회에 출석하여 징계심의대상자를 위하여 필요한 의견을 진술하는 것은 방어권 행사의 본질적 내용에 해당하므로, 행정청은 특별한 사정이 없는 한 이를 거부할 수 없다(대판 2018.3.13. 2016두33339).

② [O] 행정절차법 제23조 제1항은 행정청은 처분을 하는 때에는 당사자에게 그 근거와 이유를 제시하여야 한다고 규정하고 있는 바, 일반적으로 당사자가 근거규정 등을 명시하여 신청하는 인·허가 등을 거부하는 처분을 함에 있어 당사자가 그 근거를 알 수 있을 정도로 상당한 이유를 제시한 경우에는 당해 처분의 근거 및 이유를 구체적 조항 및 내용까지 명시하지 않았더라도 그로 말미암아 그 처분이 위법한 것이 된다고 할 수 없다(대판 2002.5.17. 2000두8912).

❸ [X] 복수의 총장후보자에 대한 교육부장관의 임용제청과 관련하여 부적격 후보자의 임용제청 배제의 경우 부적격사유를 구체적으로 제시할 의무가 있으나, 부적격사유가 없는 후보자들 중 보다 적합한 자를 임용제청하는 경우에는 개별 평가결과를 구체적으로 밝힐 의무는 없다.

> 교육부장관이 어떤 후보자를 총장 임용에 부적격하다고 판단하여 배제하고 다른 후보자를 임용제청하는 경우라면 배제한 후보자에게 연구윤리 위반, 선거부정, 그 밖의 비위행위 등과 같은 부적격사유가 있다는 점을 구체적으로 제시할 의무가 있다. 그러나 부적격사유가 없는 후보자들 사이에서 어떤 후보자를 상대적으로 더욱 적합하다고 판단하여 임용제청하는 경우라면, 이는 후보자의 경력, 인격, 능력, 대학운영계획 등 여러 요소를 종합적으로 고려하여 총장 임용의 적격성을 정성적으로 평가하는 것으로 그 판단 결과를 수치화하거나 이유제시를 하기 어려울 수 있다. 이 경우에는 교육부장관이 어떤 후보자를 총장으로 임용제청하는 행위 자체에 그가 총장으로 더욱 적합하다는 정성적 평가 결과가 당연히 포함되어 있는 것으로, 이로써 행정절차법상 이유제시의무를 다한 것이라고 보아야 한다. 여기에서 나아가 교육부장관에게 개별 심사항목이나 고려요소에 대한 평가 결과를 더 자세히 밝힐 의무까지는 없다(대판 2018.6.15. 2016두57564).

④ [O] 국방·군사시설 사업에 관한 법률 및 구 산림법(2002.12.30. 법률 제6841호로 개정되기 전의 것)에서 보전임지를 다른 용도로 이용하기 위한 사업에 대하여 승인 등 처분을 하기 전에 미리 산림청장과 협의를 하라고 규정한 의미는 그의 자문을 구하라는 것이지 그 의견을 따라 처분을 하라는 의미는 아니라 할 것이므로, 이러한 협의를 거치지 아니하였다고 하더라도 이는 당해 승인처분을 취소할 수 있는 원인이 되는 하자 정도에 불과하고 그 승인처분이 당연무효가 되는 하자에 해당하는 것은 아니라고 봄이 상당하다(대판 2006.6.30. 2005두14363).

08 　　　　　　　　　　　　　　　　　　 정답 ④

☑ **함께 정리하기 정보공개**

정보공개 청구권자
▷ 모든 국민
사립대학교
▷ 정보공개의무를 지는 공공기관○
청구인의 비공개 결정에 대한 불복
▷ 이의신청, 행정심판, 행정소송 可
제3자의 비공개 요청
▷ 공개결정 可

① [X] 모든 국민은 정보의 공개를 청구할 권리를 가진다. 따라서 이해관계가 있어야만 정보공개청구권을 가지는 것은 아니다.

> 정보공개청구권은 법률상 보호되는 구체적인 권리이므로 청구인이 공공기관에 대하여 정보공개를 청구하였다가 거부처분을 받은 것 자체가 법률상 이익의 침해에 해당한다고 할 것이고, 거부처분을 받은 것 이외에 추가로 어떤 법률상의 이익을 가질 것을 요구하는 것은 아니다(대판 2004.9.23. 2003두1370).

② [×] 정보공개 의무기관을 정하는 것은 입법자의 입법형성권에 속하고, 이에 따라 입법자는 구 공공기관의 정보공개에 관한 법률 제2조 제3호에서 정보공개 의무기관을 공공기관으로 정하였는바, 공공기관은 국가기관에 한정되는 것이 아니라 지방자치단체, 정부투자기관, 그 밖에 공동체 전체의 이익에 중요한 역할이나 기능을 수행하는 기관도 포함되는 것으로 해석되고, 여기에 정보공개의 목적, 교육의 공공성 및 공·사립학교의 동질성, 사립대학교에 대한 국가의 재정지원 및 보조 등 여러 사정을 고려해 보면, 사립대학교에 대한 국비 지원이 한정적·일시적·국부적이라는 점을 고려하더라도, 같은 법 시행령 제2조 제1호가 정보공개의무를 지는 공공기관의 하나로 사립대학교를 들고 있는 것이 모법인 구 공공기관의 정보공개에 관한 법률의 위임 범위를 벗어났다거나 사립대학교가 국비의 지원을 받는 범위 내에서만 공공기관의 성격을 가진다고 볼 수 없다(대판 2006.8.24. 2004두2783).

③ [×] 청구인이 정보공개와 관련한 공공기관의 비공개 결정에 대하여 불복이 있는 때에는 이의신청, 행정심판, 행정소송을 제기할 수 있다(동법 제18조, 제19조, 제20조).

❹ [○] 제3자가 비공개요청을 한 것만으로는 비공개사유에 해당하는 것으로 볼 수 없다.

> 정보공개법 제9조 제1항은 "공공기관이 보유·관리하는 정보는 공개대상이 된다. 다만, 다음 각 호의 1에 해당하는 정보에 대하여는 이를 공개하지 아니할 수 있다."고 규정하고 있는바, 정보공개법의 입법 취지 및 위와 같은 규정 형식에 비추어 보면, 여기에서 말하는 공공기관이 보유·관리하는 정보라 함은 당해 공공기관이 작성하여 보유·관리하고 있는 정보뿐만 아니라 경위를 불문하고 당해 공공기관이 보유·관리하고 있는 모든 정보를 의미한다고 할 것이므로, 제3자와 관련이 있는 정보라고 하더라도 당해 공공기관이 이를 보유·관리하고 있는 이상 정보공개법 제9조 제1항 단서 각 호의 비공개사유에 해당하지 아니하면 정보공개의 대상이 되는 정보에 해당한다(대판 2008.9.25. 2008두8680).

09   정답 ③

> ☑ 함께 정리하기 **실효성확보수단**
>
> 위법행위 결과 소멸
> ▷ 시정명령 不可
> 건축법상 이행강제금
> ▷ 이중처벌금지원칙에서의 처벌에 포함×
> 행정상 제재
> ▷ 법령상 책임자에게 고의·과실 없어도 부과 可
> 위법건축물임을 이유로 이를 이용한 영업의 허가제한
> ▷ 부당결부금지위반×

ㄱ. [○] 이익침해적 제재규정의 엄격해석원칙 등에 비추어 볼 때, 비록 위 법 제13조 등의 위반행위가 있었더라도 그 위반행위의 결과가 더 이상 존재하지 않는다면 위 법 제25조 제1항에 의한 시정명령은 할 수 없다고 보아야 한다(대판 2011.3.10. 2009두1990).

ㄴ. [○] 이행강제금은 일정한 기한까지 의무를 이행하지 않을 때에는 일정한 금전적 부담을 과할 뜻을 미리 계고함으로써 의무자에게 심리적 압박을 주어 장래에 그 의무를 이행하게 하려는 행정상 간접적인 강제집행 수단의 하나로서 과거의 일정한 법률위반 행위에 대한 제재로서의 형벌이 아니라 장래의 의무이행의 확보를 위한 강제수단일 뿐이어서 범죄에 대하여 국가가 형벌권을 실행한다고 하는 과벌에 해당하지 아니하므로 헌법 제13조 제1항이 금지하는 이중처벌금지의 원칙이 적용될 여지가 없을 뿐 아니라, 건축법 제108조, 제110조에 의한 형사처벌의 대상이 되는 행위와 이 사건 법률조항에 따라 이행강제금이 부과되는 행위는 기초적 사실관계가 동일한 행위가 아니라 할 것이므로 이런 점에서도 이 사건 법률조항이 헌법 제13조 제1항의 이중처벌금지의 원칙에 위반되지 아니한다(헌재 2011.10.25. 2009헌바140).

ㄷ. [○] 행정법규 위반에 대한 제재조치는 행정목적의 달성을 위하여 행정법규 위반이라는 객관적 사실에 착안하여 가하는 제재이므로, 반드시 현실적인 행위자가 아니라도 법령상 책임자로 규정된 자에게 부과되고, 특별한 사정이 없는 한 위반자에게 고의나 과실이 없더라도 부과할 수 있다. 이러한 법리는 대부업법 제13조 제1항이 정하는 대부업자등의 불법추심행위를 이유로 한 영업정지 처분에도 마찬가지로 적용된다고 보아야 한다(대판 2017.5.11. 2014두8773).

ㄹ. [×] 법령에 근거한 행위이며 부당결부금지원칙에 위반되지 않는다.

> 「건축법」 제79조【위반 건축물 등에 대한 조치 등】① 허가권자는 이 법 또는 이 법에 따른 명령이나 처분에 위반되는 대지나 건축물에 대하여 이 법에 따른 허가 또는 승인을 취소하거나 그 건축물의 건축주·공사시공자·현장관리인·소유자·관리자 또는 점유자(이하 "건축주등"이라 한다)에게 공사의 중지를 명하거나 상당한 기간을 정하여 그 건축물의 철거·개축·증축·수선·용도변경·사용금지·사용제한, 그 밖에 필요한 조치를 명할 수 있다.
> ② 허가권자는 제1항에 따라 허가나 승인이 취소된 건축물 또는 제1항에 따른 시정명령을 받고 이행하지 아니한 건축물에 대하여는 다른 법령에 따른 영업이나 그 밖의 행위를 허가·면허·인가·등록·지정 등을 하지 아니하도록 요청할 수 있다. 다만, 허가권자가 기간을 정하여 그 사용 또는 영업, 그 밖의 행위를 허용한 주택과 대통령령으로 정하는 경우에는 그러하지 아니하다.
> ③ 제2항에 따른 요청을 받은 자는 특별한 이유가 없으면 요청에 따라야 한다.

10 정답 ②

① [○] 가변차로에 설치된 두 개의 신호등에서 서로 모순되는 신호가 들어오는 오작동이 발생하였고 그 고장이 현재의 기술수준상 부득이한 것이라고 가정하더라도 그와 같은 사정만으로 손해발생의 예견가능성이나 회피가능성이 없어 영조물의 하자를 인정할 수 없는 경우라고 단정할 수 없다(대판 2001.7.27. 2000다56822).

> **유제** 10. 지방직 9급 가변차로에 설치된 2개의 신호등에서 서로 모순된 신호가 들어오는 오작동이 발생하였고 그 고장이 현재의 기술수준상 부득이 하다는 사정만으로 영조물의 하자가 면책되는 것은 아니다. (○)

❷ [×] 한국토지공사는 이러한 법령의 위탁에 의하여 대집행을 수권받은 자로서 공무인 대집행을 실시함에 따르는 권리·의무 및 책임이 귀속되는 행정주체의 지위에 있다고 볼 것이지 지방자치단체 등의 기관으로서 국가배상법 제2조 소정의 공무원에 해당한다고 볼 것은 아니다(대판 2010.1.28. 2007다82950·82967).

③ [○] 광역시와 국가 모두가 도로의 점유자 및 관리자, 비용부담자로서의 책임을 중첩적으로 지는 경우에는, 광역시와 국가 모두가 국가배상법 제6조 제2항 소정의 궁극적으로 손해를 배상할 책임이 있는 자라고 할 것이고, 결국 광역시와 국가의 내부적인 부담 부분은, 그 도로의 인계·인수경위, 사고의 발생 경위, 광역시와 국가의 그 도로에 관한 분담비용 등 제반 사정을 종합하여 결정함이 상당하다(대판 1998.7.10. 96다42819).

④ [○] 대전광역시장은 대전 대덕구 주식회사 연합물산 앞 왕복 6차로 도로에 횡단보도와 신호기를 설치한 사실, 위 신호기의 관리권한은 도로교통법 시행령 제71조의2 제1항의 규정에 의하여 충남지방경찰청장에게 위임되어 대전광역시 소속 공무원과 충남지방경찰청 소속 공무원이 합동근무하는 교통종합관제센터에서 그 관리업무를 담당한 사실, 1996.10.2. 밤 낙뢰로 위 신호기에 고장이 발생하여 … 신호기가 고장난 채 방치되어 있던 중 1996.10.3. 15:40경 보행자신호기의 녹색등을 보고 횡단보도를 건너던 원고가 차량신호기의 녹색등을 보고 도로를 주행하던 승용차에 충격 되어 상해를 입는 교통사고가 발생한 사실을 인정할 수 있는바, 사고 전날 낙뢰로 인한 신호기의 고장을 피고 소속 경찰관들이 순찰 등을 통하여 스스로 발견하지 못하고, 고장사실이 3차례에 걸쳐 신고되었음에도 불구하고 사고를 방지하기 위한 아무런 조치가 취해지지 않은 채 위 신호기가 고장난 상태로 장시간 방치된 점은 과실로 인정되고, 피고인 국가는 국가배상법 제6조 소정의 비용부담자로서의 배상책임이 있다(대판 1999.6.25. 99다11120).

11 정답 ①

❶ [○] 잔여지에 대하여 현실적 이용상황 변경 또는 사용가치 및 교환가치의 하락 등이 발생하였더라도, 그 손실이 토지의 일부가 공익사업에 취득되거나 사용됨으로 인하여 발생하는 것이 아니라면 특별한 사정이 없는 한 토지보상법 제73조 제1항 본문에 따른 잔여지 손실보상 대상에 해당한다고 볼 수 없다(대판 2017.7.11. 2017두40860).

② [×]
> 「공익사업을 위한 토지 등의 취득 및 보상에 관한 법률」 제74조【잔여지 등의 매수 및 수용 청구】 ① 동일한 소유자에게 속하는 일단의 토지의 일부가 협의에 의하여 매수되거나 수용됨으로 인하여 잔여지를 종래의 목적에 사용하는 것이 현저히 곤란할 때에는 해당 토지소유자는 사업시행자에게 잔여지를 매수하여 줄 것을 청구할 수 있으며, 사업인정 이후에는 관할 토지수용위원회에 수용을 청구할 수 있다. 이 경우 수용의 청구는 매수에 관한 협의가 성립되지 아니한 경우에만 할 수 있으며, 사업완료일까지 하여야 한다.

③ [×] 헌법 제23조 제3항에 따른 정당한 보상이란 원칙적으로 피수용재산의 객관적인 재산가치를 완전하게 보상하여야 한다는 완전보상을 뜻하는 것인데, … 잔여건물에 대하여 보수만으로 보전될 수 없는 가치하락이 있는 경우에는, … 공공용지의 취득 및 손실보상에 관한 특례법 시행규칙 제26조 제2항을 유추적용하여 잔여건물의 가치하락분에 대한 감가보상을 인정함이 상당하다(대판 2001.9.25. 2000두2426).

④ [×] 토지소유자가 사업시행자로부터 공익사업법 제73조에 따른 잔여지 가격감소 등으로 인한 손실보상을 받기 위해서는 공익사업법 제34조, 제50조 등에 규정된 재결절차를 거친 다음 그 재결에 대하여 불복이 있는 때에 비로소 공익사업법 제83조 내지 제85조에 따라 권리구제를 받을 수 있을 뿐, 이러한 재결절차를 거치지 않은 채 곧바로 사업시행자를 상대로 손실보상을 청구하는 것은 허용되지 않는다고 봄이 상당하고, 이는 수용대상토지에 대하여 재결절차를 거친 경우에도 마찬가지라 할 것이다(대판 2012.11.29. 2011두22587).

12 정답 ④

> 📋 **함께 정리하기 손실보상**
>
> 손실보상액
> ▷ 수용재결당시기준/공익사업으로 인한 가격변동 고려×
> 수용재결의 이의재결을 거친 경우 항고소송대상
> ▷ 수용재결
> 잔여지수용청구 거부한 토지수용위 재결 불복
> ▷ 보상금증감청구소송
> 사업인정과 수용재결
> ▷ 하자승계×

① [×]

> 「**공익사업을 위한 토지 등의 취득 및 보상에 관한 법률」 제
> 67조【보상액의 가격시점 등】** ① 보상액의 산정은 협의
> 에 의한 경우에는 협의 성립 당시의 가격을, 재결에 의한
> 경우에는 수용 또는 사용의 재결 당시의 가격을 기준으로
> 한다.
> ② 보상액을 산정할 경우에 해당 공익사업으로 인하여 토
> 지등의 가격이 변동되었을 때에는 이를 고려하지 아니한다.

② [×] 원처분주의에 따라 원처분인 수용재결이 대상이 됨이 원칙이
다(「행정소송법」 제19조).

> 이의신청을 거친 경우에도 수용재결을 한 중앙토지수용위원
> 회 또는 지방토지수용위원회를 피고로 하여 수용재결의 취소
> 를 구하여야 하고, 다만 이의신청에 대한 재결 자체에 고유
> 한 위법이 있음을 이유로 하는 경우에는 그 이의재결을 한
> 중앙토지수용위원회를 피고로 하여 이의재결의 취소를 구할
> 수 있다고 보아야 한다(대판 2010.1.28. 2008두1504).

> **유제** 14. 국회직 8급 수용재결에 불복하여 이의신청을 거친 후 취소소
> 송을 제기하는 경우 취소소송의 대상은 수용재결이 아니라 이의재결이
> 다. (×)

③ [×] 잔여지 수용청구권은 손실보상의 일환으로 토지소유자에게 부
여되는 권리로서 그 요건을 구비한 때에는 잔여지를 수용하는
토지수용위원회의 재결이 없더라도 그 청구에 의하여 수용의
효과가 발생하는 형성권적 성질을 가지므로, 잔여지 수용청구
를 받아들이지 않은 토지수용위원회의 재결에 대하여 토지소
유자가 불복하여 제기하는 소송은 위 법 제85조 제2항에 규
정되어 있는 '보상금의 증감에 관한 소송'에 해당하여 사업시
행자를 피고로 하여야 한다(대판 2010.8.19. 2008두822).

❹ [○] 판례는 사업인정과 수용재결 간 하자승계를 부정한다.

> 사업인정단계에서의 하자를 다투지 아니하여 이미 쟁송기간
> 이 도과한 수용재결단계에 있어서는 위 사업인정처분에 중대
> 하고 명백한 하자가 있어 당연무효라고 볼 만한 특단의 사정
> 이 없다면 그 처분의 불가쟁력에 의하여 사업인정처분의 위
> 법·부당함을 이유로 수용재결처분의 취소를 구할 수 없다
> (대판 1987.9.8. 87누395).

13 정답 ③

> 📋 **함께 정리하기 대상적격**
>
> 과세관청의 소득금액변동통지
> ▷ 원천징수의무자에 대한 처분○
> 토지대장 직권말소행위
> ▷ 처분○
> 무허가건물관리대장 삭제
> ▷ 처분×
> 국가보훈처장의 유족에 대한 서훈취소통보
> ▷ 처분×

① [○] 과세관청의 소득처분과 그에 따른 소득금액변동통지가 있는 경
우 원천징수의무자인 법인으로서는 소득금액 변동통지서에 기
재된 소득처분의 내용에 따라 원천징수세액을 그 다음달 10일
까지 관할 세무서장 등에게 납부하여야 할 의무를 부담하며, 만
일 이를 이행하지 아니하는 경우에는 가산세의 제재를 받게 됨
은 물론이고 형사처벌까지 받도록 규정되어 있는 점에 비추어
보면, 소득금액변동통지는 원천징수의무자인 법인의 납세의무
에 직접영향을 미치는 과세관청의 행위로서, 항고소송의 대상이
되는 조세행정처분이라고 봄이 상당하다(대판 2006.4.20.
2002두1878 전합).

② [○] 토지대장은 토지에 대한 공법상의 규제, 개발부담금의 부과대
상, 지방세의 과세대상, 공시지가의 산정, 손실보상가액의 산
정 등 토지행정의 기초자료로서 공법상의 법률관계에 영향을
미칠 뿐만 아니라, 토지에 관한 소유권보존등기 또는 소유권이
전등기를 신청하려면 이를 등기소에 제출해야 하는 점 등을
종합해 보면, 토지대장은 토지의 소유권을 제대로 행사하기 위
한 전제요건으로서 토지 소유자의 실체적 권리관계에 밀접하
게 관련되어 있으므로, 이러한 토지대장을 직권으로 말소한 행
위는 국민의 권리관계에 영향을 미치는 것으로서 항고소송의
대상이 되는 행정처분에 해당한다(대판 2013.10.24. 2011두
13286).

❸ [×] 관할청이 무허가건물의 무허가건물관리대장 등재요건에 관
한 오류를 바로잡으면서 당해 무허가건물을 무허가건물관리대
장에서 삭제하는 행위는 다른 특별한 사정이 없는 한 항고소
송의 대상이 되는 행정처분이 아니다(대판 2009.3.12. 2008
두11525).

④ [○] 서훈은 어디까지나 서훈대상자 본인의 공적과 영예를 기리기
위한 것이므로 비록 유족이라고 하더라도 제3자는 서훈수여
처분의 상대방이 될 수 없고, 구 상훈법 등에 따라 망인을 대
신하여 단지 사실행위로서 훈장 등을 교부받거나 보관할 수
있는 지위에 있을 뿐이다. 이러한 서훈의 일신전속적 성격은
서훈취소의 경우에도 마찬가지이므로, 망인에게 수여된 서훈
의 취소에서도 유족은 그 처분의 상대방이 되는 것이 아니다.
이와 같이 망인에 대한 서훈취소는 유족에 대한 것이 아니므
로 유족에 대한 통지에 의해서만 성립하여 효력이 발생한다고
볼 수 없고, 그 결정이 처분권자의 의사에 따라 상당한 방법으
로 대외적으로 표시됨으로써 행정행위로서 성립하여 효력이
발생한다고 봄이 타당하다(대판 2006.11.9. 2006다23503).

14 정답 ②

☑ 함께 정리하기 **변경처분**

경정청구기간 도과 후 제기된 경정청구 거절
▷ 거부처분×
증액경정처분
▷ 증액경정처분이 대상적격○, 당초 신고의 위법사유 주장 可
증액경정
▷ 흡수되어 소멸한 당초 처분의 절차적 하자 승계×
감액경정처분
▷ 처음의 부과처분 중 취소되지 않고 남은 부분 대상적격○

① [○] 구 국세기본법 제45조의2 제2항은 '국세의 과세표준 및 세액의 결정을 받은 자는 각 호의 어느 하나에 해당하는 사유가 발생하였을 때에는 그 사유가 발생한 것을 안 날부터 2개월 이내에 경정을 청구할 수 있다'고 규정하고 있는바, 경정청구 기간이 도과한 후에 제기된 경정청구는 부적법하여 과세관청이 과세표준 및 세액을 결정 또는 경정하거나 거부처분을 할 의무가 없으므로, 과세관청이 경정을 거절하였다고 하더라도 이를 항고소송의 대상이 되는 거부처분으로 볼 수 없다(대판 2017.8.23. 2017두38812).

❷ [×] 증액경정처분이 있는 경우 당초 신고나 결정은 증액경정처분에 흡수됨으로써 독립된 존재가치를 잃게 된다고 보아야 할 것이므로, 원칙적으로는 당초 신고나 결정에 대한 불복기간의 경과 여부 등에 관계없이 증액경정처분만이 항고소송의 심판대상이 되고, 납세의무자는 그 항고소송에서 당초 신고나 결정에 대한 위법사유도 함께 주장할 수 있다(대판 2009.5.14. 2006두17390).

③ [○] 증액경정처분이 있는 경우 당초 처분은 증액경정처분에 흡수되어 소멸하고, 소멸한 당초 처분의 절차적 하자는 존속하는 증액경정처분에 승계되지 아니한다(대판 2010.6.24. 2007두16493).

④ [○] 과세표준과 세액을 감액하는 경정처분은 당초의 부과처분과 별개 독립의 과세처분이 아니라 그 실질은 당초의 부과처분의 변경이고, 그에 의하여 세액의 일부 취소라는 납세자에게 유리한 효과를 가져 오는 처분이므로, 그 경정처분으로도 아직 취소되지 아니하고 남아 있는 부분이 위법하다 하여 다투는 경우, 항고소송의 대상은 당초의 부과처분 중 경정처분에 의하여 아직 취소되지 않고 남은 부분이고, 그 경정처분이 항고소송의 대상이 되는 것은 아니며, 이 경우 적법한 전심절차를 거쳤는지 여부도 당초 처분을 기준으로 판단하여야 한다(대판 2009.5.28. 2006두16403).

15 정답 ③

☑ 함께 정리하기 **항고소송의 원고적격**

국가
▷ 원고적격 無
국가기관
▷ 원고적격 無(원칙) But 시·도 선거관리위원장
▷ 원고적격 인정
법인의 주주
▷ 원칙적 원고적격 부정/예외적 인정 可
교육부장관의 임시이사선임취소소송
▷ 대학교수협의회 & 총학생회 원고적격 有

① [×] 국가는 지방자치단체의 기관위임사무에 대해서는 직무이행명령과 대집행(동법 제170조) 등 감독권을 행사하여 자신의 의사를 관철시킬 수 있으므로 항고소송의 원고적격을 인정할 필요가 없다.

> 건설교통부장관은 지방자치단체의 장이 기관위임사무인 국토이용계획 사무를 처리함에 있어 자신과 의견이 다를 경우 행정협의조정위원회에 협의·조정 신청을 하여 그 협의·조정 결정에 따라 의견불일치를 해소할 수 있고, 법원에 의한 판결을 받지 않고서도 행정권한의 위임 및 위탁에 관한 규정이나 구 지방자치법에서 정하고 있는 지도·감독을 통하여 직접 지방자치단체의 장의 사무처리에 대하여 시정명령을 발하고 그 사무처리를 취소 또는 정지할 수 있으며, 지방자치단체의 장에게 기간을 정하여 직무이행명령을 하고 지방자치단체의 장이 이를 이행하지 아니할 때에는 직접 필요한 조치를 할 수도 있으므로, 국가가 국토이용계획과 관련한 지방자치단체의 장의 기관위임사무의 처리에 관하여 지방자치단체의 장을 상대로 취소소송을 제기하는 것은 허용되지 않는다(대판 2007.9.20. 2005두6935).

② [×] 법률상 이익이 있는 자는 법인격 있는 주체를 의미하므로, 독립된 법인격이 없는 국가기관은 국가의 산하기관에 불과할 뿐 법률관계의 주체가 아니므로 항고소송의 원고적격을 인정받을 수 없는 것이 원칙이다. 그러나 판례는 경기도선거관리위원회 위원장이 국민권익위원회의 조치요구의 취소를 구하는 항고소송을 제기한 사건에서 법령상 국민권익위원회의 조치요구를 다툴 별다른 방법이 없는 관계로 원고적격을 인정하였다.

> 甲(乙시·도 선거관리위원회 소속 직원)이 국민권익위원회에 부패방지 및 국민권익위원회의 설치와 운영에 관한 법률(이하 '국민권익위원회법'이라 한다)에 따른 신고와 신분보장조치를 요구하였고, 국민권익위원회가 甲의 소속기관 장인 乙시·도선거관리위원회 위원장에게 '甲에 대한 중징계요구를 취소하고 향후 신고로 인한 신분상 불이익처분 및 근무조건상의 차별을 하지 말 것을 요구'하는 내용의 조치요구를 한 사안에서, 국가기관 일방의 조치요구에 불응한 상대방 국가기관에 국민권익위원회법상의 제재규정과 같은 중대한 불이익을 직접적으로 규정한 다른 법령의 사례를 찾아보기 어려운 점, 그럼에도 乙이 국민권익위원회의 조치요구를 다툴 별다른 방법이 없는 점 등에 비추어 보면, 처분성이 인정되는 위 조치요구에 불복하고자 하는 乙로서는 조치요구의 취소를 구하는 항고소송을 제기하는 것이 유효·적절한 수단이므로 비록 乙이 국가기관이더라도 당사자능력 및 원고적격을 가진다(대판 2013.7.25. 2011두1214).

❸ [O] 법인의 주주는 법인에 대한 행정처분에 관하여 사실상이나 간접적인 이해관계를 가질 뿐이어서 스스로 그 처분의 취소를 구할 원고적격이 없는 것이 원칙이라고 할 것이지만, 그 처분으로 인하여 법인이 더 이상 영업 전부를 행할 수 없게 되고, 영업에 대한 인·허가의 취소 등을 거쳐 해산·청산되는 절차 또한 처분 당시 이미 예정되어 있으며, 그 후속절차가 취소되더라도 그 처분의 효력이 유지되는 한 당해 법인이 종전에 행하던 영업을 다시 행할 수 없는 예외적인 경우에는 주주도 그 처분에 관하여 직접적이고 구체적인 법률상 이해관계를 가진다고 보아 그 효력을 다툴 원고적격이 있다(대판 2005.1.27. 2002두5313).

④ [X] 교육부장관이 사학분쟁조정위원회의 심의를 거쳐 甲대학교를 설치·운영하는 乙학교법인의 이사 8인과 임시이사 1인을 선임한 데 대하여 甲대학교 교수협의회와 총학생회 등이 이사선임처분의 취소를 구하는 소송을 제기한 사안에서, 임시이사제도의 취지, 교직원·학생 등의 학교운영에 참여할 기회를 부여하기 위한 개방이사제도에 관한 법령의 규정 내용과 입법 취지 등을 종합하여 보면, 구 사립학교법과 구 사립학교법 시행령 및 乙법인 정관 규정은 헌법 제31조 제4항에 정한 교육의 자주성과 대학의 자율성에 근거한 甲대학교 교수협의회와 총학생회의 학교운영참여권을 구체화하여 이를 보호하고 있다고 해석되므로, 甲대학교 교수협의회와 총학생회는 이사선임처분을 다툴 법률상 이익을 가진다(대판 2015.7.23. 2012두19496·19502).

---

16 정답 ②

📋 **함께 정리하기 행정소송과 행정심판의 관계**

사실심변론종결 전
▷ 하자 치유 可
부적법한 심판제기
▷ 행정소송 부적법
동일한 처분
▷ 행정심판 청구인과 행정소송 원고의 일치 不要
부당이득금 부과처분 전심절차 거치면 가산금 징수처분도 쟁송제기 可

① [O] 전심절차를 밟지 아니한 채 증여세부과처분취소소송을 제기하였다면 제소당시로 보면 전치요건을 구비하지 못한 위법이 있다 할 것이지만, 소송계속중 심사청구 및 심판청구를 하여 각 기각결정을 받았다면 원심변론종결일당시에는 위와 같은 전치요건흠결의 하자는 치유되었다고 볼 것이다(대판 1987.4.28. 86누29).

유제 10. 세무사 제소시까지 행정심판전치요건을 구비하지 못한 경우 당해 소송은 부적법한 것으로서 각하 된다. (×)

❷ [X] 행정심판청구가 기간도과로 인해 부적법한 경우 그 부적법을 간과한 채 실질적 재결을 하였더라도 행정소송은 부적법 각하 된다.

행정처분의 취소를 구하는 항고소송의 전심절차인 행정심판청구가 기간도과로 인하여 부적법한 경우에는 행정소송 역시 전치의 요건을 충족치 못한 것이 되어 부적법 각하를 면치 못하는 것이고, 이 점은 행정청이 행정심판의 제기기간을 도과한 부적법한 심판에 대하여 그 부적법을 간과한 채 실질적 재결을 하였다 하더라도 달라지는 것이 아니다(대판 1991.6.25. 90누8091).

유제 11. 세무사 제기기간을 도과한 부적법한 심판청구이더라도 재결기관이 본안재결을 한 경우에는 행정심판전치요건을 충족한 것으로 본다. (×)

③ [O] 동일한 행정처분에 의하여 여러 사람이 동일한 의무를 부담하는 경우 그 중 한 사람이 적법한 행정심판을 제기하여 행정처분청으로 하여금 그 행정처분을 시정할 수 있는 기회를 가지게 한 이상 나머지 사람은 행정심판을 거치지 아니하더라도 행정소송을 제기할 수 있다(대판 1988.2.23. 87누704).

④ [O] 하천구역의 무단 점용을 이유로 부당이득금 부과처분과 가산금 징수처분을 받은 사람이 가산금 징수처분에 대하여 행정청이 안내한 전심절차를 밟지 않았다 하더라도 부당이득금 부과처분에 대하여 전심절차를 거친 이상 가산금 징수처분에 대하여도 부당이득금 부과처분과 함께 행정소송으로 다툴 수 있다(대판 2006.9.8. 2004두947).

---

17 정답 ④

📋 **함께 정리하기 소의 변경**

처분변경으로 인한 소 변경
▷ 안 날로부터 60일 내 신청
원고의 신청 要
당사자소송을 항고소송으로 변경하는 경우에도 인정
변경되는 청구가 필요적 행정심판전치대상
▷ 심판거칠 필요×

ㄱ. [O] 「행정소송법」 제22조 제1항·제2항에 대한 옳은 내용이다.

제22조 【처분변경으로 인한 소의 변경】 ① 법원은 행정청이 소송의 대상인 처분을 소가 제기된 후 변경한 때에는 원고의 신청에 의하여 결정으로써 청구의 취지 또는 원인의 변경을 허가할 수 있다.
② 제1항의 규정에 의한 신청은 처분의 변경이 있음을 안 날로부터 60일 이내에 하여야 한다.

ㄴ. [X] 소의 변경은 원고의 신청에 의하여야 한다.

「행정소송법」 제21조 【소의 변경】 ① 법원은 취소소송을 당해 처분등에 관계되는 사무가 귀속하는 국가 또는 공공단체에 대한 당사자소송 또는 취소소송 외의 항고소송으로 변경하는 것이 상당하다고 인정할 때에는 청구의 기초에 변경이 없는 한 사실심의 변론종결시까지 원고의 신청에 의하여 결정으로써 소의 변경을 허가할 수 있다.

ㄷ. [○]「행정소송법」 제42조에 대한 옳은 내용이다.

> **제42조【소의 변경】** 제21조의 규정은 당사자소송을 항고소송으로 변경하는 경우에 준용한다.

ㄹ. [×]

> **「행정소송법」 제22조【처분변경으로 인한 소의 변경】** ① 법원은 행정청이 소송의 대상인 처분을 소가 제기된 후 변경한 때에는 원고의 신청에 의하여 결정으로써 청구의 취지 또는 원인의 변경을 허가할 수 있다.
> ③ 제1항의 규정에 의하여 변경되는 청구는 제18조 제1항 단서의 규정에 의한 요건을 갖춘 것으로 본다.
> **제18조【행정심판과의 관계】** ① 취소소송은 법령의 규정에 의하여 당해 처분에 대한 행정심판을 제기할 수 있는 경우에도 이를 거치지 아니하고 제기할 수 있다. 다만, 다른 법률에 당해 처분에 대한 행정심판의 재결을 거치지 아니하면 취소소송을 제기할 수 없다는 규정이 있는 때에는 그러하지 아니하다.

18 　　　　　　　　　　　　　　　　정답 ③

> 📋 **함께 정리하기 당사자소송의 대상**
>
> 부가가치세 환급세액 지급청구○
> 무효과세처분을 원인으로 한 조세환급청구×
> 하천구역 편입토지 손실보상청구·손실보상청구권 확인소송○
> 국가배상청구소송
> ▷ 민사소송·재개발조합 조합원의 자격 인정 여부에 관한 다툼○

ㄱ. [○] 부가가치세법령의 내용, 형식 및 입법 취지 등에 비추어 보면, 납세의무자에 대한 국가의 부가가치세 환급세액 지급의무는 그 납세의무자로부터 어느 과세기간에 과다하게 거래징수된 세액 상당을 국가가 실제로 납부받았는지와 관계없이 부가가치세법령의 규정에 의하여 직접 발생하는 것으로서, 그 법적 성질은 정의와 공평의 관념에서 수익자와 손실자 사이의 재산상태 조정을 위해 인정되는 부당이득 반환의무가 아니라 부가가치세법령에 의하여 그 존부나 범위가 구체적으로 확정되고 조세 정책적 관점에서 특별히 인정되는 공법상 의무라고 봄이 타당하다. 그렇다면 납세의무자에 대한 국가의 부가가치세 환급세액 지급의무에 대응하는 국가에 대한 납세의무자의 부가가치세 환급세액 지급청구는 민사소송이 아니라 행정소송법 제3조 제2호에 규정된 당사자소송의 절차에 따라야 한다(대판 2013.3.21. 2011다95564 전합).

> **유제** 16. 변호사 국가의 부가가치세 환급세액 지급의무는 정의와 공평의 관념에서 수익자와 손실자 사이의 재산상태 조정을 위해 인정되는 부당이득 반환의무가 아니라 조세 정책적 관점에서 인정되는 공법상 의무이므로 국가에 대한 납세의무자의 부가가치세 환급세액 지급청구는 당사자소송에 의한다. (×)

ㄴ. [×] 과세처분이 취소되거나 당연무효인 경우의 과오납금은 국가가 법률상 원인 없이 보유하는 부당이득에 해당하므로 납세자는 당연히 그 환급을 청구할 권리가 있고 국세기본법 제51조에 의한 환급금결정이 있어야만 환급금청구권이 확정되는 것은 아니다(대판 1992.9.8. 92누4383).

> **유제** 12. 국가직 7급 조세부과처분의 당연무효를 전제로 한 기납부 세금의 반환청구는 당사자소송의 대상이다. (×)

ㄷ. [○] 하천구역 편입토지 보상에 관한 특별조치법에서는 소멸시효의 만료 등으로 보상청구권이 소멸되어 보상을 받지 못한 토지에 대하여 시·도지사가 그 손실을 보상하도록 규정하고 있는바, 위 손실보상청구권의 법적 성질은 공법상의 권리임이 분명하므로 그에 관한 쟁송은 민사소송이 아닌 행정소송절차에 의하여야 할 것이고, 위 손실보상청구권은 개정 특조법 제2조 소정의 토지가 하천구역으로 된 경우에 당연히 발생되는 것이지, 관리청의 보상금지급결정에 의하여 비로소 발생하는 것이 아니므로, 위 손실보상금의 지급을 구하거나 손실보상청구권의 확인을 구하는 소송은 행정소송법 제3조 제2호 소정의 당사자소송에 의하여야 할 것이다(대판 2006.11.9. 2006다23503).

ㄹ. [×] 국가배상책임은 공법상 당사자소송에 의하도록 하는 것이 이론상 타당하나, 판례(실무)는 국가배상청구소송을 민사소송으로 처리하고 있다.

ㅁ. [○] 구 도시재개발법(1995.12.29. 법률 제5116호로 전문 개정되기 전의 것)에 의한 재개발조합은 조합원에 대한 법률관계에서 적어도 특수한 존립목적을 부여받은 특수한 행정주체로서 국가의 감독하에 그 존립 목적인 특정한 공공사무를 행하고 있다고 볼 수 있는 범위 내에서는 공법상의 권리의무 관계에서 있다. 따라서 조합을 상대로 한 쟁송에 있어서 강제가입제를 특색으로 한 조합원의 자격 인정 여부에 관하여 다툼이 있는 경우에는 그 단계에서는 아직 조합의 어떠한 처분 등이 개입될 여지는 없으므로 공법상의 당사자소송에 의하여 그 조합원 자격의 확인을 구할 수 있다(대판 1996.2.15. 94다31235 전합).

19 　　　　　　　　　　　　　　　　정답 ④

> 📋 **함께 정리하기 행정심판법상 고지제도**
>
> 행정심판전치주의
> ▷ 예외 인정
> 심판청구기간을 알리지 않은 경우
> ▷ 처분이 있었던 날부터 180일 이내 제기 可
> 직권고지
> ▷ 처분 상대방에 대해서만 고지 要
> 신청고지시 처분성 고지 要

ㄱ. [○]「행정소송법」 제18조 제1항·제3항에 대한 옳은 내용이다.

> **제18조【행정심판과의 관계】** ① 취소소송은 법령의 규정에 의하여 당해 처분에 대한 행정심판을 제기할 수 있는 경우에도 이를 거치지 아니하고 제기할 수 있다. 다만, 다른 법률에 당해 처분에 대한 행정심판의 재결을 거치지 아니하면 취소소송을 제기할 수 없다는 규정이 있는 때에는 그러하지 아니하다.
> ③ 제1항 단서의 경우에 다음 각 호의 1에 해당하는 사유가 있는 때에는 행정심판을 제기함이 없이 취소소송을 제기할 수 있다.
> 4. 처분을 행한 행정청이 행정심판을 거칠 필요가 없다고 잘못 알린 때

ㄴ. [O] 「행정심판법」 제27조 제3항·제6항에 대한 옳은 내용이다.

> 제27조【심판청구의기간】③ 행정심판은 처분이 있었던 날
> 부터 180일이 지나면 청구하지 못한다. 다만, 정당한 사유
> 가 있는 경우에는 그러하지 아니하다.
> ⑥ 행정청이 심판청구 기간을 알리지 아니한 경우에는 제
> 3항에 규정된 기간에 심판청구를 할 수 있다.

ㄷ, ㄹ. [O] 「행정심판법」상 고지제도에는 직권고지와 신청고지가 있다.

> 「행정심판법」 제58조【행정심판의 고지】① 행정청이 처분
> 을 할 때에는 처분의 상대방에게 다음 각 호의 사항을 알
> 려야 한다(직권고지).
> 1. 해당 처분에 대하여 행정심판을 청구할 수 있는지
> 2. 행정심판을 청구하는 경우의 심판청구 절차 및 심판청
>   구 기간
> ② 행정청은 이해관계인이 요구하면 다음 각 호의 사항을
> 지체 없이 알려주어야 한다. 이 경우 서면으로 알려 줄 것
> 을 요구받으면 서면으로 알려주어야 한다(신청고지).
> 1. 해당 처분이 행정심판의 대상이 되는 처분인지
> 2. 행정심판의 대상이 되는 경우 소관위원회 및 심판청구
>   기간

> 유제 11. 국회직 8급 직권에 의하여 고지하는 경우 처분의 상대방에 대
> 해서만 고지하면 된다. (O)

20   정답 ①

> 📋 함께 정리하기 임시처분
>
> 중대한 불이익 or 급박한 위험 要
> 임시지위가처분에 대응
> 행정심판법상 가구제
> ▷ 집행정지 & 임시처분
> 집행정지로 목적을 달성 可
> ▷ 임시처분✕

❶ [✕] '중대한 손해' 예방은 집행정지의 요건에 해당한다.

> 「행정심판법」 제31조【임시처분】① 위원회는 처분 또는
> 부작위가 위법·부당하다고 상당히 의심되는 경우로서 처
> 분 또는 부작위 때문에 당사자가 받을 우려가 있는 중대한
> 불이익이나 당사자에게 생길 급박한 위험을 막기 위하여
> 임시지위를 정하여야 할 필요가 있는 경우에는 직권으로
> 또는 당사자의 신청에 의하여 임시처분을 결정할 수 있다.

> 유제 18. 국가직 7급 행정심판위원회는 심판청구된 행정청의 부작위
> 가 위법·부당하다고 상당히 의심되는 경우로서 당사자가 받을 우려가
> 있는 중대한 불이익이나 당사자에게 생길 급박한 위험을 막기 위하여 임
> 시지위를 정할 필요가 있는 경우 직권 또는 당사자의 신청에 의하여 임시
> 처분을 결정할 수 있다. (O)

② [O] 임시처분이란 처분 또는 부작위에 대하여 인정되는 임시의 지
위를 정하는 가구제이다. 임시처분은 행정소송에서의 임시의
지위를 정하는 가처분에 대응되는 것으로서 의무이행심판에
의한 권리구제의 실효성을 보장하기 위한 제도이다.

③ [O] 종래 「행정심판법」은 가구제 수단으로서 소극적인 집행정지제
도만을 두어, 행정청의 부작위나 거부처분으로 인해 침해될 우
려가 있는 청구인의 권익 보호에 한계가 있었으나, 이후 2010
년 「행정심판법」이 개정되면서 임시처분제도가 도입되었다.

④ [O] 「행정심판법」 제31조 제3항에 대한 옳은 내용이다.

> 제31조【임시처분】③ 제1항에 따른 임시처분은 제30조
> 제2항에 따른 집행정지로 목적을 달성할 수 있는 경우에
> 는 허용되지 아니한다.

> 유제 16. 서울시 7급 임시처분은 의무이행심판을 인정하면서도 가처
> 분제도를 인정하지 않아 제한된 재결의 실효성을 제고하기 위한 것이므
> 로 집행정지로 그 목적을 달성할 수 있는 경우에도 허용된다. (✕)

▶ 정답
p. 32

01	①	I	06	②	I	11	①	II	16	①	VI
02	④	I	07	②	I	12	③	IV	17	④	VI
03	④	I	08	②	III	13	③	IV	18	③	VI
04	④	I	09	①	III	14	④	V	19	③	VI
05	④	II	10	①	III	15	②	VI	20	①	VI

I 행정법 서론 / II 행정작용법 / III 행정절차와 행정공개 / IV 행정의 실효성 확보수단 / V 행정상 손해전보 / VI 행정쟁송

01
정답 ①

☑ 함께 정리하기 행정법의 일반원칙

교육환경평가승인신청에 대한 교육장의 보완요청서
▷ 교육환경평가를 최종 승인해주겠다는 공적 견해표명✕
보통면허차량 음주운전
▷ 1종 대형면허 & 원동기면허 취소 可
특수자동차면허
▷ 보통면허·대형면허와 무관
주택사업계획승인시 도로기부채납 부관
▷ 부당결부금지원칙 위반✕

❶ [○] 관할 교육지원청 교육장이 교육환경평가승인신청에 대한 보완요청서에서 '휴양 콘도미니엄업이 이 사건 법률조항에 따른 금지행위 및 시설로 규정되어 있지 않다'는 의견을 밝힌 바 있으나, 이는 교육환경평가승인 여부를 판단하기 위한 중간 검토과정에서 관계 법령의 해석에 관한 의견을 제시한 것에 불과하고, 피고가 최종적으로 교육환경평가를 승인해주겠다는 취지의 공적 견해를 표명한 것이라고 볼 수 없다(대판 2020.4.29. 2019두52799).

② [✕] 제1종 대형면허 소지자는 제1종 보통면허로 운전할 수 있는 자동차와 원동기장치자전거를, 제1종 보통면허 소지자는 원동기장치자전거까지 운전할 수 있도록 규정하고 있어서 제1종 보통면허로 운전할 수 있는 차량의 음주운전은 당해 운전면허뿐만 아니라 제1종 대형면허로도 가능하고, 또한 제1종 대형면허나 제1종 보통면허의 취소에는 당연히 원동기장치자전거의 운전까지 금지하는 취지가 포함된 것이어서 이들 세 종류의 운전면허는 서로 관련된 것이라고 할 것이므로 제1종 보통면허로 운전할 수 있는 차량을 음주운전한 경우에 이와 관련된 면허인 제1종 대형면허와 원동기장치자전거면허까지 취소할 수 있는 것으로 보아야 한다(대판 1994.11.25. 94누9672. 2004두12452).

[유제] 15. 국가직 9급 제1종 보통면허로 운전할 수 있는 차량을 음주운전한 경우 제1종 보통면허의 취소 외에 동일인이 소지하고 있는 제1종 대형면허와 원동기장치자전거면허는 취소할 수 없다. (✕)

③ [✕] 제1종 보통, 제1종 대형, 제1종 특수자동차운전면허소유자가 운전한 12인승 승합자동차는 제1종 보통 및 제1종 대형자동차운전면허로는 운전이 가능하나 제1종 특수자동차운전면허로는 운전할 수 없으므로, 위 운전자는 자신이 소지하고 있는 자동차운전면허 중 제1종 보통 및 제1종 대형자동차운전면허만으로 운전한 것이 되어, 제1종 특수자동차운전면허는 위 승합자동차의 운전과는 아무런 관련이 없고, 또한 위 [별표 14]에 의하면 추레라와 레이카는 제1종 특수자동차운전면허를 받은 자만이 운전할 수 있어 제1종 보통이나 제1종 대형자동차운전면허의 취소에 제1종 특수자동차운전면허로 운전할 수 있는 자동차의 운전까지 금지하는 취지가 당연히 포함되어 있는 것은 아니다(대판 1998.3.24. 98두1031).

④ [✕] 사업주체인 원고에게 주택단지의 진입도로 등 간선시설을 설치하고 그 부지소유권 등을 기부채납할 것을 조건으로 하여 주택건설사업계획의 승인을 하였다 하더라도 다른 특별한 사정이 없다면 이를 원고에게 필요한 범위를 넘어 과중한 부담을 지우는 것으로서 형평의 원칙 등에 위배되는 위법한 부관이라고 할 수는 없다(대판 1997.3.14. 96누16698).

[유제] 08. 국가직 9급 주택사업계획을 승인하면서 입주민이 이용하는 진입도로의 개설 및 확장과 이의 기부채납의무를 부담으로 부과하는 것은 부당결부금지의 원칙에 반한다. (✕)

02
정답 ④

☑ 함께 정리하기 신고

자체완성적신고
▷ 도달시 신고의무이행
장기요양기관의 폐업신고와 노인의료복지시설의 폐지신고
▷ 행위요건적 신고
유료노인복지주택의 설치신고
▷ 행위요건적 신고(실질적 심사 可)
신고의 진실성 不要

① [O] 「행정절차법」 제40조 제1항·제2항에 대한 옳은 내용이다.

> **제40조【신고】** ① 법령등에서 행정청에 일정한 사항을 통
> 지함으로써 의무가 끝나는 신고를 규정하고 있는 경우 신
> 고를 관장하는 행정청은 신고에 필요한 구비서류, 접수기
> 관, 그 밖에 법령등에 따른 신고에 필요한 사항을 게시(인
> 터넷 등을 통한 게시를 포함한다)하거나 이에 대한 편람을
> 갖추어 두고 누구나 열람할 수 있도록 하여야 한다.
> ② 제1항에 따른 신고가 다음 각 호의 요건을 갖춘 경우
> 에는 신고서가 접수기관에 도달된 때에 신고 의무가 이행
> 된 것으로 본다.
> 1. 신고서의 기재사항에 흠이 없을 것
> 2. 필요한 구비서류가 첨부되어 있을 것
> 3. 그 밖에 법령등에 규정된 형식상의 요건에 적합할 것

② [O] 장기요양기관의 폐업신고와 노인의료복지시설의 폐지신고는,
행정청이 관계 법령이 규정한 요건에 맞는지를 심사한 후 수리
하는 이른바 '수리를 필요로 하는 신고'에 해당한다. 그러나 행
정청이 그 신고를 수리하였다고 하더라도, 신고서 위조 등의 사
유가 있어 신고행위 자체가 효력이 없다면, 그 수리행위는 유효
한 대상이 없는 것으로서, 수리행위 자체에 중대·명백한 하자
가 있는지를 따질 것도 없이 당연히 무효이다(대판 2018.6.12.
2018두33593).

> **유제** 20. 국가직 7급 장기요양기관의 폐업신고 자체가 효력이 없음에
> 도 행정청이 이를 수리한 경우, 그 수리행위가 당연무효로 되는 것은 아
> 니다. (×)

③ [O] 구 노인복지법의 목적과 노인주거복지시설의 설치에 관한 법
령의 각 규정들 및 노인복지시설에 대하여 각종 보조와 혜택
이 주어지는 점 등을 종합하여 보면, … 같은 법 제33조 제2
항에 의한 유료노인복지주택의 설치신고를 받은 행정관청으로
서는 그 유료노인복지주택의 시설 및 운영기준이 위 법령에
부합하는지와 아울러 그 유료노인복지주택이 적법한 입소대상
자에게 분양되었는지와 설치신고 당시 부적격자들이 입소하고
있지는 않은지 여부까지 심사하여 그 신고의 수리 여부를 결
정할 수 있다(대판 2007.1.11. 2006두14537).

> **유제** 13. 국회직 9급 판례는 수리를 요하는 신고의 경우 법령상의 신고
> 요건을 충족하지 못하는 경우 행정청은 당해 신고의 수리를 거부할 수 있
> 다고 한다. (O)

❹ [×] 법령 등에서 행정청에 일정한 사항을 통지함으로써 의무가 끝
나는 신고는 그 기재사항에 흠이 없고, 필요한 구비서류가 첨
부되어 있으며, 그 밖에 법령 등에 규정된 형식상의 요건에 적
합할 때 신고서가 접수기관에 도달된 때에 신고의무가 이행된
것으로 본다. 따라서 신고의 기재사항은 그 진실함이 입증되어
야 할 필요는 없다.

> **「행정절차법」 제40조【신고】** ① 법령등에서 행정청에 일정
> 한 사항을 통지함으로써 의무가 끝나는 신고를 규정하고 있
> 는 경우 신고를 관장하는 행정청은 신고에 필요한 구비서
> 류, 접수기관, 그 밖에 법령등에 따른 신고에 필요한 사항을
> 게시(인터넷 등을 통한 게시를 포함한다)하거나 이에 대한
> 편람을 갖추어 두고 누구나 열람할 수 있도록 하여야 한다.
> ② 제1항에 따른 신고가 다음 각 호의 요건을 갖춘 경우
> 에는 신고서가 접수기관에 도달된 때에 신고 의무가 이행
> 된 것으로 본다.
> 1. 신고서의 기재사항에 흠이 없을 것
> 2. 필요한 구비서류가 첨부되어 있을 것
> 3. 그 밖에 법령등에 규정된 형식상의 요건에 적합할 것

> **유제** 16. 국가직 9급 법령 등에서 행정청에 대하여 일정한 사항을 통지
> 함으로써 의무가 끝나는 신고를 규정하고 있는 경우에는 법령상 요건을
> 갖춘 적법한 신고서를 발송하였을 때에 신고의 의무가 이행된 것으로 본
> 다. (×)

03 정답 ④

> **함께 정리하기 공·사법관계**
> 국립의료원주차장 위탁운영계약
> ▷ 공법관계
> 기부채납한 공물의 무상사용 승낙
> ▷ 공법관계
> 서울시 무용단원 위촉
> ▷ 공법관계
> 중학교의무교육의 위탁관계
> ▷ 공법관계

① [O] 판례는 국립의료원 부설주차장에 관한 위탁관리용역운영계약
의 실질은 행정재산에 대한 사용·수익 허가임을 이유로, 민사
소송으로 제기된 위탁관리계약에 따른 가산금지급채무의 부존
재확인청구에 관하여 본안 판단을 한 원심판결을 파기하고, 소
를 각하했다.

> 국립의료원 부설주차장에 관한 위탁관리용역운영계약 … 위
> 운영계약의 실질은 행정재산인 위 부설주차장에 대한 국유재
> 산법 제24조 제1항에 의한 사용·수익 허가로서 이루어진
> 것임을 알 수 있으므로, 이는 위 국립의료원이 원고의 신청
> 에 의하여 공권력을 가진 우월적 지위에서 행한 행정처분으
> 로서 특정인에게 행정재산을 사용할 수 있는 권리를 설정하
> 여 주는 강학상 특허에 해당한다 할 것이고 순전히 사경제주
> 체로서 원고와 대등한 위치에서 행한 사법상의 계약으로 보
> 기 어렵다(대판 2006.3.9. 2004다31074).

> **유제** 15. 국회직 8급 국립의료원 부설주차장에 관한 위탁관리용역운
> 영계약은 공법관계로서 이와 관련한 가산금지급채무부존재에 대한 소송
> 은 행정소송에 의해야 한다. (O)

② [O] 공유재산의 관리청이 하는 행정재산의 사용·수익에 대한 허가
는 순전히 사경제주체로서 행하는 사법상의 행위가 아니라 관
리청이 공권력을 가진 우월적 지위에서 행하는 행정처분이라고
보아야 할 것인바 … 그 행정재산이 구 지방재정법 제75조의
규정에 따라 기부채납받은 재산이라 하여 그에 대한 사용·수
익허가의 성질이 달라진다고 할 수는 없다(대판 2001.6.15.
99두509).

③ [O] 서울특별시립무용단 단원의 위촉은 공법상의 계약이라고 할
것이고, 따라서 그 단원의 해촉에 대하여는 공법상의 당사자소
송으로 그 무효확인을 청구할 수 있다(대판 1995.12.22. 95
누4636).

❹ [×] 중학교 의무교육의 위탁관계는 초·중등교육법 제12조 제3항,
제4항 등 관련 법령에 의하여 정해지는 공법적 관계로서, 대
등한 당사자 사이의 자유로운 의사를 전제로 사익 상호간의
조정을 목적으로 하는 민법 제688조의 수임인의 비용상환청
구권에 관한 규정이 그대로 준용된다고 보기도 어렵다(대판
2015.1.29. 2012두7387).

04 정답 ④

> ☑ 함께 정리하기 **행정법의 법원**
>
> 관습법
> ▷ 관행 + 법적확신
> 상위법령에 합치적해석 가능한 경우
> ▷ 쉽게 무효선언×
> 가산세 종류·산출근거 미기재
> ▷ 부과처분 위법
> 관습법
> ▷ 보충적 효력(개폐적 효력×)

ㄱ. [O] 관습법이란 사회의 거듭된 관행으로 생성한 사회생활규범이 사회의 법적 확신과 인식에 의하여 법적 규범으로 승인·강행되기에 이르른 것을 말하고, … 관습법은 바로 법원으로서 법령과 같은 효력을 갖는 관습으로서 법령에 저촉되지 않는 한 법칙으로서의 효력이 있는 것이다(대판 1983.6.14. 80다3231).

> 유제 15. 경찰 관습법이란 사회의 거듭된 관행으로 생성한 사회생활규범이 사회의 법적 확신과 인식에 의하여 법적 규범으로 승인 강행되기에 이른 것을 말한다. (○)

ㄴ. [O] 하위법령의 규정이 상위법령의 규정에 저촉되는지가 명백하지 아니한 경우에, 관련 법령의 내용과 입법 취지 및 연혁 등을 종합적으로 살펴 하위법령의 의미를 상위법령에 합치되는 것으로 해석하는 것도 가능한 경우라면, 하위법령이 상위법령에 위반된다는 이유로 쉽게 무효를 선언할 것은 아니다(대판 2016.12.15. 2014두44502).

ㄷ. [×] 가산세는 본세와 함께 부과하면서 세액만 병기하고, 더구나 가산세의 종류가 여러 가지인 경우에도 그 합계액만 표시하는 것이 오랜 과세관행처럼 되어 있었다. 하지만 가산세라고 하여 적법절차 원칙의 법정신을 완화하여 적용할 합당한 근거는 어디에도 없다. … 그러므로 가산세 부과처분이라고 하여 그 종류와 세액의 산출근거 등을 전혀 밝히지 않고 가산세의 합계액만을 기재한 경우에는 그 부과처분은 위법함을 면할 수 없다(대판 2012.10.18. 2010두12347).

ㄹ. [×] 행정관습법의 효력에 관하여 개폐적 효력설이 있으나, 성문법을 보충하는 한도에서만 적용될 뿐이라는 보충적 효력설이 통설과 판례의 태도이다.

> 가족의례준칙 제13조의 규정과 배치되는 관습법의 효력을 인정하는 것은 관습법의 제정법에 대한 열후적, 보충적 성격에 비추어 민법 제1조의 취지에 어긋나는 것이다(대판 1983.6.14. 80다3231).

05 정답 ④

> ☑ 함께 정리하기 **행정행위**
>
> 수익적 행정처분
> ▷ 법령근거 없이 부관 부가 可
> 부담의 불이행시
> ▷ 법령근거 없이 수익적 행정행위 철회 可
> 부작위의무로부터 작위의무도출
> ▷ 별도의 전환규범(명령규범) 필요
> 건물점유자가 철거의무자
> ▷ 별도의 퇴거 집행권원 不要

ㄱ. [O] 수익적 행정처분에 있어서는 법령에 특별한 근거규정이 없다고 하더라도 그 부관으로서 부담을 붙일 수 있고, 그와 같은 부담은 행정청이 행정처분을 하면서 일방적으로 부가할 수도 있지만 부담을 부가하기 이전에 상대방과 협의하여 부담의 내용을 협약의 형식으로 미리 정한 다음 행정처분을 하면서 이를 부가할 수도 있다(대판 2009.2.12. 2008다56262).

ㄴ. [O] 부담부 행정처분에 있어서 처분의 상대방이 부담(의무)을 이행하지 아니한 경우에 처분행정청으로서는 이를 들어 당해 처분을 취소(철회)할 수 있는 것이다(대판 1989.10.24. 89누2431).

ㄷ. [×] 부작위의무로부터 그 의무를 위반함으로써 생긴 결과를 시정하기 위한 작위의무를 당연히 끌어낼 수는 없으며, 또 위 금지규정(특히 허가를 유보한 상대적 금지규정)으로부터 작위의무, 즉 위반결과의 시정을 명하는 권한이 당연히 추론되는 것도 아니다. 법령의 근거(건축법 제79조, 옥외광고물 등 관리법 제10조, 도로법 제83조, 하천법 제69조 등)에 따라 작위의무를 부과(철거명령)하여 그 부작위의무를 작위의무로 전환한 후에 그 작위의무의 불이행에 대해 대집행을 할 수 있다(대판 1996.6.28. 96누4374).

ㄹ. [O] 관계 법령상 행정대집행의 절차가 인정되어 행정청이 행정대집행의 방법으로 건물의 철거 등 대체적 작위의무의 이행을 실현할 수 있는 경우에는 따로 민사소송의 방법으로 그 의무의 이행을 구할 수 없다. 한편 건물의 점유자가 철거의무자일 때에는 건물철거의무에 퇴거의무도 포함되어 있는 것이어서 별도로 퇴거를 명하는 집행권원이 필요하지 않다(대판 2017.4.28. 2016다213916).

06 정답 ②

> ☑ 함께 정리하기 **평등의 원칙**
>
> 사회적 지위에 따른 과태료액수 차등 조례안
> ▷ 평등원칙 위반
> 위법한 처분의 반복
> ▷ 자기구속력 無
> 국유잡종재산에 대한 시효취득 배제
> ▷ 평등원칙 위반
> 학력 기준 청원경찰 인원 감축
> ▷ 위법(무효사유×)

① [O] 공무원인지 여부, 기관의 대표나 임원인지 여부 등 증인의 사회적 신분에 따라 미리부터 과태료의 액수에 차등을 두고 있는 경우, 그와 같은 차별은 증인의 불출석이나 증언거부에 대하여 과태료를 부과하는 목적에 비추어 볼 때 그 합리성을 인정할 수 없고 지위의 높고 낮음만을 기준으로 한 부당한 차별대우라고 할 것이어서 헌법에 규정된 평등의 원칙에 위배되어 무효이다(대판 1972.12.26. 72누217).

　유제 16. 국가직 7급 조례안이 지방의회의 조사를 위하여 출석요구를 받은 증인이 5급 이상 공무원인지 여부, 기관(법인)의 대표나 임원인지 여부 등 증인의 사회적 신분에 따라 미리부터 과태료의 액수에 차등을 두고 있는 것은 평등의 원칙에 위반되지 않는다. (×)

❷ [×] 평등의 원칙은 본질적으로 같은 것을 자의적으로 다르게 취급함을 금지하는 것이고, 위법한 행정처분이 수차례에 걸쳐 반복적으로 행하여졌다 하더라도 그러한 처분이 위법한 것인 때에는 행정청에 대하여 자기구속력을 갖게 된다고 할 수 없다(대판 2009.6.25. 2008두13132).

　유제 18. 국가직 9급 반복적으로 행해진 행정처분이 위법하더라도 행정의 자기구속의 원칙에 따라 행정청은 선행처분에 구속된다. (×)

　17. 서울시 9급 위법한 행정규칙에 의하여 위법한 행정관행이 형성되었다 하더라도 행정청은 정당한 사유 없이 관행과 달리 조치를 할 수 없는 자기구속을 받는다. (×)

③ [O] 국유잡종재산은 사경제적 거래의 대상으로서 사적 자치의 원칙이 지배되고 있으므로 시효제도의 적용에 있어서도 동일하게 보아야 하고, 국유잡종재산에 대한 시효취득을 부인하는 동 규정은 합리적 근거 없이 국가만을 우대하는 불평등한 규정으로서 헌법상의 평등의 원칙과 사유재산권 보장의 이념 및 과잉금지의 원칙에 반한다(헌재 1991.5.13. 89헌가97).

　유제 11. 국회직 8급 구 「국유재산법」 제5조 제2항이 잡종재산에 대하여 까지 시효취득을 배제하고 있는 것은 국가만을 우대하여 합리적 사유 없이 국가와 사인을 차별하는 것이므로 평등원칙에 위반된다. (O)

④ [O] 행정자치부의 지방조직 개편지침의 일환으로 청원경찰의 인원감축을 위한 면직처분대상자를 선정함에 있어서 초등학교 졸업 이하 학력소지자 집단과 중학교 중퇴 이상 학력소지자 집단으로 나누어 각 집단별로 같은 감원비율 상당의 인원을 선정한 것은 합리성과 공정성을 결여하고, 평등의 원칙에 위배하여 그 하자가 중대하다 할 것이나, 그렇게 한 이유가 시험문제 출제 수준이 중학교 학력 수준이어서 초등학교 졸업 이하 학력소지자에게 상대적으로 불리할 것이라는 판단 아래 이를 보완하기 위한 것이었으므로 그 하자가 객관적으로 명백하다고 보기는 어렵다(대판 2002.2.8. 2000두4057).

　유제 08. 국가직 9급 청원경찰의 인원감축을 위하여 초등학교 졸업 이하 학력소지자 집단과 중학교 중퇴 이상 학력소지자 집단으로 나누어 각 집단별로 같은 감원비율의 인원을 선정한 것은 위법한 재량권 행사이다. (O)

07　정답 ②

> 🗒 **함께 정리하기　특별권력관계**
>
> 기본권 제한
> ▷ 법률상 근거 要
> 서울시지하철공사 임·직원의 근무관계
> ▷ 사법관계
> 국립교대 학생 퇴학처분
> ▷ 행정소송법상 처분
> 종류
> ▷ 근무관계·영조물이용관계·특별감독관계·사단관계

① [O] 오늘날 법치주의의 예외나 사법심사의 배제가 인정되는 특별권력관계는 인정되지 않고 있다. 따라서 오늘날 실질적 법치주의 국가에서는 특별권력관계도 법치주의가 적용되어 원칙적으로 법률에 의해서만 기본권의 제한이 가능하다.

❷ [×] 서울특별시지하철공사의 임원과 직원의 근무관계의 성질은 지방공기업법의 모든 규정을 살펴보아도 공법상의 특별권력관계라고는 볼 수 없고 사법관계에 속할 뿐만 아니라, 위 지하철공사의 사장이 그 이사회의 결의를 거쳐 제정된 인사규정에 의거하여 소속직원에 대한 징계처분을 한 경우 위 사장은 행정소송법 제13조 제1항 본문과 제2조 제2항 소정의 행정청에 해당되지 않으므로 공권력발동주체로서 위 징계처분을 행한 것으로 볼 수 없고, 따라서 이에 대한 불복절차는 민사소송에 의할 것이지 행정소송에 의할 수는 없다(대판 1989.9.12. 89누2103).

　유제 13. 지방직 7급 판례에 의하면 서울특별시지하철공사의 임원과 직원의 근무관계의 성질은 공법상 특별권력관계에 해당한다. (×)

③ [O] 국립교육대학 학생에 대한 퇴학처분은, 국가가 설립·경영하는 교육기관인 동 대학의 교무를 통할하고 학생을 지도하는 지위에 있는 학장이 교육목적실현과 학교의 내부질서유지를 위해 학칙 위반자인 재학생에 대한 구체적 법집행으로서 국가공권력의 하나인 징계권을 발동하여 학생으로서의 신분을 일방적으로 박탈하는 국가의 교육행정에 관한 의사를 외부에 표시한 것이므로, 행정처분임이 명백하다(대판 1991.11.22. 91누2144).

　유제 15. 경찰 국립교육대학 학생에 대한 퇴학처분은 행정처분으로서 행정소송의 대상이 된다. (O)

④ [O] 특별권력관계의 종류로는 ㉠ 공무원관계, 군복무관계처럼 포괄적인 근무의무를 내용으로 하는 공법상 근무관계, ㉡ 국·공립학교 재학관계, 교도소 수감관계 등 영조물을 이용하는 관계 중 윤리적 성격을 가진 공법상 영조물 이용관계, ㉢ 국가와 공공단체, 국가와 공무수탁사인간의 관계처럼 국가적 목적을 위하여 국가로부터 특별한 감독을 받는 특별감독관계, ㉣ 공법상 사단(공공조합)이 조합원에 대한 특별한 권력을 갖는 공법상 사단관계가 있다.

08 정답 ②

> 🗒 함께 정리하기 **행정절차법상 의견청취절차**
>
> 의견제출
> ▷ 침익적 처분○, 수익적 행위×, 거부처분×, 일반처분×
> 공청회 개최의 알림
> ▷ 공청회 개최 14일 전까지 통지 및 공고/예정대로 개최하지 못하여 새로 일시 및 장소 등 정한 경우
> ▷ 공청회 개최 7일 전까지 통지
> 절차·형식상 하자로 무효인 처분 후 절차·형식 갖추어 동일 처분
> ▷ 종전처분의 무효확인 구할 법률상 이익 無
> 공청회의 재개최
> ▷ 공청회 후 처분시까지 새로운 사정이 발견되어 재개최 필요시

ㄱ. [○] 의견제출은 사전통지제도와 같이 의무를 부과하거나 권익을 제한하는 침익적 처분에만 적용되고, 수익적 행위나 그 거부 또는 일반처분에는 적용되지 않는다.

> 「행정절차법」제22조【의견청취】③ 행정청이 당사자에게 의무를 부과하거나 권익을 제한하는 처분을 할 때 제1항 또는 제2항의 경우 외에는 당사자등에게 의견제출의 기회를 주어야 한다.

ㄴ. [×]
> 「행정절차법」제38조【공청회 개최의 알림】행정청은 공청회를 개최하려는 경우에는 공청회 개최 14일 전까지 다음 각 호의 사항을 당사자등에게 통지하고 관보, 공보, 인터넷 홈페이지 또는 일간신문 등에 공고하는 등의 방법으로 널리 알려야 한다. 다만, 공청회 개최를 알린 후 예정대로 개최하지 못하여 새로 일시 및 장소 등을 정한 경우에는 공청회 개최 7일 전까지 알려야 한다.
> 1. 제목
> 2. 일시 및 장소
> 3. 주요 내용
> 4. 발표자에 관한 사항
> 5. 발표신청 방법 및 신청기한
> 6. 정보통신망을 통한 의견제출
> 7. 그 밖에 공청회 개최에 필요한 사항

ㄷ. [×] 절차상 또는 형식상 하자로 무효인 행정처분에 대하여 행정청이 적법한 절차 또는 형식을 갖추어 다시 동일한 행정처분을 하였다면, 종전의 무효인 행정처분에 대한 무효확인 청구는 과거의 법률관계의 효력을 다투는 것에 불과하므로 무효확인을 구할 법률상 이익이 없다(대판 2010.4.29. 2009두16879).

ㄹ. [○]
> 행정절차법 제39조의3【공청회의 재개최】행정청은 공청회를 마친 후 처분을 할 때까지 새로운 사정이 발견되어 공청회를 다시 개최할 필요가 있다고 인정할 때에는 공청회를 다시 개최할 수 있다.

09 정답 ①

> 🗒 함께 정리하기 **행정절차의 하자**
>
> 내용이 다소 부실한 환경영향평가서
> ▷ 처분 위법×
> 변상금 부과처분시 납부고지서 or 사전통지서에 산출근거를 제시×
> ▷ 위법○
> 예산의 편성에 절차적 하자
> ▷ 예산 집행처분 바로 하자×
> 사전통지와 청문 등의 주요절차 or 의견제출절차 or 타 기관과의 협의절차 위반
> ▷ 위법○

❶ [○] 환경영향평가법령에서 정한 환경영향평가를 거쳐야 할 대상사업에 대하여 그러한 환경영향평가를 거치지 아니하였음에도 승인 등 처분을 하였다면 그 처분은 위법하다 할 것이나, 그러한 절차를 거쳤다면, 비록 그 환경영향평가의 내용이 다소 부실하다 하더라도, 그 부실의 정도가 환경영향평가제도를 둔 입법 취지를 달성할 수 없을 정도이어서 환경영향평가를 하지 아니한 것과 다를 바 없는 정도의 것이 아닌 이상, 그 부실은 당해 승인 등 처분에 재량권 일탈·남용의 위법이 있는지 여부를 판단하는 하나의 요소로 됨에 그칠 뿐, 그 부실로 인하여 당연히 당해 승인 등 처분이 위법하게 되는 것이 아니다(대판 2006.3.16. 2006두330).

> 유제 17. 국회직 8급 환경영향평가법령에서 요구하는 환경영향평가절차를 거쳤더라도 그 내용이 부실한 경우 부실의 정도가 환경영향평가를 하지 아니한 것과 마찬가지인 정도가 아니라면 이는 취소사유에 해당한다. (×)

② [×] 구 국유재산법 시행령 제56조 제4항은 징수의 주체, 부과고지서에 명시하여야 할 사항, 납부기한 등의 절차적 규정에 관하여 가산금의 부과절차에 관한 위 시행령 제31조 제2항 내지 제4항을 준용하고 있음이 분명한바, 국유재산 무단 점유자에 대하여 변상금을 부과함에 있어서 그 납부고지서에 일정한 사항을 명시하도록 요구한 위 시행령의 취지와 그 규정의 강행성 등에 비추어 볼 때, 처분청이 변상금 부과처분을 함에 있어서 그 납부고지서 또는 적어도 사전통지서에 그 산출근거를 밝히지 아니하였다면 위법한 것이고, 위 시행령 제26조, 제26조의2에 변상금 산정의 기초가 되는 사용료의 산정방법에 관한 규정이 마련되어 있다고 하여 산출근거를 명시할 필요가 없다거나 이로써 간접적으로 산출근거를 명시하였다고는 볼 수 없다(대판 2000.10.13. 99두2239).

> 유제 16. 국회직 8급 변상금부과처분을 하면서 그 납부고지서 또는 적어도 사전통지서에 그 산출근거를 제시하지 아니하였다면 위법이지만 그 산출근거가 법령상 규정되어 있거나 부과통지서 등에 산출근거가 되는 법령을 명기하였다면 이유제시의 요건을 충족한 것이다. (×)

③ [×] 예비타당성조사를 실시하지 아니한 하자는 원칙적으로 예산 자체의 하자일 뿐, 그로써 곧바로 각 처분의 하자가 된다고 할 수 없어, 예산이 각 처분 등으로써 이루어지는 '4대강 살리기 사업' 중 한강 부분을 위한 재정 지출을 내용으로 하고 있고 예산의 편성에 절차상 하자가 있다는 사정만으로 각 처분에 취소사유에 이를 정도의 하자가 존재한다고 보기 어렵다(대판 2015.12.10. 2011두32515).

④ [X] 판례는 주요절차 위반뿐만 아니라 의결제출절차, 타 기관과의 협의 절차를 위반하여도 위법하다고 본다.

> 1. 행정청이 침해적 행정처분을 함에 있어서 당사자에게 위와 같은 사전통지를 하거나 의견제출의 기회를 주지 아니하였다면 사전통지를 하지 않거나 의견제출의 기회를 주지 아니하여도 되는 예외적인 경우에 해당하지 아니하는 한 그 처분은 위법하여 취소를 면할 수 없다(대판 2000. 11.14. 99두5870).
> 2. 국방·군사시설 사업에 관한 법률 및 구 산림법에서 보전임지를 다른 용도로 이용하기 위한 사업에 대하여 승인 등 처분을 하기 전에 미리 산림청장과 협의를 하라고 규정한 의미는 그의 자문을 구하라는 것이지 그 의견을 따라 처분을 하라는 의미는 아니라 할 것이므로, 이러한 협의를 거치지 아니하였다고 하더라도 이는 당해 승인처분을 취소할 수 있는 원인이 되는 하자 정도에 불과하고 그 승인처분이 당연무효가 되는 하자에 해당하는 것은 아니라고 봄이 상당하다(대판 2006.6.30. 2005두14363).

유제 16. 국회직 8급 사전통지와 청문 등의 주요절차를 위반하면 위법이 되나 의견제출절차, 타 기관과의 협의절차를 위반한다고 하여 위법이 되는 것은 아니다. (X)

---

10   정답 ①

☑ 함께 정리하기 **정보공개**

견책처분을 받은 공무원이 징계처분취소소송에서 기각된 경우
▷ 정보공개거부처분 취소 구할 법률상 이익 소멸X
공개청구된 정보가 공공기관이 보유·관리하지 않는 정보
▷ 민원처리 可
신청한 방법 이외의 방법으로 공개 결정
▷ 일부 거부처분
소송과정에서 공공기관이 법원에 제출한 정보의 사본을 청구인이 송달받은 경우
▷ 소의 이익 소멸X

❶ [X] 견책의 징계처분을 받은 甲이 사단장에게 징계위원회에 참여한 징계위원의 성명과 직위에 대한 정보공개청구를 하였으나 위 정보가 공공기관의 정보공개에 관한 법률 제9조 제1항 제1호, 제2호, 제5호, 제6호에 해당한다는 이유로 공개를 거부한 사안에서, 비록 징계처분 취소사건에서 甲의 청구를 기각하는 판결이 확정되었더라도 이러한 사정만으로 위 처분의 취소를 구할 이익이 없어지지 않고, 사단장이 甲의 정보공개청구를 거부한 이상 甲으로서는 여전히 정보공개거부처분의 취소를 구할 법률상 이익이 있다(대판 2022.5.26. 2022두33439).

② [O] 「공공기관의 정보공개에 관한 법률」 제11조 제5항 제1호에 대한 옳은 내용이다.

> 제11조【정보공개 여부의 결정】⑤ 공공기관은 정보공개 청구가 다음 각 호의 어느 하나에 해당하는 경우로서 「민원 처리에 관한 법률」에 따른 민원으로 처리할 수 있는 경우에는 민원으로 처리할 수 있다.
> 1. 공개 청구된 정보가 공공기관이 보유·관리하지 아니하는 정보인 경우
> 2. 공개 청구의 내용이 진정·질의 등으로 이 법에 따른 정보공개 청구로 보기 어려운 경우

③ [O] 공공기관이 공개청구의 대상이 된 정보를 공개는 하되, 청구인이 신청한 공개방법 이외의 방법으로 공개하기로 하는 결정을 하였다면, 이는 정보공개청구 중 정보공개방법에 관한 부분에 대하여 일부 거부처분을 한 것이고, 청구인은 그에 대하여 항고소송으로 다툴 수 있다(대판 2016.11.10. 2016두44674).

④ [O] 청구인이 정보공개거부처분의 취소를 구하는 소송에서 공공기관이 청구정보를 증거 등으로 법원에 제출하여 법원을 통하여 그 사본을 청구인에게 교부 또는 송달되게 하여 결과적으로 청구인에게 정보를 공개하는 셈이 되었다고 하더라도, 이러한 우회적인 방법은 정보공개법이 예정하고 있지 아니한 방법으로서 정보공개법에 의한 공개라고 볼 수는 없으므로, 당해 정보의 비공개결정의 취소를 구할 소의 이익은 소멸되지 않는다(대판 2016.12.15. 2012두11409·11416).

---

11   정답 ①

☑ 함께 정리하기 **영업자의 지위승계**

영업시설인수자의 영업자 지위승계신고수리
▷ 종전영업자는 취소를 구할 법률상 이익 有
대물적 영업양도
▷ 양도전 사유로 양수인에 대한 영업정지 可
주택건설사업 양도 후 변경승인 전
▷ 양수인에게 양도인에 대한 사업계획승인 취소 통지
▷ 처분X
채석허가명의양수인
▷ 양도인에 대한 채석허가취소처분의 취소를 구할 법률상 이익 有

❶ [X] 원고가 스포츠센터 필수 영업시설 등을 공매 등의 절차에 의하여 제3자에게 이전하여 그 소유권을 상실하였더라도 그 사유만으로 유원시설업 허가 또는 체육시설업 신고의 효력이 당연히 제3자에게 이전되었다고 볼 만한 법규상 근거가 없고, 반면에 이 사건 신고가 수리됨으로써 종전 사업자인 원고는 당해 영업을 적법하게 할 수 있는 법규상의 권리가 상실되는 점, 원고로서는 다시 매매 등을 통하여 이 사건 스포츠센터 시설 등을 갖출 수도 있으므로 구 관광진흥법과 구 체육시설의 설치 이용에 관한 법률에서 정하는 시설 및 설비기준을 충족할 여지를 완전히 배제하기 어려운 점 등에 비추어 보면, 원고에게 이 사건 신고수리의 취소를 구할 법률상 이익이나 소의 이익이 없게 되었다고 단정할 수 없다(대판 2012.12.13. 2011두29144).

② [O] 영업정지나 영업장폐쇄명령 모두 대물적 처분으로, … 양수인이 그 양수 후 행정청에 새로운 영업소개설통보를 하였다 하더라도, 그로 인하여 영업양도·양수로 영업소에 관한 권리의무가 양수인에게 이전하는 법률효과까지 부정되는 것은 아니라 할 것인바, 만일 어떠한 공중위생영업에 대하여 그 영업을 정지할 위법사유가 있다면, 관할 행정청은 그 영업이 양도·양수되었다 하더라도 그 업소의 양수인에 대하여 영업정지처분을 할 수 있다고 봄이 상당하다(대판 2001.6.29. 2001두1611).

유제 16. 국회직 8급 대법원은 명문규정이 없으면 원칙적으로 양수인의 법적책임을 부인하지만 대인적 처분의 경우에는 명문규정이 없어도 양수인에게 책임이 승계된다고 판시하고 있다. (×)

③ [O] 사실상 내지 사법상으로 주택건설사업 등이 양도·양수되었을지라도 아직 변경승인을 받기 이전에는 그 사업계획의 피승인자는 여전히 종전의 사업주체인 양도인이고 양수인이 아니라 할 것이어서, 사업계획승인취소처분 등의 사유가 있는지의 여부와 취소사유가 있다고 하여 행하는 취소처분은 피승인자인 양도인을 기준으로 판단하여 그 양도인에 대하여 행하여져야 할 것이므로 행정청이 주택건설사업의 양수인에 대하여 양도인에 대한 사업계획승인을 취소하였다는 사실을 통지한 것만으로는 양수인의 법률상 지위에 어떠한 변동을 일으키는 것은 아니므로 위 통지는 항고소송의 대상이 되는 행정처분이라고 할 수는 없다(대판 2000.9.26. 99두646).

④ [O] 수허가자의 지위를 양수받아 명의변경신고를 할 수 있는 양수인의 지위는 단순한 반사적 이익이나 사실상의 이익이 아니라 산림법령에 의하여 보호되는 직접적이고 구체적인 이익으로서 법률상 이익이라고 할 것이고, 채석허가가 유효하게 존속하고 있다는 것이 양수인의 명의변경신고의 전제가 된다는 의미에서 관할 행정청이 양도인에 대하여 채석허가를 취소하는 처분을 하였다면 이는 양수인의 지위에 대한 직접적 침해가 된다고 할 것이므로 양수인은 채석허가를 취소하는 처분의 취소를 구할 법률상 이익을 가진다(대판 2003.7.11. 2001두6289).

유제 18. 국회직 8급 양도계약이 있은 후 신고 전에 행정청이 종전의 영업자(양도인)에 대하여 영업허가를 위법하게 취소한 경우에, 영업자의 지위를 승계한 자(양수인)는 양도인에 대한 영업허가 취소처분을 다툴 원고적격을 갖지 못한다. (×)

① [O] 구 공공용지의 취득 및 손실보상에 관한 특례법에 따른 토지 등의 협의취득은 공공사업에 필요한 토지 등을 그 소유자와의 협의에 의하여 취득하는 것으로서 공공기관이 사경제주체로서 행하는 사법상 매매 내지 사법상 계약의 실질을 가지는 것이므로, 그 협의취득시 건물소유자가 매매대상 건물에 대한 철거의무를 부담하겠다는 취지의 약정을 하였다고 하더라도 이러한 철거의무는 공법상의 의무가 될 수 없고, 이 경우에도 행정대집행법을 준용하여 대집행을 허용하는 별도의 규정이 없는 한 위와 같은 철거의무는 행정대집행법에 의한 대집행의 대상이 되지 않는다(대판 2006.10.13. 2006두7096).

② [O] 이 사건 건물을 철거하여 이 사건 공유수면을 원상회복하여야 할 의무는 대체적 작위의무에 해당하므로 행정대집행의 대상이 된다(대판 2017.4.28. 2016다213916).

❸ [×] 행정대집행법 제2조(대집행과 그 비용징수) 법률(법률의 위임에 의한 명령, 지방자치단체의 조례를 포함한다. 이하 같다)에 의하여 직접명령되었거나 또는 법률에 의거한 행정청의 명령에 의한 행위로서 타인이 대신하여 행할 수 있는 행위를 의무자가 이행하지 아니하는 경우 다른 수단으로써 그 이행을 확보하기 곤란하고 또한 그 불이행을 방치함이 심히 공익을 해할 것으로 인정될 때에는 당해 행정청은 스스로 의무자가 하여야 할 행위를 하거나 또는 제삼자로 하여금 이를 하게 하여 그 비용을 의무자로부터 징수할 수 있다.

④ [O] [1] 관계 법령상 행정대집행의 절차가 인정되어 행정청이 행정대집행의 방법으로 건물의 철거 등 대체적 작위의무의 이행을 실현할 수 있는 경우에는 따로 민사소송의 방법으로 그 의무의 이행을 구할 수 없다. 한편 건물의 점유자가 철거의무자일 때에는 건물철거의무에 퇴거의무도 포함되어 있는 것이어서 별도로 퇴거를 명하는 집행권원이 필요하지 않다.

[2] 행정청이 행정대집행의 방법으로 건물철거의무의 이행을 실현할 수 있는 경우에는 건물철거 대집행 과정에서 부수적으로 건물의 점유자들에 대한 퇴거 조치를 할 수 있고, 점유자들이 적법한 행정대집행을 위력을 행사하여 방해하는 경우 형법상 공무집행방해죄가 성립하므로, 필요한 경우에는 '경찰관 직무집행법'에 근거한 위험발생 방지조치 또는 형법상 공무집행방해죄의 범행방지 내지 현행범체포의 차원에서 경찰의 도움을 받을 수도 있다(대판 2017.4.28. 2016다213916).

---

12 정답 ③

☑ 함께 정리하기 **대집행**

토지보상법 협의취득 약정에 따른 철거의무
▷ 사법상 의무
▷ 대집행 不可
건물철거의 원상회복의무
▷ 대체적 작위의무
▷ 대집행 可
의무자의 의무
▷ 법률상 or 법률에 의한 행정청의 명령에 따른 대체적 작위의무
행정대집행에 의한 대체적 작위의무 이행실현 可
▷ 민사소송으로 의무 이행청구 不可

---

13 정답 ③

☑ 함께 정리하기 **행정벌**

종업원 범죄행위로 귀책사유 없는 법인처벌
▷ 책임주의원칙 위반
죄형법정주의
▷ 행정형벌 해석에도 적용
영업주의 처벌
▷ 종업원처벌 전제×
자치사무 수행 중 법 위반
▷ 지자체 양벌규정 의해 처벌

① [O] 법인이 고용한 종업원 등의 범죄행위에 관하여 비난할 근거가 되는 법인의 의사결정 및 행위구조, 즉 종업원 등이 저지른 행위의 결과에 대한 법인의 독자적인 책임에 관하여 전혀 규정하지 않은 채, 단순히 법인이 고용한 종업원 등이 업무에 관하여 범죄행위를 하였다는 이유만으로 법인에 대하여 형사처벌을 과하고 있는바, 이는 다른 사람의 범죄에 대하여 그 책임유무를 묻지 않고 형벌을 부과함으로써 법치국가의 원리 및 죄형법정주의로부터 도출되는 책임주의원칙에 반한다(헌재 2010.7.29. 2009헌가25 등).

② [O] 형벌법규의 해석은 엄격하여야 하고 명문규정의 의미를 피고인에게 불리한 방향으로 지나치게 확장 해석하거나 유추 해석하는 것은 죄형법정주의의 원칙에 어긋나는 것으로서 허용되지 않으며, 이러한 법해석의 원리는 그 형벌법규의 적용대상이 행정법규가 규정한 사항을 내용으로 하고 있는 경우에 그 행정법규의 규정을 해석하는 데에도 마찬가지로 적용된다(대판 2011.7.14. 2009도7777).

❸ [X] 양벌규정에 의한 영업주의 처벌은 금지위반행위자인 종업원의 처벌에 종속하는 것이 아니라 독립하여 그 자신의 종업원에 대한 선임감독상의 과실로 인하여 처벌되는 것이므로 종업원의 범죄성립이나 처벌이 영업주 처벌의 전제조건이 될 필요는 없다(대판 2006.2.24. 2005도7673).

④ [O] 지방자치단체가 그 고유의 자치사무를 처리하는 경우에는 지방자치단체는 국가기관의 일부가 아니라 국가기관과는 별도의 독립한 공법인이므로, 지방자치단체 소속 공무원이 지방자치단체 고유의 자치사무를 수행하던 중 도로법 제81조 내지 제85조의 규정에 의한 위반행위를 한 경우에는 지방자치단체는 도로법 제86조의 양벌규정에 따라 처벌대상이 되는 법인에 해당한다(대판 2005.11.10. 2004도2657).

14 　　　　　　　　　　　　　　　　정답 ④

☑ 함께 정리하기 **사례해결**

공중보건의
▷ 공무원O
고의중과실 공무원
▷ 민사상책임
경과실 공무원
▷ 구상권O
공무원 외부적 배상책임
▷「국가배상법」규정 無

① [O] 국가배상법상 공무원은 최광의의 기능적 공무원을 의미하므로 공중보건의도 이에 포함된다.

② [O] 공무원의 대외적 책임과 관련하여 공무원이 고의 또는 중과실이 있는 경우에는 민사상 손해배상책임을 부담한다(절충설).

③ [O] 피해자에게 직접 배상한 경과실 공무원은 국가에 대하여 국가의 피해자에 대한 손해배상책임의 범위 내에서 자신이 변제한 금액에 관하여 구상권을 취득한다.

❹ [X] 공무원의 대외적 책임에 관한 명문규정은 없으나 헌법 제29조 제1항 단서와 국가배상법 제2조 제2항을 고려하여 절충설을 취하는 것이 판례의 입장이다.

15 　　　　　　　　　　　　　　　　정답 ②

☑ 함께 정리하기 **취소소송 원고적격**

처분상대방 아닌 자
▷ 법률상 이익 인정시 원고적격 有
귀화불허가처분, 체류자격변경불허가처분, 강제퇴거명령취소소송
▷ 외국인의 법률상 이익O
재단법인인 수녀원
▷ 공유수면매립목적 변경승인처분 무효확인을 구할 원고적격 無
검사임용신청자
▷ 재량남용의 검사임용거부처분취소의 원고적격 有

① [O] 행정처분의 직접 상대방이 아닌 제3자라 하더라도 당해 행정처분으로 인하여 법률상 보호되는 이익을 침해당한 경우에는 그 처분의 취소나 무효확인을 구하는 행정소송을 제기하여 그 당부의 판단을 받을 자격 즉 원고적격이 있고, 여기에서 말하는 법률상 보호되는 이익은 당해 처분의 근거 법규 및 관련 법규에 의하여 보호되는 개별적·직접적·구체적 이익을 말하며, 원고적격은 소송요건의 하나이므로 사실심 변론종결시는 물론 상고심에서도 존속하여야 하고 이를 흠결하면 부적법한 소가 된다(대판 2007.4.12. 2004두7924).

유제 13. 국가직 9급 처분의 직접상대방이 아닌 경우에는 처분의 근거 법률에 의하여 보호되는 법률상 이익이 있는 경우에도 원고적격이 인정될 수 없다. (×)

❷ [X] 사증발급 거부처분을 다투는 외국인은, 아직 대한민국에 입국하지 않은 상태에서 대한민국에 입국하게 해달라고 주장하는 것으로, 대한민국과의 실질적 관련성 내지 대한민국에서 법적으로 보호가치 있는 이해관계를 형성한 경우는 아니어서, 해당 처분의 취소를 구할 법률상 이익을 인정하여야 할 법 정책적 필요성도 크지 않다. 반면, 국적법상 귀화불허가처분이나 출입국관리법상 체류자격변경 불허가처분, 강제퇴거명령 등을 다투는 외국인은 대한민국에 적법하게 입국하여 상당한 기간을 체류한 사람이므로, 이미 대한민국과의 실질적 관련성 내지 대한민국에서 법적으로 보호가치 있는 이해관계를 형성한 경우이어서, 해당 처분의 취소를 구할 법률상 이익이 인정된다고 보아야 한다(대판 2018.5.15. 2014두42506).

③ [O] 재단법인 甲 수녀원이, 매립목적을 택지조성에서 조선시설용지로 변경하는 내용의 공유수면매립목적 변경승인처분으로 인하여 법률상 보호되는 환경상 이익을 침해받았다면서 행정청을 상대로 처분의 무효확인을 구하는 소송을 제기한 사안에서, 공유수면매립목적 변경승인처분으로 甲 수녀원에 소속된 수녀 등이 쾌적한 환경에서 생활할 수 있는 환경상 이익을 침해받는다고 하더라도 이를 가리켜 곧바로 甲 수녀원의 법률상 이익이 침해된다고 볼 수 없고, 자연인이 아닌 甲 수녀원은 쾌적한 환경에서 생활할 수 있는 이익을 향수할 수 있는 주체가 아니므로 위 처분으로 위와 같은 생활상의 이익이 직접적으로 침해되는 관계에 있다고 볼 수도 없으며, 위 처분으로 환경에 영향을 주어 甲 수녀원이 운영하는 쨈 공장에 직접적이고 구체적인 재산적 피해가 발생한다거나 甲 수녀원이 폐쇄되고 이전해야 하는 등의 피해를 받거나 받을 우려가 있다는 점 등에 관한 증명도 부족하다는 이유로, 甲 수녀원에 처분의 무효확인을 구할 원고적격이 없다고 하였다(대판 2012.6.28. 2010두2005).

유제 16. 지방직 9급 재단법인인 수녀원 D는 소속된 수녀 등이 쾌적한 환경에서 생활할 수 있는 환경상 이익을 침해받는다면 매립목적을 택지조성에서 조선시설용지로 변경하는 내용의 공유수면매립목적 변경 승인처분의 무효확인을 구할 원고적격이 있다. (X)

④ [O] 검사의 임용 여부는 임용권자의 자유재량에 속하는 사항이나, 임용권자가 동일한 검사신규임용의 기회에 원고를 비롯한 다수의 검사 지원자들로부터 임용 신청을 받아 전형을 거쳐 자체에서 정한 임용기준에 따라 이들 일부만을 선정하여 검사로 임용하는 경우에 있어서 법령상 검사임용 신청 및 그 처리의 제도에 관한 명문 규정이 없다고 하여도 조리상 임용권자는 임용신청자들에게 전형의 결과인 임용 여부의 응답을 해줄 의무가 있다고 할 것이며, 응답할 것인지 여부조차도 임용권자의 편의재량사항이라고는 할 수 없다. 검사의 임용에 있어서 임용권자가 임용여부에 관하여 어떠한 내용의 응답을 할 것인지는 임용권자의 자유재량에 속하므로 일단 임용거부라는 응답을 한 이상 설사 그 응답내용이 부당하다고 하여도 사법심사의 대상으로 삼을 수 없는 것이 원칙이나, 적어도 재량권의 한계 일탈이나 남용이 없는 위법하지 않은 응답을 할 의무가 임용권자에게 있고 이에 대응하여 임용신청자로서도 재량권의 한계 일탈이나 남용이 없는 적법한 응답을 요구할 권리가 있다 (대판 1991.2.12. 90누5825).

16　　　　　　　　　　　　　　정답 ①

☑ **함께 정리하기 항고소송의 대상**

공무원연금 급여지급 결정
▷ 항고소송
연가보상비 미지급
▷ 처분X
명예퇴직한 법관의 명예퇴직수당 청구
▷ 당사자소송
관리처분계획의 인가·고시 이후
▷ 계획에 대해 항고소송

❶ [O] 공무원연금법령상 급여를 받으려고 하는 자는 우선 관계 법령에 따라 공무원연금공단에 급여지급을 신청하여 공무원연금공단이 이를 거부하거나 일부 금액만 인정하는 급여지급결정을 하는 경우 그 결정을 대상으로 항고소송을 제기하는 등으로 구체적 권리를 인정받아야 하고, 구체적인 권리가 발생하지 않은 상태에서 곧바로 공무원연금공단을 상대로 한 당사자소송으로 권리의 확인이나 급여의 지급을 소구하는 것은 허용되지 아니한다(대판 2017.2.9. 2014두43264).

② [X] 국가공무원법 제67조, 구 공무원복무규정 제15조, 제16조 제5항, 제17조 등의 각 규정에 비추어 보면, 공무원의 연가보상비청구권은 공무원이 연가를 실시하지 아니하는 등 법령상 정해진 요건이 충족되면 그 자체만으로 지급기준일 또는 보수지급기관의 장이 정한 지급일에 구체적으로 발생하고 행정청의 지급결정에 의하여 비로소 발생하는 것은 아니라고 할 것이므로, 행정청이 공무원에게 연가보상비를 지급하지 아니한 행위로 인하여 공무원의 연가보상비청구권 등 법률상 지위에 아무런 영향을 미친다고 할 수는 없으므로 행정청의 연가보상비 부지급 행위는 항고소송의 대상이 되는 처분이라고 볼 수 없다(대판 1999.7.23. 97누10857).

③ [X] 명예퇴직수당 지급대상자로 결정된 법관에 대하여 지급할 수당액은 명예퇴직수당규칙 제4조 [별표 1]에 산정 기준이 정해져 있으므로, 위 법관은 위 규정에서 정한 정당한 산정 기준에 따라 산정된 명예퇴직수당액을 수령할 구체적인 권리를 가진다. 따라서 위 법관이 이미 수령한 수당액이 위 규정에서 정한 정당한 명예퇴직수당액에 미치지 못한다고 주장하며 차액의 지급을 신청함에 대하여 법원행정처장이 거부하는 의사를 표시했더라도, 그 의사표시는 명예퇴직수당액을 형성·확정하는 행정처분이 아니라 공법상의 법률관계의 한쪽 당사자로서 지급의무의 존부 및 범위에 관하여 자신의 의견을 밝힌 것에 불과하므로 행정처분으로 볼 수 없다. 결국 명예퇴직한 법관이 미지급 명예퇴직수당액에 대하여 가지는 권리는 명예퇴직수당 지급대상자 결정절차를 거쳐 명예퇴직수당규칙에 의하여 확정된 공법상 법률관계에 관한 권리로서, 그 지급을 구하는 소송은 행정소송법의 당사자소송에 해당하며, 그 법률관계의 당사자인 국가를 상대로 제기하여야 한다(대판 2016.5.24. 2013두14863).

④ [X] 도시 및 주거환경정비법상 주택재건축정비사업조합이 같은 법 제48조에 따라 수립한 관리처분계획에 대하여 관할 행정청의 인가·고시까지 있게 되면 관리처분계획은 행정처분으로서 효력이 발생하게 되므로, 총회결의의 하자를 이유로 하여 행정처분의 효력을 다투는 항고소송의 방법으로 관리처분계획의 취소 또는 무효확인을 구하여야 하고, 그와 별도로 행정처분에 이르는 절차적 요건 중 하나에 불과한 총회결의 부분만을 따로 떼어내어 효력 유무를 다투는 확인의 소를 제기하는 것은 특별한 사정이 없는 한 허용되지 않는다(대판 2009.9.17. 2007다2428 전합).

17　　　　　　　　　　　　　　정답 ④

☑ **함께 정리하기 당사자소송의 대상**

광주민주화운동 보상금 지급 청구O
토지보상법상 주거이전비 보상 청구O
공립유치원 강사 보수지급 청구O
국립대 조교수 임용기간만료 통지X

① [O] 광주민주화운동 관련자 보상 등에 관한 법률에 의거하여 관련자 및 유족들이 갖게 되는 보상 등에 관한 권리는 헌법 제23조 제3항에 따른 재산권침해에 대한 손실보상청구나 국가배상법에 따른 손해배상청구와는 그 성질을 달리하는 것으로서 법률이 특별히 인정하고 있는 공법상의 권리라고 하여야 할 것이므로 그에 관한 소송은 행정소송법 제3조 제2호 소정의 당사자소송에 의하여야 할 것이며 보상금 등의 지급에 관한 법률관계의 주체는 대한민국이다(대판 1992.12.24. 92누3335).

유제 15. 국회직 8급 광주민주화운동 관련 보상금 지급에 관한 소송은 당사자소송이다. (O)

② [O] 주거이전비는 당해 공익사업 시행지구 안에 거주하는 세입자들의 조기이주를 장려하여 사업추진을 원활하게 하려는 정책적인 목적과 주거이전으로 인하여 특별한 어려움을 겪게 될 세입자들을 대상으로 하는 사회보장적인 차원에서 지급되는 금원의 성격을 가지므로, 적법하게 시행된 공익사업으로 인하여 이주하게 된 주거용 건축물 세입자의 주거이전비 보상청구권은 공법상의 권리이고, 따라서 그 보상을 둘러싼 쟁송은 민사소송이 아니라 공법상의 법률관계를 대상으로 하는 행정소송에 의하여야 한다(대판 2008.5.29. 2007다8129).

③ [O] 교육부장관(당시 문교부장관)의 권한을 재위임 받은 공립교육기관의 장에 의하여 공립유치원의 임용기간을 정한 전임강사로 임용되어 지방자치단체로부터 보수를 지급받으면서 공무원복무규정을 적용받고 사실상 유치원 교사의 업무를 담당하여 온 유치원 교사의 자격이 있는 자는 교육공무원에 준하여 신분보장을 받는 정원 외의 임시직 공무원으로 봄이 상당하므로 그에 대한 해임처분의 시정 및 수령지체된 보수의 지급을 구하는 소송은 행정소송의 대상이지 민사소송의 대상이 아니다(대판 1991.5.10. 90다10766).

❹ [X] 임용권자의 국·공립대학 조교수에 대한 임용기간만료의 통지는 항고소송의 대상인 처분에 해당한다.

> 기간제로 임용되어 임용기간이 만료된 국·공립대학의 조교수는 교원으로서의 능력과 자질에 관하여 합리적인 기준에 의한 공정한 심사를 받아 위 기준에 부합되면 특별한 사정이 없는 한 재임용되리라는 기대를 가지고 재임용 여부에 관하여 합리적인 기준에 의한 공정한 심사를 요구할 법규상 또는 조리상 신청권을 가진다고 할 것이니, 임용권자가 임용기간이 만료된 조교수에 대하여 재임용을 거부하는 취지로 한 임용기간만료의 통지는 위와 같은 대학교원의 법률관계에 영향을 주는 것으로서 행정소송의 대상이 되는 처분에 해당한다(대판 2004.4.22. 2000두7735).

유제 09. 세무사 임용기간이 만료된 국공립대학의 조교수에 대하여 재임용을 거부하는 취지로 한 임용기간만료의 통지는 행정처분에 해당한다. (O)

① [O] 「행정소송법」 제44조 제1항, 제25조 제1항에 대한 옳은 내용이다.

> 「행정소송법」 제44조 【준용규정】 ① 제14조 내지 제17조, 제22조, 제25조, 제26조, 제30조 제1항, 제32조 및 제33조의 규정은 당사자소송의 경우에 준용한다.
> 제25조 【행정심판기록의 제출명령】 ① 법원은 당사자의 신청이 있는 때에는 결정으로써 재결을 행한 행정청에 대하여 행정심판에 관한 기록의 제출을 명할 수 있다.

② [O] 형식적 당사자소송이란 행정청의 처분이나 재결에 의하여 형성된 법률관계에 관하여 다툼이 있는 경우에 당해 처분 또는 재결을 다툼이 없이 직접 그 처분·재결에 의하여 형성된 법률관계에 대하여 그 일방 당사자를 피고로 하여 제기하는 소송으로서 실질적으로는 항고소송이나 그 형식은 당사자소송인 것을 말한다.

유제 10. 세무사 형식적 당사자소송은 소송형식상 당사자소송이지만 처분 등의 효력에 관한 다툼으로서의 실질을 가진다. (O)

❸ [X] 택지개발사업지구 내에서 화훼소매업을 하던 甲과 乙이 재결절차를 거치지 않고 사업시행자를 상대로 주된 청구인 영업손실보상금 청구에 생활대책대상자 선정 관련청구소송을 병합하여 제기한 사안에서, 영업손실보상금청구의 소가 부적법하여 각하되는 이상 생활대책대상자 선정 관련청구소송 역시 부적법하여 각하되어야 한다고 한 사례이다(대판 2011.9.29. 2009두10963).

유제 13. 지방직 9급 당사자소송이 부적법하여 각하되는 경우 그에 병합된 관련청구소송 역시 부적법 각하되어야 하는 것은 아니다. (X)

④ [O] 행정소송법 제8조 제2항에 의하면 행정소송에도 민사소송법의 규정이 일반적으로 준용되므로 법원으로서는 공법상 당사자소송에서 재산권의 청구를 인용하는 판결을 하는 경우 가집행선고를 할 수 있다(대판 2000.11.28. 99두3416).

유제 08. 국가직 9급 공법상 당사자소송에서 재산권의 청구를 인용하는 판결을 하는 경우에는 가집행선고를 할 수 없다. (X)

---

18 정답 ③

☑ 함께 정리하기 **당사자소송**

행정심판기록 제출명령 준용
형식적 당사자소송
▷ 실질적 처분에 대한 다툼
부적법한 당사자소송
▷ 병합된 관련청구소송 부적법
재산권 청구 인용판결시 가집행선고 可

---

19 정답 ③

☑ 함께 정리하기 **행정심판**

선정대표자 선정 可
제3자, 행정청 심판참가 可
직접처분
▷ 처분명령재결을 전제로 함
직권 or 당사자 신청
▷ 피청구인 경정 可

① [O] 「행정심판법」 제15조 제1항에 대한 옳은 내용이다.

> 제15조 【선정대표자】 ① 여러 명의 청구인이 공동으로 심판청구를 할 때에는 청구인들 중에서 3명 이하의 선정대표자를 선정할 수 있다.

유제 18. 국회직 8급 행정심판의 경우 여러 명의 청구인이 공동으로 심판청구를 할 때에는 청구인들 중에서 3명 이하의 선정대표자를 선정할 수 있다. (O)

② [O] 「행정심판법」 제20조 제1항에 대한 옳은 내용이다.

> **제20조【심판참가】** ① 행정심판의 결과에 이해관계가 있는 제3자나 행정청은 해당 심판청구에 대한 제7조 제6항 또는 제8조 제7항에 따른 위원회나 소위원회의 의결이 있기 전까지 그 사건에 대하여 심판참가를 할 수 있다.

❸ [×] 처분명령재결(「행정심판법」 제49조 제3항)이 있어야 직접처분이 가능하다.

> **「행정심판법」 제50조【위원회의 직접 처분】** ① 위원회는 피청구인이 제49조 제3항에도 불구하고 처분을 하지 아니하는 경우에는 당사자가 신청하면 기간을 정하여 서면으로 시정을 명하고 그 기간에 이행하지 아니하면 직접 처분을 할 수 있다. 다만, 그 처분의 성질이나 그밖의 불가피한 사유로 위원회가 직접 처분을 할 수 없는 경우에는 그러하지 아니하다.
> **제49조【재결의 기속력 등】** ① 심판청구를 인용하는 재결은 피청구인과 그 밖의 관계 행정청을 기속(羈束)한다.
> ③ 당사자의 신청을 거부하거나 부작위로 방치한 처분의 이행을 명하는 재결이 있으면 행정청은 지체 없이 이전의 신청에 대하여 재결의 취지에 따라 처분을 하여야 한다.

④ [O] 「행정심판법」 제17조 제2항에 대한 옳은 내용이다.

> **제17조【피청구인의 적격 및 경정】** ② 청구인이 피청구인을 잘못 지정한 경우에는 위원회는 직권으로 또는 당사자의 신청에 의하여 결정으로써 피청구인을 경정할 수 있다.

ㄷ. [O] 「행정심판법」은 부작위위법확인심판은 인정하고 있지 않다.

> **「행정심판법」 제5조【행정심판의 종류】** 행정심판의 종류는 다음 각 호와 같다.
> 1. 취소심판: 행정청의 위법 또는 부당한 처분을 취소하거나 변경하는 행정심판
> 2. 무효등확인심판: 행정청의 처분의 효력 유무 또는 존재 여부를 확인하는 행정심판
> 3. 의무이행심판: 당사자의 신청에 대한 행정청의 위법 또는 부당한 거부처분이나 부작위에 대하여 일정한 처분을 하도록 하는 행정심판

ㄹ. [O] 「노동위원회법」 제27조 제1항에 대한 옳은 내용이다.

> **제27조【중앙노동위원회의 처분에 대한 소송】** ① 중앙노동위원회의 처분에 대한 소송은 중앙노동위원회 위원장을 피고(被告)로 하여 처분의 송달을 받은 날부터 15일 이내에 제기하여야 한다.

20 　　　　　정답 ①

> 📋 **함께 정리하기 행정심판**
>
> 취소 or 변경재결
> ▷ 바로 처분 시 소급 소멸·변경
> 취소심판
> ▷ 사정재결 可
> 부작위위법확인심판 無
> 중앙노동위원회의 처분에 대한 소송
> ▷ 피고: 중앙노동위원회 위원장

ㄱ. [×] 취소심판의 법적 성질에 대해 처분의 확인적 쟁송으로 보는 견해와 법률관계의 변경·소멸을 가져오는 형성적 쟁송으로 보는 견해가 대립하고 있으나, 과거로 소급해 처분이 소멸되므로 형성적 쟁송으로 보는 견해가 통설이다. 따라서 행정청의 별도 취소·변경행위가 없더라도 당연히 소멸·변경된다.

ㄴ. [×]

> **「행정심판법」 제44조【사정재결】** ① 위원회는 심판청구가 이유가 있다고 인정하는 경우에도 이를 인용하는 것이 공공복리에 크게 위배된다고 인정하면 그 심판청구를 기각하는 재결을 할 수 있다. 이 경우 위원회는 재결의 주문에서 그 처분 또는 부작위가 위법하거나 부당하다는 것을 구체적으로 밝혀야 한다.

▶ 정답

p. 38

01	②	I	06	②	II	11	③	IV	16	①	VI
02	①	I	07	①	II	12	④	V	17	②	VI
03	③	I	08	④	II	13	②	VI	18	③	VI
04	③	I	09	④	II	14	④	VI	19	④	VI
05	①	II	10	②	III	15	②	VI	20	④	VI

I 행정법 서론 / II 행정작용법 / III 행정절차와 행정공개 / IV 행정의 실효성 확보수단 / V 행정상 손해전보 / VI 행정쟁송

01

정답 ②

> 📋 **함께 정리하기 부당결부금지의 원칙**
>
> 고속도로 접도구역 송유관 매설허가시 비용부담부관
> ▷ 부당한 결부×
> 125cc 이륜자동차 음주운전
> ▷ 제1종 대형, 보통, 특수면허 모두 취소 可
> 건축허가와 별개인 도로기부채납의무 불이행을 이유로 한 건축물준공거부
> ▷ 위법
> 철회사유 공통, 사람에 관한 것
> ▷ 면허 전부 철회 가능

① [O] 고속국도 관리청이 고속도로 부지와 접도구역에 송유관 매설을 허가 하면서 상대방과 체결한 협약에 따라 송유관 시설을 이전하게 될 경우 그 비용을 상대방에게 부담하도록 하였고, 그 후 도로법 시행규칙이 개정되어 접도구역에는 관리청의 허가 없이도 송유관을 매설할 수 있게 된 사안에서, 위 협약이 효력을 상실하지 않을 뿐만 아니라 위 협약에 포함된 부관이 부당결부금지의 원칙에도 반하지 않는다고 한 사례이다(대판 2009.2.12. 2005다65500).

❷ [×] 甲이 혈중알코올농도 0.140%의 주취상태로 배기량 125cc 이륜자동차를 운전하였다는 이유로 관할 지방경찰청장이 甲의 자동차운전면허[제1종 대형, 제1종 보통, 제1종 특수(대형견인·구난), 제2종 소형]를 취소하는 처분을 한 사안에서, 甲에 대하여 제1종 대형, 제1종 보통, 제1종 특수(대형견인·구난) 운전면허를 취소하지 않는다면, 甲이 각 운전면허로 배기량 125cc 이하 이륜자동차를 계속 운전할 수 있어 실질적으로는 아무런 불이익을 받지 않게 되는 점, 甲의 혈중알코올농도는 0.140%로서 도로교통법령에서 정하고 있는 운전면허 취소처분 기준인 0.100%를 훨씬 초과하고 있고 甲에 대하여 특별히 감경해야 할 만한 사정을 찾아볼 수 없는 점, 甲이 음주상태에서 운전을 하지 않으면 안되는 부득이한 사정이 있었다고 보이지 않는 점, 처분에 의하여 달성하려는 행정목적 등에 비추어 볼 때, 처분이 사회통념상 현저하게 타당성을 잃어 재량권을 남용하거나 한계를 일탈한 것이라고 단정하기에 충분하지 않음에도, 이와 달리 위 처분 중 제1종 대형, 제1종 보통, 제1종 특수(대형견인·구난) 운전면허를 취소한 부분에 재량권을 일탈·남용한 위법이 있다고 본 원심판단에 재량권 일탈·남용에 관한 법리 등을 오해한 위법이 있다고 한 사례이다(대판 2018.2.28. 2017두67476).

③ [O] 준공거부처분에서 그 이유로 내세운 도로기부채납의무는 이 사건 기숙사 등 건축물에 인접한 도로 198미터 개설을 위한 도시계획사업시행허가와 위 기숙사 등 건축물의 신축을 위한 도시계획사업의 시행허가에 관한 것으로 기숙사 등 건축물의 건축허가와는 별개의 것이고, 건축허가사항대로 이행되는 건축법 등에 위반한 사항이 없는 기숙사 등 건축물에 관하여 원고가 위와 같은 이유로 준공거부처분을 한 것은 건축법에 근거 없이 이루어진 것으로서 위법하다(대판 1992.11.27. 92누10364).

> **유제** 13. 국가직 9급 건축물에 인접한 도로의 개설을 위한 도시계획사업시행허가처분은 건축물에 대한 건축허가처분과는 별개의 행정처분이므로 사업시행허가를 함에 있어 조건으로 내세운 기부채납의무를 이행하지 않았음을 이유로 한 건축물에 대한 준공거부처분은「건축법」에 근거 없이 이루어진 것으로서 위법하다. (○)

④ [O] 한 사람이 여러 종류의 자동차운전면허를 취득하는 경우뿐 아니라 이를 취소 또는 정지하는 경우에도 서로 별개의 것으로 취급하는 것이 원칙이고, 다만 취소사유가 특정 면허에 관한 것이 아니고 다른 면허와 공통된 것이거나 운전면허를 받은 사람에 관한 것일 경우에는 여러 면허를 전부 취소할 수도 있다(대판 2012.5.24. 2012두1891).

> **유제** 18. 서울시 9급 한 사람이 여러 종류의 자동차 운전면허를 취득하는 경우뿐 아니라 이를 취소 또는 정지함에 있어서도 서로 별개의 것으로 취급하는 것이 원칙이다. (○)

02 정답 ①

☑ 함께 정리하기 **법률유보의 원칙**

법률유보원칙
▷ 관습법 포함×
중요사항유보설
▷ 본질적 사항은 법률에 유보
법률유보원칙
▷ 법률에 근거한 규율 요청
재량준칙
▷ 법률근거 不要

❶ [×] 법률유보의 원칙이란 일정한 행정권의 발동에는 법률의 근거가 필요하다는 것을 의미한다(적극적 의미). 여기서의 '법률'에는 국회가 제정하는 형식적 의미의 법률뿐만 아니라 법률의 위임에 따라 제정된 법규명령도 포함되나, 예산, 불문법원(관습법 등)은 포함되지 않는다.

유제 13. 국회직 9급 법률유보의 원칙에 있어서 법률은 형식적 의미의 법률을 의미하므로 관습법은 포함되지 않는다. (O)

② [O] 중요사항유보설(본질사항유보설)은 헌법상의 법치국가원칙·민주주의원칙 및 기본권규정을 고려하여, 국민에게 중요하고 본질적인 사항은 국회가 제정한 법률상의 수권이 있어야 한다는 견해이다.

침해 유보설	• 침해적 행정의 경우만 법률상 근거를 두면 된다는 견해 • 국민의 '행정으로부터의 자유'를 강조하는 견해로서 19세기 후반 독일의 행정법이론이 시민적 자유주의사상을 바탕으로 한 질서행정을 주목적으로 하던 때의 견해
전부 유보설	• 행정의 모든 영역이 법률유보의 대상이 된다는 견해 • 행정의 자유영역을 부정하는 이 견해는 법률의 수권이 없는 한, 국민에게 어떠한 필요한 급부도 할 수 없게 되는 문제가 있음
급부 행정 유보설 (사회 유보설)	• 침해유보설을 보충하여 침해적 행정뿐만 아니라 급부행정에도 법률유보원칙이 적용되어야 한다는 견해 • 의도적으로 또는 실수로 법률적 근거가 마련되지 않은 상황에서는 전혀 급부를 하지 못하게 되는 상황이 생길 수 있어 사회국가·복지국가를 지향하는 현대국가에서 큰 문제가 될 수 있음
본질 사항 유보설 (중요 사항 유보설)	• 헌법상의 법치국가원칙·민주주의원칙 및 기본권규정을 고려하여, 국민에게 중요하고 본질적인 사항은 국회가 제정한 법률상의 수권이 있어야 한다는 견해 • 본질적 사항은 국민의 대표기관인 의회에서 제정된 법률에 근거가 있어야 하고 위임하는 경우에도 행정부에게 전적으로 위임할 수는 없다고 한다. 즉 공동체에 매우 중요한 사항 및 국민의 권리·의무에 관한 기본적이고 본질적인 사항은 국회 스스로 법률로 정하고, 불가피한 경우에만 법률에 근거를 두고 위임의 요건을 갖추어 행정부에게 위임하여야 한다는 견해(의회유보론) • 추가 견해에 대해서는 무엇이 본질적인가에 대하여 명확한 기준을 제시하지 못한다는 비판이 제기될 수 있으나 그럼에도 불구하고 법률유보의 범위뿐만 아니라 법률의 규율정도에 대해서도 원칙을 제시하고 있다는 점, 법률유보의 취지와 현대적 행정수요 사이에서 조화점을 찾으려고 한다는 점 등을 고려할 때 타당하다고 봄 • 다수설과 헌법재판소의 입장

③ [O] 헌법 제37조 제2항은 "국민의 모든 자유와 권리는 … 법률로써 제한할 수 있으며"라고 하여 법률유보원칙을 규정하고 있다. 여기서 '법률'이란 국회가 제정한 형식적 의미의 법률을 말한다. 입법자는 행정부로 하여금 규율하도록 입법권을 위임할 수 있으므로, 법률에 근거한 행정입법에 의해서도 기본권 제한이 가능하다. 즉 기본권 제한에 관한 법률유보원칙은 '법률에 의한 규율'을 요청하는 것이 아니라 '법률에 근거한 규율'을 요청하는 것이므로, 기본권 제한에는 법률의 근거가 필요할 뿐이고 기본권 제한의 형식이 반드시 법률의 형식일 필요는 없으므로, 법규명령, 규칙, 조례 등 실질적 의미의 법률을 통해서도 기본권 제한이 가능하다(헌재 2013.7.25. 2012헌마167).

④ [O] 재량준칙(행정규칙)은 자신의 직권에 의하여 발령하는 명령에 해당하므로 법적 근거를 요하지 않는다.

03 정답 ③

☑ 함께 정리하기 **행정법령의 공포 및 효력발생**

권리제한 or 의무부과 법령
▷ 공포일부터 30일 경과 후 시행(원칙)
관보게재일
▷ 일반이 구독 가능한 최초시기
관보의 내용 해석 및 적용시기
▷ 종이관보·전자관보 동일한 효력
대통령령·총리령·부령
▷ 공포한날부터 20일

① [O]
「법령 등 공포에 관한 법률」제13조의2【법령의 시행유예기간】국민의 권리 제한 또는 의무 부과와 직접 관련되는 법률, 대통령령, 총리령 및 부령은 긴급히 시행하여야 할 특별한 사유가 있는 경우를 제외하고는 공포일부터 적어도 30일이 경과한 날부터 시행되도록 하여야 한다.

② [O] 이른바 관보 게재일이라 함은 관보에 인쇄된 발행일자를 뜻하는 것이 아니고 관보가 전국의 각 관보보급소에 발송 배포되어 이를 일반인이 열람 또는 구독할 수 있는 상태에 놓이게 된 최초의 시기를 뜻한다(대판 1969.11.25. 69누129).

유제 09. 국가직 9급 법령의 공포시점은 관보 또는 공보가 판매소에 도달하여 누구든지 이를 구독할 수 있는 상태가 된 최초의 시점으로 보는 것이 판례의 입장이다. (O)

❸ [×]
「법령 등 공포에 관한 법률」제11조【공포 및 공고의 절차】④ 관보의 내용 해석 및 적용 시기 등에 대하여 종이관보와 전자관보는 동일한 효력을 가진다.

④ [O] 「법령 등 공포에 관한 법률」제13조에 대한 옳은 내용이다.

제13조【시행일】대통령령, 총리령 및 부령은 특별한 규정이 없으면 공포한 날부터 20일이 경과함으로써 효력을 발생한다.

유제 15. 행정사 대통령령, 총리령 및 부령은 특별한 규정이 없으면 공포한 날부터 15일이 경과함으로써 효력을 발생한다. (×)

04　정답 ③

> **☑ 함께 정리하기　시효제도**
>
> 시효완성된 조세의 부과
> ▷ 당연무효
> 소멸시효 중단·정지
> ▷ 민법 적용
> 국가에 대한 금전채무
> ▷ 국가재정법 적용
> 예정공물
> ▷ 시효취득 대상×

① [×] 조세에 관한 소멸시효가 완성되면 국가의 조세부과권과 납세의무자의 납세의무는 당연히 소멸한다 할 것이므로 소멸시효 완성 후에 부과된 부과처분은 납세의무 없는 자에 대하여 부과처분을 한 것으로서 그와 같은 하자는 중대하고 명백하여 그 처분의 효력은 당연무효이다(대판 1985.5.14. 83누655).

> **유제** 16. 지방직 9급 조세에 관한 소멸시효가 완성된 후에 부과된 조세부과처분은 위법한 처분이지만 당연무효라고 볼 수는 없다. (×)

② [×] 공법상 시효의 중단과 정지에 대해서는 다른 법률에서 특별한 규정이 없는 한 「민법」의 규정이 준용된다. 「국가재정법」 역시 소멸시효의 중단·정지에 관하여 다른 법률의 규정이 없는 때에는 「민법」에 의하도록 하고 있다.

❸ [○] 국가재정법(구 예산회계법) 제96조의 '금전이 급부를 목적으로 하는 국가의 권리'라 함은 금전의 급부를 목적으로 하는 권리인 이상 금전급부의 발생원인에 관하여는 아무런 제한이 없으므로 국가의 공권력의 발동으로 하는 행위는 물론 국가의 사법상의 행위에서 발생한 국가에 대한 금전채무도 포함한다(대판 1967.7.4. 67다751).

> **유제** 16. 지방직 9급 「국가재정법」상 5년의 소멸시효가 적용되는 '금전의 급부를 목적으로 하는 국가의 권리'에는 국가의 사법(私法)상 행위에서 발생한 국가에 대한 금전채무도 포함된다. (○)

④ [×] 이 사건 토지에 관하여 도로구역의 결정, 고시 등의 공물지정 행위는 있었지만 아직 도로의 형태를 갖추지 못하여 완전한 공공용물이 성립되었다고는 할 수 없으므로 일종의 예정공물이라고 볼 수 있는데, … 예정공물인 토지도 일종의 행정재산인 공공용물에 준하여 취급하는 것이 타당하다고 할 것이므로 구 국유재산법 제5조 제2항이 준용되어 시효취득의 대상이 될 수 없다(대판 1994.5.10. 93다23442).

05　정답 ①

> **☑ 함께 정리하기　행정입법**
>
> 상위 법령등의 단순한 집행 위한 법령
> ▷ 입법예고 不要
> 일반적 시행령 위임조항
> ▷ 집행명령의 근거
> 재위임
> ▷ 대강을 정하고 특정범위를 정하여 재위임 可
> 대법원 판결로 명령·규칙 위헌·위법확정
> ▷ 행안부장관에게 통보

❶ [○] 「행정절차법」 제41조 제1항에 대한 옳은 내용이다.

> 제41조 【행정상 입법예고】 ① 법령등을 제정·개정 또는 폐지(이하 "입법"이라 한다)하려는 경우에는 해당 입법안을 마련한 행정청이 이를 예고하여야 한다. 다만, 다음 각 호의 어느 하나에 해당하는 경우에는 예고를 하지 아니할 수 있다.
> 2. 상위 법령등의 단순한 집행을 위한 경우

② [×] 구 소득세법 제203조에 의하면 "이 법 시행에 관하여 필요한 사항은 대통령령으로 정한다."고 규정하고 있으나, 이것은 법률의 시행에 필요한 집행명령을 발할 수 있음을 규정한 것에 지나지 아니하며 양도차익과 같은 과세요건에 관한 법규의 제정까지도 포괄적으로 대통령령에 위임한 규정이라고는 볼 수 없다(대판 1982.11.23. 82누221 전합).

③ [×] 재위임에 의한 부령의 경우에도 위임에 의한 대통령령에 가해지는 헌법상의 제한이 당연히 적용되어야 할 것이다. 따라서 법률에서 위임받은 사항을 전혀 규정하지 아니하고 그대로 재위임하는 것은 허용되지 않으며 위임받은 사항에 관하여 대강을 정하고 그 중의 특정사항을 범위를 정하여 하위법령에 다시 위임하는 경우에만 재위임이 허용된다(헌재 1996.2.29. 94헌마213).

④ [×]
> 「행정소송법」 제6조 【명령·규칙의 위헌판결등 공고】 ① 행정소송에 대한 대법원판결에 의하여 명령·규칙이 헌법 또는 법률에 위반된다는 것이 확정된 경우에는 대법원은 지체 없이 그 사유를 행정안전부장관에게 통보하여야 한다.
> ② 제1항의 규정에 의한 통보를 받은 행정안전부장관은 지체 없이 이를 관보에 게재하여야 한다.

06 정답 ②

📋 **함께 정리하기 인가**

주택재건축정비사업조합 설립인가
▷ 특허
특허기업의 사업양도허가
▷ 인가
지역개발사업에 관한 지정권자의 실시계획승인처분
▷ 특허
관리처분계획안에 대한 인가
▷ 인가

ㄱ. [×] 행정청의 주택재건축정비사업조합 설립인가처분은 조합에 정비사업을 시행할 수 있는 권한을 갖는 행정주체(공법인)로서의 지위를 부여하는 일종의 설권적 처분의 성격을 가진다(대판 2009.9.24. 2008다60568).

ㄴ. [○] 특허기업이란 행정청으로부터 특허를 받아 공익사업을 경영하게 되는 기업을 의미한다. 특허기업의 사업양도시 특허의 양도가 수반되는 되는데 이 때 행정청의 사업양도허가는 사업양도의 효력을 보충하는 인가의 성질을 갖는다.

ㄷ. [×] 관계 법령의 내용과 취지 등에 비추어 보면 지구개발사업에 관한 지정권자의 실시계획승인처분은 단순히 시행자가 작성한 실시계획에 대한 법률상의 효력을 완성시키는 보충행위에 불과한 것이 아니라 법령상의 요건을 갖춘 경우 법이 규정하고 있는 지구개발사업을 시행할 수 있는 지위를 시행자에게 부여하는 일종의 설권적 처분으로서의 성격을 가진 독립된 행정처분으로 보아야 한다(대판 2014.9.26. 2012두5602).

ㄹ. [○] 관리처분계획에 대한 행정청의 인가는 관리처분계획의 법률상 효력을 완성시키는 보충행위로서의 성질을 갖는데, … 행정청이 관리처분계획에 대한 인가 여부를 결정할 때에는 그 관리처분계획에 도시정비법 제48조 및 그 시행령 제50조에 규정된 사항이 포함되어 있는지, 그 계획의 내용이 도시정비법 제48조 제2항의 기준에 부합하는지 여부 등을 심사·확인하여 그 인가 여부를 결정할 수 있을 뿐 기부채납과 같은 다른 조건을 붙일 수는 없다(대판 2012.8.30. 2010두24951).

07 정답 ①

📋 **함께 정리하기 부관**

주택사업과 무관한 토지기부채납부관
▷ 부당결부금지원칙위반(당연무효×)
기부채납부관 취소 前
▷ 증여계약 착오취소 不可
부관 무효
▷ 사법상 이행행위는 무효×
부관의 사후변경
▷ 법·유·동(원칙), 사정변경(예외)

❶ [×] 지방자치단체장이 사업자에게 주택사업계획승인을 하면서 그 주택사업과는 아무런 관련이 없는 토지를 기부채납하도록 하는 부관을 주택사업계획승인에 붙인 경우, 그 부관은 부당결부금지의 원칙에 위반되어 위법하지만, 부관의 하자가 중대하고 명백하여 당연무효라고는 볼 수 없다(대판 1997.3.11. 96다49650).

유제 15. 서울시 7급 부당결부금지원칙은 행정작용을 함에 있어서 상대방에게 이와 실질적인 관련이 없는 의무를 부과하지 말도록 하는 것인데, 판례는 이러한 부당결부금지원칙의 적용을 부정하고 있다. (×)

07. 국가직 7급 지방자치단체장이 사업자에게 주택사업계획승인을 하면서 그 주택사업과는 아무런 관련이 없는 토지를 기부채납하도록 하는 부관을 주택사업계획승인에 붙인 경우, 그 부관은 부당결부금지의 원칙에 위반되어 위법하다. (○)

② [○] 토지소유자가 토지형질변경행위허가에 붙은 기부채납의 부관에 따라 토지를 기부채납(증여)한 경우, 기부채납의 부관이 당연무효이거나 취소되지 않은 상태에서는 그 부관으로 인하여 증여계약의 중요부분에 착오가 있음을 이유로 증여계약을 취소할 수 없다(대판 1999.5.25. 98다53134).

③ [○] 행정처분에 부담인 부관을 붙인 경우 부관의 무효화에 의하여 본체인 행정처분 자체의 효력에도 영향이 있게 될 수는 있지만, 그 처분을 받은 사람이 부담의 이행으로 사법상 매매 등의 법률행위를 한 경우에는 그 부관은 특별한 사정이 없는 한 법률행위를 하게 된 동기 내지 연유로 작용하였을 뿐이므로 이는 법률행위의 취소사유가 될 수 있음은 별론으로 하고 그 법률행위 자체를 당연히 무효화하는 것은 아니다(대판 2009.6.25. 2006다18174).

④ [○] 행정처분에 이미 부담이 부가되어 있는 상태에서 그 의무의 범위 또는 내용 등을 변경하는 부관의 사후변경은, 법률에 명문의 규정이 있거나 그 변경이 미리 유보되어 있는 경우 또는 상대방의 동의가 있는 경우에 한하여 허용되는 것이 원칙이지만, 사정변경으로 인하여 당초에 부담을 부가한 목적을 달성할 수 없게 된 경우에도 그 목적달성에 필요한 범위 내에서 예외적으로 허용된다(대판 1997.5.30. 97누2627).

08 정답 ④

📋 **함께 정리하기 행정지도**

「행정절차법」
▷ 적용○
성질
▷ 임의적 협력 전제로 하는 비권력적 사실행위
교육인적자원부장관의 학칙시정요구
▷ 헌법소원 제기 可
단전·전화단절조치 요청행위
▷ 처분성×(권고적 성격)

① [×]
> 「행정절차법」 제2조 【정의】 이 법에서 사용하는 용어의 뜻은 다음과 같다.
> 3. "행정지도"란 행정기관이 그 소관사무의 범위에서 일정한 행정목적을 실현하기 위하여 특정인에게 일정한 행위를 하거나 하지 아니하도록 지도, 권고, 조언 등을 하는 행정작용을 말한다.

② [✕] 행정지도는 법적 효과의 발생을 목적으로 하는 행위가 아니라, 상대방의 임의적 협력을 전제로 하는 비권력적 사실행위이다.

③ [✕] 교육인적자원부장관의 대학총장들에 대한 이 사건 학칙시정요구는 고등교육법 제6조 제2항, 동법 시행령 제4조 제3항에 따른 것으로서 그 법적 성격은 대학총장의 임의적인 협력을 통하여 사실상의 효과를 발생시키는 행정지도의 일종이지만, 그에 따르지 않을 경우 일정한 불이익조치를 예정하고 있어 사실상 상대방에게 그에 따를 의무를 부과하는 것과 다를 바 없으므로 단순한 행정지도로서의 한계를 넘어 규제적 · 구속적 성격을 상당히 강하게 갖는 것으로서 헌법소원의 대상이 되는 공권력의 행사라고 볼 수 있다(헌재 2003.6.26. 2002헌마337).

❹ [○] 행정청이 위법 건축물에 대한 시정명령을 하고 나서 위반자가 이를 이행하지 아니하여 전기 · 전화의 공급자(한국전력공사 등)에게 그 위법 건축물에 대한 전기 · 전화공급을 하지 말아 줄 것을 요청한 행위는 권고적 성격의 행위에 불과한 것으로서 전기 · 전화공급자나 특정인의 법률상 지위에 직접적인 변동을 가져오는 것은 아니므로 이를 항고소송의 대상이 되는 행정처분이라고 볼 수 없다(대판 1996.3.22. 96누433).

09 　　　　　　　　　　　　　　　　　　정답 ④

> 📋 **함께 정리하기** **행정행위의 효력**
>
> 민사법원
> ▷ 과세처분 무효 여부 선결문제 심사 可
> 위법한 처분으로 인한 국가배상 청구
> ▷ 처분취소 不要
> 별도의 신청 없이 사유 추가하여 거부처분 반복
> ▷ 당연무효
> 파면처분에 취소사유
> ▷ 곧바로 공무원지위확인소송을 제기 不可

① [✕] 행정처분의 하자가 중대하고 명백하여 당연무효인 경우, 민사법원은 그 효력을 언제든지 부인할 수 있다. 따라서 부당이득반환청구 소송의 본안판단에 있어 인용판결이 가능하다.

> 「행정소송법」제11조 【선결문제】 ① 처분등의 효력 유무 또는 존재 여부가 민사소송의 선결문제로 되어 당해 민사소송의 수소법원이 이를 심리 · 판단하는 경우에는 제17조, 제25조, 제26조 및 제33조의 규정을 준용한다.

② [✕] 위법한 행정대집행이 완료되면 그 처분의 무효확인 또는 취소를 구할 소의 이익은 없다 하더라도, 미리 그 행정처분의 취소판결이 있어야만, 그 행정처분의 위법임을 이유로 한 손해배상청구를 할 수 있는 것은 아니다(대판 1972.4.28. 72다337).

③ [✕] 행정행위의 취소라 함은 일단 유효하게 성립한 행정처분이 위법 또는 부당함을 이유로 소급하여 그 효력을 소멸시키는 별도의 행정처분을 말하고, 행정청은 종전 처분과 양립할 수 없는 처분을 함으로써 묵시적으로 종전 처분을 취소할 수도 있으나, 행정행위 중 당사자의 신청에 의하여 인 · 허가 또는 면허 등 이익을 주거나 그 신청을 거부하는 처분을 하는 것을 내용으로 하는 이른바 신청에 의한 처분의 경우에는 신청에 대하여 일단 거부처분이 행해지면 그 거부처분이 적법한 절차에 의하여 취소되지 않는 한, 사유를 추가하여 거부처분을 반복하는 것은 존재하지도 않는 신청에 대한 거부처분으로서 당연무효이다(대판 1999.12.28. 98두1895).

❹ [○] 행정행위의 공정력으로 인해 단순위법의 하자 있는 처분은 항고소송 외의 방식으로 효력을 부인할 수는 없으므로 단순위법의 하자 있는 파면처분을 받은 공무원은 파면처분취소소송을 제기하여야 하고, 곧바로 당사자소송으로 공무원지위 확인소송을 제기할 수는 없다.

10 　　　　　　　　　　　　　　　　　　정답 ②

> 📋 **함께 정리하기** **행정절차**
>
> 명예전역선발취소처분
> ▷ 문서로 해야 함
> 건물 무단용도변경 시정명령 · 계고처분
> ▷ 절차 要
> 구제절차로 나아가는데 지장이 없을 정도
> ▷ 충분한 이유제시○
> 공매로 체육시설업자 지위승계신고 수리
> ▷ 절차 要(종전 당사자)

① [○] 행정절차법 제15조 제1항, 제24조 제1항, 공무원임용령 제6조 제3항, 공무원 인사기록 · 통계 및 인사사무 처리 규정 제26조 제1항의 규정에 따르면, 명예전역 선발을 취소하는 처분은 당사자의 의사에 반하여 예정되어 있던 전역을 취소하고 명예전역수당의 지급 결정 역시 취소하는 것으로서 임용에 준하는 처분으로 볼 수 있으므로, 행정절차법 제24조 제1항에 따라 문서로 해야 한다(대판 2019.5.30. 2016두49808).

❷ [✕] [1] 피고 소속 공무원 소외인이 위 현장조사에 앞서 원고에게 전화로 통지한 것은 행정조사의 통지이지 이 사건 처분(시정명령)에 대한 사전통지로 볼 수 없다. 그리고 위 소외인이 현장조사 당시 위반경위에 관하여 원고에게 의견진술기회를 부여하였다 하더라도, 이 사건 처분(시정명령)이 현장조사 바로 다음 날 이루어진 사정에 비추어 보면, 의견제출에 필요한 상당한 기간을 고려하여 의견제출기한이 부여되었다고 보기도 어렵다.

[2] 그리고 현장조사에서 원고가 위반사실을 시인하였다거나 위반경위를 진술하였다는 사정만으로는 행정절차법 제21조 제4항 제3호가 정한 '의견청취가 현저히 곤란하거나 명백히 불필요하다고 인정될 만한 상당한 이유가 있는 경우'로서 처분의 사전통지를 하지 아니하여도 되는 경우에 해당한다고 볼 수도 없다.

[3] 따라서 행정청인 피고가 침해적 행정처분인 이 사건 처분(시정명령)을 하면서 원고에게 행정절차법에 따른 적법한 사전통지를 하거나 의견제출의 기회를 부여하였다고 볼 수 없다(대판 2016.10.27. 2016두41811).

③ [O] 행정청이 처분을 할 때에는 원칙적으로 당사자에게 그 근거와 이유를 제시하여야 한다(행정절차법 제23조 제1항). 이 경우 행정청은 처분의 원인이 되는 사실과 근거가 되는 법령 또는 자치법규의 내용을 구체적으로 명시하여야 한다(행정절차법 시행령 제14조의2). 다만 행정청의 자의적 결정을 배제하고 당사자로 하여금 행정구제절차에서 적절히 대처할 수 있도록 하는 처분의 근거 및 이유제시 제도의 취지에 비추어, 처분을 하면서 당사자가 그 근거를 알 수 있을 정도로 이유를 제시한 경우에는 처분의 근거와 이유를 구체적으로 명시하지 않았더라도 그로 말미암아 그 처분이 위법하다고 볼 수는 없다. 이때 '이유를 제시한 경우'는 처분서에 기재된 내용과 관계 법령 및 당해 처분에 이르기까지의 전체적인 과정 등을 종합적으로 고려하여, 처분 당시 당사자가 어떠한 근거와 이유로 처분이 이루어진 것인지를 충분히 알 수 있어서 그에 불복하여 행정구제절차로 나아가는 데 별다른 지장이 없었다고 인정되는 경우를 뜻한다(대판 2019.1.31. 2016두64975).

④ [O] 행정청이 구 관광진흥법 또는 구 체육시설법의 규정에 의하여 유원시설업자 또는 체육시설업자 지위승계신고를 수리하는 처분은 종전 유원시설업자 또는 체육시설업자의 권익을 제한하는 처분이고, 종전 유원시설업자 또는 체육시설업자는 그 처분에 대하여 직접 그 상대가 되는 자에 해당한다고 보는 것이 타당하므로, 행정청이 그 신고를 수리하는 처분을 할 때에는 행정절차법 규정에서 정한 당사자에 해당하는 종전 유원시설업자 또는 체육시설업자에 대하여 위 규정에서 정한 행정절차를 실시하고 처분을 하여야 한다(대판 2012.12.13. 2011두29144).

11 정답 ③

📋 **함께 정리하기 행정벌**

스스로 심신장애 야기한 경우
▷ 과태료 부과O, 감경×
통고처분 자체
▷ 통고이행강제×, 상대방의권리의무 형성×, 처분성×
과태료는 행정질서벌
▷ 죄형법정주의 규율대상×
과실범 처벌
▷ 명문규정 有 or 해석상 벌할 뜻이 명확해야 함

① [O] 「질서위반행위규제법」 제10조에 대한 옳은 내용이다.

제10조 【심신장애】 ① 심신장애로 인하여 행위의 옳고 그름을 판단할 능력이 없거나 그 판단에 따른 행위를 할 능력이 없는 자의 질서위반행위는 과태료를 부과하지 아니한다.
② 심신장애로 인하여 제1항에 따른 능력이 미약한 자의 질서위반행위는 과태료를 감경한다.
③ 스스로 심신장애 상태를 일으켜 질서위반행위를 한 자에 대하여는 제1항 및 제2항을 적용하지 아니한다.

② [O] 통고처분은 상대방의 임의의 승복을 그 발효요건으로 하기 때문에 그 자체만으로는 통고이행을 강제하거나 상대방에게 아무런 권리의무를 형성하지 않으므로 행정심판이나 행정소송의 대상으로서의 처분성을 부여할 수 없고, 통고처분에 대하여 이의가 있으면 통고내용을 이행하지 않음으로써 고발되어 형사재판절차에서 통고처분의 위법·부당함을 얼마든지 다툴 수 있기 때문에 관세법 제38조 제3항 제2호가 법관에 의한 재판받을 권리를 침해한다든가 적법절차의 원칙에 저촉된다고 볼 수 없다(헌재 1998.5.28. 96헌바4).

❸ [X] 죄형법정주의는 무엇이 범죄이며 그에 대한 형벌이 어떠한 것인가는 국민의 대표로 구성된 입법부가 제정한 법률로써 정하여야 한다는 원칙인데, 부동산등기특별조치법 제11조 제1항 본문 중 제2조 제1항에 관한 부분이 정하고 있는 과태료는 행정상의 질서유지를 위한 행정질서벌에 해당할 뿐 형벌이라고 할 수 없어 죄형법정주의의 규율대상에 해당하지 아니한다(헌재 1998.5.28. 96헌바83).

④ [O] 행정상의 단속을 주안으로 하는 법규라 하더라도 명문규정이 있거나 해석상 과실범도 벌할 뜻이 명확한 경우를 제외하고는 형법의 원칙에 따라 고의가 있어야 벌할 수 있다(대판 1986.7.22. 85도108).

12 정답 ④

📋 **함께 정리하기 국가배상**

민간인 손해 전부 배상
▷ 대법원: 구상 不可, 헌법재판소: 구상 可
다른 법령에 의하여 별도 보상받을 수 없는 경우
▷ 국가배상청구 可
경과실 공무원
▷ 피해자에 대한 배상책임 無

① [O] 공동불법행위자 등이 부진정연대채무자로서 각자 피해자의 손해 전부를 배상할 의무를 부담하는 공동불법행위의 일반적인 경우와 달리 예외적으로 민간인은 피해 군인 등에 대하여 그 손해 중 국가 등이 민간인에 대한 구상의무를 부담한다면 그 내부적인 관계에서 부담하여야 할 부분을 제외한 나머지 자신의 부담부분에 한하여 손해배상의무를 부담하고, 한편 국가 등에 대하여는 그 귀책부분의 구상을 청구할 수 없다고 해석함이 상당하다 할 것이고, 이러한 해석이 손해의 공평·타당한 부담을 그 지도원리로 하는 손해배상제도의 이상에도 맞는다 할 것이다(대판 2001.2.15. 96다42420 전합).

② [O] 이중배상금지 규정은 별도의 보상청구가 가능한 경우에 적용된다. 따라서 보상을 받을 수 없는 경우에는 국가배상청구가 가능하다.

군인·군무원 등 국가배상법 제2조 제1항에 열거된 자가 전투, 훈련 기타 직무집행과 관련하는 등으로 공상을 입은 경우라고 하더라도 군인연금법 또는 국가유공자 예우 등에 관한 법률에 의하여 재해보상금·유족연금·상이연금 등 별도의 보상을 받을 수 없는 경우에는 국가배상법 제2조 제1항 단서의 적용대상에서 제외하여야 한다(대판 1997.2.14. 96다28066).

③ [O] 국가배상법 제2조 제1항 단서 중 군인에 관련되는 부분을, 일반국민이 직무집행 중인 군인과의 공동불법행위로 직무집행 중인 다른 군인에게 공상을 입혀 그 피해자에게 공동의 불법행위로 인한 손해를 배상한 다음 공동불법행위자인 군인의 부담부분에 관하여 국가에 대하여 구상권을 행사하는 것을 허용하지 않는다고 해석한다면, 이는 위 단서 규정의 헌법상 근거규정인 헌법 제29조가 구상권의 행사를 배제하지 아니하는데도 이를 배제하는 것으로 해석하는 것으로서 합리적인 이유 없이 일반국민을 국가에 대하여 지나치게 차별하는 경우에 해당하므로 헌법 제11조, 제29조에 위반되며, 또한 국가에 대한 구상권은 헌법 제23조 제1항에 의하여 보장되는 재산권이고 위와 같은 해석은 그러한 재산권의 제한에 해당하며 재산권의 제한은 헌법 제37조 제2항에 의한 기본권제한의 한계 내에서만 가능한데, 위와 같은 해석은 헌법 제37조 제2항에 의하여 기본권을 제한할 때 요구되는 비례의 원칙에 위배하여 일반국민의 재산권을 과잉 제한하는 경우에 해당하여 헌법 제23조 제1항 및 제37조 제2항에도 위반된다(헌재 1994.12.29. 93헌바21).

유제 11. 지방직 7급 헌법재판소는 일반국민이 직무집행 중인 군인과의 공동불법행위로 다른 군인에게 공상을 입혀 그 피해자에게 손해 전부를 배상했을지라도, 공동불법행위자인 군인의 부담부분에 관하여 국가에 대한 구상권은 허용되지 않는다고 본다. (×)

❹ [×] 가해 공무원에게 경과실이 있는 경우에는 그 공무원은 손해배상책임을 부담하지 아니한다(대판 2001.2.15. 96다42420 전합).

---

13 정답 ②

🗒 함께 정리하기 대상적격

지자체의 수도료 부과·징수·납부
▷ 행정소송의 대상
농지법상 이행강제금 부과
▷ 항고소송 대상적격×
관리처분계획안 총회결의 효력 다투는 소송
▷ 당사자소송의 대상
조합장·임원지위 다툼
▷ 민사소송의 대상

① [O] 수도법에 의하여 지방자치단체인 수도사업자가 수돗물의 공급을 받는 자에 대하여 하는 수도료의 부과징수와 이에 따른 수도료의 납부관계는 공법상의 권리의무관계라 할 것이므로 이에 관한 소송은 행정소송절차에 의하여야 한다(대판 1977.2.22. 76다2517).

❷ [×] 국책사업인 '한국형 헬기 개발사업'(Korean Helicopter Program)에 개발주관사업자 중 하나로 참여하여 국가 산하 중앙행정기관인 방위사업청과 '한국형헬기 민군겸용 핵심구성품 개발협약'을 체결한 甲 주식회사가 협약을 이행하는 과정에서 환율변동 및 물가상승 등 외부적 요인 때문에 협약금액을 초과하는 비용이 발생하였다고 주장하면서 국가를 상대로 초과비용의 지급을 구하는 민사소송을 제기한 사안에서, 위 협약의 법률관계는 공법관계에 해당하므로 이에 관한 분쟁은 행정소송으로 제기하여야 한다고 한 사례이다(대판 2017.11.9. 2015다215526).

③ [O] 도시 및 주거환경정비법상 행정주체인 주택재건축정비사업조합을 상대로 관리처분계획안에 대한 조합 총회결의의 효력 등을 다투는 소송은 행정처분에 이르는 절차적 요건의 존부나 효력 유무에 관한 소송으로서 그 소송결과에 따라 행정처분의 위법 여부에 직접 영향을 미치는 공법상 법률관계에 관한 것이므로, 이는 행정소송법상의 당사자소송에 해당한다(대판 2009.9.17. 2007다2428 전합).

④ [O] 구 도시 및 주거환경정비법상 재개발조합이 공법인이라는 사정만으로 재개발조합과 조합장 또는 조합임원 사이의 선임·해임 등을 둘러싼 법률관계가 공법상의 법률관계에 해당한다거나 그 조합장 또는 조합임원의 지위를 다투는 소송이 당연히 공법상 당사자소송에 해당한다고 볼 수는 없고, 구 도시 및 주거환경정비법의 규정들이 재개발조합과 조합장 및 조합임원과의 관계를 특별히 공법상의 근무관계로 설정하고 있다고 볼 수도 없으므로, 재개발조합과 조합장 또는 조합임원 사이의 선임·해임 등을 둘러싼 법률관계는 사법상의 법률관계로서 그 조합장 또는 조합임원의 지위를 다투는 소송은 민사소송에 의하여야 할 것이다(대판 2009.9.24. 2009마168).

---

14 정답 ④

🗒 함께 정리하기 소의 이익 인정여부

직위해제 상태에서 새로운 사유로 직위해제처분 받은 경우에 이전의 직위해제처분취소×
원자로시설부지 인근 주민의 부지사전승인처분취소○
개발제한구역 해제대상누락토지 소유자의 도시관리계획 변경결정취소×
경원관계에서 거부처분 받은 자의 자신에 대한 거부처분취소○

① [O] 행정청이 공무원에 대하여 새로운 직위해제사유에 기한 직위해제처분을 한 경우 그 이전에 한 직위해제처분은 이를 묵시적으로 철회하였다고 봄이 상당하므로, 그 이전 처분의 취소를 구하는 부분은 존재하지 않는 행정처분을 대상으로 한 것으로서 그 소의 이익이 없어 부적법하다(대판 2003.10.10. 2003두5945).

유제 16. 지방직 7급 행정청이 직위해제 상태에 있는 공무원에 대하여 새로운 직위해제사유에 기한 직위해제처분을 한 경우 그 이전에 한 직위해제처분의 취소를 구할 소의 이익이 없다. (○)

② [O] 원자력법 제12조 제2호의 취지는 … 방사성물질 등에 의한 생명·건강상의 위해를 받지 아니할 이익을 일반적 공익으로서 보호하려는 데 그치는 것이 아니라 방사성물질에 의하여 보다 직접적이고 중대한 피해를 입으리라고 예상되는 지역 내의 주민들의 위와 같은 이익을 직접적·구체적 이익으로서도 보호하려는 데에 있다 할 것이므로, 위와 같은 지역 내의 주민들에게는 방사성물질 등에 의한 생명·신체의 안전침해를 이유로 부지사전승인처분의 취소를 구할 원고적격이 있다(대판 1998.9.4. 97누19588).

유제 18. 변호사 방사성물질 등에 의하여 직접적이고 중대한 피해를 입으리라고 예상되는 지역 내의 주민들에게는 방사성물질 등에 의한 생명·신체의 안전침해를 이유로 한 부지사전승인처분 취소소송의 원고적격이 인정된다. (○)

③ [○] 개발제한구역 중 일부 취락을 개발제한구역에서 해제하는 내용의 도시관리계획변경결정에 대하여, 개발제한구역 해제대상에서 누락된 토지의 소유자는 위 결정의 취소를 구할 법률상 이익이 없다. 즉 이 사건 토지는 이 사건 도시관리계획변경결정 전후를 통하여 개발제한구역으로 지정된 상태에 있으므로 이 사건 도시관리계획변경결정으로 인하여 그 소유자인 원고가 위 토지를 사용·수익·처분하는 데 새로운 공법상의 제한을 받거나 종전과 비교하여 더 불이익한 지위에 있게 되는 것은 아니다. 또한, 원고의 청구취지와 같이 이 사건 도시관리계획변경결정 중 중리취락부분이 취소된다 하더라도 그 결과 이 사건 도시관리계획변경결정으로 개발제한구역에서 해제된 제3자 소유의 토지들이 종전과 같이 개발제한구역으로 남게 되는 결과가 될 뿐, 원고 소유의 이 사건 토지가 개발제한구역에서 해제되는 것도 아니다. 따라서 원고에게 제3자 소유의 토지에 관한 이 사건 도시관리계획변경결정의 취소를 구할 직접적이고 구체적인 이익이 있다고 할 수 없다(대판 2008.7.10. 2007두10242).

❹ [×] 판례는 경원관계에서 경원자에 대한 수익적 처분의 취소를 구하지 않고 자신에 대한 거부처분의 취소를 구하는 것도 허용된다고 본다.

> 인가·허가 등 수익적 행정처분을 신청한 여러 사람이 서로 경원 관계에 있어서 한 사람에 대한 허가 등 처분이 다른 사람에 대한 불허가 등으로 귀결될 수밖에 없을 때 허가 등 처분을 받지 못한 사람은 신청에 대한 거부처분의 직접 상대방으로서 원칙적으로 자신에 대한 거부처분의 취소를 구할 원고적격이 있고, 취소판결이 확정되는 경우 판결의 직접적인 효과로 경원자에 대한 허가 등 처분이 취소되거나 효력이 소멸되는 것은 아니더라도 행정청은 취소판결의 기속력에 따라 판결에서 확인된 위법사유를 배제한 상태에서 취소판결의 원고와 경원자의 각 신청에 관하여 처분요건의 구비 여부와 우열을 다시 심사하여야 할 의무가 있으며, 재심사 결과 경원자에 대한 수익적 처분이 직권취소되고 취소판결의 원고에게 수익적 처분이 이루어질 가능성을 완전히 배제할 수는 없으므로, 특별한 사정이 없는 한 경원관계에서 허가 등 처분을 받지 못한 사람은 자신에 대한 거부처분의 취소를 구할 소의 이익이 있다(대판 2015.10.29. 2013두27517).

유제 16. 지방직 7급 경원관계에서 허가처분을 받지 못한 사람은 자신에 대한 거부처분이 취소되더라도, 그 판결의 직접적 효과로 경원자에 대한 허가처분이 취소되거나 효력이 소멸하는 것은 아니므로 자신에 대한 거부처분의 취소를 구할 소의 이익이 없다. (×)

---

15 정답 ②

📋 함께 정리하기 **당사자소송**

구체적 권리 미발생 상태
▷ 급부이행청구 不可
반환조건에 따른 지자체의 보조금반환청구
▷ 당사자소송
지방소방공무원의 초과근무수당
▷ 항고소송제기 不要(∵당사자소송)
존재 & 범위 확정된 과오납부액·환급세액 부당이득반환
▷ 민사소송

① [×] 공무원연금법령상 급여를 받으려고 하는 자는 우선 관계 법령에 따라 공단에 급여지급을 신청하여 공무원연금관리공단이 이를 거부하거나 일부 금액만 인정하는 급여지급결정을 하는 경우 그 결정을 대상으로 항고소송을 제기하는 등으로 구체적 권리를 인정받은 다음 비로소 당사자소송으로 그 급여의 지급을 구하여야 하고, 구체적인 권리가 발생하지 않은 상태에서 곧바로 공무원연금관리공단등을 상대로 한 당사자소송으로 급여의 지급을 소구하는 것은 허용되지 않는다(대판 2010.5.27. 2008두5636).

❷ [○] 지방자치단체가 보조금 지급결정을 하면서 일정 기한 내에 보조금을 반환하도록 하는 교부조건을 부가한 사안에서, 보조사업자의 지방자치단체에 대한 보조금 반환의무는 행정처분인 위 보조금 지급결정에 부가된 부관상 의무이고, 이러한 부관상 의무는 보조사업자가 지방자치단체에 부담하는 공법상 의무이므로, 보조사업자에 대한 지방자치단체의 보조금 반환청구는 공법상 권리관계의 일방 당사자를 상대로 하여 공법상 의무 이행을 구하는 청구로서 행정소송법 제3조 제2호에 규정한 당사자소송의 대상이다(대판 2011.6.9. 2011다2951).

③ [×] 지방소방공무원의 근무관계는 사법상의 근로계약관계가 아닌 공법상의 근무관계에 해당하고, 그 근무관계의 주요한 내용 중 하나인 지방소방공무원의 보수에 관한 법률관계는 공법상의 법률관계라고 보아야 한다. … 지방소방공무원의 초과근무수당 지급청구권은 법령의 규정에 의하여 직접 그 존부나 범위가 정하여지고 법령에 규정된 수당의 지급요건에 해당하는 경우에는 곧바로 발생한다고 할 것이므로, 지방소방공무원이 자신이 소속된 지방자치단체를 상대로 초과근무수당의 지급을 구하는 청구에 관한 소송은 행정소송법 제3조 제2호에 규정된 당사자소송의 절차에 따라야 한다(대판 2013.3.28. 2012다102629).

유제 14. 행정사 지방소방공무원이 소속 지방자치단체를 상대로 초과근무수당의 지급을 구하는 소송은 당사자소송절차에 따라야 한다. (○)

④ [×] 이미 그 존재와 범위가 확정되어 있는 과오납부액이나 환급세액은 납세자가 부당이득의 반환을 구하는 민사소송으로 그 환급을 청구할 수 있다(대판 1997.10.10. 97다26432).

---

16 정답 ①

📋 함께 정리하기 **당사자소송**

석탄가격안정지원금 지급청구○
당사자소송 피고
▷ 국가·공공단체·그 밖의 권리주체
행정소송법상 원고적격규정 無(∵민사소송법 준용)
민주화운동보상금 지급청구×

❶ [○] 석탄광업자가 석탄산업합리화사업단에 대하여 가지는 이와 같은 지원금지급청구권은 석탄사업법령에 의하여 정책적으로 당연히 부여되는 공법상의 권리이므로, 석탄광업자가 석탄산업합리화사업단을 상대로 석탄산업법령 및 석탄가격안정지원금 지급요령에 의하여 지원금의 지급을 구하는 소송은 공법상의 법률관계에 관한 소송인 공법상의 당사자소송에 해당한다(대판 1997.5.30. 95다28960).

② [×] 납세의무부존재확인의 소는 공법상의 법률관계 그 자체를 다투는 소송으로서 당사자소송이라 할 것이므로 행정소송법 제3조 제2호, 제39조에 의하여 그 법률관계의 한쪽 당사자인 국가·공공단체 그 밖의 권리주체가 피고적격을 가진다(대판 2000.9.8. 99두2765).

③ [×] 「행정소송법」은 당사자소송에 대하여는 원고적격에 관한 규정을 두고 있지 않다. 따라서 「행정소송법」 제8조 제2항에 따라 「민사소송법」이 준용된다. 즉, 당사자소송의 성질이 이행소송인 경우에는 이행청구권이 있음을 주장하는 자에게 원고적격이 있고, 확인소송인 경우에는 확인의 이익을 가지는 자에게 원고적격이 있다.

④ [×] '민주화운동 관련자 명예회복 및 보상 등에 관한 법률' 제2조 제1호, 제2호 본문, 제4조, 제10조, 제11조, 제13조 규정들의 취지와 내용에 비추어 보면, 같은 법 제2조 제2호 각 목은 민주화운동과 관련한 피해 유형을 추상적으로 규정한 것에 불과하여 제2조 제1호에서 정의하고 있는 민주화운동의 내용을 함께 고려하더라도 그 규정들만으로는 바로 법상의 보상금 등의 지급 대상자가 확정된다고 볼 수 없고, '민주화운동 관련자 명예회복 및 보상 심의위원회'에서 심의·결정을 받아야만 비로소 보상금 등의 지급 대상자로 확정될 수 있다. 따라서 그와 같은 심의위원회의 결정은 국민의 권리의무에 직접 영향을 미치는 행정처분에 해당하므로, 관련자 등으로서 보상금 등을 지급받고자 하는 신청에 대하여 심의위원회가 관련자 해당 요건의 전부 또는 일부를 인정하지 아니하여 보상금 등의 지급을 기각하는 결정을 한 경우에는 신청인은 심의위원회를 상대로 그 결정의 취소를 구하는 소송을 제기하여 보상금 등의 지급 대상자가 될 수 있다(대판 2008.4.17. 2005두16185).

17 　　정답 ②

☑ 함께 정리하기 **기관소송**

권한쟁의심판사항
▷ 제외
기관소송법정주의
처분 효력 유무 or 존재 확인
▷ 무효등확인소송 준용/부작위의 위법 확인
▷ 부작위위법확인소송 준용
지방의회 재의결에 대한 제소
▷ 기관소송

① [○] 「행정소송법」 제3조 제4호에 대한 옳은 내용이다.

> **제3조 【행정소송의 종류】** 행정소송은 다음의 네가지로 구분한다.
> 4. 기관소송: 국가 또는 공공단체의 기관상호간에 있어서의 권한의 존부 또는 그 행사에 관한 다툼이 있을 때에 이에 대하여 제기하는 소송. 다만, 헌법재판소법 제2조의 규정에 의하여 헌법재판소의 관장사항으로 되는 소송은 제외한다.

유제 13. 세무사 헌법재판소법에 의하여 헌법재판소의 관장사항으로 되는 소송은 기관소송에서 제외한다. (○)

❷ [×] 현행 행정소송법은 기관소송을 법률이 정한 경우에 한하여 제기할 수 있는 것으로 규정하여 기관소송법정주의를 취하고 있다.

> 「행정소송법」 제45조 【소의 제기】 민중소송 및 기관소송은 법률이 정한 경우에 법률에 정한 자에 한하여 제기할 수 있다.

유제 13. 세무사 기관소송은 법률이 정한 경우에 한하여 제기할 수 있다. (○)

③ [○]

> 「행정소송법」 제46조 【준용규정】 ② 민중소송 또는 기관소송으로써 처분등의 효력 유무 또는 존재 여부나 부작위의 위법의 확인을 구하는 소송에는 그 성질에 반하지 아니하는 한 각각 무효등 확인소송 또는 부작위위법확인소송에 관한 규정을 준용한다.

④ [○] 지방의회의 재의결에 대하여 당해 지방자치단체의 장이 대법원에 제기하는 소는 「지방자치법」상 기관소송에 해당한다.

> 「지방자치법」 제120조 【지방의회의 의결에 대한 재의 요구와 제소】 ① 지방자치단체의 장은 지방의회의 의결이 월권이거나 법령에 위반되거나 공익을 현저히 해친다고 인정되면 그 의결사항을 이송받은 날부터 20일 이내에 이유를 붙여 재의를 요구할 수 있다.
> ② 제1항의 요구에 대하여 재의한 결과 재적의원 과반수의 출석과 출석의원 3분의 2 이상의 찬성으로 전과 같은 의결을 하면 그 의결사항은 확정된다.
> ③ 지방자치단체의 장은 제2항에 따라 재의결된 사항이 법령에 위반된다고 인정되면 대법원에 소를 제기할 수 있다. 이 경우에는 제192조 제4항을 준용한다.

18 　　정답 ③

☑ 함께 정리하기 **행정심판 청구기간 및 제소기간**

안 날 90일 or 있은 날 180일
행정심판 거치는 경우
▷ 재결서 송달일·재결이 있은 날부터 기산
고시에 의한 행정처분
▷ 고시의 효력발생일에 처분이 있음을 알았다고 간주
행정심판 기각재결 후 무효확인소송 제기시
▷ 제소기간 규정 준용×, 기간의 제한×

① [○] 「행정심판법」 제27조 제1항·제3항에 대한 옳은 내용이다.

> 제27조 【심판청구의 기간】 ① 행정심판은 처분이 있음을 알게 된 날부터 90일 이내에 청구하여야 한다.
> ③ 행정심판은 처분이 있었던 날부터 180일이 지나면 청구하지 못한다. 다만, 정당한 사유가 있는 경우에는 그러하지 아니하다.

유제 09. 지방직 9급 행정심판의 청구기간에 관한 규정은 무효등확인 심판청구와 부작위에 대한 의무이행심판청구에는 이를 적용하지 아니한다. (○)

15. 지방직 9급 행정청이 행정심판 청구기간 등을 고지하지 아니하였다고 하여도 처분의 상대방이 처분이 있었다는 사실을 알았을 경우에는 처분이 있은 날로부터 90일 이내에 심판청구를 하여야 한다. (×)

② [○] 개별공시지가에 대하여 이의가 있는 자는 곧바로 행정소송을 제기하거나 부동산 가격공시 및 감정평가에 관한 법률에 따른 이의신청과 행정심판법에 따른 행정심판청구 중 어느 하나만을 거쳐 행정소송을 제기할 수 있을 뿐 아니라, 이의신청을 하여 그 결과 통지를 받은 후 다시 행정심판을 거쳐 행정소송을 제기할 수도 있다고 보아야 하고, 이 경우 행정소송의 제소기간은 그 행정심판 재결서 정본을 송달받은 날부터 기산한다(대판 2010.1.28. 2008두19987).

유제 16. 국회직 8급 개별 법률에 이의신청제도를 두면서 행정심판에 대한 명시적인 규정이 없는 경우, 이의신청과는 별도로 행정심판을 제기할 수 없다. (×)

❸ [×] 통상 고시 또는 공고에 의하여 행정처분을 하는 경우에는 그 처분의 상대방이 불특정 다수인이고 그 처분의 효력이 불특정 다수인에게 일률적으로 적용되는 것이므로, 그 행정처분에 이해관계를 갖는 자가 고시 또는 공고가 있었다는 사실을 현실적으로 알았는지 여부에 관계없이 고시가 효력을 발생하는 날 행정처분이 있음을 알았다고 보아야 한다(대판 2007.6.14. 2004두619).

④ [○] 무효확인소송에 「행정소송법」 제20조의 제소기간에 관한 규정은 준용되지 않는다. 따라서 제소기간의 제한이 없다.

> **「행정소송법」 제38조【준용규정】** ① 제9조, 제10조, 제13조 내지 제17조, 제19조, 제22조 내지 제26조, 제29조 내지 제31조 및 제33조의 규정은 무효등 확인소송의 경우에 준용한다.

---

19   정답 ④

> 📋 **함께 정리하기 행정심판 재결**
>
> 종류
> ▷ 각하, 기각, 인용, 사정재결
> 청구인의 경제적 무능력
> ▷ 위원회에 국선대리인 선임신청 可
> 재결서 등본
> ▷ 지체 없이 참가인 송달 要
> 제3자 심판청구
> ▷ 피청구인 거쳐 처분의 상대방 송달 要

① [○] 「행정심판법」 제43조, 제44조 제1항에 대한 옳은 내용이다.

> **제43조【재결의 구분】** ① 위원회는 심판청구가 적법하지 아니하면 그 심판청구를 각하한다.
> ② 위원회는 심판청구가 이유가 없다고 인정하면 그 심판청구를 기각한다.
> ③ 위원회는 취소심판의 청구가 이유가 있다고 인정하면 처분을 취소 또는 다른 처분으로 변경하거나 처분을 다른 처분으로 변경할 것을 피청구인에게 명한다.
> ④ 위원회는 무효등확인심판의 청구가 이유가 있다고 인정하면 처분의 효력 유무 또는 처분의 존재 여부를 확인한다.
> ⑤ 위원회는 의무이행심판의 청구가 이유가 있다고 인정하면 지체 없이 신청에 따른 처분을 하거나 처분을 할 것을 피청구인에게 명한다.
>
> **제44조【사정재결】** ① 위원회는 심판청구가 이유가 있다고 인정하는 경우에도 이를 인용하는 것이 공공복리에 크게 위배된다고 인정하면 그 심판청구를 기각하는 재결을 할 수 있다. 이 경우 위원회는 재결의 주문에서 그 처분 또는 부작위가 위법하거나 부당하다는 것을 구체적으로 밝혀야 한다.

유제 14. 국회직 8급 「행정심판법」은 취소심판의 인용재결의 종류로 취소재결, 변경 재결, 취소명령재결, 변경명령재결에 관한 규정을 두고 있다. (×)

② [○] 「행정심판법」 제18조의2 제1항에 대한 옳은 내용이다.

> **제18조의2【국선대리인】** ① 청구인이 경제적 능력으로 인해 대리인을 선임할 수 없는 경우에는 위원회에 국선대리인을 선임하여 줄 것을 신청할 수 있다.

③ [○] 「행정심판법」 제48조 제3항에 대한 옳은 내용이다.

> **제48조【재결의 송달과 효력 발생】** ③ 위원회는 재결서의 등본을 지체 없이 참가인에게 송달하여야 한다.

❹ [×] 「행정심판법」 제48조 제4항에 대한 옳은 내용이다.

> **제48조【재결의 송달과 효력 발생】** ④ 처분의 상대방이 아닌 제3자가 심판청구를 한 경우 위원회는 재결서의 등본을 지체 없이 피청구인을 거쳐 처분의 상대방에게 송달하여야 한다.

---

20   정답 ④

> 📋 **함께 정리하기 재결의 효력**
>
> 이행명령재결시 재처분의무 有
> 재결에 고유한 위법
> ▷ 재심판청구×, 재결취소소송○
> 재심판청구×
> 공고한 처분을 취소
> ▷ 지체 없이 취소 공고 要

① [×]

> **「행정심판법」제49조【재결의 기속력 등】** ③ 당사자의 신청을 거부하거나 부작위로 방치한 처분의 이행을 명하는 재결이 있으면 행정청은 지체 없이 이전의 신청에 대하여 재결의 취지에 따라 처분을 하여야 한다.

유제 16. 지방직 9급 당사자의 신청을 거부하거나 부작위로 방치한 처분의 이행을 명하는 재결이 있으면 행정청은 지체 없이 이전의 신청에 대하여 재결의 취지에 따라 처분을 하여야 한다. (○)

② [×] 재결 자체에 고유한 위법이 있는 경우라도 다시 행정심판은 청구할 수 없으나 재결에 대한 행정소송을 통해 구제받을 수 있다.

> **「행정심판법」제51조【행정심판 재청구의 금지】** 심판청구에 대한 재결이 있으면 그 재결 및 같은 처분 또는 부작위에 대하여 다시 행정심판을 청구할 수 없다.
> **「행정소송법」제19조【취소소송의 대상】** 취소소송은 처분등을 대상으로 한다. 다만, 재결취소소송의 경우에는 재결 자체에 고유한 위법이 있음을 이유로 하는 경우에 한한다.

③ [×] 재심판청구는 금지되고, 별도의 특례규정도 없다. 이는 2번 지문과 같이 정리해 둘 필요가 있다.

> **「행정심판법」제51조【행정심판 재청구의 금지】** 심판청구에 대한 재결이 있으면 그 재결 및 같은 처분 또는 부작위에 대하여 다시 행정심판을 청구할 수 없다.

유제 16. 서울시 7급 심판청구에 대한 재결에는 기판력이 인정되지 않으므로 그 재결 및 같은 처분 또는 부작위에 대하여 다시 행정심판을 청구할 수 있다. (×)

❹ [○] 「행정심판법」제49조 제5항에 대한 옳은 내용이다.

> **제49조【재결의 기속력 등】** ⑤ 법령의 규정에 따라 공고하거나 고시한 처분이 재결로써 취소되거나 변경되면 처분을 한 행정청은 지체 없이 그 처분이 취소 또는 변경되었다는 것을 공고하거나 고시하여야 한다.

유제 10. 국가직 9급 법령의 규정에 의하여 공고한 처분이 재결로써 취소된 때에는 처분청은 지체 없이 그 처분이 취소되었음을 공고하여야 한다. (○)

정답

p. 44

01	③	I	06	④	II	11	①	IV	16	④	VI
02	④	II	07	②	II	12	①	IV	17	③	VI
03	③	I	08	②	III	13	③	V	18	③	VI
04	②	II	09	③	III	14	②	V	19	③	VI
05	④	II	10	④	IV	15	①	VI	20	④	VI

I 행정법 서론 / II 행정작용법 / III 행정절차와 행정공개 / IV 행정의 실효성 확보수단 / V 행정상 손해전보 / VI 행정쟁송

01 정답 ③

📋 함께 정리하기 **법률유보원칙**

지방의회의원 유급보좌인력
▷ 법률로 정할 사항
법률유보원칙
▷ 관습법 포함×
정관에 자치법적 사항 위임
▷ 포괄위임금지원칙 적용×
예산은 법규범의 일종
▷ 국가기관만 구속

① [O] 지방의회의원에 대하여 유급 보좌 인력을 두는 것은 지방의회의원의 신분·지위 및 처우에 관한 현행 법령상의 제도에 중대한 변경을 초래하는 것으로서 국회의 법률로 규정하여야 할 입법사항이다(대판 2017.3.30. 2016추5087).

유제 18. 교행 지방의회의원에 대하여 유급보좌인력을 두는 것은 지방의회의 조례로 규정할 사항이다. (×)

② [O] 법률유보의 원칙이란 일정한 행정권의 발동에는 법률의 근거가 필요하다는 것을 의미한다(적극적 의미). 여기서의 '법률'에는 국회가 제정하는 형식적 의미의 법률뿐만 아니라 법률의 위임에 따라 제정된 법규명령도 포함되나, 예산, 불문법원(관습법 등)은 포함되지 않는다.

❸ [×] 정관위임의 경우 포괄위임금지원칙의 적용은 없지만 의회유보원칙은 적용된다.

> 법률이 공법적 단체 등의 정관에 자치법적 사항을 위임한 경우에는 헌법 제75조가 정하는 포괄적인 위임입법의 금지원칙적으로 적용되지 않는다고 봄이 상당하고, 그렇다 하더라도 그 사항이 국민의 권리·의무에 관련되는 것일 경우에는 적어도 국민의 권리·의무에 관한 기본적이고 본질적인 사항은 국회가 정하여야 한다(대판 2007.10.12. 2006두14476).

④ [O] 예산은 일종의 법규범이고 법률과 마찬가지로 국회의 의결을 거쳐 제정되지만 법률과 달리 국가기관만을 구속할 뿐 일반국민을 구속하지 않는다. 국회가 의결한 예산 또는 국회의 예산안 의결은 헌법재판소법 제68조 제1항 소정의 '공권력의 행사'에 해당하지 않고 따라서 헌법소원의 대상이 되지 아니한다(헌재 2006.4.25. 2006헌마409).

02 정답 ④

📋 함께 정리하기 **영업자 지위승계 사례**

사업 양도, 양수계약 무효
▷ 지위승계신고 수리되어도 당연무효
지위승계신고 수리거부
▷ 양도인 원고적격○
지위승계신고 전 허가취소
▷ 양수인 원고적격○
지위승계
▷ 행정청이 수리해야 지위승계 효력 발생

① [×] 사업양도·양수에 따른 허가관청의 지위승계신고의 수리는 적법한 사업의 양도·양수가 있었음을 전제로 하는 것이므로 그 수리대상인 사업양도·양수가 존재하지 아니하거나 무효인 때에는 수리를 하였다 하더라도 그 수리는 유효한 대상이 없는 것으로서 당연히 무효이다(대판 2005.12.23. 2005두3554).

② [×] 지위승계신고의 수리가 거부된 경우 수리거부는 처분성이 있으므로 양도인은 이를 다툴 이익이 인정된다.

③ [×] 채석허가가 유효하게 존속하고 있다는 것이 양수인의 명의변경신고의 전제가 된다는 의미에서 관할 행정청이 양도인에 대하여 채석허가를 취소하는 처분을 하였다면 이는 양수인의 지위에 대한 직접적 침해가 된다고 할 것이므로 양수인은 채석허가를 취소하는 처분의 취소를 구할 법률상 이익을 가진다(대판 2003.7.11. 2001두6289).

❹ [O] 영업양도에 따른 지위승계신고를 수리하는 허가관청의 행위는, 단순히 양도·양수인 사이에 이미 발생한 사법상의 사업양도의 법률효과에 의하여 양수인이 그 영업을 승계하였다는 사실의 신고를 접수하는 행위에 그치는 것이 아니라, 실질에 있어서 양도자의 사업허가를 취소함과 아울러 양수자에게 적법히 사업을 할 수 있는 권리를 설정하여 주는 행위로서 사업허가자의 변경이라는 법률효과를 발생시키는 행위라고 할 것이다(대판 2001.2.9. 2000도2050).

03 정답 ③

☑ **함께 정리하기 주민등록 전입신고**

실제 거주지≠신고서의 거주지
▷ 거부 可, 시의 발전 저해 가능성
▷ 거부 不可
주민등록전입신고 심사
▷ 거주목적 여부○, 부동산 투기 등 다른 목적×
불법유출 이유 주민등록번호변경신청 거부
▷ 처분○
전입신고수리거부 불복
▷ 이의신청 or 행정심판 or 행정소송 可

①② [○] 주민등록지는 공법관계뿐만 아니라 주민의 일상생활에도 중요한 영향을 미치므로, 이는 전입신고자의 실제 거주지와 일치되어야 할 필요성이 있다. 뿐만 아니라, 주민등록은 이중등록이 금지되는 점(제10조 제2항)과 아울러 시장·군수 또는 구청장(이하 '시장 등'이라 한다)은 전입신고 후라도 허위 신고 여부를 조사하여 사실과 다른 것을 확인한 때에는 일정한 절차를 거쳐 주민등록을 정정 또는 말소하는 권한을 가지고 있는 점(제17조의2) 등을 종합하여 보면, 시장 등은 주민등록전입신고의 수리 여부를 심사할 수 있는 권한이 있다고 봄이 상당하다. … 그런데 헌법 제14조는 모든 국민이 거주·이전의 자유를 가지고 있음을 규정하고 있고, 헌법 제37조 제2항은 그러한 자유를 국가안전보장·질서유지 또는 공공복리를 위하여 필요한 경우에 한하여 법률로써 제한할 수 있으나 그 경우에도 자유의 본질적 내용을 침해할 수는 없다고 규정하고 있다. … 시장 등의 주민등록전입신고 수리 여부에 대한 심사는 주민등록법의 입법 목적의 범위 내에서 제한적으로 이루어져야 할 것이다. … 전입신고를 받은 시장 등의 심사 대상은 전입신고자가 30일 이상 생활의 근거로서 거주할 목적으로 거주지를 옮기는지 여부만으로 제한된다고 보아야 할 것이다. 따라서 전입신고자가 거주의 목적 이외에 다른 이해관계에 관한 의도를 가지고 있는지 여부, 무허가건축물의 관리, 전입신고를 수리함으로써 당해 지방자치단체에 미치는 영향 등과 같은 사유는 주민등록법이 아닌 다른 법률에 의하여 규율되어야 할 것이고, 주민등록전입신고의 수리 여부를 심사하는 단계에서는 고려 대상이 될 수 없다(대판 2009.6.18. 2008두10997 전합).

❸ [×] 甲 등이 인터넷 포털사이트 등의 개인정보 유출사고로 자신들의 주민등록번호 등 개인정보가 불법 유출되자 이를 이유로 관할 구청장에게 주민등록번호를 변경해 줄 것을 신청하였으나 구청장이 '주민등록번호가 불법 유출된 경우 주민등록법상 변경이 허용되지 않는다'는 이유로 주민등록번호 변경을 거부하는 취지의 통지를 한 경우, 피해자의 의사와 무관하게 주민등록번호가 유출된 경우에는 조리상 주민등록번호의 변경을 요구할 신청권을 인정함이 타당하고, 구청장의 주민등록번호 변경신청 거부행위는 항고소송의 대상이 되는 행정처분에 해당한다(대판 2017.6.15. 2013두2945).

④ [○] 주민등록신고는 「주민등록법」에서 정한 법정민원인바, 그 거부에 대한 불복은 이의신청, 행정심판, 행정소송 등이 가능하다.

「민원 처리에 관한 법률」제35조【거부처분에 대한 이의신청】① 법정민원에 대한 행정기관의 장의 거부처분에 불복하는 민원인은 그 거부처분을 받은 날부터 60일 이내에 그 행정기관의 장에게 문서로 이의신청을 할 수 있다.
③ 민원인은 제1항에 따른 이의신청 여부와 관계없이 「행정심판법」에 따른 행정심판 또는 「행정소송법」에 따른 행정소송을 제기할 수 있다.
제2조【정의】이 법에서 사용하는 용어의 뜻은 다음과 같다.
1. "민원"이란 민원인이 행정기관에 대하여 처분 등 특정한 행위를 요구하는 것을 말하며, 그 종류는 다음 각 목과 같다.
가. 일반민원
1) 법정민원: 법령·훈령·예규·고시·자치법규 등(이하 "관계법령등"이라 한다)에서 정한 일정 요건에 따라 인가·허가·승인·특허·면허 등을 신청하거나 장부·대장 등에 등록·등재를 신청 또는 신고하거나 특정한 사실 또는 법률관계에 관한 확인 또는 증명을 신청하는 민원

04 정답 ②

☑ **함께 정리하기 행정입법**

여객자동차운수사업법 시행규칙
▷ 대외적 구속력 有
국토계획법이 정한 이행강제금 부과기준
▷ 특정금액(∴재량×)
구체적 규범통제대상
▷ 재판의 전제성이 인정되는 조항에 한정
시행규칙 형식의 제재처분기준
▷ 대외적 구속력 無

① [○] 구 여객자동차 운수사업법 시행규칙 제31조 제2항 제1호, 제2호, 제6호는 구 여객자동차 운수사업법(2000.1.28. 법률 제6240호로 개정되기 전의 것) 제11조 제4항의 위임에 따라 시외버스운송사업의 사업계획변경에 관한 절차, 인가기준 등을 구체적으로 규정한 것으로서, 대외적인 구속력이 있는 법규명령이라고 할 것이고, 그것을 행정청 내부의 사무처리준칙을 규정한 행정규칙에 불과하다고 할 수는 없다(대판 2006.6.27. 2003두4355).

유제 18. 국회직 8급 구「여객자동차 운수사업법」제11조 제4항의 위임에 따라 시외버스운송사업의 사업계획변경에 관한 절차, 인가기준 등을 구체적으로 규정한 구「여객자동차 운수사업법 시행규칙」제31조 제2항 제1호·제2호·제6호는 대외적인 구속력이 있는 법규명령이라고 할 것이고, 그것을 행정청 내부의 사무처리준칙을 규정한 행정규칙에 불과하다고 할 수는 없다. (○)

❷ [×] 국토계획법 및 국토의 계획 및 이용에 관한 법률 시행령이 정한 이행강제금의 부과기준은 단지 상한을 정한 것에 불과한 것이 아니라, 위반행위 유형별로 계산된 특정 금액을 규정한 것이므로 행정청에 이와 다른 이행강제금액을 결정할 재량권이 없다고 보아야 한다(대판 2014.11.27. 2013두8653).

유제 15. 지방직 9급 「국토의 계획 및 이용에 관한 법률」 및 같은 법 시행령이 정한 이행강제금의 부과기준은 단지 상한을 정한 것에 불과한 것이므로 행정청에 이와 다른 이행강제금액을 결정할 재량권이 있다. (×)

③ [O] 법원이 법률 하위의 법규명령, 규칙, 조례, 행정규칙 등(이하 '규정'이라 한다)이 위헌·위법인지를 심사하려면 그것이 '재판의 전제'가 되어야 한다. 여기에서 '재판의 전제'란 구체적 사건이 법원에 계속 중이어야 하고, 위헌·위법인지가 문제 된 경우에는 규정의 특정 조항이 해당 소송사건의 재판에 적용되는 것이어야 하며, 그 조항이 위헌·위법인지에 따라 그 사건을 담당하는 법원이 다른 판단을 하게 되는 경우를 말한다. 따라서 법원이 구체적 규범통제를 통해 위헌·위법으로 선언할 심판대상은, 해당 규정의 전부가 불가분적으로 결합되어 있어 일부를 무효로 하는 경우 나머지 부분이 유지될 수 없는 결과를 가져오는 특별한 사정이 없는 한, 원칙적으로 해당 규정 중 재판의 전제성이 인정되는 조항에 한정된다(대판 2019.6.13. 2017두33985).

유제 23. 국가직 7급 법원이 법률 하위의 법규명령이 위헌·위법인지를 심사하려면 그것이 재판의 전제가 되어야 하는데, 여기에서 재판의 전제란 구체적 사건이 법원에 계속 중이어야 하고, 위헌·위법인지가 문제 된 경우에는 그 법규명령의 특정 조항이 해당 소송사건의 재판에 적용되는 것이어야 하며, 그 조항이 위헌·위법인지에 따라 그 사건을 담당하는 법원이 다른 판단을 하게 되는 경우를 말한다. (O)

20. 지방직 7급 법원이 구체적 규범통제를 통해 위헌·위법으로 선언할 심판대상은, 해당 규정의 전부가 불가분적으로 결합되어 있어 일부를 무효로 하는 경우 나머지 부분이 유지될 수 없는 결과를 가져오는 특별한 사정이 없는 한, 원칙적으로 해당 규정 중 재판의 전제성이 인정되는 조항에 한정된다. (O)

④ [O] 공중위생법 제23조 제1항은 처분권자에게 영업자가 법에 위반하는 종류와 정도의 경중에 따라 제반사정을 참작하여 위 법에 규정된 것 중 적절한 종류를 선택하여 합리적인 범위내의 행정처분을 할 수 있는 재량권을 부여한 것이고, 이를 시행하기 위하여 동 제4항에 의하여 마련된 공중위생법 시행규칙 제41조 별표 7에서 위 행정처분의 기준을 정하고 있더라도 위 시행규칙은 형식은 부령으로 되어 있으나 그 성질은 행정기관 내부의 사무처리준칙을 규정한 것에 불과한 것으로서 보건사회부장관이 관계 행정기관 및 직원에 대하여 그 직무권한 행사의 지침을 정하여 주기 위하여 발한 행정명령의 성질을 가지는 것이지, 위 법 제23조 제1항에 의하여 보장된 재량권을 기속하거나 대외적으로 국민을 기속하는 것은 아니다(대판 1991.3.8. 90누6545).

---

05   정답 ④

☑ **함께 정리하기 행정지도**

위법한 행정지도에 따른 사인의 행위
▷ 위법성 조각×
한계 일탈하지 않은 행정지도
▷ 손해배상책임×
국가인권위원회 성희롱결정과 시정조치 권고
▷ 행정처분○
규제적·구속적 행정지도
▷ 헌법소원 대상○

① [O] 행정관청이 국토이용관리법 소정의 토지거래계약신고에 관하여 공시된 기준시가를 기준으로 매매가격을 신고하도록 행정지도를 하고 피고인이 그에 따라 허위신고를 한 것이라 하더라도 이와 같은 행정지도는 법에 어긋나는 것으로서 피고인이 그와 같은 행정지도나 관행에 따라 허위신고행위에 이르렀다고 하여도 이것만 가지고서는 그 범법행위가 정당화 될 수 없다고 할 것이다(대판 1994.6.14. 93도3247).

② [O] 행정지도가 강제성을 띠지 않은 비권력적 작용으로서 행정지도의 한계를 일탈하지 아니하였다면, 그로 인하여 상대방에게 어떤 손해가 발생하였다 하더라도 행정기관은 그에 대한 손해배상책임이 없다(대판 2008.9.25. 2006다18228).

③ [O] 구 남녀차별금지 및 구제에 관한 법률(2003.5.29. 법률 제6915호로 개정되기 전의 것) 제28조에 의하면, 국가인권위원회의 성희롱결정과 이에 따른 시정조치의 권고는 불가분의 일체로 행하여지는 것인데 국가인권위원회의 이러한 결정과 시정조치의 권고는 성희롱 행위자로 결정된 자의 인격권에 영향을 미침과 동시에 공공기관의 장 또는 사용자에게 일정한 법률상의 의무를 부담시키는 것이므로 국가인권위원회의 성희롱결정 및 시정조치권고는 행정소송의 대상이 되는 행정처분에 해당한다고 보지 않을 수 없다(대판 2005.7.8. 2005두487).

❹ [×] 교육인적자원부장관의 대학총장들에 대한 이 사건 학칙시정요구는 고등교육법 제6조 제2항, 동법 시행령 제4조 제3항에 따른 것으로서 그 법적 성격은 대학총장의 임의적인 협력을 통하여 사실상의 효과를 발생시키는 행정지도의 일종이지만, 그에 따르지 않을 경우 일정한 불이익조치를 예정하고 있어 사실상 상대방에게 그에 따를 의무를 부과하는 것과 다를 바 없으므로 단순한 행정지도로서의 한계를 넘어 규제적·구속적 성격을 상당히 강하게 갖는 것으로서 헌법소원의 대상이 되는 공권력의 행사라고 볼 수 있다(헌재 2003.6.26. 2002헌마337 등).

---

06   정답 ④

☑ **함께 정리하기 공법상 계약**

행정청이 법률관계를 일방적 종료
▷ 행정처분 or 공법상 계약관계 여부는 개별적 판단
2단계 두뇌한국(BK) 21 사업협약 해지통보
▷ 행정처분○
서울시 옴부즈만 최종합격자에게 인사위원회의 심의결과에 따라 불채용통보
▷ 항고소송×
중소기업 정보화지원사업 지원협약해지·환수통보
▷ 행정처분×

① [O] 행정청이 자신과 상대방 사이의 법률관계를 일방적인 의사표시로 종료시켰다고 하더라도 곧바로 의사표시가 행정청으로서 공권력을 행사하여 행하는 행정처분이라고 단정할 수는 없고, 관계 법령이 상대방의 법률관계에 관하여 구체적으로 어떻게 규정하고 있는지에 따라 의사표시가 항고소송의 대상이 되는 행정처분에 해당하는지 아니면 공법상 계약관계의 일방 당사자로서 대등한 지위에서 행하는 의사표시인지를 개별적으로 판단하여야 한다(대판 2015.8.27. 2015두41449).

② [O] 과학기술기본법령상 사업 협약의 해지 통보는 단순히 대등 당사자의 지위에서 형성된 공법상 계약을 계약당사자의 지위에서 종료시키는 의사표시에 불과한 것이 아니라 행정청이 우월적 지위에서 연구개발비의 회수 및 관련자에 대한 국가연구개발사업 참여제한 등의 법률상 효과를 발생시키는 행정처분에 해당하므로, 이로 인하여 자신의 법률상 지위에 영향을 받는 연구자 등은 적어도 그 이해관계를 대변하는 연구팀장을 통해서 협약 해지 통보의 효력을 다툴 개별적·직접적·구체적 이해관계가 있다고 보이는 점 등 제반 사정을 앞서 본 법리에 비추어 살펴보면, 이 사건 사업의 연구팀장인 원고는 이 사건 사업에 관한 협약의 해지 통보의 효력을 다툴 법률상 이익이 있다(대판 2014.12.11. 2012두28704).

③ [O] 지방계약직공무원인 이 사건 옴부즈만 채용행위는 공법상 대등한 당사자 사이의 의사표시의 합치로 성립하는 공법상 계약에 해당한다. 이와 같이 이 사건 옴부즈만 채용행위가 공법상 계약에 해당하는 이상 원고의 채용계약 청약에 대응한 피고의 '승낙의 의사표시'가 대등한 당사자로서의 의사표시인 것과 마찬가지로 그 청약에 대하여 '승낙을 거절하는 의사표시' 역시 행정청이 대등한 당사자의 지위에서 하는 의사표시라고 보는 것이 타당하고, 그 채용계약에 따라 담당할 직무의 내용에 고도의 공공성이 있다거나 원고가 그 채용과정에서 최종합격자로 공고되어 채용계약 성립에 관한 강한 기대나 신뢰를 가지게 되었다는 사정만으로 이를 행정청이 우월한 지위에서 행하는 공권력의 행사로서 행정처분에 해당한다고 볼 수는 없다(대판 2014.4.24. 2013두6244).

❹ [X] 중소기업기술정보진흥원장이 甲 주식회사와 중소기업 정보화지원사업 지원대상인 사업의 지원에 관한 협약을 체결하였는데, 협약이 甲 회사에 책임이 있는 사업실패로 해지되었다는 이유로 협약에서 정한 대로 지급받은 정부지원금을 반환할 것을 통보한 사안에서, 중소기업 정보화지원사업에 따른 지원금 출연을 위하여 중소기업청장이 체결하는 협약은 공법상 대등한 당사자 사이의 의사표시의 합치로 성립하는 공법상 계약에 해당하는 점, … 지원금 환수에 관한 구체적인 법령상 근거가 없는 점 등을 종합하면, 협약의 해지 및 그에 따른 환수통보는 공법상 계약에 따라 행정청이 대등한 당사자의 지위에서 하는 의사표시로 보아야 하고, 이를 행정청이 우월한 지위에서 행하는 공권력의 행사로서 행정처분에 해당한다고 볼 수는 없다(대판 2015.8.27. 2015두41449).

07　정답 ②

함께 정리하기　위헌결정과 행정처분의 효력

근거법률 위헌 결정
▷ 집행은 기속력 위반
▷ 무효
위헌 결정전 위헌인 법률에 근거한 처분
▷ 취소사유
처분에 확정력(불가쟁력) 발생
▷ 위헌결정의 소급효×
행위의 근거가 된 법률조항에 대하여 위헌결정
▷ 국가배상책임×(∵고의, 과실×)

ㄱ. [X] 조세 부과의 근거가 되었던 법률규정이 위헌으로 선언된 경우, 비록 그에 기한 과세처분이 위헌결정 전에 이루어졌고, 과세처분에 대한 제소기간이 이미 경과하여 조세채권이 확정되었으며, 조세채권의 집행을 위한 체납처분의 근거규정 자체에 대하여는 따로 위헌결정이 내려진 바 없다고 하더라도, 위와 같은 위헌결정 이후에 조세채권의 집행을 위한 새로운 체납처분에 착수하거나 이를 속행하는 것은 더 이상 허용되지 않고, 나아가 이러한 위헌결정의 효력에 위배하여 이루어진 체납처분은 그 사유만으로 하자가 중대하고 객관적으로 명백하여 당연무효라고 보아야 한다(대판 2012.2.16. 2010두10907 전합).

ㄴ. [O] 법률에 근거하여 행정처분이 발하여진 후에 헌법재판소가 그 행정처분의 근거가 된 법률을 위헌으로 결정하였다면 결과적으로 행정처분은 법률의 근거가 없이 행하여진 것과 마찬가지가 되어 하자가 있는 것이 되나, 하자 있는 행정처분이 당연무효가 되기 위하여는 그 하자가 중대할 뿐만 아니라 명백한 것이어야 하는데, 일반적으로 법률이 헌법에 위반된다는 사정은 헌법재판소의 위헌결정이 있기 전에는 객관적으로 명백한 것이라고 할 수는 없으므로 헌법재판소의 위헌결정 전에 행정처분의 근거되는 당해 법률이 헌법에 위반된다는 사유는 특별한 사정이 없는 한 그 행정처분의 취소소송의 전제가 될 수 있을 뿐 당연무효사유는 아니다(대판 2002.11.8. 2001두3181).

ㄷ. [O] 위헌인 법률에 근거한 행정처분이 당연무효인지의 여부는 위헌결정의 소급효와는 별개의 문제로서, 위헌결정의 소급효가 인정된다고 하여 위헌인 법률에 근거한 행정처분이 당연무효가 된다고는 할 수 없고, 오히려 이미 취소소송의 제기기간을 경과하여 확정력이 발생한 행정처분에는 위헌결정의 소급효가 미치지 않는다고 보아야 한다(대판 1994.10.28. 92누9463).

ㄹ. [O] 일반적으로 법률이 헌법에 위반된다는 사정은 헌법재판소의 위헌결정이 있기 전에는 객관적으로 명백한 것이라고 할 수 없어, 법률이 헌법에 위반되는지 여부를 심사할 권한이 없는 공무원으로서는 행위 당시의 법률에 따를 수밖에 없으므로, 행위의 근거가 된 법률조항에 대하여 위헌결정이 선고되더라도 위 법률조항에 따라 행위한 당해 공무원에게는 고의 또는 과실이 있다 할 수 없어 국가배상책임은 성립되지 아니한다(헌재 2014.4.24. 2011헌바56).

08 정답 ②

☑️ **함께 정리하기** 행정절차

일반처분
▷ 의견제출 기회×
형사판결 확정에 앞서 행정처분
▷ 절차 위반×
처분시 근거·이유 충분히 알 수 있어서 권리구제절차에 별다른 지장 無
▷ 이유제시 정도 완화
퇴직연금 환수결정
▷ 의견제출 기회 不要

① [×] 구 행정절차법 제22조 제3항에 따라 행정청이 의무를 부과하거나 권익을 제한하는 처분을 할 때 의견제출의 기회를 주어야 하는 '당사자'는 '행정청의 처분에 대하여 직접 그 상대가 되는 당사자'(구 행정절차법 제2조 제4호)를 의미한다. 그런데 '고시'의 방법으로 불특정 다수인을 상대로 의무를 부과하거나 권익을 제한하는 처분은 성질상 의견제출의 기회를 주어야 하는 상대방을 특정할 수 없으므로, 이와 같은 처분에 있어서까지 구 행정절차법 제22조 제3항에 의하여 그 상대방에게 의견제출의 기회를 주어야 한다고 해석할 것은 아니다.

> 원심은, 피고가 이 사건 고시에 의하여 수정체수술과 관련한 질병군의 상대가치점수를 종전보다 약 10~25% 정도 인하하는 내용의 처분을 한 것은 수정체수술을 하는 의료기관을 개설·운영하는 개별 안과 의사들을 상대로 한 것이 아니라 불특정 다수의 의사 전부를 상대로 하는 것인 점 등 그 판시와 같은 이유를 들어, 이 사건 고시에 의한 처분의 경우 구 행정절차법 제22조 제3항에 따라 그 상대방에게 의견제출의 기회를 주지 않았다고 하여 위법하다고 볼 수 없다는 취지로 판단하였다. 이러한 원심의 판단은 앞서 살펴본 법리에 따른 것으로서 정당하다(대판 2014.10.27. 2012두7745).

❷ [O] 행정처분과 형벌은 각각 그 권력적 기초, 대상, 목적이 다르다. 일정한 법규 위반 사실이 행정처분의 전제사실이자 형사법규의 위반 사실이 되는 경우에 동일한 행위에 관하여 독립적으로 행정처분이나 형벌을 부과하거나 이를 병과할 수 있다. 법규가 예외적으로 형사소추 선행 원칙을 규정하고 있지 않은 이상 형사판결 확정에 앞서 일정한 위반사실을 들어 행정처분을 하였다고 하여 절차적 위반이 있다고 할 수 없다(대판 2017.6.19. 2015두59808).

③ [×] 행정절차법 제23조 제1항은 행정청이 처분을 하는 때에는 당사자에게 그 근거와 이유를 제시하도록 규정하고 있는바, 이는 행정청의 자의적 결정을 배제하고 당사자로 하여금 행정구제절차에서 적절히 대처할 수 있도록 하는 데 그 취지가 있는 것이므로, 처분서에 기재된 내용과 관계 법령 및 당해 처분에 이르기까지의 전체적인 과정 등을 종합적으로 고려하여, 처분 당시 당사자가 어떠한 근거와 이유로 처분이 이루어진 것인지를 충분히 알 수 있어서 그에 불복하여 행정구제절차로 나아가는 데에 별다른 지장이 없었던 것으로 인정되는 경우에는 처분서에 처분의 근거와 이유가 구체적으로 명시되어 있지 않았다 하더라도 그로 말미암아 그 처분이 위법한 것으로 된다고 할 수는 없다(대판 2009.12.10. 2007두20362).

④ [×] 퇴직연금의 환수결정은 당사자에게 의무를 과하는 처분이기는 하나, 관련 법령에 따라 당연히 환수금액이 정하여지는 것이므로, 퇴직연금의 환수결정에 앞서 당사자에게 의견진술의 기회를 주지 아니하여도 행정절차법 제22조 제3항이나 신의칙에 어긋나지 아니한다(대판 2000.11.28. 99두5443).

09 정답 ③

☑️ **함께 정리하기** 공공기관의 정보공개에 관한 법률

제3자 비공개요청에도 불구 공개결정
▷ 결정일과 실시일
▷ 최소 30일의 간격 要
공개결정시 이유 & 실시일 명시하여 지체 없이 문서로 통지 要
제3자는 당해 공공기관에 이의신청 可
▷ 문서O, 구두×
제3자 비공개요청
▷ 통지받은 후 3일 내

① [O] 「공공기관의 정보공개에 관한 법률」 제21조 제3항에 대한 옳은 내용이다.

> 제21조【제3자의 비공개 요청 등】③ 공공기관은 제2항에 따른 공개 결정일과 공개 실시일 사이에 최소한 30일의 간격을 두어야 한다.

② [O] 「공공기관의 정보공개에 관한 법률」 제21조 제2항에 대한 옳은 내용이다.

> 제21조【제3자의 비공개 요청 등】② 제1항에 따른 비공개 요청에도 불구하고 공공기관이 공개 결정을 할 때에는 공개 결정 이유와 공개 실시일을 분명히 밝혀 지체 없이 문서로 통지하여야 하며, 제3자는 해당 공공기관에 문서로 이의신청을 하거나 행정심판 또는 행정소송을 제기할 수 있다. 이 경우 이의신청은 통지를 받은 날부터 7일 이내에 하여야 한다.

❸ [×]

> 「공공기관의 정보공개에 관한 법률」 제21조【제3자의 비공개 요청 등】② 제1항에 따른 비공개 요청에도 불구하고 공공기관이 공개 결정을 할 때에는 공개 결정 이유와 공개 실시일을 분명히 밝혀 지체 없이 문서로 통지하여야 하며, 제3자는 해당 공공기관에 문서로 이의신청을 하거나 행정심판 또는 행정소송을 제기할 수 있다. 이 경우 이의신청은 통지를 받은 날부터 7일 이내에 하여야 한다.

④ [O] 「공공기관의 정보공개에 관한 법률」 제21조 제1항에 대한 옳은 내용이다.

> 제21조【제3자의 비공개 요청 등】① 제11조 제3항에 따라 공개 청구된 사실을 통지받은 제3자는 그 통지를 받은 날부터 3일 이내에 해당 공공기관에 대하여 자신과 관련된 정보를 공개하지 아니할 것을 요청할 수 있다.

10   정답 ④

> ☑ **함께 정리하기** **행정의 실효성 확보수단**
>
> 제재처분의 제척기간
> ▷ 위반행위 종료된 날부터 5년
> 수 회 위반행위에 대한 과징금
> ▷ 일괄하여 하나의 처분으로 하는 경우의 액수를 총한도로 부과
> 경찰서장이 통고처분
> ▷ 범칙금 납부기간까지 즉결심판청구, 공소제기 不可
> 경찰서장의 통고처분에 대한 이의
> ▷ 즉결심판청구에 의해 법원심판(행정소송 대상×)

① [○] 「행정기본법」 제23조에 대한 옳은 내용이다.

> 제23조【제재처분의 제척기간】 ① 행정청은 법령등의 위반
> 행위가 종료된 날부터 5년이 지나면 해당 위반행위에 대
> 하여 제재처분(인허가의 정지·취소·철회, 등록 말소, 영
> 업소 폐쇄와 정지를 갈음하는 과징금 부과를 말한다. 이하
> 이 조에서 같다)을 할 수 없다.
> ② 다음 각 호의 어느 하나에 해당하는 경우에는 제1항을
> 적용하지 아니한다.
> 1. 거짓이나 그 밖의 부정한 방법으로 인허가를 받거나 신
> 고를 한 경우
> 2. 당사자가 인허가나 신고의 위법성을 알고 있었거나 중
> 대한 과실로 알지 못한 경우
> 3. 정당한 사유 없이 행정청의 조사·출입·검사를 기피·
> 방해·거부하여 제척기간이 지난 경우
> 4. 제재처분을 하지 아니하면 국민의 안전·생명 또는 환
> 경을 심각하게 해치거나 해칠 우려가 있는 경우
> ③ 행정청은 제1항에도 불구하고 행정심판의 재결이나 법원
> 의 판결에 따라 제재처분이 취소·철회된 경우에는 재결이나
> 판결이 확정된 날부터 1년(합의제행정기관은 2년)이 지나기
> 전까지는 그 취지에 따른 새로운 제재처분을 할 수 있다.
> ④ 다른 법률에서 제1항 및 제3항의 기간보다 짧거나 긴
> 기간을 규정하고 있으면 그 법률에서 정하는 바에 따른다.

② [○] 관할 행정청이 여객자동차운송사업자가 범한 여러 가지 위반
행위 중 일부만 인지하여 과징금 부과처분을 하였는데 그 후
과징금 부과처분 시점 이전에 이루어진 다른 위반행위를 인지
하여 이에 대하여 별도의 과징금 부과처분을 하게 되는 경우
에도 종전 과징금 부과처분의 대상이 된 위반행위와 추가 과
징금 부과처분의 대상이 된 위반행위에 대하여 일괄하여 하나
의 과징금 부과처분을 하는 경우와의 형평을 고려하여 추가
과징금 부과처분의 처분양정이 이루어져야 한다. 다시 말해,
행정청이 전체 위반행위에 대하여 하나의 과징금 부과처분을
할 경우에 산정되었을 정당한 과징금액에서 이미 부과된 과징
금액을 뺀 나머지 금액을 한도로 하여서만 추가 과징금 부과
처분을 할 수 있다. 행정청이 여러 가지 위반행위를 언제 인지
하였느냐는 우연한 사정에 따라 처분상대방에게 부과되는 과
징금의 총액이 달라지는 것은 그 자체로 불합리하기 때문이다
(대판 2021.2.4. 2020두48390).

③ [○] 경찰서장이 범칙행위에 대하여 통고처분을 한 이상, 범칙자의
위와 같은 절차적 지위를 보장하기 위하여 통고처분에서 정한
범칙금 납부기간까지는 원칙적으로 경찰서장은 즉결심판을 청
구할 수 없고, 검사도 동일한 범칙행위에 대하여 공소를 제기
할 수 없다(대판 2021.4.1. 2020도15194).

❹ [×] 도로교통법 제118조에서 규정하는 경찰서장의 통고처분은 행
정소송의 대상이 되는 행정처분이 아니므로 그 처분의 취소를
구하는 소송은 부적법하고, 도로교통법상의 통고처분을 받은
자가 그 처분에 대하여 이의가 있는 경우에는 통고처분에 따
른 범칙금의 납부를 이행하지 아니함으로써 경찰서장의 즉결
심판청구에 의하여 법원의 심판을 받을 수 있게 될 뿐이다(대
판 1995.6.29. 95누4674).

11   정답 ①

> ☑ **함께 정리하기** **즉시강제**
>
> 즉시강제
> ▷ 의무부과×
> 미등급분류 게임물 수거·폐기
> ▷ 즉시강제, 영장주의 적용×
> 계속적 성질의 즉시강제
> ▷ 처분성○ + 소의 이익○
> 시간적·장소적으로 근접하지 않은 지역에서의 집회·시위참석 출발,
> 이동제지
> ▷ 위법

❶ [×] 행정상의 즉시강제란 급박한 위험·장애를 제거하기 위해 미
리 의무를 명할 시간적 여유가 없거나 또는 성질상 의무를 명
해서는 그 목적을 달성하기 곤란한 때에 직접 개인의 신체나
재산에 실력을 가함으로써 필요한 상태를 실현하는 작용을 의
미한다. 즉시강제에는 의무부과가 전제되지 않는다.

② [○] 영장주의가 행정상 즉시강제에도 적용되는지에 관하여는 논란
이 있으나, 행정상 즉시강제는 상대방의 임의이행을 기다릴 시
간적 여유가 없을 때 하명 없이 바로 실력을 행사하는 것으로
서, 그 본질상 급박성을 요건으로 하고 있어 법관의 영장을 기
다려서는 그 목적을 달성할 수 없다고 할 것이므로, 원칙적으
로 영장주의가 적용되지 않는다고 보아야 할 것이다. 관계행정
청이 등급분류를 받지 아니하거나 등급분류를 받은 게임물과
다른 내용의 게임물을 발견한 경우 관계공무원으로 하여금 이
를 수거·폐기하게 할 수 있도록 한 구 음반·비디오물 및 게
임물에 관한 법률이 비록 영장 없는 수거를 인정한다고 하더
라도 이를 두고 헌법상 영장주의에 위배되는 것으로는 볼 수
없다(헌재 2002.10.31. 2000헌가12).

③ [○] 즉시강제가 계속되고 있는 경우(예 강제격리, 물건의 영치 등)
에는 소의 이익이 인정되어 행정소송으로 다툴 수 있다.

④ [○] 구 집회 및 시위에 관한 법률에 의하여 금지되어 그 주최 또
는 참가행위가 형사처벌의 대상이 되는 위법한 집회·시위가
장차 특정지역에서 개최될 것이 예상된다고 하더라도, 이와 시
간적·장소적으로 근접하지 않은 다른 지역에서 그 집회·시위
에 참가하기 위하여 출발 또는 이동하는 행위를 함부로 제지
하는 것은 경찰관 직무집행법 제6조 제1항의 행정상 즉시강제
인 경찰관의 제지의 범위를 명백히 넘어 허용될 수 없다. 따라
서 이러한 제지 행위는 공무집행방해죄의 보호대상이 되는 공
무원의 적법한 직무집행이 아니다(대판 2008.11.13. 2007도
9794).

12 정답 ①

☑ 함께 정리하기 **질서위반행위규제법**

질서위반행위규제법 vs 타 법률
▷ 질서위반행위규제법 적용
고의·과실 없는 질서위반행위
▷ 과태료 부과×
즉시항고 可
▷ 집행정지효○
하나의 행위, 둘 이상 질서위반
▷ 가장 중한 과태료

❶ [○] 「질서위반행위규제법」 제5조에 대한 옳은 내용이다.

> 제5조 【다른 법률과의 관계】 과태료의 부과·징수, 재판 및 집행 등의 절차에 관한 다른 법률의 규정 중 이 법의 규정에 저촉되는 것은 이 법으로 정하는 바에 따른다.

② [×]
> 「질서위반행위규제법」 제7조 【고의 또는 과실】 고의 또는 과실이 없는 질서위반행위는 과태료를 부과하지 아니한다.

③ [×]
> 「질서위반행위규제법」 제38조 【항고】 ① 당사자와 검사는 과태료 재판에 대하여 즉시항고를 할 수 있다. 이 경우 항고는 집행정지의 효력이 있다.

④ [×] 하나의 행위가 2 이상의 질서위반행위에 해당하는 경우에는 각 질서위반행위에 대하여 정한 과태료 중 가장 중한 과태료를 부과한다.

> 「질서위반행위규제법」 제13조 【수개의 질서위반행위의 처리】 ① 하나의 행위가 2 이상의 질서위반행위에 해당하는 경우에는 각 질서위반행위에 대하여 정한 과태료 중 가장 중한 과태료를 부과한다.
> ② 제1항의 경우를 제외하고 2 이상의 질서위반행위가 경합하는 경우에는 각 질서위반행위에 대하여 정한 과태료를 각각 부과한다. 다만, 다른 법령(지방자치단체의 조례를 포함한다. 이하 같다)에 특별한 규정이 있는 경우에는 그 법령으로 정하는 바에 따른다.

유제 10. 지방직 9급 하나의 행위가 2 이상의 질서위반행위에 해당하는 경우에는 각 질서위반행위에 대하여 정한 과태료 중 가장 중한 과태료를 부과한다. (○)

13 정답 ③

☑ 함께 정리하기 **국가배상**

일반적 입법의무
▷ 입법부작위
▷ 위법×
시효기간의 진행
▷ 불법행위 직무집행사실 인식 要
법령의 사익보호성
▷ 상당인과관계 有
청구기간오인 적법 헌법소원심판청구 각하
▷ 국가배상○

① [×] 일반적인 입법의무가 있다는 사실만으로는 국가배상책임이 인정되지 않는다.

> 국회의원의 입법행위는 그 입법 내용이 헌법의 문언에 명백히 위반됨에도 불구하고 국회가 굳이 당해 입법을 한 것과 같은 특수한 경우가 아닌 한 국가배상법 제2조 제1항 소정의 위법행위에 해당된다고 볼 수 없고, 같은 맥락에서 국가가 일정한 사항에 관하여 헌법에 의하여 부과되는 구체적인 입법의무를 부담하고 있음에도 불구하고 그 입법에 필요한 상당한 기간이 경과하도록 고의 또는 과실로 이러한 입법의무를 이행하지 아니하는 등 극히 예외적인 사정이 인정되는 사안에 한정하여 국가배상법 소정의 배상책임이 인정될 수 있으며, 위와 같은 구체적인 입법의무 자체가 인정되지 않는 경우에는 애당초 부작위로 인한 불법행위가 성립될 여지가 없다(대판 2008.5.29 2004다33469 등).

② [×] 국가배상법 제2조 제1항 본문 전단 규정에 따른 배상책임을 묻는 사건에 대하여는 같은 법 제8조의 규정에 의하여 민법 제766조 제1항 소정의 단기소멸시효제도가 적용되는 것인바, 여기서 가해자를 안다는 것은 피해자나 그 법정대리인이 가해 공무원이 국가 또는 지방자치단체와 공법상 근무관계가 있다는 사실을 알고, 또한 일반인이 당해 공무원의 불법행위가 국가 또는 지방자치단체의 직무를 집행함에 있어서 행해진 것이라고 판단하기에 족한 사실까지 인식하는 것을 의미한다(대판 2008.5.29. 2004다33469).

❸ [○] 공무원에게 직무상 의무를 부과한 법령의 보호목적이 사회 구성원 개인의 이익과 안전을 보호하기 위한 것이 아니고 단순히 공공일반의 이익이나 행정기관 내부의 질서를 규율하기 위한 것이라면, 가사 공무원이 그 직무상 의무를 위반한 것을 계기로 하여 제3자가 손해를 입었다 하더라도 공무원이 직무상 의무를 위반한 행위와 제3자가 입은 손해 사이에는 법리상 상당인과관계가 있다고 할 수 없다(대판 2001.4.13. 2000다34891).

유제 12. 지방직 7급 공무원의 직무상 작위의무가 사회구성원 개인의 안전과 이익을 보호하기 위하여 설정된 것이어야 국가배상책임이 인정된다. (○)
10. 국회직 9급 손해는 법률상 이익의 침해뿐만 아니라 반사적 이익의 침해까지도 포함된다. (×)

④ [✕] 헌법재판소 재판관의 위법한 직무집행의 결과 잘못된 각하결정을 함으로써 청구인으로 하여금 본안판단을 받을 기회를 상실하게 한 이상, 설령 본안판단을 하였더라도 어차피 청구가 기각되었을 것이라는 사정이 있다고 하더라도 잘못된 판단으로 인하여 헌법소원심판 청구인의 위와 같은 합리적인 기대를 침해한 것이고 이러한 기대는 인격적 이익으로서 보호할 가치가 있다고 할 것이므로 그 침해로 인한 정신상 고통에 대하여는 위자료를 지급할 의무가 있다(대판 2003.7.11. 99다24218).

[유제] 15. 지방직 7급 헌법재판소 재판관의 위법한 직무집행의 결과 잘못된 각하결정을 함으로써 청구인으로 하여금 본안판단을 받을 기회를 상실하게 한 이상, 설령 본안판단을 하였더라도 어차피 청구가 기각되었을 것이라는 사정이 있다고 하더라도 청구인의 합리적인 기대를 침해한 것이고, 그 침해로 인한 정신상의 고통에 대하여는 위자료를 지급할 의무가 있다. (○)

10. 국가직 9급 헌법재판소 재판관이 청구기간 내에 제기된 헌법소원심판청구 사건의 청구기간을 오인하여 각하결정을 한 경우, 이에 대한 불복절차 내지 시정절차가 없는 때에는 국가배상책임을 인정할 수 있다. (○)

09. 지방직 9급 피해자가 받은 손해에는 적극적 손해와 소극적 손해는 포함되지만, 위자료는 포함되지 않는다는 것이 판례의 입장이다. (✕)

---

14 정답 ②

[함께 정리하기] 손실보상

개발이익
▷ 손실보상액산정에서 배제
잔여 영업시설의 손실보상
▷ 재결 거친 후 행정소송(곧바로 손실보상청구✕)
여러 보상항목 중 일부에 대해서만
▷ 보상금증감소송 제기 可
잘못된 보상재결에 대한 불복
▷ 사업시행자 피고 & 보상금증감청구소송

① [○] 당해 수용사업의 시행으로 인한 개발이익은 수용대상토지의 수용 당시의 객관적 가치에 포함되지 아니하는 것이므로 수용대상토지에 대한 손실보상액을 산정함에 있어서 구 토지수용법 제46조 제2항에 의하여 손실보상액 산정의 기준이 되는 지가공시 및 토지등의 평가에 관한 법률에 의한 공시지가에 당해 수용사업의 시행으로 인한 개발이익이 포함되어 있을 경우 그 공시지가에서 그러한 개발이익을 배제한 다음 이를 기준으로 하여 손실보상액을 평가하고, 반대로 그 공시지가가 당해 수용사업의 시행으로 지가가 동결된 관계로 개발이익을 배제한 자연적 지가상승분도 반영하지 못한 경우에는 그 자연적 지가상승률을 산출하여 이를 기타사항으로 참작하여 손실보상액을 평가하는 것이 정당보상의 원리에 합당하다(대판 1993.7.27. 92누11084).

❷ [✕] 공익사업에 영업시설 일부가 편입됨으로 인하여 잔여 영업시설에 손실을 입은 자가 사업시행자로부터 토지보상법 시행규칙 제47조 제3항에 따라 잔여 영업시설의 손실에 대한 보상을 받기 위해서는, 토지보상법 제34조, 제50조 등에 규정된 재결절차를 거친 다음 그 재결에 대하여 불복이 있는 때에 비로소 토지보상법 제83조 내지 제85조에 따라 권리구제를 받을 수 있을 뿐이다. 이러한 재결절차를 거치지 않은 채 곧바로 사업시행자를 상대로 손실보상을 청구하는 것은 허용되지 않는다(대판 2018.7.20. 2015두4044).

③ [○] 하나의 재결에서 피보상자별로 여러 가지의 토지, 물건, 권리 또는 영업(이처럼 손실보상 대상에 해당하는지, 나아가 그 보상금액이 얼마인지를 심리·판단하는 기초 단위를 이하 '보상항목'이라고 한다)의 손실에 관하여 심리·판단이 이루어졌을 때, 피보상자 또는 사업시행자가 반드시 재결 전부에 관하여 불복하여야 하는 것은 아니며, 여러 보상항목들 중 일부에 관해서만 불복하는 경우에는 그 부분에 관해서만 개별적으로 불복의 사유를 주장하여 행정소송을 제기할 수 있다. 이러한 보상금 증감 소송에서 법원의 심판범위는 하나의 재결 내에서 소송당사자가 구체적으로 불복신청을 한 보상항목들로 제한된다(대판 2018.5.15. 2017두41221).

④ [○] 어떤 보상항목이 공익사업을 위한 토지 등의 취득 및 보상에 관한 법령상 손실보상대상에 해당함에도 관할 토지수용위원회가 사실을 오인하거나 법리를 오해함으로써 손실보상대상에 해당하지 않는다고 잘못된 내용의 재결을 한 경우에는, 피보상자는 관할 토지수용위원회를 상대로 그 재결에 대한 취소소송을 제기할 것이 아니라, 사업시행자를 상대로 공익사업을 위한 토지 등의 취득 및 보상에 관한 법률 제85조 제2항에 따른 보상금증감소송을 제기하여야 한다(대판 2019.11.28. 2018두227).

---

15 정답 ①

[함께 정리하기] 제소기간

무효선언을 구하는 취소소송
▷ 제소기간 준수 要
'처분이 있음을 안 날'의 의미
▷ 처분이 있음을 현실적으로 안 날
감액처분
▷ 당초처분 기준으로 제소기간 판단
특정인에 대한 송달불가로 관보 등에 공고한 경우
▷ 처분이 있었음을 현실적으로 안 날이 제소기간 기준

❶ [○] 행정처분의 당연무효를 선언하는 의미에서 그 취소를 청구하는 행정소송을 제기한 경우에도 전심절차와 제소기간의 준수 등 취소소송의 제소요건을 갖추어야 한다(대판 1990.12.26. 90누6279).

② [✕] 행정소송법 제20조 제2항 소정의 제소기간 기산점인 "처분이 있음을 안 날"이란 통지, 공고 기타의 방법에 의하여 당해 처분이 있었다는 사실을 현실적으로 안 날을 의미하고 구체적으로 그 행정처분의 위법 여부를 판단한 날을 가리키는 것은 아니다(대판 1991.6.28. 90누6521).

[유제] 11. 세무사 처분이 있음을 안 날이란 처분을 받은 자가 위법여부에 대한 판단을 한 날을 의미한다는 것이 판례의 입장이다. (✕)

③ [×] 행정청이 산업재해보상보험법에 의한 보험급여 수급자에 대하여 부당이득 징수결정을 한 후 징수결정의 하자를 이유로 징수금 액수를 감액하는 경우에 감액처분은 감액된 징수금 부분에 관해서만 법적 효과가 미치는 것으로서 당초 징수결정과 별개 독립의 징수금 결정처분이 아니라 그 실질은 처음 징수결정의 변경이고, 그에 의하여 징수금의 일부취소라는 징수의무자에게 유리한 결과를 가져오는 처분이므로 징수의무자에게는 그 취소를 구할 소의 이익이 없다. 이에 따라 감액처분으로도 아직 취소되지 않고 남아 있는 부분이 위법하다 하여 다투고자 하는 경우, 감액처분을 항고소송의 대상으로 할 수는 없고, 당초 징수결정 중 감액처분에 의하여 취소되지 않고 남은 부분을 항고소송의 대상으로 할 수 있을 뿐이며, 그 결과 제소기간의 준수 여부도 감액처분이 아닌 당초 처분을 기준으로 판단해야 한다(대판 2012.9.27. 2011두27247).

④ [×] 행정소송법 제20조 제1항 소정의 제소기간 기산점인 '처분이 있음을 안 날'이라 함은 당사자가 통지, 공고 기타의 방법에 의하여 당해 처분이 있었다는 사실을 현실적으로 안 날을 의미하는바, 특정인에 대한 행정처분을 주소불명 등의 이유로 송달할 수 없어 관보·공보·게시판·일간신문 등에 공고한 경우에는, 공고가 효력을 발생하는 날에 상대방이 그 행정처분이 있음을 알았다고 볼 수는 없고, 상대방이 당해 처분이 있었다는 사실을 현실적으로 안 날에 그 처분이 있음을 알았다고 보아야 한다(대판 2006.4.28. 2005두14851).

유제 12. 서울교행 특정인에 대한 행정처분을 주소불명 등의 이유로 송달할 수 없어 관보 등에 공고한 경우, 공고의 효력이 발생하는 날에 상대방이 그 행정처분이 있음을 알았다고 보아야 한다. (×)

---

16   정답 ④

☑ **함께 정리하기 행정소송의 심리**

당사자소송의 입증책임
▷ 민사소송과 동일
행정심판기록 제출명령
▷ 직권에 의한 자료제출 요구×
소송요건인 직권조사사항
▷ 상고심 심판범위○
공무원연금법령상 급여청구
▷ 우선 구체적 권리 인정받아야 함

① [×] 「행정소송법」에 입증책임에 관하여는 아무런 규정이 없기 때문에, 입증책임을 어떻게 분배할 것인지에 대해 견해가 대립한다. 당사자소송은 민사소송과 유사하여 항고소송에 비하여 더욱 당사자주의와 변론주의가 강조되는바 입증책임에 민사소송의 법률요건분류설이 적용된다. 판례는 행정소송에서의 입증책임도 민사소송의 일반원칙이 적용된다고 한다.

> 민사소송법의 규정이 준용되는 행정소송에 있어서 입증책임은 원칙적으로 민사소송의 일반원칙에 따라 당사자간에 분배되고 항고소송의 경우에는 그 특성에 따라 당해 처분의 적법을 주장하는 피고에게 그 적법사유에 대한 입증책임이 있다 할 것인바 피고가 주장하는 당해 처분의 적법성이 합리적으로 수긍할 수 있는 일응의 입증이 있는 경우에는 그 처분은 정당하다 할 것이며 이와 상반되는 주장과 입증은 그 상대방인 원고에게 그 책임이 돌아간다고 할 것이다(대판 1984.7.24. 84누124).

유제 10. 세무사 변론주의원칙상 당사자에게는 주장책임이 있다. (○)

② [×] 행정소송에서도 원칙적으로 변론주의가 적용되고, 법원이 직권으로 관계행정청에 자료제출을 요구할 수 있다는 규정이 따로 존재하지 않는다. 다만 당사자의 신청에 의해 행정심판기록 제출을 요구할 수 있는 규정은 존재한다.

> 「행정소송법」 제25조 【행정심판기록의 제출명령】 ① 법원은 당사자의 신청이 있는 때에는 결정으로써 재결을 행한 행정청에 대하여 행정심판에 관한 기록의 제출을 명할 수 있다.

③ [×] 행정소송에서 쟁송의 대상이 되는 행정처분의 존부는 소송요건으로서 직권조사사항이고, 자백의 대상이 될 수 없는 것이므로, 설사 그 존재를 당사자들이 다투지 아니한다 하더라도 그 존부에 관하여 의심이 있는 경우에는 이를 직권으로 밝혀 보아야 할 것이고, 사실심에서 변론종결시까지 당사자가 주장하지 않던 직권조사사항에 해당하는 사항을 상고심에서 비로소 주장하는 경우 그 직권조사사항에 해당하는 사항은 상고심의 심판범위에 해당한다(대판 2004.12.24. 2003두15195).

❹ [○] 공무원연금법령상 급여를 받으려고 하는 자는 우선 관계 법령에 따라 공무원연금공단에 급여지급을 신청하여 공무원연금공단이 이를 거부하거나 일부 금액만 인정하는 급여지급결정을 하는 경우 그 결정을 대상으로 항고소송을 제기하는 등으로 구체적 권리를 인정받아야 하고, 구체적인 권리가 발생하지 않은 상태에서 곧바로 공무원연금공단을 상대로 한 당사자소송으로 권리의 확인이나 급여의 지급을 소구하는 것은 허용되지 아니한다. 이러한 법리는 구체적인 급여를 받을 권리의 확인을 구하기 위하여 소를 제기하는 경우뿐만 아니라, 구체적인 급여 수급권의 전제가 되는 지위의 확인을 구하는 경우에도 마찬가지로 적용된다(대판 2017.2.9. 2014두43264).

---

17   정답 ③

☑ **함께 정리하기 취소소송 사례**

기판력
▷ 처분당시 사유로 다시 거부처분 不可
기속력에 위배된 재처분
▷ 간접강제 신청 可
기속력에 위배된 재처분의 효력
▷ 당연무효
의무이행 기간 도과 후 재처분이행
▷ 배상금 추심 不可

① [O] 행정처분의 위법 여부는 행정처분이 행하여진 때의 법령과 사실을 기준으로 판단하므로, 확정판결의 당사자인 처분 행정청은 종전 처분 후에 발생한 새로운 사유를 내세워 다시 처분을 할 수 있고, 새로운 처분의 처분사유가 종전 처분의 처분사유와 기본적 사실관계에서 동일하지 않은 다른 사유에 해당하는 이상, 처분사유가 종전 처분 당시 이미 존재하고 있었고 당사자가 이를 알고 있었더라도 이를 내세워 새로이 처분을 하는 것은 확정판결의 기속력에 저촉되지 않는다(대판 2016.3.24. 2015두48235).

② [O] 거부처분에 대한 취소의 확정판결이 있음에도 행정청이 아무런 재처분을 하지 아니하거나, 재처분을 하였다 하더라도 그것이 종전 거부처분에 대한 취소의 확정판결의 기속력에 반하는 등으로 당연무효라면 이는 아무런 재처분을 하지 아니한 때와 마찬가지라 할 것이므로 이러한 경우에는 행정소송법 제30조 제2항, 제34조 제1항 등에 의한 간접강제신청에 필요한 요건을 갖춘 것으로 보아야 한다(대결 2002.12.11. 2002무22).

❸ [X] 기속력에 위반한 행정청의 처분은 위법한 것으로서 무효사유에 해당한다는 것이 판례이다.

> 재처분을 하였다 하더라도 그것이 종전 거부처분에 대한 취소의 확정판결의 기속력에 반하는 등으로 당연무효라면 이는 아무런 재처분을 하지 아니하는 때와 마찬가지라 할 것이다 (대결 2002.12.11. 2002무22).

④ [O] 행정소송법 제34조 소정의 간접강제결정에 기한 배상금은 거부처분취소판결이 확정된 경우 그 처분을 행한 행정청으로 하여금 확정판결의 취지에 따른 재처분의무의 이행을 확실히 담보하기 위한 것으로서, … 이는 확정판결의 취지에 따른 재처분의 지연에 대한 제재나 손해배상이 아니고 재처분의 이행에 관한 심리적 강제수단에 불과한 것으로 보아야 하므로, 특별한 사정이 없는 한 간접강제결정에서 정한 의무이행기간이 경과한 후에라도 확정판결의 취지에 따른 재처분의 이행이 있으면 배상금을 추심함으로써 심리적 강제를 꾀할 목적이 상실되어 처분상대방이 더 이상 배상금을 추심하는 것은 허용되지 않는다(대판 2004.1.15. 2002두2444).

18　　　　　　　　　　정답 ③

☑ 함께 정리하기 **무효확인소송**

처분적 조례
▷ 대상○
제3자 소송참가 可
위법성 판단 기준시
▷ 처분시
기속력, 재처분의무 준용
▷ 실효성○

① [O] 조례가 집행행위의 개입 없이도 그 자체로서 직접 국민의 구체적인 권리의무나 법적 이익에 영향을 미치는 등의 법률상 효과를 발생하는 경우 그 조례는 항고소송의 대상이 되는 행정처분에 해당하고, 이러한 조례에 대한 무효확인소송을 제기함에 있어서 행정소송법 제38조 제1항, 제13조에 의하여 피고적격이 있는 처분 등을 행한 행정청은, 행정주체인 지방자치단체 또는 지방자치단체의 내부적 의결기관으로서 지방자치단체의 의사를 외부에 표시한 권한이 없는 지방의회가 아니라, 구 지방자치법 제19조 제2항, 제92조에 의하여 지방자치단체의 집행기관으로서 조례로서의 효력을 발생시키는 공포권이 있는 지방자치단체의 장이다(대판 1996.9.20. 95누8003).

② [O] 「행정소송법」 제38조 제1항, 제16조 제1항에 대한 옳은 내용이다.

> 제38조【준용규정】① 제9조, 제10조, 제13조 내지 제17조, 제19조, 제22조 내지 제26조, 제29조 내지 제31조 및 제33조의 규정은 무효등확인소송의 경우에 준용한다.
> 제16조【제3자의 소송참가】① 법원은 소송의 결과에 따라 권리 또는 이익의 침해를 받을 제3자가 있는 경우에는 당사자 또는 제3자의 신청 또는 직권에 의하여 결정으로써 그 제3자를 소송에 참가시킬 수 있다.

❸ [X] 무효등확인소송에서의 위법성 판단의 기준시점은 취소소송과 마찬가지로 처분시를 기준으로 한다.

④ [O] 행정소송법 제4조에서는 무효확인소송을 항고소송의 일종으로 규정하고 있고, 행정소송법 제38조 제1항에서는 처분 등을 취소하는 확정판결의 기속력 및 행정청의 재처분 의무에 관한 행정소송법 제30조를 무효확인소송에도 준용하고 있으므로 무효확인판결 자체만으로도 실효성을 확보할 수 있다(대판 2008.3.20. 2007두6342 전합).

19　　　　　　　　　　정답 ③

☑ 함께 정리하기 **부작위위법확인소송**

도로점용허가
▷ 재량행위(∵특허)
의무이행심판인용
▷ 응답의무 有
▷ 신청대로 처분의무 無
부작위위법확인소송
▷ 절차적 심리설(判)
부작위위법확인소송 인용
▷ 거부처분 可
의무이행소송
▷ 부정(判)

① [X] 도로점용허가는 강학상의 특허이므로 재량행위이다.

② [X] 부작위위법확인소송시 법원의 심리범위에 관하여 절차적 심리설을 취하는 판례에 따르면 법원은 부작위의 위법만 확인하고, 특정처분의무에 대한 실체적 심리는 제외된다.

❸ [O] 부작위법확인소송의 인용판결시 행정청의 처분의무는 응답의무에 그치므로 인용처분 외에 거부처분도 가능하다.

④ [X] 현행법상 의무이행소송은 인정되지 않는다.

20   정답 ④

> 📋 **함께 정리하기 행정심판**
>
> 취소심판에서 변경
> ▷ 소극적 변경 & 적극적 변경
> 취소심판의 인용재결
> ▷ 취소재결·변경재결·변경명령재결
> 직접처분시 행정청에 통보 要
> ▷ 행정청은 필요한 조치
> 기각재결
> ▷ 직권취소 or 변경 可

① [○] 행정심판에서의 변경은 취소소송과는 달리 적극적 변경까지 포함한다.

> **유제** 12. 서울교행 영업정지처분의 기간을 6개월에서 3개월로 변경하는 일부취소의 재결이 가능하다. (○)

② [○] 「행정심판법」 제43조 제3항에 대한 옳은 내용이다.

> **제43조【재결의 구분】** ③ 위원회는 취소심판의 청구가 이유가 있다고 인정하면 처분을 취소 또는 다른 처분으로 변경하거나 처분을 다른 처분으로 변경할 것을 피청구인에게 명한다.

③ [○] 「행정심판법」 제50조 제2항에 대한 옳은 내용이다.

> **제50조【위원회의 직접 처분】** ② 위원회는 제1항 본문에 따라 직접 처분을 하였을 때에는 그 사실을 해당 행정청에 통보하여야 하며, 그 통보를 받은 행정청은 위원회가 한 처분을 자기가 한 처분으로 보아 관계 법령에 따라 관리·감독 등 필요한 조치를 하여야 한다.

❹ [×] 기각재결은 청구인의 주장이 이유 없음을 인정하여 그 청구를 배척하는데 그칠 뿐 처분청에 대하여 원처분을 유지할 의무를 부담시키지는 않으므로 처분청은 정당한 이유가 있는 경우 당해 처분을 직권으로 취소·변경할 수 있다.

정답

p. 50

01	④	I	06	②	III	11	④	IV	16	①	II
02	④	II	07	①	III	12	①	V	17	②	VI
03	④	II	08	②	III	13	④	V	18	④	VI
04	②	I	09	④	IV	14	②	VI	19	②	VI
05	③	II	10	④	IV	15	③	VI	20	①	VI

I 행정법 서론 / II 행정작용법 / III 행정절차와 행정공개 / IV 행정의 실효성 확보수단 / V 행정상 손해전보 / VI 행정쟁송

01

정답 ④

함께 정리하기 신고

일반 건축신고
▷ 자체완성적 신고
인·허가의제 건축신고
▷ 창구단일화, 절차간소화, 비용, 시간 절감 목적
인·허가의제 건축신고
▷ 행위요건적 신고
적법한 건축주 명의변경신고
▷ 실체적 이유로 수리거부 불가

① [O] 건축법이 건축물의 건축 또는 대수선에 관하여 원칙적으로 허가제로 규율하면서도 일정 규모 이내의 건축물에 관하여는 신고제를 채택한 것은, 건축행위에 대한 규제를 완화하여 국민의 자유의 영역을 넓히는 한편, 행정목적상 필요한 정보를 파악·관리하기 위하여 국민으로 하여금 행정청에 미리 일정한 사항을 알리도록 하는 최소한의 규제를 가하고자 하는 데 그 취지가 있다. 따라서 건축법 제14조 제1항의 건축신고 대상 건축물에 관하여는 원칙적으로 건축 또는 대수선을 하고자 하는 자가 적법한 요건을 갖춘 신고를 하면 행정청의 수리 등 별도의 조처를 기다릴 필요 없이 건축행위를 할 수 있다고 보아야 한다(대판 2011.1.20. 2010두14954 전합).

②③ [O] 건축신고를 하려는 자는 인·허가의제사항 관련 법령에서 제출하도록 의무화하고 있는 신청서와 구비서류를 제출하여야 하는데, 이는 건축신고를 수리하는 행정청으로 하여금 인·허가의제사항 관련 법률에 규정된 요건에 관하여도 심사를 하도록 하기 위한 것으로 볼 수밖에 없다. 따라서 인·허가의제 효과를 수반하는 건축신고는 일반적인 건축신고와는 달리, 특별한 사정이 없는 한 행정청이 그 실체적 요건에 관한 심사를 한 후 수리하여야 하는 이른바 '수리를 요하는 신고'로 보는 것이 옳다(대판 2011.1.20. 2010두14954 전합).

❹ [X] 허가대상 건축물의 양수인이 구 건축법 시행규칙에 규정되어 있는 형식적 요건을 갖추어 시장·군수 등 행정관청에 적법하게 건축주의 명의변경을 신고한 때에는 행정관청은 그 신고를 수리하여야지 실체적인 이유를 내세워 신고의 수리를 거부할 수는 없다(대판 2014.10.15. 2014두37658).

02

정답 ④

함께 정리하기 가행정행위(부지사전승인)

원자로·관계시설 건설허가의 사전적 부분허가
독립한 행정처분 & 원자로 및 관계시설의 허가기준은 부지사전승인처분의 기준
방사성 물질에 직접 & 중대한 피해 예상지역 내 주민들
▷ 부지사전승인처분 취소소송의 원고적격O
부지사전승인처분
▷ 건설허가처분 후에는 소의 이익X

① [O] 원자로시설부지사전승인처분의 근거 법률인 구 원자력법 제11조 제3항에 근거한 원자로 및 관계 시설의 부지사전승인처분은 원자로 등의 건설허가 전에 그 원자로 등 건설예정지로 계획중인 부지가 원자력법의 관계 규정에 비추어 적법성을 구비한 것인지 여부를 심사하여 행하는 사전적 부분 건설허가처분의 성격을 가지고 있는 것이므로, 원자력법 제12조 제2호, 제3호로 규정한 원자로 및 관계 시설의 허가기준에 관한 사항은 건설허가처분의 기준이 됨은 물론 부지사전승인처분의 기준으로도 된다(대판 1998.9.4. 97누19588).

② [O], ❹ [X] 원자로 및 관계 시설의 부지사전승인처분은 그 자체로서 건설부지를 확정하고 사전공사를 허용하는 법률효과를 지닌 독립한 행정처분이기는 하지만, 건설허가 전에 신청자의 편의를 위하여 미리 그 건설허가의 일부 요건을 심사하여 행하는 사전적 부분 건설허가처분의 성격을 갖고 있는 것이어서 나중에 건설허가처분이 있게 되면 그 건설허가처분에 흡수되어 독립된 존재가치를 상실함으로써 그 건설허가처분만이 쟁송의 대상이 되는 것이므로, 부지사전승인처분의 취소를 구하는 소는 소의 이익을 잃게 되고, 따라서 부지사전승인처분의 위법성은 나중에 내려진 건설허가처분의 취소를 구하는 소송에서 이를 다투면 된다(대판 1998.9.4. 97누19588).

③ [O] 원자력법 제12조 제2호(발전용 원자로 및 관계 시설의 위치·구조 및 설비가 대통령령이 정하는 기술수준에 적합하여 방사성물질 등에 의한 인체·물체·공공의 재해방지에 지장이 없을 것)의 취지는 원자로 등 건설사업이 방사성물질 및 그에 의하여 오염된 물질에 의한 인체·물체·공공의 재해를 발생시키지 아니하는 방법으로 시행되도록 함으로써 방사성물질 등에 의한 생명·건강상의 위해를 받지 아니할 이익을 일반적 공익으로서 보호하려는 데 그치는 것이 아니라 방사성물질에 의하여 보다 직접적이고 중대한 피해를 입으리라고 예상되는 지역 내의 주민들의 위와 같은 이익을 직접적·구체적 이익으로서도 보호하려는 데에 있다 할 것이므로, 위와 같은 지역 내의 주민들에게는 방사성물질 등에 의한 생명·신체의 안전침해를 이유로 부지사전승인처분의 취소를 구할 원고적격이 있다(대판 1998.9.4. 97누19588).

03 　　　　　　　　　　　　　　　　　　　정답 ④

> 📋 **함께 정리하기** **행정입법**
>
> 법령상 대통령령 규정사항
> ▷ 부령으로 규정시 무효
> 국무총리소속 독립기관
> ▷ 법규명령 발령 不可
> 의회유보의 원칙
> ▷ 위임입법의 한계 준수해야 함
> 위임 없이 부령에서 요건 변경하여 규정
> ▷ 행정명령
> ▷ 대외적 구속력×

① [×] 행정규칙이나 규정이 상위법령의 위임범위를 벗어난 경우에는 법규명령으로서 대외적 구속력을 인정할 여지는 없다. 이는 행정규칙이나 규정 '내용'이 위임범위를 벗어난 경우뿐 아니라 상위법령의 위임규정에서 특정하여 정한 권한행사의 '절차'나 '방식'에 위배되는 경우도 마찬가지이므로, 상위법령에서 세부사항 등을 시행규칙으로 정하도록 위임하였음에도 이를 고시 등 행정규칙으로 정하였다면 그 역시 대외적 구속력을 가지는 법규명령으로서 효력이 인정될 수 없다(대판 2012.7.5. 2010다72076).

　유제 18. 서울시 9급 법령에 근거를 둔 고시는 상위 법령의 위임범위를 벗어난 경우에도 법규명령으로서 기능한다. (×)

② [×] 헌법규정상 행정각부의 장으로 규정되어 있으므로, 국무총리 소속 기관은 장관급이라고 할지라도 법규명령을 발할 수 없다. 헌법 제95조 국무총리 또는 행정각부의 장은 소관사무에 관하여 법률이나 대통령령의 위임 또는 직권으로 총리령 또는 부령을 발할 수 있다.

③ [×] 위임명령 역시 행정작용으로서 법치행정의 원리에 따라야 하는 한계를 갖는다. 따라서 의회유보의 원칙이 적용되므로 모법에서 위임한 범위 내에서 제정되어야 하며 그 범위를 벗어난 위임명령은 무효에 해당한다.

❹ [O] 법령에서 행정처분의 요건 중 일부 사항을 부령으로 정할 것을 위임한 데 따라 시행규칙 등 부령에서 이를 정한 경우에 법령의 위임이 없음에도 법령에 규정된 처분 요건에 해당하는 사항을 부령에서 변경하여 규정한 경우에는 그 부령의 규정은 행정청 내부의 사무처리 기준 등을 정한 것으로서 행정조직 내에서 적용되는 행정명령의 성격을 지닐 뿐 국민에 대한 대외적 구속력은 없다고 보아야 한다(대판 2013.9.12. 2011두10584).

04 　　　　　　　　　　　　　　　　　　　정답 ②

> 📋 **함께 정리하기** **행정의 법률적합성 원칙**
>
> TV방송수신료 징수업무
> ▷ 본질적 사항×
> 법률우위원칙
> ▷ 소극적
> 법률유보원칙
> ▷ 적극적
> 행정청
> ▷ 처분단계에서 위헌이라 판단하여 법적용거부 不可
> 법률우위원칙 위반
> ▷ 무효사유 or 취소사유(일률적×)

① [O] 헌법재판소는 수신료 금액결정은 본질적인 사항으로 보았으나, 수신료 징수업무의 위탁여부 등은 기본권제한에 관한 본질적인 사항이 아니라고 보았다.

> 수신료 징수업무를 한국방송공사가 직접 수행할 것인지 제3자에게 위탁할 것인지, 위탁한다면 누구에게 위탁하도록 할 것인지, 위탁받은 자가 자신의 고유업무와 결합하여 징수업무를 할 수 있는지는 징수업무 처리의 효율성 등을 감안하여 결정할 수 있는 사항으로서 국민의 기본권제한에 관한 본질적인 사항이 아니라 할 것이다. 따라서 방송법 제64조 및 제67조 제2항은 법률유보의 원칙에 위반되지 아니한다(헌재 2008.2.28. 2006헌바70).

　유제 17. 교행 한국방송공사의 TV수신료금액 결정은 법률유보(의회유보)사항이다. (O)

14. 경찰 텔레비전수신료금액의 결정은 납부의무자의 범위와는 달리 수신료에 관한 본질적인 중요한 사항이 아니므로 국회가 스스로 결정할 필요는 없다. (×)

09. 국회직 9급 판례는 텔레비전방송수신료는 대다수 국민의 재산권 보장의 측면이나 한국방송공사에 보장된 방송자유의 측면에서 국민의 기본권실현에 관련된 영역에 속한다고 보았다. (O)

❷ [×] 법률우위의 원칙은 행정작용이 법률에 위배되어서는 안 된다는 소극적 의미를 갖고, 법률유보의 원칙은 일정한 행정권의 발동에는 법률상 근거가 필요하다는 적극적 의미를 갖는다.

③ [O] 행정청이 행정처분 단계에서 당해 처분의 근거가 되는 법률이 위헌이라고 판단하여 그 적용을 거부하는 것은 권력분립의 원칙상 허용될 수 없지만, 행정처분에 대한 소송절차에서는 행정처분의 적법성·정당성뿐만 아니라 그 근거 법률의 헌법적합성까지도 심판대상으로 되는 것이므로, 행정처분에 불복하는 당사자뿐만 아니라 행정처분의 주체인 행정청도 헌법의 최고규범력에 따른 구체적 규범통제를 위하여 근거 법률의 위헌 여부에 대한 심판의 제청을 신청할 수 있고 헌법재판소법 제68조 제2항의 헌법소원을 제기할 수 있다(헌재 2008.4.24. 2004헌바44).

④ [O] 법률우위의 원칙을 위반한 경우, 이는 위법하게 되어 무효(법규명령, 조례)가 되거나 취소사유(행정행위)가 되므로, 그 위반의 효과를 일률적으로 말할 수는 없다.

---

05   정답 ③

> 🗂 **함께 정리하기 행정행위의 하자**
>
> 전결규정 위반하여 보조기관 등이 처분권자 명의로 행정처분
> ▷ 무효×
> 청문절차×
> ▷ 취소사유
> 선행처분 당연무효
> ▷ 후행처분도 무효
> 입지선정위원회 구성 위법
> ▷ 입지결정 무효

① [X] 전결과 같은 행정권한의 내부위임은 법령상 처분권자인 행정관청이 내부적인 사무처리의 편의를 도모하기 위하여 그의 보조기관 또는 하급 행정관청으로 하여금 그의 권한을 사실상 행사하게 하는 것으로서 법률이 위임을 허용하지 않는 경우에도 인정되는 것이므로, 설사 행정관청 내부의 사무처리규정에 불과한 전결규정에 위반하여 원래의 전결권자 아닌 보조기관 등이 처분권자인 행정관청의 이름으로 행정처분을 하였다고 하더라도 그 처분이 권한 없는 자에 의하여 행하여진 무효의 처분이라고는 할 수 없다(대판 1998.2.27. 97누1105).

② [X] 행정절차법 제22조 제1항 제1호는, 행정청이 처분을 할 때에는 다른 법령 등에서 청문을 실시하도록 규정하고 있는 경우 청문을 실시한다고 규정하고 있다. 이러한 청문제도는 행정처분의 사유에 대하여 당사자에게 변명과 유리한 자료를 제출할 기회를 부여함으로써 위법사유의 시정가능성을 고려하고, 처분의 신중과 적정을 기하려는 데 그 취지가 있는 것이다. 그러므로 행정청이 특히 침해적 행정처분을 할 때 그 처분의 근거 법령 등에서 청문을 실시하도록 규정하고 있다면, 행정절차법 등 관련 법령상 청문을 실시하지 않아도 되는 예외적인 경우에 해당하지 않는 한, 반드시 청문을 실시하여야 하는 것이며, 그러한 청문절차를 결여한 처분은 위법한 처분으로서 취소사유에 해당한다(대판 2007.11.16. 2005두15700).

❸ [O] 선행처분과 후행처분이 서로 독립하여 별개의 법률효과를 목적으로 하는 때에도 선행처분이 당연무효이면 선행처분의 하자를 이유로 후행처분의 효력을 다툴 수 있다. 도시계획시설사업의 시행자가 작성한 실시계획을 인가하는 처분은 도시계획시설사업 시행자에게 도시계획시설사업의 공사를 허가하고 수용권을 부여하는 처분으로서 선행처분인 도시계획시설사업 시행자 지정 처분이 처분 요건을 충족하지 못하여 당연무효인 경우에는 사업시행자 지정 처분이 유효함을 전제로 이루어진 후행처분인 실시계획 인가처분도 무효라고 보아야 한다(대판 2017.7.11. 2016두35120).

④ [X] 구 폐기물처리시설 설치촉진 및 주변지역 지원 등에 관한 법률에 정한 입지선정위원회가 그 구성방법 및 절차에 관한 같은 법 시행령의 규정에 위배하여 군수와 주민대표가 선정·추천한 전문가를 포함시키지 않은 채 임의로 구성되어 의결을 한 경우, 그에 터잡아 이루어진 폐기물처리시설 입지결정처분의 하자는 중대한 것이고 객관적으로도 명백하므로 무효사유에 해당한다(대판 2007.4.12. 2006두20150).

> 유제 12. 지방직 7급 군수와 주민대표가 선정·추천한 전문가를 포함시키지 않은 채 입지선정위원회가 임의로 구성되어 의결을 한 후, 그에 근거하여 이루어진 폐기물처리시설입지결정처분은 무효이다. (○)

---

06   정답 ②

> 🗂 **함께 정리하기 행정절차**
>
> 미리 공표하지 아니한 기준을 적용하여 처분
> ▷ 곧바로 위법×
> 검사에 대한 인사발령처분
> ▷ 행정절차법 적용 제외사항
> 학교환경위생정화구역 내 금지행위·시설의 해제처분
> ▷ 학교환경위생정화 위원회 심의누락시 위법
> 위반사실 공표
> ▷ 사전통지하고 의견제출기회 주어야 함 → 당사자는 서면·말·정보통신망 이용 의견제출 可

① [O] 행정청이 행정절차법 제20조 제1항에 따라 정하여 공표한 처분기준은, 그것이 해당 처분의 근거 법령에서 구체적 위임을 받아 제정·공포되었다는 특별한 사정이 없는 한, 원칙적으로 대외적 구속력이 없는 행정규칙에 해당하는 것으로 보아야 한다. 행정청이 행정절차법 제20조 제1항의 처분기준 사전공표의무를 위반하여 미리 공표하지 아니한 기준을 적용하여 처분하였다고 하더라도, 그러한 사정만으로 곧바로 해당 처분에 취소사유에 이를 정도의 흠이 존재한다고 볼 수는 없다. 다만 해당 처분에 적용한 기준이 상위법령의 규정이나 신뢰보호의 원칙 등과 같은 법의 일반원칙을 위반하였거나 객관적으로 합리성이 없다고 볼 수 있는 구체적인 사정이 있다면 해당 처분은 위법하다고 평가할 수 있다(대판 2020.12.24. 2018두45633).

❷ [X] 검사에 대한 인사발령처분은 관련 인사대상자의 보직과 근무자를 일괄하여 정하는 처분이어서, 공무원 인사관계 법령에 의한 처분으로서 성질상 행정절차를 거치기 곤란하거나 불필요하다고 인정되는 처분에 해당한다(대판 2010.2.11. 2009두16530).

③ [O] 행정청이 구 학교보건법 소정의 학교환경위생정화구역 내에서 금지행위 및 시설의 해제 여부에 관한 행정처분을 함에 있어 학교환경위생정화위원회의 심의를 거치도록 한 취지는 … 심의에 따른 의결내용도 단순히 절차의 형식에 관련된 사항에 그치지 않고 금지행위 및 시설의 해제 여부에 관한 행정처분에 영향을 미칠 수 있는 사항에 관한 것임을 종합해 보면, 금지행위 및 시설의 해제 여부에 관한 행정처분을 하면서 절차상 위와 같은 심의를 누락한 흠이 있다면 그와 같은 흠을 가리켜 위 행정처분의 효력에 아무런 영향을 주지 않는다거나 경미한 정도에 불과하다고 볼 수는 없으므로, 특별한 사정이 없는 한 이는 행정처분을 위법하게 하는 취소사유가 된다(대판 2007.3.15. 2006두15806).

④ [O] 「행정절차법」 제40조의3 제1항·제3항·제4항에 대한 옳은 내용이다.

> **제40조의3 【위반사실 등의 공표】** ① 행정청은 법령에 따른 의무를 위반한 자의 성명·법인명, 위반사실, 의무위반을 이유로 한 처분사실 등(이하 '위반사실 등'이라 한다)을 법률로 정하는 바에 따라 일반에게 공표할 수 있다.
> ③ 행정청은 위반사실 등의 공표를 할 때에는 미리 당사자에게 그 사실을 통지하고 의견제출의 기회를 주어야 한다. 다만, 다음 각 호의 어느 하나에 해당하는 경우에는 그러하지 아니하다.
> 1. 공공의 안전 또는 복리를 위하여 긴급히 공표를 할 필요가 있는 경우
> 2. 해당 공표의 성질상 의견청취가 현저히 곤란하거나 명백히 불필요하다고 인정될 만한 타당한 이유가 있는 경우
> 3. 당사자가 의견진술의 기회를 포기한다는 뜻을 명백히 밝힌 경우
> ④ 제3항에 따라 의견제출의 기회를 받은 당사자는 공표 전에 관할 행정청에 서면이나 말 또는 정보통신망을 이용하여 의견을 제출할 수 있다.

07

정답 ①

> ☑ **함께 정리하기 공공기관의 정보공개에 관한 법률**
> 진행 중 재판에 관련된 정보
> ▷ 재판소송기록 자체 포함 不要
> ▷ 재판의 심리, 결과에 구체적 영향을 미칠 위험이 있는 정보
> 문서폐기 등으로 정보 보유 ✕
> ▷ 공공기관이 입증책임
> 정보공개를 청구하였다가 거부처분 받은 것 자체
> ▷ 법률상 이익 침해
> 신청한 공개방법 이외의 방법으로 공개결정
> ▷ 일부거부처분

❶ [✕] '진행 중인 재판에 관련된 정보'에 해당한다는 사유로 정보공개를 거부하기 위하여는 반드시 그 정보가 진행 중인 재판의 소송기록 그 자체에 포함된 내용의 정보일 필요는 없으나, 재판에 관련된 일체의 정보가 그에 해당하는 것은 아니고 진행 중인 재판의 심리 또는 재판결과에 구체적으로 영향을 미칠 위험이 있는 정보에 한정된다고 봄이 상당하다(대판 2013.12.26. 2013두17503).

② [O] 정보공개제도는 공공기관이 보유·관리하는 정보를 그 상태대로 공개하는 제도로서 공개를 구하는 정보를 공공기관이 보유·관리하고 있을 상당한 개연성이 있다는 점에 대하여 원칙적으로 공개청구자에게 증명책임이 있다고 할 것이지만, 공개를 구하는 정보를 공공기관이 한 때 보유·관리하였으나 후에 그 정보가 담긴 문서등이 폐기되어 존재하지 않게 된 것이라면 그 정보를 더 이상 보유·관리하고 있지 아니하다는 점에 대한 증명책임은 공공기관에게 있다(대판 2004.12.9. 2003두12707).

③ [O] 정보공개청구권은 법률상 보호되는 구체적인 권리이므로 청구인이 공공기관에 대하여 정보공개를 청구하였다가 거부처분을 받은 것 자체가 법률상 이익의 침해에 해당한다(대판 2003.12.12. 2003두8050).

④ [O] 공공기관이 공개청구의 대상이 된 정보를 공개는 하되, 청구인이 신청한 공개방법 이외의 방법으로 공개하기로 하는 결정을 하였다면, 이는 정보공개청구 중 정보공개방법에 관한 부분에 대하여 일부 거부처분을 한 것이고, 청구인은 그에 대하여 항고소송으로 다툴 수 있다(대판 2016.11.10. 2016두44674).

08

정답 ②

> ☑ **함께 정리하기 개인정보 보호**
> 지문 수집·이용
> ▷ 개인정보자기결정권 제한
> 개인정보 보호 원칙의 내용
> ▷ 목적 명확성, 최소수집의 원칙, 목적 외 이용제한의 원칙등
> 손배청구 시
> ▷ 개인정보처리자가 고의·과실 없음 입증해야 면책
> 표현의 자유
> ▷ 익명표현의 자유도 포함

① [O] 개인의 고유성, 동일성을 나타내는 지문은 그 정보주체를 타인으로부터 식별가능하게 하는 개인정보이므로, 시장·군수 또는 구청장이 개인의 지문정보를 수집하고, 경찰청장이 이를 보관·전산화하여 범죄수사목적에 이용하는 것은 모두 개인정보자기결정권을 제한하는 것이다(헌재 2005.5.26. 99헌마513 등).

❷ [✕]
> 「개인정보 보호법」 제3조 【개인정보 보호 원칙】 ① 개인정보처리자는 개인정보의 처리 목적을 명확하게 하여야 하고 그 목적에 필요한 범위에서 최소한의 개인정보만을 적법하고 정당하게 수집하여야 한다.
> ② 개인정보처리자는 개인정보의 처리 목적에 필요한 범위에서 적합하게 개인정보를 처리하여야 하며, 그 목적 외의 용도로 활용하여서는 아니 된다.

③ [O] 「개인정보 보호법」 제39조 제1항에 대한 옳은 내용이다.

> 제39조 【손해배상책임】 ① 정보주체는 개인정보처리자가 이 법을 위반한 행위로 손해를 입으면 개인정보처리자에게 손해배상을 청구할 수 있다. 이 경우 그 개인정보처리자는 고의 또는 과실이 없음을 입증하지 아니하면 책임을 면할 수 없다.

④ [O] 헌법 제21조에서 보장하고 있는 표현의 자유는 개인이 인간으로서의 존엄과 가치를 유지하고 국민주권을 실현하는 데 필수불가결한 자유로서, 자신의 신원을 누구에게도 밝히지 않은 채 익명 또는 가명으로 자신의 사상이나 견해를 표명하고 전파할 익명표현의 자유도 보호영역에 포함된다(대판 2016.3.10. 2012다105482).

---

09 정답 ④

📋 **함께 정리하기** 대집행

퇴거 및 명도의무
▷ 비대체적 작위의무
▷ 대집행 不可
대집행비용 강제징수 可
▷ 민사소송 소의 이익 無
현행 「국유재산법」
▷ 모든 국유재산에 대하여 「행정대집행법」 준용
해가 진 후 대집행 불가(원칙)
▷ 단 해가 지기 전에 대집행을 착수한 경우 대집행 可

① [O] 도시공원시설인 매점의 관리청이 그 점유자로부터 점유이전(퇴거 및 명도)을 받고자 하는 경우 이는 대체적 작위의무가 아니므로 직접강제의 방법에 의하는 것은 별론으로 하고 대집행은 적절한 수단이 될 수 없다.

> 도시공원시설인 매점의 관리청이 그 공동점유자 중의 1인에 대하여 소정의 기간 내에 위 매점으로부터 퇴거하고 이에 부수하여 그 판매시설물 및 상품을 반출하지 아니할 경우 이를 대집행하겠다는 내용의 계고처분의 목적이 된 의무는 그 주된 목적이 매점의 원형을 보존하기 위하여 원고가 설치한 불법시설물을 철거하고자 하는 것이 아니라, 매점에 대한 원고의 점유를 배제하고 그 점유이전을 받는 데 있다고 할 것인데, 이러한 의무는 그것을 강제적으로 실현함에 있어 직접적인 실력행사가 필요한 것이지 대체적 작위의무에 해당하는 것은 아니어서 직접강제의 방법에 의하는 것은 별론으로 하고 행정대집행법에 의한 대집행의 대상이 되는 것은 아니다(대판 1998.10.23. 97누157).

② [O] 대한주택공사(현 한국토지주택공사)가 법령에 의하여 대집행권한을 위탁받아 공무인 대집행을 실시하기 위하여 지출한 비용을 행정대집행법 절차에 따라 국세징수법의 예에 의하여 징수할 수 있다. 대한주택공사가 법령에 의하여 대집행권한을 위탁받아 공무인 대집행을 실시하기 위하여 지출한 비용을 행정대집행법 절차에 따라 징수할 수 있음에도 민사소송절차에 의하여 그 비용의 상환을 청구할 수는 없다(대판 2011.9.8. 2010다48240).

> 「행정대집행법」 제6조 【비용징수】 ① 대집행에 요한 비용은 「국세징수법」의 예에 의하여 징수할 수 있다.

유제 22. 지방직 7급 행정청이 행정대집행을 한 경우 그에 따른 비용의 징수는 「행정대집행법」의 절차에 따라 「국세징수법」의 예에 의하여 징수하여야 하며, 손해배상을 구하는 민사소송으로 징수할 수는 없다. (O)

유제 21. 경행경채 행정대집행을 실시하기 위하여 지출한 비용은 민사소송절차에 의하여 그 비용의 상환을 청구할 수 있다. (×)

③ [O] 현행 국유재산법은 모든 국유재산에 대하여 행정대집행법을 준용할 수 있도록 규정하였으므로, 행정청은 당해 재산이 행정재산 등 공용재산인지 여부나 그 철거의무가 공법상의 의무인 여부에 관계없이 대집행을 할 수 있다(대판 1992.9.8. 91누13090).

❹ [×]
> 「행정대집행법」 제4조 【대집행의 실행 등】 ① 행정청(제2조에 따라 대집행을 실행하는 제3자를 포함한다. 이하 이 조에서 같다)은 해가 뜨기 전이나 해가 진 후에는 대집행을 하여서는 아니 된다. 다만, 다음 각 호의 어느 하나에 해당하는 경우에는 그러하지 아니하다.
> 1. 의무자가 동의한 경우
> 2. 해가 지기 전에 대집행을 착수한 경우
> 3. 해가 뜬 후부터 해가 지기 전까지 대집행을 하는 경우에는 대집행의 목적 달성이 불가능한 경우
> 4. 그 밖에 비상시 또는 위험이 절박한 경우

---

10 정답 ④

📋 **함께 정리하기** 행정의 실효성 확보수단

공매통지 자체
▷ 행정처분×
가산세
▷ 법령 부지·착오는 정당한 사유×
부작위의무를 규정한 금지규정
▷ 부작위의무 위반으로 생긴 결과를 시정하기 위한 작위의무 당연히 도출×
국세징수법상 가산금·중가산금의 고지
▷ 행정처분×

ㄱ. [×] 체납자 등에 대한 공매통지는 국가의 강제력에 의하여 진행되는 공매에서 체납자 등의 권리 내지 재산상의 이익을 보호하기 위하여 법률로 규정한 절차적 요건이라고 보아야 하며, 공매처분을 하면서 체납자 등에게 공매통지를 하지 않았거나 공매통지를 하였더라도 그것이 적법하지 아니한 경우에는 절차상의 흠이 있어 그 공매처분이 위법하게 되는 것이지만, 공매통지 자체가 그 상대방인 체납자 등의 법적 지위나 권리·의무에 직접적인 영향을 주는 행정처분에 해당한다고 할 것은 아니므로 다른 특별한 사정이 없는 한 체납자 등은 공매통지의 결여나 위법을 들어 공매처분의 취소 등을 구할 수 있는 것이지 공매통지 자체를 항고소송의 대상으로 삼아 그 취소 등을 구할 수는 없다(대판 2011.3.24. 2010두25527).

ㄴ. [O] 세법상 가산세는 과세권의 행사 및 조세채권의 실현을 용이하게 하기 위하여 납세자가 정당한 이유 없이 법에 규정된 신고, 납세 등 각종 의무를 위반한 경우에 법이 정하는 바에 따라 부과하는 행정상 제재로서 납세자의 고의·과실은 고려되지 아니하고 법령의 부지·착오 등은 그 의무위반을 탓할 수 없는 정당한 사유에 해당하지 아니한다(대판 2004.6.24. 2002두10780).

ㄷ. [O] 행정대집행법 제2조는 대집행의 대상이 되는 의무를 "법률(법률의 위임에 의한 명령, 지방자치단체의 조례를 포함한다. 이하 같다)에 의하여 직접 명령되었거나 또는 법률에 의거한 행정청의 명령에 의한 행위로서 타인이 대신하여 행할 수 있는 행위"라고 규정하고 있으므로, 대집행계고처분을 하기 위하여는 법령에 의하여 직접 명령되거나 법령에 근거한 행정청의 명령에 의한 의무자의 대체적 작위의무 위반행위가 있어야 한다. 따라서 단순한 부작위의무의 위반, 즉 관계 법령에 정하고 있는 절대적 금지나 허가를 유보한 상대적 금지를 위반한 경우에는 당해 법령에서 그 위반자에 대하여 위반에 의하여 생긴 유형적 결과의 시정을 명하는 행정처분의 권한을 인정하는 규정(건축법 제69조, 도로법 제74조, 하천법 제67조, 도시공원법 제20조, 옥외광고물등관리법 제10조 등)을 두고 있지 아니한 이상, 법치주의의 원리에 비추어 볼 때 위와 같은 부작위의무로부터 그 의무를 위반함으로써 생긴 결과를 시정하기 위한 작위의무를 당연히 끌어낼 수는 없으며, 또 위 금지규정(특히 허가를 유보한 상대적 금지규정)으로부터 작위의무, 즉 위반결과의 시정을 명하는 권한이 당연히 추론되는 것도 아니다(대판 1996.6.28. 96누4374).

ㄹ. [O] 국세징수법 제21조, 제22조가 규정하는 가산금 또는 중가산금은 국세를 납부기한까지 납부하지 아니하면 과세청의 확정절차 없이도 법률 규정에 의하여 당연히 발생하는 것이므로 가산금 또는 중가산금의 고지가 항고소송의 대상이 되는 처분이라고 볼 수 없다(대판 2005.6.10. 2005다15482).

---

11 정답 ④

☑ **함께 정리하기 질서위반행위규제법**

질서위반행위
▷ 조례상 의무위반 포함
대리인·사용인·종업원이 법인·개인에게 부과된 법률상 의무위반
▷ 법인·개인에게 과태료 부과
과태료 부과에 대한 이의제기
▷ 과태료 부과처분 효력 상실
관할
▷ 당사자 주소지의 지법·지원(원칙)

① [X]

> 「질서위반행위규제법」 제2조 【정의】 이 법에서 사용하는 용어의 뜻은 다음과 같다.
> 1. "질서위반행위"란 법률(지방자치단체의 조례를 포함한다. 이하 같다)상의 의무를 위반하여 과태료를 부과하는 행위를 말한다. 다만, 다음 각 목의 어느 하나에 해당하는 행위를 제외한다.
>   가. 대통령령으로 정하는 사법(私法)상·소송법상 의무를 위반하여 과태료를 부과하는 행위
>   나. 대통령령으로 정하는 법률에 따른 징계사유에 해당하여 과태료를 부과하는 행위

② [X]

> 「질서위반행위규제법」 제11조 【법인의 처리 등】 ① 법인의 대표자, 법인 또는 개인의 대리인·사용인 및 그 밖의 종업원이 업무에 관하여 법인 또는 그 개인에게 부과된 법률상의 의무를 위반한 때에는 법인 또는 그 개인에게 과태료를 부과한다.

③ [X]

> 「질서위반행위규제법」 제20조 【이의제기】 ① 행정청의 과태료 부과에 불복하는 당사자는 제17조 제1항에 따른 과태료 부과 통지를 받은 날부터 60일 이내에 해당 행정청에 서면으로 이의제기를 할 수 있다.
> ② 제1항에 따른 이의제기가 있는 경우에는 행정청의 과태료 부과처분은 그 효력을 상실한다.

❹ [O] 「질서위반행위규제법」 제25조에 대한 옳은 내용이다.

> 제25조 【관할 법원】 과태료 사건은 다른 법령에 특별한 규정이 있는 경우를 제외하고는 당사자의 주소지의 지방법원 또는 그 지원의 관할로 한다.

---

12 정답 ①

☑ **함께 정리하기 이중배상금지**

전투경찰대원 훈련 후 파출소 가다 사망
▷ 직무집행관련×
국가배상법 면책조항
▷ 일반직무집행○
경비교도대원×, 전투경찰순경○, 공익근무요원×
보상에 대한 권리 발생 후 시효소멸
▷ 국가배상청구×

❶ [O] 전투경찰대원이 국민학교 교정에서 다중범죄진압훈련을 일단 마치고 점심을 먹기 위하여 근무하던 파출소를 향하여 걸어가다가 경찰서소속 대형버스에 충격되어 사망하였다면 망인이 그와 같은 경위로 도로상을 걷는 것이 진압훈련과정의 일부라고 할 수 없고 또 그가 경찰관전투복을 착용하고 있었고 전투경찰이 치안업무의 보조를 그 임무로 하고 있더라도 국가배상법 제2조 제1항 단서에서 말하는 전투, 훈련 기타 직무집행과 관련하여 사망한 것이라고 단정하기 어렵다(대판 1989.4.11. 88다카4222).

② [X] 경찰공무원이 낙석사고 현장 주변 교통정리를 위하여 사고현장 부근으로 이동하던 중 대형 낙석이 순찰차를 덮쳐 사망하자, 도로를 관리하는 지방자치단체가 국가배상법 제2조 제1항 단서에 따른 면책을 주장한 사안에서, 경찰공무원 등이 전투·훈련 등 직무집행과 관련하여' 순직 등을 한 경우 같은 법 및 민법에 의한 손해배상책임을 청구할 수 없다고 정한 국가배상법 제2조 제1항 단서의 면책조항은 구 국가배상법 제2조 제1항 단서의 면책조항과 마찬가지로 전투·훈련 또는 이에 준하는 직무집행뿐만 아니라 '일반 직무집행'에 관하여도 국가나 지방자치단체의 배상책임을 제한하는 것이다(대판 2011.3.11. 2010다85942).

③ [×] 경비교도대원(대판 1998.2.10. 97다45914)과 공익근무요원(대판 1997.3.28. 97다4036)은 이중배상청구가 금지되는 군인 등에 해당하지 않지만, 전투경찰순경(헌재 1996.6.13. 94헌마11)은 이중배상청구가 금지되는 경찰공무원에 해당한다.

> 현역병으로 입영하여 소정의 군사교육을 마치고 병역법 제25조의 규정에 의하여 전임되어 구 교정시설경비교도대설치법 제3조에 의하여 경비교도로 임용된 자는, 군인의 신분을 상실하고 군인과는 다른 경비교도로서의 신분을 취득하게 되었다고 할 것이어서 국가배상법 제2조 제1항 단서가 정하는 군인 등에 해당하지 아니한다(대판 1998.2.10. 97다45914).

유제 15. 경찰, 09. 국회직 8급 현역병으로 입영한 후 군사교육을 마치고 경비교도로 전임되어 근무하는 자는 「국가배상법」 제2조 제1항 단서 소정의 군인 등에 해당하므로 국가배상청구권 행사에 제한을 받는다. (×)

④ [×] 국가배상법 제2조 제1항 단서 규정은 다른 법령에 보상제도가 규정되어 있고, 그 법령에 규정된 상이등급 또는 장애등급 등의 요건에 해당되어 그 권리가 발생한 이상, 실제로 그 권리를 행사하였는지 또는 그 권리를 행사하고 있는지 여부에 관계없이 적용된다고 보아야 하고, 그 각 법률에 의한 보상금청구권이 시효로 소멸되었다 하여 적용되지 않는다고 할 수는 없다. … 공상을 입은 군인이 국가배상법에 의한 손해배상청구 소송 도중에 국가유공자등 예우 및 지원에 관한 법률에 의한 국가유공자 등록신청을 하였다가 인과관계가 없어 공상군경 요건에 해당되지 않는다는 이유로 비해당결정 통보를 받고 이에 불복하지 아니한 후 위 법률에 의한 보상금청구권과 군인연금법에 의한 재해보상금청구권이 모두 시효완성된 경우, 국가배상법 제2조 제1항 단서 소정의 '다른 법령에 의하여 보상을 받을 수 있는 경우'라 하여 국가배상청구를 할 수 없다(대판 2002. 5.10. 2000다39735).

13
정답 ④

📋 함께 정리하기 손실보상

토지가 소하천구역으로 적법하게 편입된 경우
▷ 손해배상, 부당이득반환청구 不可
보상금액에 대한 불복
▷ 보상금증감청구소송
잔여지 수용청구 기각재결에 대한 불복
▷ 보상금증감청구소송
사업지구 밖 손실
▷ 예상가능·손실 범위 특정 → 간접보상 규정 유추적용

① [×] 토지가 소하천구역으로 적법하게 편입된 경우 손해배상이나 부당이득반환을 청구할 수 없다.

> 토지가 구 소하천정비법(2016.1.27. 법률 제13919호로 개정되기 전의 것, 이하 같다)에 의하여 소하천구역으로 적법하게 편입된 경우 그로 인하여 그 토지의 소유자가 사용·수익에 관한 권리행사에 제한을 받아 손해를 입고 있다고 하더라도 구 소하천정비법 제24조에서 정한 절차에 따라 손실보상을 청구할 수 있음은 별론으로 하고, 관리청의 제방 부지에 대한 점유를 권원 없는 점유와 같이 보아 손해배상이나 부당이득의 반환을 청구할 수 없다(대판 2021.12.30. 2018다284608).

② [×] 보상금에 불복하는 경우 보상금증감청구소송(형식적 당사자소송)을 제기한다.

> 「공익사업을 위한 토지 등의 취득 및 보상에 관한 법률」 제85조 【행정소송의 제기】 ① 사업시행자, 토지소유자 또는 관계인은 제34조에 따른 재결에 불복할 때에는 재결서를 받은 날부터 90일 이내에, 이의신청을 거쳤을 때에는 이의신청에 대한 재결서를 받은 날부터 60일 이내에 각각 행정소송을 제기할 수 있다. 이 경우 사업시행자는 행정소송을 제기하기 전에 제84조에 따라 늘어난 보상금을 공탁하여야 하며, 보상금을 받을 자는 공탁된 보상금을 소송이 종결될 때까지 수령할 수 없다.
> ② 제1항에 따라 제기하려는 행정소송이 보상금의 증감(增減)에 관한 소송인 경우 그 소송을 제기하는 자가 토지소유자 또는 관계인일 때에는 사업시행자를, 사업시행자일 때에는 토지소유자 또는 관계인을 각각 피고로 한다.

③ [×] 구 '공익사업을 위한 토지 등의 취득 및 보상에 관한 법률'(2007.10.17. 법률 제8665호로 개정되기 전의 것) 제74조 제1항에 규정되어 있는 잔여지 수용청구권은 손실보상의 일환으로 토지소유자에게 부여되는 권리로서 그 요건을 구비한 때에는 잔여지를 수용하는 토지수용위원회의 재결이 없더라도 그 청구에 의하여 수용의 효과가 발생하는 형성권적 성질을 가지므로, 잔여지 수용청구를 받아들이지 않은 토지수용위원회의 재결에 대하여 토지소유자가 불복하여 제기하는 소송은 위 법 제85조 제2항에 규정되어 있는 '보상금의 증감에 관한 소송'에 해당하여 사업시행자를 피고로 하여야 한다(대판 2010.8.19. 2008두822).

❹ [○] 구 공공용지의 취득 및 손실보상에 관한 특례법 제3조 제1항이 "공공사업을 위한 토지 등의 취득 또는 사용으로 인하여 토지 등의 소유자가 입은 손실은 사업시행자가 이를 보상하여야 한다."고 규정하고 같은 법 시행규칙 제23조의5에서 공공사업 시행지구 밖에 위치한 영업에 대한 간접손실에 대하여도 일정한 요건을 갖춘 경우 이를 보상하도록 규정하고 있는 점에 비추어, 공공사업의 시행으로 인하여 사업지구 밖에서 수산제조업에 대한 간접손실이 발생하리라는 것을 쉽게 예견할 수 있고 그 손실의 범위도 구체적으로 특정할 수 있는 경우라면, 그 손실의 보상에 관하여 같은 법 시행규칙의 간접보상규정을 유추적용할 수 있다(대판 1999.12.24. 98다57419).

유제 15. 변호사 대법원 판례에 의하면 공공사업의 시행으로 사업시행지 밖에서 발생한 간접손실은 손실 발생을 쉽게 예견할 수 있고 손실 범위도 구체적으로 특정할 수 있더라도, 사업시행자와 협의가 이루어지지 아니하고 그 보상에 관한 명문의 근거 법령이 없는 경우에는 보상의 대상이 아니다. (×)

14 정답 ②

① [O] 자동차운수사업면허조건 등을 위반한 사업자에 대하여 행정청이 행정제재수단으로 사업 정지를 명할 것인지, 과징금을 부과할 것인지, 과징금을 부과키로 한다면 그 금액은 얼마로 할 것인지에 관하여 재량권이 부여되었다 할 것이므로 과징금부과처분이 법이 정한 한도액을 초과하여 위법할 경우 법원으로서는 그 전부를 취소할 수밖에 없고, 그 한도액을 초과한 부분이나 법원이 적정하다고 인정되는 부분을 초과한 부분만을 취소할 수 없다(대판 1998.4.10. 98두2270).

❷ [X] 공정거래위원회가 위반행위에 대한 과징금을 부과하면서 여러 개의 위반행위에 대하여 외형상 하나의 과징금 납부명령을 하였으나 여러 개의 위반행위 중 일부의 위반행위에 대한 과징금 부과만이 위법하고 소송상 그 일부의 위반행위를 기초로 한 과징금액을 산정할 수 있는 자료가 있는 경우에는, 하나의 과징금 납부명령일지라도 그 일부의 위반행위에 대한 과징금액에 해당하는 부분만을 취소하여야 한다(대판 2019.1.31. 2013두14726).

③ [O] 일반적으로 금전 부과처분 취소소송에서 부과금액 산출과정의 잘못 때문에 부과처분이 위법한 것으로 판단되더라도 사실심변론종결 시까지 제출된 자료에 의하여 적법하게 부과될 정당한 부과금액이 산출되는 때에는 부과처분 전부를 취소할 것이 아니라 정당한 부과금액을 초과하는 부분만 취소하여야 하지만, 처분청이 처분 시를 기준으로 정당한 부과금액이 얼마인지 주장·증명하지 않고 있는 경우에도 법원이 적극적으로 직권증거조사를 하거나 처분청에게 증명을 촉구하는 등의 방법으로 정당한 부과금액을 산출할 의무까지 부담하는 것은 아니다(대판 2016.7.14. 2015두4167).

④ [O] 공정거래위원회가 사업자에 대하여 행한 법위반사실공표명령은 비록 하나의 조항으로 이루어진 것이라고 하여도 그 대상이 된 사업자의 광고행위와 표시행위로 인한 각 법위반사실은 별개로 특정될 수 있어 위 각 법위반사실에 대한 독립적인 공표명령이 경합된 것으로 보아야 할 것이므로, 이 중 표시행위에 대한 법위반사실이 인정되지 아니하는 경우에 그 부분에 대한 공표명령의 효력만을 취소할 수 있을 뿐, 공표명령 전부를 취소할 수 있는 것은 아니다(대판 2000.12.12. 99두12243).

15 정답 ③

① [X] 추가 또는 변경된 사유가 당초의 처분시 그 사유를 명기하지 않았을 뿐 처분시에 이미 존재하고 있었고 당사자도 그 사실을 알고 있었다 하여 당초의 처분사유와 동일성이 있는 것이라 할 수 없다(대판 1992.2.14. 91두3895).

② [X] 처분의 근거법령만을 추가·변경하는 것은 새로운 처분사유의 추가에 해당하지 않는다.

> 처분청이 처분당시에 적시한 구체적 사실을 변경하지 아니하는 범위 안에서 단지 그 처분의 근거법령만을 추가·변경하는 것은 새로운 처분사유의 추가라고 볼 수 없으므로 이와 같은 경우에는 처분청이 처분 당시에 적시한 구체적 사실에 대하여 처분 후에 추가·변경한 법령을 적용하여 그 처분의 적법 여부를 판단하여도 무방하다 할 것이다(대판 1988.1.19. 87누603).

❸ [O] 귀화불허가 사유로 '품행 미단정'이라고 판단한 이유에 대하여 제1심 변론절차에서 기소유예전력을 주장한 후 제2심 변론절차에서 불법체류전력의 제반사정을 추가로 주장할 수 있다.

> 외국인 甲이 법무부장관에게 귀화신청을 하였으나 법무부장관이 심사를 거쳐 '품행 미단정'을 불허사유로 국적법상의 요건을 갖추지 못하였다며 신청을 받아들이지 않는 처분을 하였는데, 법무부장관이 甲을 '품행 미단정'이라고 판단한 이유에 대하여 제1심 변론절차에서 자동차관리법위반죄로 기소유예를 받은 전력 등을 고려하였다고 주장하였다가 원심 변론절차에서 불법 체류한 전력이 있다는 추가적인 사정까지 고려하였다고 주장한 경우, … 법무부장관이 원심에서 추가로 제시한 불법 체류 전력 등의 제반 사정은 불허가처분의 처분사유 자체가 아니라 그 근거가 되는 기초 사실 내지 평가요소에 지나지 않으므로 법무부장관이 이러한 사정을 추가로 주장할 수 있다(대판 2018.12.13. 2016두31616).

④ [×] 甲이 '사실상의 도로'로서 인근 주민들의 통행로로 이용되고 있는 토지를 매수한 다음 2층 규모의 주택을 신축하겠다는 내용의 건축신고서를 제출하였으나, 구청장이 '위 토지가 건축법상 도로에 해당하여 건축을 허용할 수 없다'는 사유로 건축신고수리 거부처분을 하자 甲이 처분에 대한 취소를 구하는 소송을 제기하였는데, 1심법원이 위 토지가 건축법상 도로에 해당하지 않는다는 이유로 甲의 청구를 인용하는 판결을 선고하자 구청장이 항소하여 '위 토지가 인근 주민들의 통행에 제공된 사실상의 도로인데, 주택을 건축하여 주민들의 통행을 막는 것은 사회공동체와 인근 주민들의 이익에 반하므로 甲의 주택건축을 허용할 수 없다'는 주장을 추가한 사안에서, 당초 처분사유와 구청장이 원심에서 추가로 주장한 처분사유는 위 토지상의 사실상 도로의 법적 성질에 관한 평가를 다소 달리하는 것일 뿐, 모두 토지의 이용현황이 '도로'이므로 거기에 주택을 신축하는 것은 허용될 수 없다는 것이므로 기본적 사실관계의 동일성이 인정되고, 위 토지에 건물이 신축됨으로써 인근 주민들의 통행을 막지 않도록 하여야 할 중대한 공익상 필요가 인정되고 이러한 공익적 요청이 甲의 재산권 행사보다 훨씬 중요하므로, 구청장이 원심에서 추가한 처분사유는 정당하여 결과적으로 위 처분이 적법한 것으로 볼 여지가 있음에도 이와 달리 본 원심판단에 법리를 오해한 잘못이 있다고 한 사례이다(대판 2019.10.31. 2017두74320).

16 정답 ①

☑ 함께 정리하기 **조합설립인가**

인가처분 이후
▷ 구성승인처분 다툴 법률상 이익×
인가처분
▷ 설권적 처분의 성격
인가처분 이후 조합설립결의의 하자 주장
▷ 조합설립인가처분에 대한 항고소송
관리처분계획 인가·고시 이후 조합총회결의의 하자 주장
▷ 관리처분계획에 대한 항고소송

❶ [×] 구 도시 및 주거환경정비법 제13조 제1항, 제2항, 제14조 제1항, 제15조 제4항, 제5항 등 관계 법령의 내용, 형식, 체제 등에 비추어 보면, 조합설립추진위원회 구성승인처분은 조합의 설립을 위한 주체인 추진위원회의 구성행위를 보충하여 그 효력을 부여하는 처분으로서 조합설립이라는 종국적 목적을 달성하기 위한 중간단계의 처분에 해당하지만, 그 법률요건이나 효과가 조합설립인가처분의 그것과는 다른 독립적인 처분이기 때문에, 추진위원회 구성승인처분에 대한 취소 또는 무효확인 판결의 확정만으로는 이미 조합설립인가를 받은 조합에 의한 정비사업의 진행을 저지할 수 없다. 따라서 추진위원회 구성승인처분을 다투는 소송 계속 중에 조합설립인가처분이 이루어진 경우에는, 추진위원회 구성승인처분에 위법이 존재하여 조합설립인가 신청행위가 무효라는 점 등을 들어 직접 조합설립인가처분을 다툼으로써 정비사업의 진행을 저지하여야 하고, 이와는 별도로 추진위원회 구성승인처분에 대하여 취소 또는 무효확인을 구할 법률상의 이익은 없다고 보아야 한다(대판 2013.1.31. 2011두11112·2011두11129).

②④ [○] 조합설립인가처분은 단순히 사인들의 조합설립행위에 대한 보충행위로서의 성질을 갖는 것에 그치는 것이 아니라 법령상 요건을 갖출 경우 도시 및 주거환경정비법상 주택재건축사업을 시행할 수 있는 권한을 갖는 행정주체(공법인)로서의 지위를 부여하는 일종의 설권적 처분의 성격을 갖는다고 보아야 한다. 그리고 그와 같이 보는 이상 조합설립결의는 조합설립인가처분이라는 행정처분을 하는 데 필요한 요건 중 하나에 불과한 것이어서, 조합설립결의에 하자가 있다면 그 하자를 이유로 직접 항고소송의 방법으로 조합설립인가처분의 취소 또는 무효확인을 구하여야 하고, 이와는 별도로 조합설립결의 부분만을 따로 떼어내어 그 효력 유무를 다투는 확인의 소를 제기하는 것은 원고의 권리 또는 법률상의 지위에 현존하는 불안·위험을 제거하는 데 가장 유효·적절한 수단이라 할 수 없어 특별한 사정이 없는 한 확인의 이익은 인정되지 아니한다(대판 2009.9.24. 2008다60568).

③ [○] 도시 및 주거환경정비법상 주택재건축정비사업조합이 같은 법 제48조에 따라 수립한 관리처분계획에 대하여 관할 행정청의 인가·고시까지 있게 되면 관리처분계획은 행정처분으로서 효력이 발생하게 되므로, 총회결의의 하자를 이유로 하여 행정처분의 효력을 다투는 항고소송의 방법으로 관리처분계획의 취소 또는 무효확인을 구하여야 하고, 그와 별도로 행정처분에 이르는 절차적 요건 중 하나에 불과한 총회결의 부분만을 따로 떼어내어 효력 유무를 다투는 확인의 소를 제기하는 것은 특별한 사정이 없는 한 허용되지 않는다(대판 2009.9.17. 2007다2428 전합).

17 정답 ②

☑ 함께 정리하기 **처분**

영업시간 제한부분 일부변경
▷ 의무휴업일 지정처분과 병존
행정제재처분 후 유리한 변경이 있는 경우 취소소송 대상
▷ 변경된 당초처분
사후부관에 의한 감차명령
▷ 행정처분○
지방계약직공무원에 대한 보수삭감
▷ 처분성 有

① [×] 피고 동대문구청장은 2012.11.14. 원고 대규모점포의 영업제한 시간을 오전 0시부터 오전 8시까지 정하고(이하 '영업시간 제한 부분'이라 한다) 매월 둘째 주와 넷째 주 일요일을 의무휴업일로 지정하는(이하 '의무휴업일 지정 부분'이라 한다) 내용의 처분을 한 사실, 위 처분의 취소를 구하는 소송이 이 사건 원심에 계속 중이던 2014.8.25. 위 피고는 위 원고들을 상대로 영업시간 제한 부분의 시간을 '오전 0시부터 오전 10시'까지로 변경하되, 의무휴업일은 종전과 동일하게 유지하는 내용의 처분(이하 '2014.8.25.자 처분'이라 한다)을 한 사실을 알 수 있다.

이러한 사실관계를 앞서 본 법리에 비추어 보면, 2014.8.25. 자 처분은 종전처분 전체를 대체하거나 그 주요 부분을 실질적으로 변경하는 내용이 아니라, 의무휴업일 지정 부분을 그대로 유지한 채 영업시간 제한 부분만을 일부 변경하는 것으로서, 2014.8.25.자 처분에 따라 추가된 영업시간 제한 부분은 그 성질상 종전처분과 가분적인 것으로 여겨진다. 따라서 2014.8.25.자 처분으로 종전처분이 소멸하였다고 볼 수는 없고, 종전처분과 그 유효를 전제로 한 2014.8.25.자 처분이 병존하면서 위 원고들에 대한 규제 내용을 형성한다고 할 것이다. 그러므로 이와 다른 전제에서 2014.8.25.자 처분에 따라 종전처분이 소멸하여 그 효력을 다툴 법률상 이익이 없게 되었다는 취지의 피고 동대문구청장의 이 부분 상고이유 주장은 이유 없다(대판 2015.11.19. 2015두295 전합).

❷ [O] 행정청이 식품위생법령에 따라 영업자에게 행정제재처분을 한 후 그 처분을 영업자에게 유리하게 변경하는 처분을 한 경우, 변경처분에 의하여 당초 처분은 소멸하는 것이 아니고 당초부터 유리하게 변경된 내용의 처분으로 존재하는 것이므로, 변경처분에 의하여 유리하게 변경된 내용의 행정제재가 위법하다 하여 그 취소를 구하는 경우 그 취소소송의 대상은 변경된 당초 처분이지 변경처분은 아니고, 제소기간의 준수 여부도 변경처분이 아닌 변경된 내용의 당초 처분을 기준으로 판단하여야 한다(대판 2007.4.27. 2004두9302).

③ [×] 여객자동차 운수사업법(이하 '여객자동차법'이라 한다) 제85조 제1항 제38호에 의하면, 운송사업자에 대한 면허에 붙인 조건을 위반한 경우 감차 등이 따르는 사업계획변경명령(이하 '감차명령'이라 한다)을 할 수 있는데, 감차명령의 사유가 되는 '면허에 붙인 조건을 위반한 경우'에서 '조건'에는 운송사업자가 준수할 일정한 의무를 정하고 이를 위반할 경우 감차명령을 할 수 있다는 내용의 '부관'도 포함된다. 그리고 부관은 면허 발급 당시에 붙이는 것뿐만 아니라 면허 발급 이후에 붙이는 것도 법률에 명문의 규정이 있거나 변경이 미리 유보되어 있는 경우 또는 상대방의 동의가 있는 경우 등에는 특별한 사정이 없는 한 허용된다. 따라서 관할 행정청은 면허 발급 이후에도 운송사업자의 동의하에 여객자동차운송사업의 질서 확립을 위하여 운송사업자가 준수할 의무를 정하고 이를 위반할 경우 감차명령을 할 수 있다는 내용의 면허 조건을 붙일 수 있고, 운송사업자가 조건을 위반하였다면 여객자동차법 제85조 제1항 제38호에 따라 감차명령을 할 수 있으며, 감차명령은 행정소송법 제2조 제1항 제1호가 정한 처분으로서 항고소송의 대상이 된다(대판 2016.11.24. 2016두45028).

④ [×] 지방계약직공무원에 대한 보수삭감조치에 대해서는 처분성이 인정 된다.

> 지방계약직공무원에 대한 보수의 삭감은 이를 당하는 공무원의 입장에서는 징계처분의 일종인 감봉과 다를 바 없으므로, 채용계약상 특별한 약정이 없는 한 징계절차에 의하지 않고서는 보수를 삭감할 수 없다(대판 2008.6.12. 2006두16328).

---

18 정답 ④

📋 **함께 정리하기 협의의 소의 이익**

소득금액변동통지취소에 있어 법인세 경정으로 소득처분금액이 감소×
취임승인 취소된 학교법인정식이사의 임기만료○
수형자의 영치품사용신청 불허처분 후 이송○
당초 반려처분취소
▷ 반려처분 취소소송 중 반려처분 직권취소 & 재반려한 경우×
제재기간 경과한 처분취소에 있어 해당 처분이 가중요건으로서 시행규칙에 규정○

ㄱ. [×] 법인이 법인세의 과세표준을 신고하면서 배당, 상여 또는 기타소득으로 소득처분한 금액은 당해 법인이 신고기일에 소득처분의 상대방에게 지급한 것으로 의제되어 그때 원천징수하는 소득세의 납세의무가 성립·확정되며, 그 후 과세관청이 직권으로 상대방에 대한 소득처분을 경정하면서 일부 항목에 대한 증액과 다른 항목에 대한 감액을 동시에 한 결과 전체로서 소득처분금액이 감소된 경우에는 그에 따른 소득금액변동통지가 납세자인 당해 법인에 불이익을 미치는 처분이 아니므로 당해 법인은 그 소득금액변동통지의 취소를 구할 이익이 없다(대판 2012.4.13. 2009두5510).

ㄴ. [O] 취임승인이 취소된 학교법인의 정식이사들에 대해 기존의 임기가 만료된 경우라 하더라도 취임승인취소처분이 취소되면 긴급처리권을 갖게 되는 등 법률상 이익이 인정된다.

> 비록 취임승인이 취소된 학교법인의 정식이사들에 대하여 원래 정해져 있던 임기가 만료되고 구 사립학교법 제22조 제2호 소정의 임원결격사유기간마저 경과하였다 하더라도, 그 임원취임승인취소처분이 위법하다고 판명되고 나아가 임시이사들의 지위가 부정되어 직무권한이 상실되면, 그 정식이사들은 후임이사 선임시까지 민법 제691조의 유추적용에 의하여 직무수행에 관한 긴급처리권을 가지게 되고 이에 터잡아 후임정식이사들을 선임할 수 있게 되는바, 이는 감사의 경우에도 마찬가지이다(대판 2007.7.19. 2006두1297 전합).

ㄷ. [O] 수형자의 영치품에 대한 사용신청 불허처분 후 수형자가 다른 교도소로 이송되었다 하더라도 수형자의 권리와 이익의 침해 등이 해소되지 않은 점 등에 비추어, 위 영치품 사용신청 불허처분의 취소를 구할 이익이 있다(대판 2008.2.14. 2007두13203).

ㄹ. [×] 행정청이 당초의 분뇨 등 관련영업 허가신청 반려처분의 취소를 구하는 소의 계속 중, 사정변경을 이유로 위 반려처분을 직권취소함과 동시에 위 신청을 재반려하는 내용의 재처분을 한 경우, 당초의 반려처분의 취소를 구하는 소는 더 이상 소의 이익이 없게 되었다(대판 2006.9.28. 2004두5317).

유제 08. 지방직 7급 행정청이 영업허가신청 반려처분의 취소를 구하는 소의 계속 중 사정변경을 이유로 위 반려처분을 직권취소함과 동시에 위 신청을 재반려하는 내용의 재처분을 한 경우 당초의 반려처분의 취소를 구하는 경우, 협의의 소의 이익(권리보호의 필요)이 인정된다. (×)

ㅁ. [O] 제재적 행정처분이 그 처분에서 정한 제재기간의 경과로 인하여 그 효과가 소멸되었으나, 부령인 시행규칙 또는 지방자치단체의 규칙의 형식으로 정한 처분기준에서 제재적 행정처분을 받은 것을 가중사유나 전제요건으로 삼아 장래의 제재적 행정처분을 하도록 정하고 있는 경우, 제재적 행정처분의 가중사유나 전제요건에 관한 규정이 법령이 아니라 규칙의 형식으로 되어 있다고 하더라도, 그러한 규칙이 법령에 근거를 두고 있는 이상 그 법적 성질이 대외적·일반적 구속력을 갖는 법규명령인지 여부와는 상관없이, 관할 행정청이나 담당공무원은 이를 준수할 의무가 있으므로 이들이 그 규칙에 정해진 바에 따라 행정작용을 할 것이 당연히 예견되고, 그 결과 행정작용의 상대방인 국민으로서는 그 규칙의 영향을 받을 수밖에 없다. … 규칙이 정한 바에 따라 선행처분을 가중사유 또는 전제요건으로 하는 후행처분을 받을 우려가 현실적으로 존재하는 경우에는, 선행처분을 받은 상대방은 비록 그 처분에서 정한 제재기간이 경과하였다 하더라도 그 처분의 취소소송을 통하여 그러한 불이익을 제거할 권리보호의 필요성이 충분히 인정된다고 할 것이므로, 선행처분의 취소를 구할 법률상 이익이 있다고 보아야 한다(대판 2006.6.22. 2003두1684 전합).

유제 16. 국가직 9급 장래의 제재적 가중처분 기준을 대통령이 아닌 부령의 형식으로 정한 경우에는 이미 제재기간이 경과한 제재적 처분의 취소를 구할 법률상 이익이 인정되지 않는다. (×)
10. 지방직 9급 제재적 행정처분의 효력이 소멸한 경우에도 행정규칙에 의해 당해 처분의 존재가 가중처분의 전제가 되는 경우 처분의 취소를 구할 이익이 있다. (O)

---

19 정답 ②

🗒 함께 정리하기 부작위위법확인판결

절차적 심리설
▷ 인용시 거부처분 可
취소판결의 기속력·거부처분취소판결의 간접강제 준용○
실체적 심리설
▷ 인용판결 실질적 기속력○
절차적 심리설
▷ 인용시 응답의무이행으로 족함

ㄱ. [O] 부작위위법확인소송의 인용판결에 의해 행정청은 재처분의무를 지게 되나(행정소송법 제38조 제2항, 제30조 제2항), 판례는 행정청은 이전의 신청에 대한 거부처분을 포함한 어떠한 처분을 하면 족하다(대결 2010.2.5. 2009무153)고 보고 있다. 따라서 행정청이 신청에 대해 거부처분, 인용처분 등 처분하기만 하면 이러한 처분도 재처분에 포함되므로 재처분의무를 이행한 것이 된다.

신청인이 피신청인을 상대로 제기한 부작위위법확인소송에서 신청인의 제2예비적 청구를 받아들이는 내용의 확정판결을 받았다. 그 판결의 취지는 피신청인이 신청인의 광주광역시 지방부이사관 승진임용신청에 대하여 아무런 조치를 취하지 아니하는 것 자체가 위법함을 확인하는 것일 뿐이다. 따라서 피신청인이 신청인을 승진임용하는 처분을 하는 경우는 물론이고, 승진임용을 거부하는 처분을 하는 경우에도 위 확정판결의 취지에 따른 처분을 하였다고 볼 것이다(대결 2010.2.5. 2009무153).

ㄴ. [×] 부작위위법확인판결이 확정된 경우, 행정청은 판결의 취지에 따라 이전의 신청에 대한 처분을 하지 않는 경우 상대방은 간접강제를 신청할 수 있다.

「행정소송법」 제38조【준용규정】② 제9조, 제10조, 제13조 내지 제19조, 제20조, 제25조 내지 제27조, 제29조 내지 제31조, 제33조 및 제34조의 규정은 부작위위법확인소송의 경우에 준용한다.
제30조【취소판결등의 기속력】① 처분등을 취소하는 확정판결은 그 사건에 관하여 당사자인 행정청과 그 밖의 관계행정청을 기속한다.
제34조【거부처분취소판결의 간접강제】① 행정청이 제30조 제2항의 규정에 의한 처분을 하지 아니하는 때에는 제1심수소법원은 당사자의 신청에 의하여 결정으로써 상당한 기간을 정하고 행정청이 그 기간내에 이행하지 아니하는 때에는 그 지연기간에 따라 일정한 배상을 할 것을 명하거나 즉시 손해배상을 할 것을 명할 수 있다.

ㄷ. [O] 실체적 심리설에 의하면, 부작위위법확인소송의 인용판결에 실질적 기속력을 긍정하게 된다.

절차 심리설	• 법원은 단순히 소극적으로 부작위의 위법여부만 심리 • 절차심리설은 부작위위법확인소송의 목적은 그 내용이 어떠하던 것이든 응답의무를 지우는데 있다고 한다. 이에 따라 부작위위법확인소송의 판결은 부작위의 위법을 확인하는데 그치며 앞으로 행정청이 행할 처분의 내용까지 들어가 판단을 할 수는 없다고 봄
실체 심리설	• 부작위의 위법여부만이 아니라 신청의 실체적인 내용도 심리하여 행정청의 처리방향까지도 제시하여야 함 • 실체심리설은 인용판결의 실질적 기속력을 인정하고 있으므로 기속행위의 경우에는 행정청은 판결의 취지에 따라 상대방의 신청을 인용하는 결정을 내려야 하고 재량행위의 경우는 행정청은 판결의 취지에 따라 재량의 하자 없는 처분을 하여야 한다고 봄

ㄹ. [×] 판례는 절차적 심리설의 입장에서 "부작위위법확인소송은 판결시를 기준으로 무응답이라는 소극적 위법상태를 제거하는 것을 목적으로 하는 소송이다."라고 판시하고 있다(대판 1992.7.28. 91누7361). 따라서 절차적 심리설에 의하면 가부의 응답만 한 경우에도 무응답이라는 위법상태는 제거되므로 일정한 처분을 취한 것이라고 볼 수 있다.

20 정답 ①

> ☑ 함께 정리하기 **행정심판 당사자**
>
> 피청구인
> ▷ 처분행정청
> 선정대표자 선정 可
> 권한이 승계된 경우 피청구인
> ▷ 권한 승계한 행정청
> 의무이행심판의 피청구인
> ▷ 신청을 받은 행정청

❶ [×] 처분행정청이 피청구인이다.

> 「**행정심판법」 제17조【피청구인의 적격 및 경정】** ① 행정
> 심판은 처분을 한 행정청을 피청구인으로 하여 청구하여야
> 한다. 다만, 심판청구의 대상과 관계되는 권한이 다른 행정
> 청에 승계된 경우에는 권한을 승계한 행정청을 피청구인으
> 로 하여야 한다.

② [O] 「행정심판법」 제15조 제1항에 대한 옳은 내용이다.

> **제15조【선정대표자】** ① 여러 명의 청구인이 공동으로 심
> 판청구를 할 때에는 청구인들 중에서 3명 이하의 선정대
> 표자를 선정할 수 있다.

③④ [O] 「행정심판법」 제17조 제1항에 대한 옳은 내용이다.

> **제17조【피청구인의 적격 및 경정】** ① 행정심판은 처분을
> 한 행정청(의무이행심판의 경우에는 청구인의 신청을 받은
> 행정청)을 피청구인으로 하여 청구하여야 한다. 다만, 심판
> 청구의 대상과 관계되는 권한이 다른 행정청에 승계된 경
> 우에는 권한을 승계한 행정청을 피청구인으로 하여야 한다.

공무원 교육 1위* 해커스공무원
모바일 자동 채점 + 성적 분석 서비스

한눈에 보는 서비스 사용법

Step 1.

교재 구입 후 시간 내 문제 풀어보고
교재 내 수록되어 있는 QR코드 인식!

Step 2.

모바일로 접속 후 '지금 채점하기'
버튼 클릭!

Step 3.

OMR 카드에 적어놓은 답안과 똑같이
모바일 채점 페이지에 입력하기!

Step 4.

채점 후 내 석차, 문제별 점수, 회차별
성적 추이 확인해보기!

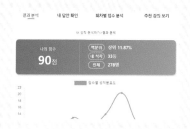

✓ 모바일로 채점하고 **실시간 나의 위치 확인하기**

✓ 문제별 정답률을 통해 **틀린 문제의 난이도 체크**

✓ 회차별 점수 그래프로 **한 눈에 내 점수 확인하기**

* [공무원 교육 1위 해커스공무원] 한경비즈니스 선정 2020 한국소비자만족지수 교육(공무원) 부문 1위

해커스공무원 gosi.Hackers.com

바로 이용하기 ▶